企業法要綱2

企業取引法

商法〔商行為・海商〕・保険法
金融取引・消費者取引・電子商取引と法

第2版

福原紀彦 著

FUKUHARA Tadahiko

文眞堂

第 2 版 は し が き

　本書は、実質的意義における商法や会社法等を企業法として理解し、企業法が展開しつつある今日の姿を描き、これを出来るだけ分かりやすく説明することを試みる「企業法要綱シリーズ」の第2巻として、伝統的に商法（商行為法）と称されてきた分野を中心に、企業取引法の主要な分野について、重要な事項を体系的に整理したものである。進化が著しい企業法の対象を体系的に整理することは至難のことではあるが、企業法の将来を展望するためには、伝統的な理解を点検しながら現状を把握する作業が必要である。本書が次世代に向けたそうした作業を読み解く一助になれば幸いである。

　本書の初版は、会社法制定とこれに伴う商法改正を機に、前著『新商法総則・商行為法講義ノート』の特徴を引き継ぎ、大学の法学部や法科大学院でのカリキュラムや授業方法、ITを活用したオンデマンド講義のスタイルに合わせて刊行したものであった。そのため、各章の記述では、要点を設問形式で示した上で、専門用語や法制度を図表を交えて解説し、理論的な問題点、学説・判例の対立点、現代的な問題点などについては注記や別記で詳説し、この分野の講義を受ける人や自修をする人が、基礎的な知識と基本的な理解を獲得するために役立つように工夫している。

　本書初版の刊行の後、企業法の分野に関する法律等の制定や改正が続き、とりわけ、平成29年民法（債権関係）改正と同整備法制定、平成30年商法（運送・海商関係）改正、令和元年会社法改正と同整備法制定が続いたことから、それらの内容を取り入れるために、第2版の刊行に向けた作業が必要となった。公私にわたる諸般の事情が重なって改訂作業が遅れていたところ、新型コロナウイルス感染症拡大防止のために、大学でオンライン授業が開始される等、本書利用の事情が大きく変わった。大学でのオンライン授業は当初の緊急対応から新しい様式へと展開を遂げつつある。本書初版は、大学での通学課程の面接集合型授業のテキストとして、また、通信教育課程でのオンデマンド授業のテキストとして利用されてきたが、通信教育課程のオンデマンド・コンテンツが通学課程でのオンライン授業でも活用されるようになって、本書の備えている特徴や工夫がオンライン授業の教材としても有益となり、本書第2版の刊行がいっそう必要となった。そして、なによりも、この困難な時期に、学修を継続する学生の皆さんに少しでも役立って欲しいという思いが、遅れていた改訂作業を進める大きな原動力となった。

　今回の改訂作業では、民法改正や商法改正への対応をはじめ、保険法や海商法の分野や、各種の現代企業取引の法分野の解説の補充を施したが、この間にも各分野でのDX関連の法改正が続き、まだまだ十分に意を尽くせぬ点が残されている。読者の方々の御意見を踏まえて、今後の改善に委ねたいと思う。

　まだ続く新型コロナウイルス感染の状況下にあって、学びを止めない学生の皆さんの努力と大学の役割を果たすニュー・ノーマルを創造するための大学人諸氏の尽力に、心から敬意と感謝を表したい。本書の著述のベースにもなった研究教育・社会活動の機会や各種文献執筆の機会を与えて戴いた諸先生・諸先輩・同輩・後輩の皆さん、そして、利用者の立場を考慮した御配慮を戴いた文眞堂の前野眞司氏に、深甚の感謝の意を表したい。

　2021年1月　　　　　　　　　　　　　　　　　　　　福　原　紀　彦

目　　　次

企業取引法総論

《企業取引と法》

2. 1. 企業・企業取引と法 ・・・・・・・・・・・・・・・・・・・・・・・・・・・・・・・・・・・　1
　2.1.1. 経済社会と企業・企業取引　―　企業取引法の背景
　2.1.2. 企業取引の規律環境　―　企業取引法の内包と外延
　2.1.3. 企業取引法の意義と特色
　2.1.4. 企業取引と普通取引約款

企業取引と商法（商行為法）

《商行為法総論》

2. 2. 商行為法と商行為 ・・・・・・・・・・・・・・・・・・・・・・・・・・・・・・・・・・　29
　2.2.1. 商行為法の意義・全体像と現代化
　2.2.2. 商行為と商法商行為編規定の適用

《商行為の通則》

2. 3. 商行為の通則 ・・・・・・・・・・・・・・・・・・・・・・・・・・・・・・・・・・・・・・　41
　2.3.1. 商行為通則の意義と諸規定の分類
　2.3.2. 商行為の代理と委任
　2.3.3. 商事契約の成立
　2.3.4. 商事債権の営利性
　2.3.5. 商事債権の担保の強化
　2.3.6. 商事債務の履行
　2.3.7. 商事寄託
　2.3.8. 有価証券

《企業間売買と商行為法》

2. 4. 商事売買 ・・　67
　2.4.1. 企業間売買と商法規定
　2.4.2. 商事売買規定の内容

《金融関連の商行為法上の特殊契約》

 2.5. 交互計算 ･････････････････････････････････ 80

  2.5.1. 企業取引の支払と決済

  2.5.2. 交互計算に関する商法規定

 2.6. 匿名組合 ･･･････････････････････････････････ 87

  2.6.1. 匿名組合の沿革と機能展開

  2.6.2. 匿名組合に関する商法規定

《商行為法上の各種営業と企業取引》

 2.7. 仲立業と取次業 ･･････････････････････････････ 95

  2.7.1. 補助商・企業補助者と仲立業・取次業

  2.7.2. 仲立営業

  2.7.3. 問屋営業

  2.7.4. 準問屋

  2.7.5. 運送取扱営業

 2.8. 運送営業 ･･･････････････････････････････････ 113

  2.8.1. 運送の意義・機能と法的規律

  2.8.2. 物品運送営業

  2.8.3. 旅客運送営業

  2.8.4. 海上運送営業の特殊な法的規律

  2.8.5. 航空運送営業の特殊な法的規律

 2.9. 場屋営業と倉庫営業 ･･･････････････････････････ 171

  2.9.1. 場屋営業

  2.9.2. 倉庫営業

企業取引法の現代的諸相

《現代的企業取引と法の展開》

 2.10. 売買取引の展開 ･････････････････････････････ 182

  2.10.1. 継続的取引とフランチャイズ契約

  2.10.2. 国際売買

 2.11. 金融取引 ･･････････････････････････････････ 191

  2.11.1. 金融取引の意義・機能と法的規律

  2.11.2. 銀行取引

  2.11.3. 信託

  2.11.4. 保険取引

　　　2.11.5. 金融商品取引

　　　2.11.6. ファイナンス・リース取引

　2.12. 消費者取引 ･････････････････････････････････　255

　　　2.12.1. 消費者取引の意義・特色と法的規律

　　　2.12.2. 特殊な販売形態と特定商取引法

　　　2.12.3. 消費者信用取引の法的規律と割賦販売法

　　　2.12.4. 消費者契約法

　　　2.12.5. その他の消費者取引と法的規律

　2.13. 電子商取引 ･････････････････････････････････　283

　　　2.13.1. 電子商取引の意義・機能と法的環境整備

　　　2.13.2. 電子商取引に関する法的規律

　　　2.13.3. 電子消費者取引の法的規律

事項索引 ･･････････････････････････････････････　索引 1～6

凡　　例

法令の略語

商＝商法

商施＝商法施行規則

商登＝商業登記法

国際海運＝国際海上物品運送法

不正競争＝不正競争防止法

会＝会社法

会施規＝会社法施行規則

会整備＝会社法の施行に伴う関係法律の整備等に関する法律

計規＝会社計算規則

手＝手形法

小＝小切手法

保険＝保険法

保険業＝保険業法

金商＝金融商品取引法

金販＝金融商品販売法

金提＝金融サービス提供法

銀行＝銀行法

信託＝信託法

信託業＝信託業法

投信＝投資信託及び投資法人に関する法律

割賦＝割賦販売法

特商＝特定商取引法に関する法律

消契＝消費者契約法

電消＝電子消費者契約に関する法律（電子消費者契約法）

独禁＝私的独占の禁止及び公正取引の確保に関する法律（独占禁止法）

通則法＝法の適用に関する通則法

民＝民法

民訴＝民事訴訟法

破＝破産法

民事再生＝民事再生法

会社更生＝会社更生法

民執＝民事執行法

その他、適宜、本文中で方法を紹介して略記する。

判例の表記方法

一般の慣例に従う。

参 考 文 献

【商法総則・商行為法・会社法総則】

◎平成29年民法(債権関係)改正・平成30年商法(運送・海商関係)改正後の文献

青竹正一『商法総則・商行為法』信山社(2019年) ＝ 青竹・商法

岡田豊基『現代商法総則・商行為法』中央経済社(2018年) ＝ 岡田・商法

岡田豊基『現代保険法・海商法』中央経済社(2020年) ＝ 岡田・保険海商

落合誠一・他『商法Ⅰ(第6版)』有斐閣(2019年) ＝ 落合他・商法Ⅰ

江頭憲治郎『商取引法(第8版)』弘文堂(2018年) ＝ 江頭・商取引

大塚英明・他『商法総則・商行為法(第3版)』有斐閣(アルマ)(2019年)

川村正幸・他『コア・テキスト 商法総則・商行為法』新世社(2019年) ＝ 川村他

北居功・高田晴仁(編著)『民法とつながる商法総則・商行為法(第2版)』商事法務(2018年)

＝ 北居=高田

北村雅史(編)『スタンダード商法Ⅰ 商法総則・商行為法』法律文化社(2018年)

近藤光男『商法総則・商行為法(第8版)』有斐閣(法律学叢書)(2019年) ＝ 近藤・商法

砂田太士=久保寛展『企業取引法』中央経済社(2018年) ＝ 砂田=久保・企業取引

箱井崇史『基本講義現代海商法(第3版)』成文堂(2018年) ＝ 箱井・海商

畠田公明・他『新版商取引法講義』中央経済社(2018年)

藤田勝利・他(編)『プライマリー商法総則・商行為法(第4版)』法律文化社(2019年)

丸山秀平『基礎コース商法Ⅰ(第4版)』新世社(2018年)

弥永真生『リーガルマインド商法総則・商行為法(第3版)』有斐閣(2019年) ＝ 弥永・商法

『別冊ジュリスト 商法判例百選』有斐閣(2019年) ＝ 商百選

松井信憲・他(編著)『一問一答:平成30年商法改正』商事法務(2018年) ＝ 松井他・問答商法

○平成17年改正後の文献

浅木慎一『商法総則・商行為法入門(第2版)』中央経済社(2005年)

大江忠『要件事実商法(1)(第4版)』第一法規(2018年) ＝ 大江・商法(1)

末永敏和『商法総則・商行為法:基礎と展開(第2版)』中央経済社(2006年)

関俊彦『商法総論総則(第2版)』有斐閣(2006年) ＝ 関・総則

田邊光政『商法総則・商行為法(第4版)』新世社(2016年)

蓮井良憲・他『商法総則・商行為法(新商法講義1)(第4版)』法律文化社(2006年)

畠田公明『商法・会社法総則講義』中央経済社(2008年)

平出慶道・他(編)『商法概論Ⅰ』青林書院(2007年) ＝ 平出他・概論Ⅰ

森本滋(編)『商法総則講義(第3版)』成文堂(2007年) ＝ 森本編・総則

森本滋(編)『商行為法講義(第3版)』成文堂(2009年) ＝ 森本編・商行為

吉田直『ケーススタディ会社法総則・商法総則』中央経済社(2007年)

『別冊ジュリスト 商法(総則・商行為)判例百選(第5版)』有斐閣(2008年) ＝ 商総行百選

『別冊ジュリスト 会社法判例百選(第3版)』有斐閣(2016年) ＝ 会百選

『別冊ジュリスト 手形小切手判例百選(第7版)』有斐閣(2014年) ＝ 手百選

○伝統的文献

石井照久・鴻常夫『商行為法』勁草書房(1978年) ＝ 石井＝鴻

大隅健一郎『商法総則(新版)』有斐閣(1978年) ＝ 大隅・総則

大隅健一郎『商行為法』青林書院(1958年) ＝ 大隅・商行為

鴻常夫『商法総則(新訂第5版)』弘文堂(1999年) ＝ 鴻

鈴木竹雄『新版商行為法・保険法・海商法(全訂第2版)』弘文堂(1993年) ＝ 鈴木

田中誠二『全訂商法総則詳論』勁草書房(1976年) ＝ 田中誠・総則

田中誠二『新版商行為法(再全訂版)』千倉書房(1974年) ＝ 田中誠・商行為

田中誠二・他『コンメンタール商行為法』勁草書房(1973年) ＝ 田中誠他・コンメ商行為

戸田修三『概説商法Ⅰ(改訂版)』南雲堂深山社(1977年) ＝ 戸田・商法Ⅰ

戸田修三『海商法(新訂第5版)』文眞堂(1990年) ＝ 戸田・海商

西原寛一『商行為法(増補3版)』有斐閣(1973年) ＝ 西原・商行為

服部栄三『商法総則(第3版)』青林書院新社(1983年) ＝ 服部・総則

服部栄三『商行為法講義』文眞堂(1976年) ＝ 服部・商行為

平出慶道『商行為法(第2版)』青林書院(1989年) ＝ 平出・商行為

【会社法】

○会社法令和元年改正後の文献

神田秀樹『会社法(第22版)』弘文堂(2020年) ＝ 神田・会社

近藤光男『最新株式会社法(第9版)』中央経済社(2020年) ＝ 近藤・株式会社

宍戸善一『ベーシック会社法入門(第8版)』日本経済新聞出版(2020年)

高橋英治『会社法概説(第4版)』中央経済社(2020年)

丸山秀平・他『全訂株式会社法概論』中央経済社(2020年)

三浦治『基本テキスト会社法(第2版)』中央経済社(2020年)

山本爲三郎『会社法の考え方(第11版)』八千代出版(2020年)

○会社法制定後の文献

相澤哲(編著)『一問一答:新・会社法(改訂版)』商事法務(2009年)

相澤哲(編著)『立案担当者による新・会社法の解説』別冊商事法務295号(2006年)

江頭憲治郎『株式会社法(第7版)』有斐閣(2017年) ＝ 江頭・株式会社

坂本三郎(編著)『一問一答:平成26年改正会社法(第2版)』商事法務(2015年)

龍田節『会社法大要(第2版)』有斐閣(2017年)

鳥山恭一・福原紀彦・他『会社法(第2次改訂版)』学陽書房(2015年) ＝ 鳥山＝福原他

平出慶道・他(編)『商法概論Ⅱ』青林書院(2010年)

前田庸『会社法入門(第13版)』有斐閣(2018年)

宮島司『新会社法エッセンス(第4版補正版)』弘文堂(2015年) ＝ 宮島

【その他】

鎌田薫・内田貴・他『重要論点実務民法(債権関係)改正』商事法務(2019年) ＝ 鎌田＝内田他

筒井健夫・村松秀樹(編著)『一問一答:民法(債権関係)改正』商事法務(2018) ＝ 筒井＝村松編

四宮和夫・能見善久『民法総則(第9版)』弘文堂(2018年) ＝ 四宮＝能見

近藤光男（編）『現代商法入門（第10版）』有斐閣（アルマ）(2019年)

浅木慎一『商法学通論（補巻Ⅰ）商法の視座からの改正民法案』信山社(2016年)

浅木慎一『商法学通論（補巻Ⅱ）新運送法 改正商法案と新民法を基に』信山社(2018年)

木内宜彦『企業法総論』勁草書房(1979年)

鴻常夫・他（編）『二訂商法（総則・商行為）講義』青林書院(1982年)

白井厚・他（監修）『現代の経済と消費生活』コープ出版(1994年)

岸田雅雄『ゼミナール商法総則・商行為法入門』日本経済新聞社(2003年)

潮見佳男・他（編）『民・商法の溝をよむ』（別冊法学セミナー223号）日本評論社(2013年)

高桑昭『新版国際商取引法』東信堂閣(2019年) ＝ 高桑

西山芳喜（編）『アクチュアル企業法（第2版）』法律文化社(2016年)

『別冊ジュリスト 商法（保険・海商）判例百選（第2版）』有斐閣(1993年) ＝ 保海百選

『別冊ジュリスト 損害保険判例百選（第2版）』有斐閣(1996年) ＝ 損保百選

『別冊ジュリスト 保険法判例百選』有斐閣(2010年) ＝ 保険百選

【本著者の別著書（本書関連）】

濱田惟道・編（福原共著）『現代企業法講義1商法総論・総則』青林書院(1992年) ＝ 濱田編

森田邦夫・編（福原共著）『現代企業法講義2商行為法』青林書院(1993年) ＝ 森田編

関口雅夫・福原紀彦・他『現代商法Ⅰ総則・商行為』八千代出版(1993年)

布井千博・福原紀彦『企業の組織・取引と法』放送大学教育振興会(2007年)

福原紀彦（編著）『企業法務戦略』中央経済社(2007年)

鳥山恭一・福原紀彦・他『会社法（第2次改訂版）』学陽書房(2015年)

福原紀彦『企業法要綱1企業法総論・総則（第2版）』（単著）文眞堂(2020年) ＝福原・総論総則

福原紀彦『企業法要綱3企業組織法』（単著）文眞堂(2017年) ＝ 福原・組織

その他、適宜、本文中で示して紹介する。

企業取引法総論

《企業取引と法》

２．１．企業・企業取引と法

2.1.1. 経済社会と企業・企業取引 ― 企業取引法の背景

　　　１　経済社会の秩序と企業・企業取引
　　　（１）経済社会の原理と市場経済
　　　（２）経済主体としての企業の本質と企業取引
　　　（３）企業の形態
　　　２　企業取引の特色と諸相
　　　（１）企業取引の一般的特色
　　　（２）企業取引の形態（当事者属性による特色）
　　　（３）企業取引のプロセスと電子化傾向
　　　（４）企業取引と支払・決済

□1.商品経済と市場経済の秩序において、企業と企業取引はどのような意義と機能を有するか。
□2.経済主体としての企業は、どのような特色を有し、どのような形態があるか。
□3.企業取引とはなにか。企業取引は一般の取引と較べて、どのような特色を有するか。このことは、法的にどのように反映するのか。
□4.企業取引は、当事者の属性に着目すると、どのような形態があるか。このことは、法的規律に、どのような課題を生じさせるのか。
□5.企業取引はどのようなプロセスを経て目的を達成するのか。その認識は、法的課題を抽出する上で、どのように有用か。

１　経済社会の秩序と企業・企業取引

（１）経済社会の原理と市場経済

　私たちの生活する経済社会は、「協同経済」「計画経済」「市場経済」という三つの原理によって編成されている。もっとも、国や時代によって、それら原理の組み合わせには濃淡があり、また、それらの原理は、社会体制を支える経済原理となる場合の

ほか、部分社会や組織・団体で採用される経済原理となる場合もある。

協同経済は、相互扶助や連帯等の価値感を共有し、複数の個人や団体が力を合わせて同じ目的や共通の利益のために物事を行うという協同の原理で営まれる。歴史上、各種の共同体の運営にみられる原理であり、今日でも団体や家族の内部にみられる。計画経済は、中央集権的に策定される計画に従って資源配分を行うことを原理として営まれ、社会主義国では国家的体制にみられ、自由主義国でも組織や団体の内部にみられる。市場経済は、各個人の私的所有権を広く認めて、財とサービスを市場において取引し、資源配分を行うことを原理として営まれ、自由主義国の体制として行われ、社会主義国でも活用されている。

わが国の経済社会は、今日、商品経済とも呼ばれる市場経済の原理を中心とした体制で営まれ、組織や部分の社会においては、適宜、計画経済や協同経済の原理も容れて運営されているといえよう。

（2）経済主体としての企業の本質と企業取引

私たちが生活する経済社会では、利潤を獲得する目的で商品やサービスを供給する企業が経済活動の中心的役割を担っている。「企業」とは、継続的な意図をもって計画的に営利行為を実現する独立の経済主体のことである。企業は、生活に必要な財やサービスを提供することによって自らの経済的価値を増大させ、また、納税、利益配当または給与支給等を通じて、さまざまな経済主体の収入や所得の源泉となる等、現実的に大きな役割を担っている。

経済主体には、国家、地方公共団体、企業、個人、家庭等があり、それぞれに目的があるが、企業という経済主体は、他の経済主体と較べて、利潤の追求（経済的価値の増殖）に存立の目的があり、それを本質としている点で独自性がある。

企業は、その存立目的を達成するために、さまざまな活動を展開し、その中心をなすものは取引活動である。取引のうち、企業が当事者の双方または一方となる取引を企業取引という。企業取引は、経済主体としての企業の特質を反映して、計画性、集団・大量性、継続・反覆性、迅速性、定型性、連鎖性等の特色を有し、また、企業はその取引活動を合理的・効率的に遂行するのに適した「組織」を有する*。

> **＊ 市場における企業概念**　市場は、供給者・需要者となる経済主体間で財・サービスと貨幣とが交換される場であり、完全合理的な選択（判断・行動）能力を有する経済主体間の自由競争のもとに、価格をシグナルとして社会全体の需給関係を調節し、労働力・財・資本等の資源を最も適切な割合で配分する機能を有する（「完全市場」の効率的資源配分システム）。もっとも、現実の経済社会では、市場の不完全性や外部性、財の公共性等により「市場の失敗」が存在し、それらの場合に、政府が市場機能の補正と代替を図り、また、市場機能の拡張を図る政策を遂行している。
> そうした市場との関係で企業を見直してみると、完全市場の効率的配分システムが強調される脈絡では、企業は、完全合理的に利潤を最大化する経済主体として擬人化・単純化され、あたかも物理学の質点のような存在として仮定され、そこでは、企業の組織的特徴はほとんど無視される（新古典派経済学の市場における企業観）。しかし、そうした「市場における質点」という企業概念は、最近では、「市場の機能を代替する組織」という企業概念へと展開している。すなわち、企業組織の実態を認識する試みが、「企業の行動」理論、「所有と支配の分離」論、「経営者支配」論として展開され、この制度派経済学は、さらに、組織

の経済学、新制度派経済学へと発展を遂げている（佐伯啓思『市場社会の経済学』新世社〔1991年〕、宮本光晴『企業と組織の経済学』新世社〔1991年〕、伊藤秀史「組織の経済学」中林真幸＝石黒真吾『比較制度分析・入門』有斐閣〔2010年〕15頁、菊澤研宗『組織の経済学入門：新制度派経済学アプローチ〔改訂版〕』有斐閣〔2016年〕、菊澤研宗〔編著〕『業界分析　組織の経済学』中央経済社〔2006年〕、参照）。

（3）企業の形態

　経済社会の展開とともに資本の集積と集中が進み、また、企業の結合と再編が進むにつれて、各種の企業形態が案出され、企業の法的形態が整備されてきた。企業は、出資の源泉、営利目的の有無、支配・経営権の所在及び法人格の有無からみて各種の形態に分類される。そのうちで、最も高度に進歩した企業形態は「会社」であり、今日、会社は最も典型的な企業形態となっている。各種の企業形態は、会社という企業形態が有する属性に注目して、その属性を絞り込みながら、次のように整理できる。

《企業の諸形態と会社》

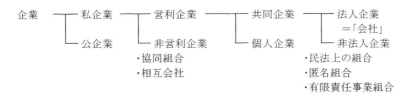

　まず、企業は「公企業」と「私企業」とに分類できる。公企業は、国または地方公共団体その他これに準ずる行政主体が、社会公共の利益を図る目的から、法律に基づいて出資し、直接または間接に経営する企業形態である。これに対して、私企業は、私人が出資者となって設立し経営する企業形態である。

　私企業は、さらに、営利目的の有無により、「営利企業」と「非営利企業」とに分かれる。ここに営利目的とは、対外的活動によって利潤を獲得し、獲得された利潤を出資者に分配する目的をいう。

　営利企業の形態には「個人企業」と「共同企業」とがある。複数の者が共同して出資・経営する共同企業は、個人企業と較べると、多くの資本と労力を結合して企業の規模を拡大し、企業経営に伴う危険と損失を分担軽減して、より多くの利潤を獲得できる利点を有している。

　わが国での共同企業の法的形態には、民法上の組合、商法上の匿名組合、海上企業が利用する船舶共有、および会社法上の会社等がある。会社は、独立の法人格が付与されることによって企業存立の継続性が確保される点に特色があり、共同企業の利点を活かして営利活動を行うのに適した企業形態である＊。

　＊　**会社の種類と最近の共同事業体制度**　　わが国の「会社法（平成17年法律86号）」では、会社は、株式会社と持分会社との二つの類型に分かれ、持分会社には、合名会社、合資会社および合同会社がある（会2条1号・575条1項）。現行法上、会社の種類として、

株式会社・合名会社・合資会社および合同会社の4種類が認められている。
　また、最近では、投資の促進を目的としたさまざまな共同事業体制度(投資ビークル)が利用されている。これには、会社型(特定目的会社〔SPC〕・投資法人・合同会社〔LLC〕等)、信託型(投資信託・特定目的信託〔SPT〕等)、組合型(組合・匿名組合・任意組合・投資事業有限責任組合〔LPS〕・有限責任事業組合〔LLP〕)等)がある。

2　企業取引の特色と諸相

(1) 企業取引の一般的特色

　企業は、継続的な意図をもって計画的に営利行為を実現する独立の経済主体であり、利潤の追求を本質としている。したがって、企業の活動の中核をなす企業取引(企業という経済主体が当事者となる取引)には、一般的に、営利性、計画性、集団・大量性、継続・反覆性、迅速性、定型性、連鎖性等の特色がある。

　すなわち、企業が行う売買や貸借等の取引は、もっぱら利益を獲得することを目的として(営利性)、その手段として行われる。そして、より多くの利益を効率的に得るために、資本的計算にもとづいて計画的に行われ(計画的)、多数の相手方との間での多数の取引として、日々繰り返し行われる(集団大量性)。その取引は、迅速に行われることが要請され(迅速性)、ゆえに、個性が薄くなったり定型化されたりして行われることが多い(定型性)。また、企業の取引は、経済主体間で次から次へと行われ、それぞれの企業取引が鎖のように繋がれて相互に依存しながら、生産・流通・消費のサイクルを形成している(連鎖性)。

(2) 企業取引の形態 (当事者属性による特色)

　企業取引という言葉は、取引の当事者の一方または双方が企業である場合を指して用いるが、企業取引には、取引当事者の経済主体としての属性に注目すると、さまざまな態様に分類することができる。すなわち、企業取引の態様には、企業と企業との間(BtoB)の取引、政府や自治体と企業との間(GtoB)の取引(公共調達等)、企業と消費者との間(BtoC)の取引(消費者取引)がある。

《 企業取引の態様とその名称・表示方法 》
BtoB (B2B)＝企業と企業との間の取引(企業間取引)
GtoB (G2B)＝政府や自治体と企業との間の取引(公共調達・公共契約等)
BtoC (B2C)＝企業と消費者との間の取引(消費者取引)
　参考　GtoC(G2C)＝政府や自治体と消費者との間の取引(インターネット競売等)
　　　　CtoC(C2C)＝消費者と消費者との間の取引(インターネットオークション等)

　それらの企業取引では、企業という経済主体が当事者となっていることから、前述のような特色がみられるが、さらに、他の経済主体が当事者となることにより、その当事者の属性にもとづく特色が加わる。

　企業取引の特色に応じて生成する法的規律が、企業取引の当事者の具体的属性

に照らして、どこまで妥当するか、また、どのような変更を加えられるべきか、さらに、どのような法的規律がなされるべきかは、重要な課題である（例えば、消費者取引に関しては、その当事者である消費者の実像に照らして消費者保護を趣旨とする法的規律が数多く存在し、公共調達等を実現するため国や地方公共団体が当事者となる「公共契約」では、公正性や経済性を担保する法的規律がある）。

　企業間の取引においても、その取引当事者である企業の実態は、資本や事業の規模、事業の業態等によって、一様ではない。このことにより、企業取引の特色にもとづいて生成する法的規律に対して、企業の実態に即した法的規律をどうすべきかということも、重要な課題である（例えば、わが国に多く存する中小企業と大企業との間の企業取引に関しては、中小企業の実態や企業間格差に注目した法規制が生じており、また、伝統的な各種の営業の実態に即した取引規律の設定はもとより、新たに登場するビジネスの環境を整備したり利用者を保護するための法規制が数多く存在する）。

（3）企業取引のプロセスと電子化傾向

　企業取引は、一般に、引き合いと交渉に始まり、契約の締結を経て、債務の履行と支払・決済がなされるというプロセスのなかで、その目的を達成する。企業取引が成立するにあたっては、引き合いと交渉の段階でのさまざまな活動（宣伝広告や顧客誘引、条件交渉や書面作成等）があり、その間の事情や利害調整をどう規律すべきか、また、どのような法規制を加えるべきかが課題となる。その他、各段階を併せて、企業取引のプロセスの実態に即した法的処理のあり方が注目されている*。

　最近では、情報通信技術の目覚ましい発達を背景に、企業取引のプロセスで必要となる情報の一部または全部を電子化する傾向が強まっている。企業取引の電子化に対応した法制度の整備は、国内的にも国際的にも、現代的な課題である**。

《 企業取引のプロセス 》

引き合い・交渉 → 契約の締結 → 債務の履行（引渡、支払・決済）

　　* 企業取引と商流・物流・金流・情報流　　商学において商取引が商流、物流、金流という三つの流れに分解して論じられていることを法学的に敷衍すると、第一の商流（顧客獲得と受発注業務）は、契約の交渉と締結にあたり、当事者の意思の流れを意味し、第二の物流（商品の引き渡し・運送・保管）は、目的物引渡債務の履行にあたり、商品の流れを意味し、第三の金流（資金の決済）は、債務弁済にあたり、資金の流れを意味する。

　　さらに、コンピュータ・ネットワークを利用する取引においては、第四の流れである「情報流」が生み出され、取引情報や個人情報の商品化が新たな法的問題を生起させるとの指摘がある（松本恒雄「高度情報通信社会の契約法」注釈民法〔13〕有斐閣〔1996年〕251頁）。これは、企業取引のプロセスの各局面において法的に解決を要する課題を抽出するために、きわめて有益な認識である。

　　** 企業取引プロセスの電子化　　企業取引のプロセスで必要となる情報の一部または全部を電子化して、その電子データをコンピュータとインターネットを活用して授受する方法で行われる企業取引のことは、「電子商取引（Electronic Commerce）」と呼ばれ、上記の

BtoB、GtoB、BtoCの各態様において普及している。

従来から、企業取引は、紙を媒体とした文書や書面、証券等を利用して行われ、そのことを前提とした法的ルールが定められてきたが、最近では、電子データを十分に活用できるようにするために、その特色に応じた新しい法的ルールの整備（いわゆる、IT書面一括法、e-文書法、電子署名・認証法、電子消費者契約法等の制定）が進んでいる。

（4）企業取引と支払・決済

企業取引が目的を達成するためには、取引当事者間で発生する債権債務関係を対価の支払いによって解消すること(すなわち「決済」)が必要である。決済は、取引当事者間での金銭の授受によって行われるだけでなく、約束手形・為替手形・小切手等の有価証券が手段として利用される場合、相殺や交互計算等が利用される場合、クレジットカード、デビッドカード、プリペイドカードや電子マネー等の手段が用いられる場合がある。さらに、経済規模の拡大とグローバル化を背景にして、企業相互間や金融機関相互間では大規模かつ複雑な決済が必要となり、資金決済システム、証券決済システム、貿易決済システム等の組織的な決済の仕組みが開発されて利用されている。

企業取引の支払と決済が安全で効率的に行われるために、その取引を担う事業の組織や活動に関する規制や規整が発達しており、民事的規律では、従来から、民法、商法、手形法・小切手法等の伝統的な分野に法的規律が設けられている。

今日では、さらに、次々と新しいタイプの決済手段が開発されるようになり、それらが安全性と信頼性を確保して利用されるように新たな法制度の開発・整備が課題となる（福原紀彦「Fintechによる電子商取引・決済法の生成と展開」中央大学学術シンポジウム研究叢書11巻249頁〔2017年12月1日〕、参照）。

2.1.2. 企業取引の規律環境 ― 企業取引法の内包と外延

> 1　市場経済秩序と企業取引の法的規律
> （1）近代市民法における企業取引規律
> （2）企業取引を規律する民事規律の存在形式
> 2　市場の調整・規制と企業取引規律の展開
> （1）市場における政府の役割と企業取引規律の諸相
> （2）経済法規律 ― 独占禁止法と業法
> （3）消費者取引の規律 ― 消費者法
> 3　企業取引の新たな規律環境

□1. 企業取引の法的規律は、どのような経済社会の秩序を背景として、どのような原則のもとに、どのような法的手法で行われているか。
□2. 企業取引の民事的規律のなかで、商法と呼ばれる法規範の存在形式には、どのようなものがあるか。
□3.企業取引の規律として、政府が経済市場機能を補正・代替し、機能の拡張を図るにあたり、どのような法規範が登場しているか。
□4.企業取引の従来の規律を補強する新たな規律環境のなかで、「ソフトロー」「準則」「ルール・ベースからプリンシプル・ベースへ」とは、それぞれ、どういう意味をもつものか。

1　市場経済秩序と企業取引の法的規律

（1）近代市民法における企業取引規律

　経済社会に必要な秩序（原因と結果の因果関係）を形成し維持するために、近代市民法を原型とする社会規範が機能している。そこでは、民事規律を用いて、市場における一定の経済主体を法主体（権利義務の帰属主体）として位置づけ、経済関係を権利義務関係によって秩序づけており、損益の帰属点となる企業は、多くが法人格が認められ、権利義務の帰属点としても位置づけられている。そして、近代市民法においては、私的自治の原則のもとに、契約自由の原則が確立している。すなわち、市場経済原理の基調といえる自由放任主義（レッセフェール、laissez-faire）と、企業の語源にも由来する創造的・進取気鋭の精神（エンタープライズ、enterprise）にもとづき、企業の取引活動の規律は自由を原則として構築されている。

（2）企業取引を規律する民事規律の存在形式

　企業取引を規律する民事規律の法規範としては、民法が一般法の地位にあり、企業の需要と特色に応じるための特別法として「商法」と呼ばれる法分野（企業法）が形成されている。民法分野に対する商法分野の独自性を認識する一般的理解のもとでは、商法分野は、民法の特別法として、企業の需要と企業取引の特色に応じる法規範である。商法分野の法規範の存在形式（商法の「法源」）には、商事制定法としての商法典と商事特別法（附属法令と特別法令）、商事条約、商慣習・商慣習法、商事自治法がある（福原・総論総則47頁、参照）。

　商事制定法は、商法の法源として主要な地位を占めるが、反面において、一度制定されると固定性と被弾力性のために現実の経済の進展と複雑化する企業生活関係に即応した規律が困難となることから、商慣習法が商法の法源として実質的に重要な役割を果たしている。

　商慣習法は、慣習の形式で存在する商事に関する法規範であり、商法は明文をもって商法の法源であることを示してきた。企業活動は反復継続性があり商慣行を形成しやすく、商慣習法は制定法の間隙を埋めたり現実との乖離を是正する役割を果たす。歴史的にみて、今日の商法規定の大部分が、商人間で発達した慣習法を制定法の形に整えたものである（これは、「商法の慣習的起源性」と呼ばれている）。

　商事自治法は、会社その他の団体がその組織および構成員に関して自主的に定めた規則であって、その団体の自治法として商法の法源に属する。商事制定法の任意法規に優先するが、強行法規に反することはできない。商事自治法には、会社の定款、取引所の業務規程等がある。会社の定款や取引所の業務規定は、第三者をも拘束するが、これは、法律において制定の根拠があり、法的拘束力が認められているからである（会社法上、会社は定款を作成しなければならず〔会26条・575条〕、定款による幅広い自治を認める傾向にある〔会309条・326条2項等〕。金融商品取引法により、金融証券取引所の業務規定の作成が義務づけられている〔金商117条〕）。

2　市場の調整・規制と企業取引規律の展開

（1）市場における政府の役割と企業取引規律の諸相

　現実の経済社会では、市場の不完全性や外部性、財の公共性等により「市場の失敗」が存在する場合に、政府が市場機能の補正と代替を図り、また、市場機能の拡張を図る政策を遂行する上で、企業の取引活動に対して、さまざまな規律が加えられている。それらは、政府による市場への介入や後見的役割の増加という国家の役割が認識されて行われる場合もあれば、強化が図られながら効果を生じないために「政府の失敗」が指摘され、規制緩和や民営化等を標榜して行われる場合もある。市場経済を基本的な体制とする各国では、今日、混合経済と呼ばれるように、市場と政府とが相互に関係しあいながら、経済活動が行われている（一柳良雄＝細谷裕二「市場と政府の補完的関係」青木昌彦＝奥野正寛＝岡崎哲二〔編著〕『市場の役割　国家の役割』東洋経済新報社〔1999年〕105頁）。

　資源の最適な配分を求め、資源配分の効率性を高めるための経済活動の自由と規制のあり方は、企業取引の規律の自由と規制のあり方に反映する。企業取引の法的規律の実効性（エンフォースメント）を確保する上で、民事規律・刑事規律・行政規律の最良の組み合わせ（ベスト・ミックス）が求められ、また、社会法とりわけ経済法規律の活用が必要とされている。そうした企業取引の法的規律の全貌は、契約自由の原則とその制約として整理されることが多い（谷川久＝清水誠＝河本一郎＝豊崎光衛「現代における企業取引と法」矢沢惇〔編〕『現代法と企業〔岩波講座現代法第9巻〕』岩波書店〔1966年〕143頁、岸田雅雄『ゼミナール商法総則・商行為法入門』日本経済新聞社〔2003年〕174頁、落合他・商法Ⅰ141頁、等）。

　経済市場の成長の程度や政府の役割の大小により、民事規律と行政規律の活用の度合いは異なり、わが国では行政規律の度合いが大きい傾向にあるが、自由主義経済体制における規制緩和や司法制度改革の進展等に伴う「法の実現における私人の役割」の増大と併せて、民事規律の活用の度合いも拡大している（田中英夫＝竹内昭夫『法の実現における私人の役割』東京大学出版会〔1987年〕、参照）。

（2）経済法規律　—　独占禁止法と業法

　経済法は、国民経済秩序の形成・維持の立場から、国家が市場経済へ積極的に介入したり、個別的な経済過程を規制する法の分野として、資本主義体制の高度化による経済社会の進展とともに形成されてきた現代的な社会法の一分野である。

　わが国では、自由市場を維持する競争政策の見地から経済主体を規制する「私的独占の禁止及び公正取引の確保に関する法律（昭和22年法律54号）」（＝独占禁止法）に代表される競争法を中心に、その他、各種業法等の経済規制法も含めて理解されることが一般的である。

　業法は、特定の事業ないしその取引類型の特殊性にもとづき企業の組織や活動について種々の政策目的から規制し、業種・業態にもとづく監督規制としての銀行法、保険業法等がある。また、資本市場の基本法としての「金融商品取引法（昭和23

年法律25号）」がある。

　経済法も、企業と企業取引を規律対象とする法分野である。しかし、経済法は、公正な競争により自由主義経済秩序を実現・維持するため、企業の組織と活動を国民経済秩序全体のなかで位置づけて規制するのに対して、商法の分野では、企業をめぐる経済主体間の利益調整を図ることを主眼としていて、規律の次元とエンフォースメントが異なる。もっとも、業法のなかにも、一般法となる商法・会社法上の民事的規律を一部修正する規律があり、金融商品取引法には、投資家保護を目的として、金融商品取引業に関する業法規制と民事的規律とがある。

（3）消費者取引の規律　―　消費者法

　消費者取引は、消費者という経済主体からすれば、自己の生存と生活を維持するために費消する財やサービスを獲得する手段であるから、なによりも身体と生命の安全が確保された上で、それぞれの経済目的が達成されることが要請される。企業と消費者という異質の経済主体間での取引では、当事者によって目的が異なるほか、情報力、交渉力および資金力の相違、さらには、危険や損失を転嫁できる立場や能力の有無等により、当事者の立場に互換性がない。このことを踏まえて、消費者の実像に配慮した法的ルールが必要となり、消費者保護を趣旨として、取引類型毎に特別法が制定されたり（割賦販売法、特定商取引法等）、分野を問わず消費者取引を対象とする消費者契約法が制定されている。

3　企業取引の新たな規律環境

　最近では、企業取引の従来からの規律を補強する新たな規律環境が生じている。そのなかで、「ソフト・ロー（soft law）」は、国家権力によって強制が保証されている通常の法規範である「ハード・ロー」には該当しない規範であり、現実の経済社会において国や企業が何らかの拘束感をもって従っている規範である。今日、企業取引の新たな規律としても重要性が増している（前世紀後半に国際法学で誕生した概念が、今世紀には、企業取引の規範の研究に関して国内法の分野でも注目され始めた。わが国での研究の集成として、中山信弘〔編集代表〕『ソフトローの基礎理論』有斐閣〔2008年〕、同『市場取引とソフトロー』有斐閣〔2009年〕等がある）。

　新しく登場した取引（例えば、電子商取引等）では、必要な法規範の制定法としての十分な整備や慣習法の生成を待つことができず、行為や紛争解決の基準が求められることがあり、そのような場合に、関連法規定の解釈運用の指針や有効・適切な基準を定めて、これを「準則」と呼ぶ場合がある（例えば、「電子商取引及び情報財取引等に関する準則〔2019年12月改訂〕」経済産業省〔2019年〕　https://www.meti.go.jp/press/2019/12/20191219003/20191219003.html）。企業取引関係者の予見可能性を確保する上で、重要な役割を果たしている。

　また、従来の法律や規則によるルール・ベースの規制に対し、詳細な法律や規則等は制定せず、原理・原則だけを定めておき、規制当局の監督や市場による規律に

任せようとする規制のアプローチを、「プリンシプル・ベース」と呼ぶ。ルールベースの規制では、事前の規制枠組みを決めて厳格な規定を設けるので変更が容易でなく、市場の効率性を妨げ、国際的なルールの統一が困難となる点が、プリンシプル・ベースの規制では克服される（例えば、近時、金融庁が標榜する「ベター・レギュレーション」では、「ルール・ベースの監督」と「プリンシプル・ベースの監督」とを最適な形で組み合わせ、金融規制の全体としての実効性を確保することを掲げている。参考文献として、西村あさひ法律事務所〔編〕『最新金融レギュレーション』商事法務〔2009年〕3頁以下）。

2.1.3. 企業取引法の意義と特色

```
1  企業取引法の意義と地位
（1）商法の意義と企業法
（2）企業取引法の意義
    ・実質的意義における商行為法と商取引法
    ・商取引法と企業取引法
（3）企業法の地位・体系と企業取引法
2  企業取引法の特色と傾向
（1）企業法の理念と特色
（2）企業組織法の内容上の特色
                 ― 企業の維持強化（企業価値の維持・向上）
（3）企業取引法の内容上の特色  ― 企業取引の円滑化
（4）企業取引法の発展傾向上の特色
```

□1.「実質的意義における商行為法」「商取引法」「企業取引法」は、それぞれ、どのような問題意識のもとに理解されるか。
□2.近代市民法はどのような体系をなし、そのなかで商法（企業法）はどのような地位を占めているのか。とくに、民法に対して、商法はどういう位置づけにあるのか。
□3.企業取引法の内容上の特色はなにか。なにをどのように反映して、どのような具体的規定が設けられているのか。
□4.企業取引法の発展傾向上の特色はなにか。

1 企業取引法の意義と地位

（1）商法の意義と企業法
　商法という言葉が商売の方法という意味ではなくて、法としての商法を意味する場合には、二通りの意義がある。ひとつは、文字通り商法という名称で存在している法律＝商法典（実定商法）を指す場合であり、これを「形式的意義における商法」という。もうひとつは、商法という呼称で理論的統一的に把握される法分野を指す場合であり、これを「実質的意義における商法」という。
　実質的意義において一定の法分野を把握しようとすることは、その法分野が対象とする人間社会の生活関係・生活事実に着目して、それらの需要に応じた法分野の独自性を理解しようとすることである。そこで、商法の対象に関しては、かつて、「媒介行為本質説」や「商的色彩論」という学説が唱えられ議論が展開されたが*、今日では、

商法の対象は企業であるとする「企業法説」が通説である**。企業法説のもとでは、実質的意義における商法とは、企業に特有な生活関係を規律するために形成された法の総体をいい、この意味で、商法は企業法として理解される。ここに企業とは、「資本的計算のもとに一定の計画に従い継続的な意図をもって営利行為を実現する独立の経済主体である」と定義されている。

    * 商法の対象に関する議論   「媒介行為本質説」は、商法の対象を、生産者と消費者の間に介在して財貨の転換を媒介する営利行為であると捉え、安く仕入れて高く売って差額を得る媒介行為が商法の本質とする。この種の行為は迅速かつ自由に行われる必要があるため、民法の規整とは別に特別法として商法が生成したと考え、媒介行為をするための製造・加工の取引や、仲立・取次・代理・運送・寄託等の媒介行為を補助する行為も含んで商法の対象が拡大しているとみる。媒介行為本質説は、財貨転換という媒介行為に着目した点で、注目すべき見解であった。

    これに対して、「商的色彩論」は、商法が規整する法律事実に着目して、一般私法の対象である法律事実のうち商的色彩を帯びるものが商法上の法律事実であり、商法の対象とみる。ここに商的色彩とは、財貨転換の媒介行為から演繹できる特性をいい、営利性・集団性・個性喪失等の技術的な色彩のことをいうとする。商法の対象となる行為の特性を明らかにした卓越した見解であった。

    その後、商的色彩論は、法律事実の表層にみられる特性を説明したところまではよいものの、それらを生み出す内容の本質に迫る必要があると指摘されるようになり、それを企業に求める「企業法説」の考え方が支持を集めるようになった。しかし、この議論の展開に果たした媒介行為本質説や商的色彩論の役割は大きく、商法（企業法）の特色を整理する上で今なお有益であると思われる（後掲の「企業法の理念と特色」を参照）。

    ** 企業法説の課題と現代的意義   企業法説に、いくつかの課題があることが指摘されている。すなわち、①企業法に包摂される規整範囲が、形式的意義における商法すなわち商法典が現実に規定する範囲と一致しないこと、②そもそも企業という概念が多義的で不明確であることである（落合他・商法Ⅰ8頁）。また、企業法説に対し過大評価すべきではないとする見解（竹内昭夫「企業法の地位と構成」『現代企業法講座1企業法総論』東京大学出版会〔1984年〕3頁以下）もある。

    しかし、課題の①は、商法典の沿革的な事情や立法技術に由来しているのであり（後掲の「企業法と商法典」を参照）、また、課題の②は、企業概念を導く企業の形態と実態が、時代や社会において、現実に固定的でないことによるものであるから、それらの点で企業法説が批判されるべきではない。

    企業法説は、経済社会の発展にともなう企業の組織や活動の多様化・高度化に対応するために、商法が企業法として進展することを理解し、商法と呼ばれてきた法分野を動態的に捉え、これからのあり方を示唆する上で、極めて優れた考え方であり、研究領域の問題意識を高めているといえる（木内宜彦『『商法学から企業法学へ』序説」中央大学90周年記念論文集〔中央大学・1975年〕27頁、参照）。

    企業法説のさらなる現代的意義を踏まえて、商法（企業法）の動態的な理解を獲得することが必要である。

（2）企業取引法の意義

1）実質的意義における商行為法と商取引法

  商法の意義に対応して、商法典商行為編を指して「形式的意義における商法」といい、商行為法という呼称で理論的・統一的に把握される法分野を指す場合、これを「実質的意義における商行為法」という。そして、実質的意義における商行為法をどのように理解するかは、商取引法または企業取引法を認識する上で出発点となる観

点である。

　形式的意義における商行為法（商法第2編）と実質的意義における商行為法は一致していない。その原因は、商行為概念にある。商行為概念は、商行為編の諸規定の適用範囲を画定する役割を有しているが、商法で列挙される商行為の概念は網羅的ではないので、それらに該当しない行為は営業として行われても商行為編の規定の適用はない。すなわち、商行為は、営利性等を特色とする取引の全般を包含できない。また、商人でない者が一回限り行っても商行為となる絶対的商行為の概念が残っている。

　商行為概念は、商人概念を導くために先験的に規定されている点で、企業という経済主体の属性と特色を反映する取引を規整対象と定める役割を果たせない。このことを意識して、実質的意義における商行為法は「商取引法」と呼ばれることが多い（森本編・商行為4頁参照。「商取引法」と称する体系書や教科書は数多い）。

2）商取引法と企業取引法

　商取引法の概念により、実質的意義における商行為法は、形式的な商行為概念によって範囲を限定されないようにとの考慮の上に、商法商行為編のみならず海商編や保険法を対象に含め、さらに、営業的商行為や附属的商行為の概念あるいは「商事」*の概念を媒介として認識することができる取引や事業形態を対象とすることができる。

　さらに、企業が取引主体であることに着目し、企業法の体系を構想することに併せると、商取引法は「企業取引法」の概念に包含されることになる**。

　　＊ 商事の意義　　商法（平成17年改正商法）は、「商人の営業、商行為その他商事については、他の法律に特別の定めがあるものを除くほか、この法律の定めるところによる」（商1条1項）と規定し、商法典の制定趣旨を確認する。ここに「商事」とは、同条が商法典の適用について定めていることから、形式的意義における商法（商法典）の適用対象となっている生活事実をいう。

　　商法1条にいう商事の意義について、形式的意義における商事であるとする見解（大隅・総則79頁）は、法規の適用についてその限界を明確にする必要があり、その範囲が不明確な実質的意義における商事に解することは妥当ではないことを理由とする。これに対して、商法1条にいう商事の意義について実質的に解する見解（服部・総則36頁）は、形式的に解すると、法規が先行していて、それによって規律される生活関係が後で定まることになって妥当でないことを理由とする。

　　法規の適用を定めるにあたっての商事の意義は形式的に解するべきであり、ただ、商法典に規律する事項とは、商法典に規定している各個の点だけでなく商法典が規律の対象としている生活関係の全体が商事である（大隅・総則79頁）。例えば、商人間の売買は、商法524条以下に規定されている事項に限られず、全体として商事であり、商法524条以下に規定がないときに商慣習法が民法に優先して適用されるという意味で理解できる（森本編・総則26頁）。

　　＊＊ 商取引法か企業取引法か　　商取引法を企業取引法と称してしまうことが躊躇されるとしたら、それはなぜなのか。それは、おそらく、商法企業法説への批判・疑問が背景にあり、とりわけ、企業概念が多義的であるため企業法に包摂される規整範囲が不明確となるとの虞があるからであろう（企業法説の課題と現代的意義については、福原・総論総則7頁、参照）。また、企業取引法という呼称は、企業取引に関わる規律や法規制の全般を視野に収めているものとの印象が強くなるので、私法上の民事的規律によるエンフォースメントを原則とする法体系上の位置づけを明確にして、民法の一般的規律との関係を見失わない

ようにするために、民事に対する商事の概念を念頭に置くからであろう。

しかし、企業法を企業関係法と区別するように、企業取引法を企業取引関係法と区別できるし、最近の民法（債権関係）の改正等により民法の商化現象が進むと商取引法の独自性は認識しにくくなる。そうした商取引法の現状を認識し今後を論ずるためにも企業取引法と称してしまわない方がよいとも言えなくはない。しかし、経済主体の実態を反映した法の分野と体系を構想する場合には、企業取引法と称することが相応しいと思われる。

もっとも、実質的意義における商行為法をどう理解するかという点については、現行商法典の枠組みを前提に抽象的に論じても実益はなく、商行為規定による規整は関連業法や約款によって修正補充されているので、「生きた商取引法」を理解するには、それらを配慮して個々の業種ないし取引の類型毎に総合的に検討しなければならないとの指摘がある（森本編・商行為4頁注7）。この注目すべき指摘は、実質的意義における商行為法を商取引法の概念を用いて理解するにあたっての追加的な指摘に止まるものではない。

企業法説が、経済社会の発展にともなう企業の組織や活動の多様化・高度化に対応するために、商法が企業法として進展することを理解し、商法と呼ばれてきた法分野を動態的に捉え、これからのあり方を示唆する上で、極めて優れた考え方であり、研究領域の問題意識を高めていることに照らすと、法の動態的な理解こそ生きた法の理解であって、上述の指摘は、商取引法を含めて企業取引法と称する契機にほかならないように思われる。

（3）企業法の地位・体系と企業取引法

1）企業法の地位

企業や企業取引を規律・規制する法分野は、商法（企業法）のほかに、憲法・行政法・税法・刑法等の公法や、民法、労働法・社会保障法、経済法、知的財産法、倒産法等、多岐にわたっている。それらの企業に関する法（企業関係法）が、すべて実質的意義における商法（企業法）に属するわけではない。したがって、企業関係法のなかで、企業法として理解すべき法分野を絞り込む必要がある。

実質的意義における商法（企業法）は、企業および企業をめぐる経済主体相互間の生活関係を、権利義務の関係として規律する法である。商法は、法の体系においては私法の分野に属し、一般私法である民法（財産法分野）の特別法たる地位に立つ。企業の組織と活動は、民法が規律対象とする私人の一般的な生活関係とは異なる特色を有し、独自の理念と原理にもとづく規律が要請される。そのような要請にもとづいて生成し発展する法分野が商法（企業法）にほかならない。

《 企業の生活関係と法 》

《企業取引法の地位》

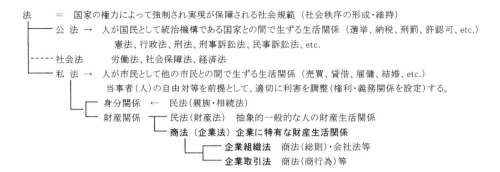

　商法（企業法）は、法の体系においては私法の分野に属し、一般私法である民法
（財産法分野）の特別法たる地位に立つ*。企業の組織と活動は、民法が規律対象と
する私人の一般的な生活関係とは異なる特色を有し、独自の理念と原理にもとづく
規律が要請される**。そのような要請にもとづいて生成し発展してきた法分野が商法
（企業法）である。

　　　* 民法の特別法としての商法　　　具体的には、商法典や会社法典等が、①民法規定を
　　　補充・修正する諸規定（商行為規定）を置き、②民法上の一般的制度を特殊化する制度
　　　（商業使用人、代理商、運送、寄託、会社）に関する諸規定を置き、さらに、③民法にない
　　　制度（商業帳簿、商号、商業登記）を創設する諸規定を置くことに表れている。
　　　　商法（企業法）は、企業組織法（会社法等）と企業取引法（商行為法等）に分けることが
　　　できるが、商法が民法の特別法とされることの意味は、今日、商行為法と会社法では大きく
　　　異なってきている。商行為法は民法の特則を定めるもので、企業取引については、特別の
　　　規定がない限り民法が適用され、特別法と一般法の関係が濃厚である。これに対して、平
　　　成17年の商法改正と会社法制定により、会社法は会社という法人の組織形態を自己完結
　　　的に規整するため体系的に整備され、法分野としての独自性を強めていることから、民法
　　　の特別法という関係が希薄になっている。例えば、民法上の法人法とは、特別法の関係に
　　　ない（森本編・総則3〜4頁）。

　　　** 平成・令和における民法の商化現象と商法の独自性　　　現在、わが国における民法
　　　と商法・会社法との関係は、どのように推移しているのだろうか。まず、平成29年成立（令和
　　　2年施行）の民法（債権関係）改正では、「民法の商化現象」が大きく進んだ。
　　　　民法に、有価証券の一般規定が新設され（民520条の2〜520条の20）、商法商行為編
　　　総則中の有価証券の規定（平成29年改正前商法516条2項・517〜519条）が削除された。
　　　商人・会社が活用する普通取引約款のうち「定型約款」に関する規定が、民法に新設され
　　　た（民548条の2〜548条の4）。商法商行為編総則においては、法律行為のなかに商行為
　　　という概念を設けて民法上の一般的な法律行為とは異なる取り扱いをしてきたが、民法上
　　　に共通の規定を設けることにして商法上の多くの規定が削除された（平成29年改正前商法
　　　507条〔対話者間における契約の申込みの効力〕、同520条〔取引時間〕、同514条〔商事法
　　　定利率〕、同522条〔商事消滅時効〕）。平成・令和における民法の商化現象として、わが国
　　　の法制史における歴史的な出来事といえるであろう（平成29年民法〔債権関係〕改正の経
　　　緯・思想と内容に関する分かりやすい文献として、内田貴『改正民法のはなし』民事法務協
　　　会〔2020年〕）。もっとも、その民法（債権関係）改正では、当初、事業者間取引に関する私
　　　法上の特例のうち基本的なものを民法に取り込むという提案がなされていたが、それらが
　　　すべて実行されたわけではない。
　　　　他方で、商法では、企業の組織と活動に特有な新たな要請を反映して、民法とは独自

の改正が行われている。平成30年の商法（運送・海商関係）改正では、社会経済情勢の変化や世界的な動向に対応して、商法商行為編の運送営業（商569〜594条）および海商編（商684条以下）並びに国際海上物品運送法の改正が行われた。

　また、すでに指摘したように、平成17年の会社法制定を機会に、民法の法人規定から離れ、また、商法典の規定から独立して、会社法が独自性を強めている。

2）企業法の体系と企業取引法の地位

　実質的意義における商法（企業法）の体系は、古くからの商法典の編成の沿革や、商法を組織法と行為法とに分ける伝統的な理論の成果を踏まえつつ*、内容上の特色が企業組織の面と企業活動の面とに分けて指摘できることから、企業組織法と企業取引法（活動法）という二大分野を基礎として構想されてきた。

　　*「組織法と行為法」「企業組織法と企業取引法」　商法の体系的理解を前進させた学説として、いわゆる「組織法と行為法の理論」がある（田中耕太郎「組織法としての商法と行為法としての商法」『商法研究第1巻』235頁）。今日では、伝統的な組織法と行為法との区別は、企業組織法と企業取引法との区別に引き継がれ、前者の強行法規性と後者の任意法規性は相対的な基本的傾向として理解されている（詳細は、福原・総論総則18頁、参照）。しかし、企業組織法と企業取引法とは原理的に相違があるわけではなく、むしろ両者はともに任意法規性（デフォルト・ルール）が原則となるとの見解がある（落合誠一『会社法要説〔第2版〕』有斐閣〔2016年〕5頁、また、会社を「契約の束」とみる立場について、江頭・株式会社57頁、参照）。

　企業法の体系を構想する場合、その主要な分野として企業組織法と企業取引法の分野を想定するとともに、企業法全体を通じた法規範すなわち商法（企業法）通則法をどのように想定すべきかは、重要かつ実践的な課題である。わが国でも、企業法通則法のあり方は、今日、会社法総則制定の影響や、民法（債権法関係）改正の影響のもとに、具体的な実定商法総則規定の帰趨をめぐって議論があるが、必ずしも固定的ではない（藤田友敬・他「商法の改正〔日本私法学会シンポジウム資料〕」NBL935号〔2010年〕7頁以下）。現状では、一般的・理論的な総論とともに、ひとまず、法の適用関係における法規範や業態や取引形態を問わず適用される法規範の位置づけとして（商法総則と会社法総則の二元化や会社法の一般法化の現象はあるが）、総則部分を存置できよう。すると、商法（企業法）の体系を企業法総論・総則、企業組織法および企業取引の各分野を設けて構想することができる。

　また、従来から手形法・小切手法の分野と商法（企業法）との関係が議論されてきたが、手形法・小切手法はこれを有価証券法に含めつつ、さらなる支払決済手段の多様化と関連法制度の展開を踏まえて、企業取引法から支払決済法の分野を派生させておくことが合理的と思われる（福原・総論総則26頁）。

　以上により、商法（企業法）の体系を次のように構想し、各分野に含まれる現行の各法領域を対応させておくことができよう（こうした認識のもとに、本書は③の領域を扱う）。

　《 商法（企業法）の体系 》
　　① 企業法総論・総則（商法〔総論・総則〕、会社法総則等）
　　② 企業組織法（会社法等）
　　③ 企業取引法（商法〔商行為〕、海商法、保険法等）
　　④ 支払決済法（有価証券法、電子記録債権法、資金決済法等）

2　企業取引法の特色と傾向

（1）企業法の理念と特色

　商法（企業法）は、企業の存立と活動を保障し、企業に特有な生活関係を規律するものであるから、私的生活関係全般を規律する民法に対して、これと密接に連関しつつも、種々の特色を有している。

　商法（企業法）は、企業の組織と取引活動に内在する技術的性格である営利性・集団性・反覆性・定型性・連鎖性等を十分に充足し、企業の健全な発展を図るために、「企業の維持強化」および「企業取引の円滑な遂行」を基本理念としている。そして、企業生活関係の特殊な需要は、企業組織に関する側面と、企業活動とりわけ企業取引に関する側面とに反映している。企業組織に関する側面では、企業の維持強化という理念（価値）にもとづき、企業活動に関する側面では、企業取引の円滑化という理念（価値）にもとづき、それぞれ、商法（企業法）に特色をもたらしている。

（2）企業組織法の内容上の特色 ― 企業の維持強化（企業価値の維持・向上）

　資本主義体制のもとで、市場経済原理の秩序を維持しつつ利潤追求活動を効率的に遂行するためには、それに適した企業組織が存在し、それが適切に運営され活用されることが必要となる。この需要は企業の維持強化という表現で、商法（企業法）の理念のひとつと理解され、商法（企業法）の内容上のいくつかの特色に反映している。企業の維持強化という価値観は、主に企業組織に関する側面で認識されているが、企業取引に関する側面でも認識される価値観でもある。

　企業の維持強化ということは、企業が現実に果たしている社会的機能（企業が、生活に必要な財やサービスを提供することによって自らの経済的価値を増大させ、また、納税や給与支給を通じて、さまざまな経済主体の収入や所得の源泉となる等、現実的に大きな役割を担っていること）に由来して認められるものである。企業は、人的・物的要素の結合からなる有機的一体として、それを構成する各要素の価値の合計を超える高い価値を有している。したがって、その企業価値を生成・維持し、さらに向上させることで、企業の社会的機能を発揮させることが求められる。そこでは、企業の所有者（出資者）の利益の最大化を図りつつも、企業の「利害関係人（ステークホールダー）」の利害を調整することが必要であり、また、企業を通じて私的利益が追求されるあまりに反社会的・非倫理的行動が生ずることを防がなければならない。

　企業の維持強化（企業価値の維持・向上）を図るための商法（企業法）の内容上の特色は、主に企業組織法の分野での特色として、次のような点に現れている。すなわち、①企業の存立基盤の形成・確保（企業の独立性の確保、資本集中の促進と再編成、労力の補充と活用）、②企業経営の効率性と合理性の確保、③企業金融の円滑化、④既存状態尊重主義、⑤危険の分散と負担の緩和、⑥企業価値の維持・企業解体の回避（狭義の企業維持）である（具体的な法制度への言及は割愛した。割愛部分は福原・総論総則34頁、参照）。

（3）企業取引法の内容上の特色 ― 企業取引の円滑化

企業の利潤追求の目的は、企業取引の連鎖によって形成される流通過程を経て実現されるので、個々の企業取引の法的な安全を確保することが、企業取引の円滑化として、強く要請される。企業は相互の依存関係のもとに維持・強化され、その相互依存関係は組織面での関係とともに取引面での関係によって構築される。したがって、企業取引の円滑化ということは、主に企業取引に関する側面に位置づけられる価値観であるが、企業組織に関する側面でも認識される価値観である。

企業取引の円滑化を図るための企業取引法の内容上の特色として、次の諸点を指摘できる。すなわち、①営利性＊の前提と保障、②自由主義と簡易迅速化・定型化（ⅰ．自由主義と契約の自由、ⅱ．迅速化・定型化）、③権利の証券化とペーパーレス化・IT化、④取引安全の確保（ⅰ．公示主義、ⅱ．外観主義）、⑤厳格責任主義である。

> ＊ **組織と行為の営利性（営利目的）**　会社は営利を目的とするが（会105条2項参照）、そこにいう営利の目的とは、事業活動によって利益を獲得し、その得た利益を構成員に分配することを目的とするという意味であり、いわゆる組織に備わっている性質としての営利性のことである。これに対して、利潤追求の動機に支えられ、利益を得ることを目的とする行為そのものを営利行為という。行為の営利性（営利目的）は、行為に備わっている性質に着目して、そこに単に利益を得る目的があることを意味する。

1）営利性の前提と保障

企業は、計画的・継続的意図をもって営利行為の実行をなすことを本質とする。商法（企業法）は、この経済上の営利目的を法律的に承認して、営利性を前提にした諸規定を設けている（商4条・501条・502条・512条・514条等）。

2）自由主義と簡易迅速化・定型化

ⅰ　自由主義と契約の自由

企業取引の円滑な遂行を図るためには、本来、経済的合理性を発揮させるべく、取引当事者の自由意思にもとづく法的処理に委ねることが望ましい。そのことから、私法の一般原則といわれる契約自由・方式自由の原則は、商法の分野で発達を遂げたものであり、また、商行為に関する規定の多くが任意規定と解され、その旨の明文規定も設けられている（商521条・544条・553条等）。

ⅱ　迅速化・定型化

集団的・大量的に反覆・継続して行われる企業取引の円滑な遂行のためには、その法律関係を画一的に迅速に処理することが要請され、行為の内容および効果を定型化することが必要となる。

普通取引約款は、この要請に応じるためのものである。商法には、簡易迅速化の要請を受けた規定がある（商504条・507条・508条・509条・522条・566条・589条等）。

3）権利の証券化とペーパーレス化・IT化

企業取引の円滑化を図る上では、取引の客体を流通に適応させる必要が生じ、経済社会の発展のうちに重要な地位を占めてくる債権に、取引の客体としての商品適格性を与える法技術が必要となる。そこで、財産的価値を有する無形の権利を証券に表章する法的技術が「有価証券」であり、これによって、権利の存在と内容を明確

にし、権利の移転その他の処分を迅速確実に行えるようになる。

　商法は、有価証券の経済的機能を保障するため、民法上の一般規定（平成29年民法〔債権関係〕改正により、有価証券一般の通則規定は、商法商行為編総則から民法に移された）に加えて、各種の有価証券の授受にともなう法律関係を規整している（商法典・会社法典およびその特別法に、株券・社債券・船荷証券・倉庫証券・手形・小切手等の有価証券に関する詳細な規定を設けている）。

　有価証券の技術と法制度は、証券資本主義といわれる経済社会の秩序を形成し支えてきたが、権利を表章して流通させるための証券という紙の物理的な存在が、その大量化によって、かえって流通を妨げる事態を生じさせる。そこで、近時、証券のペーパーレス化が進み、さらには、その電子化が図られている。

4）取引安全の確保

　企業取引の円滑化のためには、実行された取引の効果が後で争われ、不測の損害をこうむる危険が生じないようにしておくことが必要である。商法（企業法）では、企業取引の性質に即して、企業取引の効果を法的に確保するための諸制度が設けられており、そこでは、取引の安全を強く保護するために、ⅰ．公示主義、ⅱ．外観主義と呼ばれる態度が現れている。

ⅰ　公示主義

　企業取引は、通常、相手方の資力・能力・権限等の調査を前提として行われるが、集団的・大量的に反覆・継続して、しかも迅速になされる必要がある企業取引においては、企業組織と取引機構の複雑化のもとで、そうした調査の煩雑さが円滑な企業取引を阻害しかねない。そこで、商法（企業法）は、企業取引の上で重要な事項を一般に周知させるための特別の公示手続きを定め、企業取引の相手方の保護を図っている（商業登記制度〔商8条以下、会907条以下〕、会社の公告の制度〔会939条等〕等）。

ⅱ　外観主義

　企業取引の効果を法的に確保するために、商法（企業法）においては、外観主義が採用されている。外観主義とは、真実に反する外観が存在する場合に、その外観を作り出した者は、これを信頼した者に対して責任を負わなければならないとするものである。外観主義は、いわゆる権利外観理論（Rechtsscheintheorie）および表示による禁反言（estoppel by representation）と深い関連を有する。

　商法・会社法上、外観主義に即した制度は多い（不実登記による責任〔商9条2項・会908条2項〕、名板貸人の責任〔商14条・会9条〕、表見支配人制度〔商24条・会13条〕、表見代表取締役制度〔会354条〕等）。

5）厳格責任主義

　企業取引を円滑に遂行して企業活動の活発化を図るためには、関係者の責任を軽減する必要が認められる場合があるほかに、関係者の義務を強化し厳格な責任を求めることが有効な場合がある。その責任の厳格性が求められるのは、企業取引当事者の期待している経済上の効果の実現を十分に保障するためである（商人の売買における協力義務〔商510条・526条・527条・528条〕、取引関係者の特別の履行担保責任〔商504条但書・549条・553条等〕、債務者の連帯責任〔商511条・579条3項・756条1項〕、無過失責任〔商596条〕、免責約款の効力の制限〔商596条3項〕等）。

（４）企業取引法の発展傾向上の特色

　企業取引法を含む企業法の分野の発展傾向上の特色として、他の法分野に較べて、①進歩的傾向と②国際的傾向が著しいことが、従来から指摘されている。

１）進歩的傾向

　まず、企業法の分野は、新規立法や会社法等の法改正が頻繁に行われる等、絶えず進歩発展する経済状況や企業生活関係のあり方に素早く対応して、きわめて進歩的で流動的な傾向を有している。

　伝統的な商行為法の観点では、実定商法典の商行為規定が、現代語化に関するもののほかは、長らく改正されていないという事情はあるものの、商行為法から商取引法、企業取引法へと観点を広げると、例えば、金融商品取引法が毎年のように改正されているように、法領域の進歩的傾向はきわめて著しい。

２）国際的傾向

　次に、企業法の分野では、各国の法規定が国際的に統一化される傾向にある。企業活動は、経済的合理主義を基調として高度に技術的であり、国際的に展開することから、その秩序を支えることを任務とする法規範は国際的に共通する部分が多くなる。各国の商法規定・会社法規定が次第に一致し、世界的に統一化する傾向がみられる。

　伝統的な商行為法の観点でも、法系の間での国際的共通化の傾向は強く、さらに法系を超えた世界的統一化の傾向がみられる。商行為法から商取引法、企業取引法へと観点を広げると、それらの傾向はいっそう顕著である。とくに、各種の企業取引に関しては、実体法の統一の過程で国際的な条約が果たす役割がきわめて大きい。

2.1.4. 企業取引と普通取引約款

　　　１　普通取引約款の意義・機能
　　　２　普通取引約款の法的拘束力
　　（１）約款の規範性に関する理論的対立軸
　　（２）契約規範説の展開と判例理論
　　（３）法規範説（自治法理論と商慣習法説）と白地慣習説
　　（４）新契約理論
　　　３　普通取引約款の問題性と国家的規制
　　（１）問題性と規制の必要性
　　（２）各種の国家的規制
　　（３）約款の解釈
　　　４　定型約款
　　（１）定型約款に関する規定の新設理由
　　（２）定型約款の定義
　　（３）定型約款による契約の成立
　　（４）定型約款の内容の表示
　　（５）定型約款の変更

□1.普通取引約款とはなにか。また、普通取引約款は経済社会においてどのような機能を果たしているか。

□2. 普通取引約款の法的拘束力の根拠はなにか。
□3. 普通取引約款の利用にはどのような弊害があるか。また、その弊害を予防・除去するために
どのような規制があり、それらの規制はどのような特色を有するか。
□4. 定型約款とはなにか。民法上、定型約款に関してどのような規律を設けているか。

1　普通取引約款の意義・機能

　普通取引約款(allgemeine Geschäftsbedingungen)とは、特定の種類の取引にお
いて予め定められ画一的に適用される定型的な契約条項のことである。普通契約条
款と称されたり、約款と略称されることもある。本質的には、単なる契約の見本にすぎ
ない標準契約書式(model form)とは異なる(もっとも、約款が標準書式の形式で実質的に
存在することは多い)。

　標準契約書式として存在し一定の拘束力を有していたものも含めると、中世のイタ
リア諸都市における海上運送や海上保険の取引で利用されていたことや、ローマ法
にいうフォーミュラーに沿革を観ることができるとされているが(石井照久『普通契約条
款』勁草書房〔1957年〕11頁)、今日の約款は、近代国家のもとでの、経済社会の発展と
近代私法の展開過程において、その機能と問題性が生まれたものである。

　経済社会の発展とともに、企業取引が集団的で大量に、また継続的に行われるに
あたり、取引の規格化・合理化・迅速化の要請がいっそう強くなる。その要請に法的
に対応するため、新規立法を待てず、任意規定に取って代わる技術的な法的処理
方法として、契約自由の原則のもとに、普通取引約款(約款)が広く利用されてきた
(約款による「法律からの逃避」現象)。すなわち、経済社会の発展とともに次々と新
たな企業取引が登場するが、その企業取引の機能を保障し、関係者の利害を適切
に調整するために、既存の制定法が必ずしも十分に機能するとは限らない。経済社
会の高度化とともに制定法は常に古くなる宿命にある。このような企業取引に関する
取引慣行と制定法との宿命的な乖離や制定法の不備を克服する方法として、普通取
引約款が機能する。

　また、約款の利用により、大量の取引であっても取扱の平等を実現することができ
き、交渉コスト(取引費用)を大幅に軽減することができる。

　こうして、今日、約款によらない取引はないとまで言われるほど、約款の利用が普
及している*。

　＊　約款の利用例　　企業間では、物品やサービスの供給契約、代理店やフランチャイズ
の契約、各種金融取引上の契約、運送契約や倉庫契約等、あらゆる取引において、約款
の利用は常態化している。
　　私達の日常生活においても、約款にもとづく契約によって、あらゆる取引が行われてい
る。電力・ガス・水道の供給を受ける場合の契約、テレビ放送を受信したり携帯電話・スマ
ホ等の通信手段を利用する場合の契約、通勤・通学・出張・旅行での鉄道・バス・航空機・
船舶等の移動手段や旅館・ホテル等の宿泊施設を利用する場合の契約、各種銀行取引
やクレジット・ローンを利用する場合の契約、ICチップが登載された前払式支払手段である
カード(電子マネー)を利用する場合の契約等、枚挙に暇がない。

2　普通取引約款の法的拘束力

（1）約款の規範性に関する理論的対立軸

　普通取引約款が取引当事者双方を法的に拘束する根拠（約款の規範性）をどのように理解するかについて、従来から、さまざまな理論が展開されてきた。

　ひとつの系譜として、普通取引約款はそれ自体は直接の法源ではないが、それにもとづいて成立する契約の効果として拘束力を有すると考えるか（契約規範説）、あるいは、もうひとつの系譜として、普通取引約款を法源として捉え、法規範として拘束力を有すると考えるか（法規範説）が、大きな理論的対立軸と観ることができる＊。

> ＊　**契約規範説と法規範説の系譜**　　契約規範説の系譜では、法律行為理論に始まり、それへの批判を克服すべく、附合契約説、意思推定理論、白地慣習説が唱えられ、さらに、新契約理論が登場している。法規範説の系譜では、自治法理論、商慣習法理論が唱えられ、さらに、契約規範説との融合を図る約款制度説がある（岩崎稜「普通取引約款の法源性」谷川久＝龍田節〔編〕『商法を学ぶ』有斐閣〔1973年〕8頁、河本一郎「普通取引約款の拘束力」北沢正啓＝浜田道代〔編〕『商法の争点Ⅰ』有斐閣〔1993年〕6頁、甘利公人「普通保険約款の拘束力」商総行百選7頁、参照）。

（2）契約規範説の展開と判例理論
1）法律行為理論・附合契約説等

　契約規範説は、約款にもとづいて成立した契約の効果として当事者間に拘束力が生じると解する諸見解の系譜である。伝統的な「法律行為理論」によれば約款は当事者の意思を補充するものにすぎず、当事者が約款の個々の条項をはっきり了知し、かつ、約款によることに異議のない場合に限り、約款の効力が認められる。しかし、この伝統的法律行為理論では、契約自由の原則のもとに発展しながら契約の自由を失わせている約款が通用する社会的基盤とその問題性を把握することができず、また、この構成では当事者の主観的事情により拘束力の有無が決せられるので、約款の効力が不安定になり、約款機能の発揮が十全とならず、利用企業の利益に反する。

　そこで、契約規範説の系譜において、「附合契約説」が唱えられた。すなわち、約款現象は附合契約（contrat d'adhésion）の典型であり、ここに附合契約とは、独占的かつ必需的色彩を帯びる営利的恒常体が契約内容を不動条項として一方的に設定し、相手方である公衆が包括承認する（＝附合する）ことによって成立する特殊の契約であると説明する。この説は、伝統的法律理論では埋没していた約款の問題性を附合契約というキャッチフレーズで浮き彫りにした先駆的業績であったが、約款それ自体と約款による契約との区別が必ずしも明確でなく、また、附合という合意擬制が拘束力を導くことの妥当性に対する批判を拭えない。

　その他、契約規範説の系譜では、「規範契約説」が唱えられた。すなわち、約款は規範契約（Normenvertrag）の一例であり、規範契約とは、将来の個別契約の内容となる規範そのものを予め協定しておく契約であると説明する。この説は、労働協約の拘束力根拠を契機に開発され、約款それ自体と約款による契約との区別を明確にし

た点で優れていたが、予め協定として設定される規範の客観性と拘束力根拠の基礎付けが不十分であった（契約理論による約款拘束力の説明について、岩崎稜・前掲14頁参照）。

2）意思推定理論と判例の立場

意思推定理論は、伝統的な法律行為理論による約款拘束力の不安定という不都合を避けるために、当事者が約款によるとの意思を有していたと推定ないし擬制するものであり、わが国の判例が採用する理論である。すなわち、外国の保険会社との間に火災保険契約を締結した者が、日本の普通保険約款には存在していなかった森林火災免責条項により、保険金の支払いを拒否されたという事案につき、大審院は、保険契約者が特に普通取引約款によらない旨の意思表示をしないで、また、約款による旨の記載のある保険申込書に署名して契約をしたときは、契約の当時その約款の内容を知悉していなくても、一応これによる意思をもって契約したものと推定することができる旨を判示した（大判大4・12・24民録21・2182商総行百選2）。この判決が、普通保険約款の拘束力に関するリーディングケースとなり、今日に至っている*。

この見解では、推定を覆して約款に拘束されないためには、当事者が条項の存在を知らなかったという立証では足りず、約款による意思がなかったことを立証する必要があると解する等（甘利・前掲7頁）、約款の拘束力が不安定になることを避ける工夫が施されている。

> **＊ 意思推定の根拠**　裁判例には、意思を推定する根拠として、約款による旨の記載のある申込書によって保険契約を締結した事実や（大判昭2・12・22新聞2824・12）、約款が裏面に記載された保険証券を受領後に何らの異議を申し出た事実がなかったこと（東京地判大13・5・31法律評論13商法247）を指摘するものがある。さらに、法律上課されている公示義務が履行されている場合に、契約締結にあたり約款の内容が相手方に容易に知り得べき状態に置かれていたのであれば、約款による意思があったと推定する裁判例が続いている（大阪高判昭38・10・30判時369・42等）。

（3）法規範説（自治法理論と商慣習法説）と白地慣習説

法律行為理論への批判から、約款自体を商慣習法と解し、あるいは、約款を団体が自主的に制定する商事自治法の一種と解して、約款の直接の法源性を肯定する法規範説の系譜が登場し、他方で、白地慣習説が多くの支持を集めている。

1）自治法理論

わが国では、法規範説の系譜において、「自治法理論」が有力に唱えられた。すなわち、「社会あるところに法あり」の法諺を援用して団体が自主的に制定する規範に一種の商事自治法としての法源性を認め、約款を当該取引圏という部分社会の自治法であるとする見解である（西原・商行為52頁、服部・商行為30頁）。約款の実効性は現実の通用という事実に基づくが、企業の維持強化と取引の円滑旺盛化という商法の理念に支持されている点に、またその限りで、法規としての妥当性が認められるとする。

確かに、約款の拘束力は、契約条件の具体的内容が取引の技術的構造を考慮した対価関係からみて公正である場合には是認されてよいし、公企業の利用者平等取

扱義務を担保する法技術として利用される場合にも合理性がある。しかし、取引当事者の一方が優越した取引力や供給独占的地位を有していることが通用の支えとなって、取引条件を一方的に押しつけることになると問題である。したがって、約款自体に直ちに法源性を認め、その効力としての拘束力を認めることは妥当ではない(岩崎稜・前掲11頁)。

２）商慣習（法）説と白地慣習説

約款が、制定法との関係では商慣習（法）と類似する性格を有することから、約款の規範性の根拠を商慣習（法）に求める見解がある。この場合、約款内容それ自体を商慣習（法）とする立場もあり得るが、わが国の通説は、約款自体の法源性を認めず、特定分野の取引について約款によるということを内容とする商慣習（法）の成立が認められる結果、個々の契約が約款に拘束されるにすぎないと解している(白地慣習説、大隅・商行為77頁、鴻60頁)。

この見解は、一般に取引が約款によって締結されている分野を想定しているが、新種の企業取引における約款利用の場面で妥当するのか疑問である。また、約款による意思を取引慣行により推論ないし補充するということは、意思を擬制することではないかとの批判を免れない。

（４）新契約理論
１）客観的意思説とその展開

契約当事者を拘束する基盤はやはりその者の意思であるとの出発点に立ち、約款の規範性の根拠を客観的意思に求める考え方がある(客観的意思説、戸田・商法Ⅰ170頁)。ここに客観的意思とは、個々の契約における当事者の主観的ないし具体的な意思でなく、約款が利用される業界や市場において約款による契約当事者の普遍的意思である。かかる意思は、裁判所の認定によって現実化するものであろうが、約款の正しい解釈から導き出されるものでなければならないという。

さらに、客観的意思説を展開する見解がある。すなわち、現代における約款による契約には公的モメントと私的モメントの二つの契機が存在するとの理論的認識のもとに、約款の拘束力の根拠は、監督官庁の認可や免許を媒介とする政策の挿入と、約款の定型的契約諸条件に体現されている保険者の意思と保険契約者の保険取引における対価性確保の期待に向けられた客観的意思との合致であると構成する(吉川吉衞「普通取引約款の基本理論〔1〕」保険学雑誌481号45頁)。この見解であれば、取引慣行を必要とせず、また、顧客圏の性格を問題として、修正的解釈を導き出すことができる。

２）合理的合意説

約款の拘束力の根拠を約款によることについての合理的合意に求める見解がある。この合意の有無は、一定の客観的状況から判断せざるを得ないが、少なくても約款による旨の指示が必要であり、また、約款によるという意思表示は、契約の本質的目的や企業者側からの働きかけ等から形成される合理的な期待に合致する限りにおいて、約款に合意するという内容のものと解釈し、それに反する条項は拘束力を生じないとする(山下友信「普通保険約款論〔四〕」法学協会雑誌97巻1号73頁)。

　約款の規範力をどのように理論付けるかの議論にあっては、約款の問題性を直視し、約款の解釈のあり方を導くことが求められたといえよう＊。

　　＊ **普通取引約款をめぐる論争**　　わが国における当該論争の年代毎の特徴や今日的意義については、優れた文献による集大成と整理がある。河上正二『約款規制の法理』有斐閣(1988年)、山下友信「普通取引約款をめぐる論争」倉澤康一郎＝奥島孝康(編)『昭和商法学史』日本評論社(1996年)、山下友信『商事法の研究』有斐閣(2015年)217頁、参照。

3　普通取引約款の問題性と国家的規制

（1）問題性と規制の必要性

　普通取引約款は、経済社会における一定の法技術として合理性が認められるが、かといって、取引当事者の一方が優越した取引力や供給独占的地位を有していることが通用の支えとなって、取引条件を一方的に押しつけることになると問題である。換言すれば、経済力の格差や取引交渉力(bargaining power)の不均衡が、約款を通じて、法的効果に結びついてしまうことは避けなければならない。そこで、普通取引約款の機能を維持しつつ、その問題性に対処し、約款利用に伴う弊害を除去するために、国家的規制(立法・行政・司法による規制)が必要となる。

（2）各種の国家的規制

1）立法による規制

　約款利用に伴う弊害を除去するための立法による規制は、約款による契約の締結手続の規制と約款に定める契約内容の規制とがある。

　前者の手続規制では、約款の内容が理解されずに契約が締結されて不測の損害を被ることを防ぐため、約款に定める契約条件を公告や掲示により一般的に公示したり(鉄道営業法、旅行業法等)、書面の交付や表示によって個別に開示することが求められている(割賦販売法、特定商取引法、資金決済業法等)。後者の内容規制では、立法規制では限定的に契約条件を規制せざるを得ず、必要な条件を求めるものと、一定の条件を禁ずるものとがある。立法的規制は、効果が大きいが柔軟性に欠けることもある。

　わが国における約款の立法規制は、従来は、業法による業種別の個別規制が多くなされてきた傾向にあったが、約款に対する一般的規制が求められるようになり、最近では、消費者契約法により、消費者が当事者となる取引において利用される約款一般の法規制が整えられた。さらに、平成29年民法(債権関係)改正により、「定型約款」の規定が新設され、一定の立法的な対応がなされた(本書後掲25頁以下、参照)。

2）行政による規制

　行政による規制では、主務大臣による約款の認可が最も一般的な手法であるが、さらに、約款の変更命令権を主務大臣に認める例が多い(金融商品取引法、保険業法等)。監督官庁による監督のもとに標準約款を作成・公表し、事業者がこれに従う例が多い。行政による規制は、個別約款毎に、また、社会経済事情の変動等に応じ

た規制が事前・事後に可能であり、わが国では最もよく行われている約款規制の方法である。なお、約款の認可の有無が約款の個別条項の私法上の効力を左右するものではない（最判昭45・12・24民集24・13・2187）。

３）司法による規制

約款の適用の当否や解釈は、最終的には裁判所によって行われる。この司法による規制は、約款利用の具体的な事情や相手毎に個別的な事業に応じた柔軟な規制が可能となる。しかし、事後的な規制であり、また、規制の効率という点では、前二者の規制ほどには大きくない。

それぞれの規制の特色を踏まえ、それぞれの、また、最適な組み合わせによる約款規制が求められる。

（３）約款の解釈

約款の解釈にあたっては、約款の規範性に関する理解に応じて、法律行為一般の解釈方法あるいは法規の解釈方法に拠ることになるが、約款の機能に着目して、前者においては、個々の契約当事者の合理的意思の探求だけではなく、また、後者においては、立法者意思や立法資料の探求とは異なる方法が、それぞれ求められることになる。そこで、次のような約款解釈の原則が提唱されている。

第一は、「客観的・統一的解釈の原則」であり、これは衡平の理念と約款の取扱平等を実現する機能に基づく解釈原則である。

第二は、「目的論的解釈の原則」であり、約款の個別の条項は約款全体の趣旨や当事者の合理的期待に沿って解釈することが求められるものである。

第三は、「作成者不利の原則」であり、企業側が作成することが多い実情を踏まえて、経済力不均衡が約款によって定着することを防ぐため、消費者保護等の観点から提唱される解釈原則である。

これらは約款の不当条項を無効としたり補充・修正したりする解釈論の原則が示されたものであり、こうした経験を経て、最近では、個別的または一般的に約款を規制する立法において、不当条項の無効や取消しの類型が整えられる傾向がみられる（割賦販売法、特定商取引法、消費者契約法、平成29年民法〔債権関係〕改正等）。

4　定型約款

（１）定型約款に関する規定の新設理由

平成29年民法（債権関係）改正において、普通取引約款を用いた取引の法的安定性を確保するため、「定型約款」に関する規定が新設された（民548条の2〜548条の4）。これにより、約款が拘束力を有する根拠と範囲について一定の立法的な手当がなされ、定型約款中の個別の条項の拘束力の有無や定型約款の変更の可否に関する紛争などについて、適切な解決の枠組みが示され、紛争の未然防止にも役立つことが期待される（筒井=村松編240頁以下）。もっとも、同改正においては、約款の定義、約款の拘束力、不意打ち禁止、約款に関する不当条項規制等、約款をめぐる理

解の対立を踏まえ、民法における規律の対象を「定型約款」に限定し、これに関する
いくつかの規定を設けることとされ、約款の一般的な定義、約款一般に妥当する準則
を扱うものではない（潮見佳男『民法〔債権関係〕の改正に関する要綱仮案の概要』金融財政
事情研究会〔2014年12月〕）。

（2）定型約款の定義

　約款に関する新たな規律の適用範囲を明確にするため、①ある特定の者が不特
定多数の者を相手方として行う取引であって、②その内容の全部又は一部が画一的
であることがその双方にとって合理的なものを、「定型取引」と呼び、③定型取引にお
いて、契約の内容とすることを目的としてその特定の者により準備された条項の総体
を「定型約款」という（民548条の2第1項。定型約款の定義における各要件につき、筒井＝
村松編243頁以下、参照）。また、文言上、定型約款を準備する者を「定型約款準備者」
と称し、定型約款準備者の取引相手は「相手方」と称する。

　生命保険約款、損害保険約款、運送約款、銀行取引約款など、相手方が公衆で
ある多くの約款が定型約款に該当する。それらのうちで企業間取引に利用される約
款でも、交渉されることなく相手側に受け入れられているものは定型約款と解される。
もっとも、企業間取引で利用される契約書式、モデル契約条項、契約書ひな型など
は、それがそのまま契約内容とされても契約当事者間で交渉による修正の余地があ
る場合は定型約款として取り扱われないことを、上記の法文は実質的に意味している
と解される（落合他・商法Ⅰ172頁）。

（3）定型約款による契約の成立

1）みなし合意の規律

　定型約款を利用して契約を成立させるためには、①定型約款を契約の内容とする
旨の合意をしたこと、又は②定型約款準備者があらかじめその定型約款を契約の内
容とする旨を相手方に表示していた場合において、契約の当事者において定型取
引を行う旨の合意がされたことを要し、この要件を満たす場合には、定型約款に記載
された個別の条項の内容について、相手方が認識していなくとも、定型約款の個別
の条項について合意をしたものとみなされる（民548条の2第1項）。

　この規定による効果が合意を擬制する点にあることから、定型約款の拘束力の根
拠は、当事者の合意に求めたものであり、約款の拘束力について、判例と同様に契
約的なアプローチを採用しつつ、新契約理論・合理的合意説に立つものと解される
（青竹・商法24頁、川村他87頁）。

2）みなし合意の排除

　みなし合意をすることが適切でない条項に拘束される事態の発生を防止するた
め、相手方の権利を制限し又は相手方の義務を加重する条項であって、その定型取
引の態様及びその実情並びに取引上の社会通念に照らし、信義則（民1条第2項参
照）に反して相手方の利益を一方的に害すると認められる条項については、合意を
しなかったものとみなされる（民548条の2第2項）。

　この「みなし合意排除規定」は、消費者契約法10条の一般条項を参考にしている

が、企業間取引の定型約款の条項に適用されるものである。但し、当条項は、消費者契約法の場合と異なり、①信義則違反の判断において重視される考慮要素が明示されている点、②不当条項を無効とするのではなく、みなし合意がないものとみなしている点に特色がある。

前者については、消費者契約法10条の適用においても判例上すでに総合考慮されており（最判平23・7・15民集65・5・2269、最判平24・3・16民集66・5・2216）、定型約款の内容規制が意味を持つのは事業者（企業を含む）間取引で定型約款が用いられる場面と解される（山本敬三「民法〔債権関係〕の改正に関する要綱と保険実務への影響」生命保険論集191号〔2015年〕49頁、鎌田＝内田他42頁）。後者については、無効という構成をとっていないことで当然に弱い規制しかできないということではないが、企業間取引に過剰な適用をすべきでないと解されている（落合他・商法Ⅰ174頁）。

（4）定型約款の内容の表示

定型取引を行い又は行おうとする定型約款準備者は、定型取引合意の前又は定型取引合意の後相当の期間内に、相手方から請求があった場合には、遅滞なく、相当な方法でその定型約款の内容を表示しなければならない（民548条の3第1項）。但し、定型約款準備者が既に相手方に対して定型約款を記載した書面又は記録した電磁的記録を提供していたときは、この限りでない（同条項但書）。

この相手方からの請求又は書面・電磁的記録による契約内容の表示は、定型約款の個別条項の合意擬制のための要件ではない。但し、定型約款準備者が定型取引合意の前において相手方からの表示請求を拒んだときは、定型約款の個別条項の合意擬制は働かない（同条2項）。もっとも、一時的な通信障害が発生した場合その他正当な事由がある場合は、この限りでない。

相手方が公衆である約款については、営業所等において見やすいように掲示・表示することが義務づけられている（鉄道営業法3条、道路運送法64条、海上運送法10条、航空法107条、旅行業法12条の2、電気事業法20条4項、電気通信事業法23条）。また、運送等に係る取引に関する定型約款については、表示しなくても、契約の内容とする旨を公表していれば、合意したものとみなされる（鉄道営業法18条ノ2、海上運送法32条の2、道路運送法87条、航空法134条の3、電気通信事業法167条の2）。事業者間取引で使用される約款については、表示は義務づけられていない。

（5）定型約款の変更

定型約款を利用して締結された契約について、定型約款準備者が、相手方の同意を得ることなく一方的に契約の内容を変更することを「定型約款の変更」といい、一定の実体的要件と手続きのもとに、変更後の定型約款の条項について合意があったものとみなし、個別に相手方と合意をすることなく契約の内容を変更することができる（民548条の4）。

すなわち、実体的要件として、①相手方の一般の利益に適合するとき（同条項第1項1号）、又は、②契約をした目的に反せず、かつ、変更の必要性、変更後の内容の相当性、定型約款の変更をすることがある旨の定めの有無及びその内容その他の変

更に係る事情に照らして合理的なものであるとき（同条項第2号）は、定型約款の変更ができる＊。

定型約款の変更の手続きとして、定型約款準備者は、定型約款の変更の効力発生時期を定め、かつ、定型約款を変更する旨及び変更後の定型約款の内容並びにその効力発生時期をインターネットの利用その他の適切な方法により周知しなければならない（同条第2項）。同条第1項1号の規定による定型約款の変更は、その効力発生時期が到来するまでに周知をしなければ、その効力を生じない（同条第3項）。同条第2項の規定は、第1項の規定による定型約款の変更については、適用しない（同条第4項）。

＊ **定型約款における参照先の変更**　　定型約款中に約款外で定められる内容を参照する規定が設けられていることがある（例えば、「当行所定の利率による」「賃貸人所定の館内規則に従う」「当社所定の規則・方針に従う」等）。当該定型約款を用いた取引の開始後に、その参照先の内容が変更される場合に、民法に定める定型約款の変更の要件・手続きが必要かどうかが問題となる。まず、参照先の内容が定型約款の一部を構成していないのであれば（例えば、定型約款準備者が準備していない法令の内容の変更の場合）、参照先の変更は定型約款の変更には当たらない。但し、金利変更については、金融機関所定の金利に変動があった場合は、当初の契約が予定した枠内における契約内容の具体化であって契約内容の変更にあたらないとみることができるが（鎌田＝内田他47頁・54頁）、他方、金利変更には定型約款の変更の手続きを要し、この場合には変更の合理性は認められやすいとの見解もある（村松秀樹＝松尾博憲『定型約款の実務Q&A』商事法務〔2018年〕）。その他、賃貸物件の館内規則の変更等は、一般の契約においても当初合意の範疇内で賄われるような変更は、定型約款の変更の手続きは要しないと解される（鎌田＝内田他48頁）。

【 定型約款の理論的検討 】

普通取引約款の規範力をどのように理論づけるかの議論における学説状況（本書21頁〜24頁）を踏まえて、民法改正による定型約款の規定をどのように理解するかについては、なお、議論が尽きない。この点に関する代表的な参考文献として、河上正二「改正民法における『定型約款』の諸問題」私法80号（2018年）101頁、山下友信「定型約款」安永正昭＝鎌田薫＝能見善久（監修）『債権法改正と民法学Ⅲ契約(2)』商事法務（2018年）137頁、吉川吉衞『定型約款の法理―類型づけられた集団的意思のあり方』成文堂（2019年）がある。

企業取引と商法（商行為法）

２．２．商行為法と商行為

2.2.1. 商行為法の意義・全体像と現代化

```
１　商行為法の意義と全体像
（１）商行為法の意義
（２）形式的意義の商行為法（商法商行為編）の全体像
２　商法商行為編の改正の動向
（１）会社法制定に伴う平成17年商法改正
（２）保険法の制定
（３）商法（運送・海商関係）の現代化　―　平成30年商法改正
（４）商法商行為編のゆくえ　―　民法（債権関係）改正の影響
```

□1.実質的意義における商行為法とはなにか。
□2.商法典第2編（商行為編）にはどのような規定が設けられているか。
□3.商法商行為編は、近時、どのように改正されているか、また、今後、どのような改正動向に注意すべきか。

1　商行為法の意義と全体像

（1）商行為法の意義

　一般私法（民法）上、意思表示を要素として権利義務関係を発生・変動させる法律要件は「法律行為」と呼ばれ、一定の法律効果を導いている。これに対して、経済社会の要請を受け、それらとは異なる効果を導く法律要件として、商法上、「商行為」の概念が設けられている（商501条・502条・503条）。また、主として商行為概念から導かれる「商人」概念がある（商4条）。商法上、商行為概念を定め、商行為および商人の概念を用い、一般私法上の要件・効果とは異なる法規定を置くのが、商法第2編（商行為編）である。この商法第2編（商行為編）が、形式的意義において商行為法と呼ばれる。そして、その対象に注目して、商行為法という呼称で理論的・統一的に把

握される法分野を指す場合、これを「実質的意義における商行為法」という。

　企業取引の民事規律の実体法規範は、まず、民法に一般的な形で存在するが、それだけでは前述の特色を有する企業取引を規律するには不十分である。商法の分野においては、企業取引に相応しい特別の法規範が置かれている。企業取引の機能を保障するとともに利害関係を調整する法分野、すなわち、企業取引の特質を反映した法規範の総体が、まず、実質的意義における商行為法として理解される。

　企業取引に相応しい私法上の権利義務関係を発生・変動させる法律行為は、商法第2編において「商行為」と位置づけられるべきであるが、現実には、「商行為」概念が、進展著しい企業取引の実態を民事規律の法規範に反映させる役割を完全に果たしているとは言えない。そこで、実質的意義における商行為法は、商取引法と呼ばれることが多く、さらに、さまざまな問題意識を込めて企業取引法とも呼ばれる（本書前掲10頁〜12頁参照。企業取引法と題する本書も、企業取引法を認識する端緒であり、その内容を伝統的に形成してきた商法商行為編の諸規定を整理し検討することから始めて、企業取引法の法規範の認識を深めたい）。

（2）形式的意義の商行為法（商法商行為編）の全体像

　形式的意義における商法＊のうち、形式的意義の商行為法すなわち商法第2編は、大きく三つの部分に分けて、全体像を把握することができる。但し、商行為法を実質的に商取引法または企業取引法と理解して機能的な体系を考察する場合には、形式的意義の商行為法の体系は、これと齟齬があることに注意を要する（「商法商行為編の体系的欠陥」について、戸田・商法Ⅰ155頁、商行為法に関する近時の議論として、藤田友敬・他「商法の改正〔日本私法学会シンポジウム資料〕」NBL935号〔2010年〕9頁、商行為法WG最終報告書449頁）。

1）民法の取引規定の修正

　第1章総則において、商行為の定義と種類を定め（商501条〜503条）、次いで、民法の取引規定の一般原則に対して商行為に適用される特則を設けている。また、第2章売買においては、商人の典型的な取引行為である商事売買について民法に対する特則を定める。

　この部分は、業態を問わず行われる行為についての法規整という意味で、商行為法の総則と位置づけられる部分である（商人間の売買に独立の章が当てられているが、条数も僅かであることや、売買が企業取引の典型であり、ほとんどの業態で行われることに照らすと、総則に組み入れてよいとの提唱が有力である。戸田・商法Ⅰ156頁）。また、民法の取引規定を修正して商法が民法の特別法であることを如実に表す部分である。

2）商行為法上の特殊な契約

　第3章交互計算と第4章匿名組合では、商人が営業のために利用する特殊な契約について定めている。後に詳述するが、交互計算は、企業取引を決済するための一手段を取り決める契約であり、匿名組合は、法人格を有さない共同企業形態を構成する一手段として、投資家と事業家との間で交わされる契約である。いずれも商人の法律行為としての商行為として成立することから、沿革上、形式的意義において商行為法に規定を置かざるを得なかったと推測されるが、いずれも企業取引活動の実体

そのものではなく、その法規整が商行為法の一角に存することには違和感が強い。企業法の体系を機能的に構成する観点からは、交互計算は、手形法・小切手法や電子記録債権法とともに支払決済法の分野に属し、匿名組合は、企業組織法の分野に属する（本書では、伝統的な体系を踏まえて企業法を展望する立場から、商行為法上の特殊な契約として位置づけ、同一の機能を有する制度をも概観しつつ後述している。）。

3）商行為法上の伝統的な各種営業

商法典第2編は、さらに、各種の営業に関して、仲立営業（第5章）、問屋営業（第6章）、運送取扱営業（第7章）、運送営業（第8章）、寄託（第9章）等の特定の営業について規定している。それらの営業は、いずれも、経済社会において古くから存在しているものである。機能的に観れば、ある企業の活動を補助することを自ら独立した営業とする業態と、物流を支える伝統的な業態を取り上げるに止まっており、商行為として列挙された行為の種類と較べても限定的であり、もちろん企業取引全般に及ぶものでもない。

```
＊ 形式的意義における商法＝現行「商法」の編成
第1編　総　則
　第1章　通則（第1～3条）
　第2章　商人（第4～7条）
　第3章　商業登記（第8～10条）
　第4章　商号（第11～18条）
　第5章　商業帳簿（第19条）
　第6章　商業使用人（第20～26条）
　第7章　代理商（第27～31条）
第2編　商行為
　第1章　総則（第501～523条）
　第2章　売買（第524～528条）
　第3章　交互計算（第529～534条）
　第4章　匿名組合（第535～542条）
　第5章　仲立営業（第543～550条）
　第6章　問屋営業（第551～558条）
　第7章　運送取扱営業（第559～568条）
　第8章　運送営業（第569～592条）
　　第1節　総則（第569条）
　　第2節　物品運送（第570～588条）
　　第3節　旅客運送（第589～594条）
　第9章　寄　託（第595～683条）
　　第1節　総則（第595～598条）
　　第2節　倉庫営業（第599～683条）
　第3編　海　商
　第1章　船舶（第684～707条）
　第2章　船長（第708～736条）
　第3章　海上物品運送に関する特則（第737～787条）
　第4章　船舶の衝突（第788～791条）
　第5章　海難救助（第792～807条）
　第6章　共同海損（第808～814条）
　第7章　海上保険（第815～841条）
　第8章　船舶先取特権及び船舶抵当権（第842～850条）
```

2　商法商行為編の改正の動向

（1）会社法制定に伴う平成17年商法改正

　平成17年商法改正では、商行為編は、商法第2編に繰り上がったが総則や会社法とは異なり、実質的な改正はさほど行われず、現代語化（商542条まで）と条見出しや項番号の付記に止まる（条数の変動はない）。もっとも、同改正では、商行為編の適用を原則として商人の行為に限定する改正が行われている（例えば、適用主体を商人に限定する商法507条・508条・520条の改正、適用対象を商人間の売買に限定する商法525条の改正）。

（2）保険法の制定

　近代市民社会は、私有財産制の前提と私的自治・自己責任の原則から成り立っているから、自己の私有財産によって危険に対処しなければならない。とくに企業活動では、将来の危険を事前の確定費用として測定する必要性が大きく、ここに保険制度が求められる理由がある。そして、保険需要が社会的に定着し、保険事業を営む経済主体や、ニーズに応じた保険商品が登場し、保険取引に関する法規整が整備されてきた。わが国では、保険取引の法規整として、長らく、商法商行為編に基本的な民事規定が定められていたが、平成20年には、「保険法」という名の法律が制定され、商法商行為編にあった保険取引に関する法規整は「保険法」に吸収され、同時に、「保険法整備法」によって、商法第2編第10章が削除された。なお、海上保険の法規整が、商法海商編にある。

　保険法が商法商行為編から独立したのは、新たに共済契約も適用対象としたことによる。商法商行為編では営利保険を対象にしていたが、保険法では保険契約の定義（保2条1項）を実質的に充足するものについては共済契約を含めて包括的に保険法の対象とすることになった。非営利原則によって商行為とはいえない契約も適用対象とする規定を商法商行為編に置くことは商法上の規定としては馴染まず、特別法で対応することが適切と考えられたのである。

（3）商法（運送・海商関係）の現代化　―　平成30年商法改正

　商法商行為編の諸規定は、明治32年に制定されて以来、商法総則や会社に関する諸規定と較べると、改正が極めて少ない。これは、経済社会の発展に伴う企業取引実態の変化と制定法との乖離を、取引契約自由の原則のもとに、普通取引約款が埋めているからでもある。

　一方で、企業取引の多様化と高度化に対応するために、特別法による規整が増えつつある。保険法の制定は、特別法による対応であって、その結果、商法商行為編保険の諸規定が削除された。こうした例は、過去にも、手形法・小切手法の制定と商法手形編の削除にもみられる。それでは、他の企業取引に関してもこの傾向が続くかといえば、必ずしもそうではない。特別法による対応の理由は、諸事情のため一律ではない。

　最近の運送法規整の改正論議は、新たな運送法を制定するというより、商法典の現代語化作業の進展と併せて、商法（運送・海商関係）改正の形で進行した（平成26年2月7日の法務大臣から法制審議会への諮問では、「商法制定以来の社会・経済情勢の変化への対応、荷主、運送人その他の運送関係者間の合理的な利害の調整、海商法制に関する世界的な動向への対応等の観点から、商法等のうち運送・海商関係を中心とした規定の見直しを行う必要があると思われる・・・」とある）。

　平成30年商法改正では、各種運送についての総則的規律の新設、荷送人の危険物に関する通知義務、荷受人の権利、運送人の責任の消滅、契約責任と不法行為責任との関係、複合運送に関する規律の新設、旅客運送に関する規律の見直し等の運送法制全般に関する改正と海商法制に関する改正が行われた。

（4）商法商行為編のゆくえ　―　民法（債権関係）改正の影響

　会社法が企業法体系のもとに商法とは別の法典として存在するようになったが、商法上、会社は商人として、また、その行為は商行為として、商法商行為編の諸規定の適用を受ける。このことから、商法商行為編は、特別法の制定によって各論の一部を特別法へ移譲することはあっても、なお当面は、企業取引法の中心的な実体法規として存在している。

　他方、商法商行為編の諸規定は、民法の特別法としての位置づけにあることから、平成29年の民法（債権関係）改正の影響を受けて改正された（5年間の消滅時効期間を定める商法522条や年6％の固定利率を定める商法514条の削除等）。改正がほとんどなされなかった従来の傾向とは異なり、商法商行為編諸規定のさまざまな改正の動向が生じていることに、注意しなければならない（藤田友敬・他「商法の改正〔日本私法学会シンポジウム資料〕」NBL935号〔2010年〕6頁、参照）。

2.2.2.　商行為と商法商行為編規定の適用

　　1　商行為の意義・種類
　（1）商人と商行為
　（2）基本的商行為・附属的商行為・会社の商行為
　（3）公法人の商行為
　（4）双方的商行為と一方的商行為
　　2　商法商行為編規定の適用
　（1）商行為概念の機能
　（2）商法商行為編規定の適用

□1.商行為にはどのような種類があり、それらはどのように定義されるのか。
□2.ある法律行為が商行為とされると、商法上、どのような効果が結び付けられることになるのか。
□3.商法商行為編の諸規定は、どのように適用されるか。

1　商行為の意義・種類

（1）商人と商行為
1）「商人」概念と「商行為」概念の機能と相互関係
　民事法上の権利義務の帰属主体である「人」のなかに、商法上の規定が適用される法主体として「商人」概念が定められ、他方、民事法上の法律要件である「法律行為」のなかに、商法上の特別の効果をもたらす要件として「商行為」概念が定められている。「商人」および「商行為」の概念は、民法の規定ではなく、商法の規定が適用される場面と範囲を明確に定めるという機能を有している。

　さらに、「商人」および「商行為」の概念は、商法典を体系的に構築する（条文を配列する）ための基礎概念にもなっている。商法第1編総則は、商人概念を定義して商人概念と関係の深い制度を中心に規定を置き、商法第2編商行為は、商行為概念を定義して商行為概念と関係する制度を中心に規定を置いている。もっとも、商法第2編商行為の諸規定でも、商人概念によって適用範囲を明確にする規定がある。「商人」概念は、「商行為」概念とともに、形式的意義における商行為法（商法第2編商行為）の基本概念でもある。

《　わが国の商法・会社法における商人・会社・商行為概念の関係　》

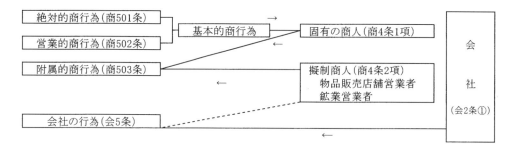

2）商行為の種類
　商行為は、商人概念との関係から基本的商行為と附属的商行為とに分類される。

　基本的商行為とは、固有の商人概念（商4条1項）を定める行為をいい、先験的に定められるものであり、商法上、これには絶対的商行為（商501条）と営業的商行為（商502条）とがある。

　附属的商行為とは、商人概念（固有の商人、擬制商人）を前提とし、その営業を補助する行為をいい、商人がその営業のためにすることによって商行為となる（商503条1項）。

　さらに、会社の商行為とされるものがあり、会社法上、会社（外国会社を含む。）がその事業としてする行為及びその事業のためにする行為が商行為とされる（会5条）。

　なお、商行為規定の適用に関して、双方的商行為と一方的商行為との区別があり、適用される当事者に関する規定がある（商3条）。

（2）基本的商行為・附属的商行為・会社の商行為

1）基本的商行為

i　絶対的商行為（商501条）

　基本的商行為の一類型である絶対的商行為とは、自体の客観的性質から当然に商行為とされたものをいう。商人であるかどうかにかかわらず、一回だけの行為であっても、何らの条件を付けることなく、商行為と認定される。現行の商法上、絶対的商行為として、以下のものが定められている（商501条各号）。

①　投機購買およびその実行行為（同条1号）

　本条は、まず1号で、利益を得て譲渡する意思（投機意思）をもってする動産、不動産若しくは有価証券の有償取得又はその取得したものの譲渡を目的とする行為を挙げる。いわゆる安く仕入れて高く売るという利ざや稼ぎの行為であり、「商」の原初的形態である。取得行為が投機購買として、譲渡行為がその実行行為として、それぞれ商行為となる。

　投機意思は物を取得する時点で存在すればよい。取得した物をそのままの形で譲渡する場合だけでなく、製造加工して譲渡する場合も含まれると解されるので（大判昭4・9・28民集8・769商百選27）、原材料を購入して加工・製造して販売するメーカーの行為も含まれることになる。

　本号が対象とするのは、動産、不動産、有価証券である。鉱業権については、不動産に含めることを肯定する判例があるが（大判昭15・3・13民集19・561）、学説では、解釈論上、絶対的商行為を制限すべきとの立場から、否定する見解が有力である（近藤・商法30頁）。

②　投機売却およびその実行行為（同条2号）

　本条2号では、他人から取得する動産又は有価証券の供給契約及びその履行のためにする有償取得を目的とする行為を商行為とする。あらかじめ高く売る約束をしておいて、後に目的物を安く仕入れる逆利ざや稼ぎであり、相場の下落を利用した投機である。先の譲渡を約する行為が投機売却として、後の取得行為がその実行行為として、それぞれ商行為となる。ちょうど1号の行為と逆であるが、2号の行為の目的物には不動産は含まれていない。不動産は個性的な物であり、投機売却して実行することが不確実であるから、ここに含めることが適切でないからである。

③　取引所においてする取引（同条3号）

　本条3号は、取引所における取引、すなわち、商品取引所や金融商品取引所（旧・証券取引所）における取引を商行為としている。それらの取引は、技術的定型的・集団大量的で極度に営利的な取引だからである。

　しかしながら、例えば、金融商品取引所の取引についてみれば、その取引ができるのは金融商品取引業者等の取引所会員等（会員と取引参加者）に限られるので、業者等が自己の計算で取引を行うときは、その行為は前述の本条1号または2号の行為に該当し、業者等が顧客の委託を受けて顧客の計算において取引を行うときは、その行為は、後述の取次に関する行為として営業的商行為（商502条11号）に当たる。したがって、本条3号の規定がなくても、取引所の取引は商行為となるので、本条3号の規定は注意規定である。

④ 手形その他の商業証券に関する行為（同条4号）

本条4号は、手形その他商業証券に関する行為を商行為としている。手形には、約束手形・為替手形・小切手が含まれ、その他の商業証券とは、物品証券（船荷証券・倉庫証券）、資本証券（株券・社債券）等を指す。商業証券に関する行為とは、証券の発行・裏書・引受等の証券上の行為を指す（なお、白地小切手の補充権授与行為は、手形に関する行為に準ずるものと解される。最判昭36・11・24民集15・10・2536）。ここに、証券を目的とする行為、すなわち、証券の売買や賃貸等を含むとする判例があるが（大判昭6・7・1民集10・498）、それらは投機購買として1号により商行為とすれば足りる。

本号の対象は広く有価証券一般を含み、証券上の行為については商人であると否とを問わず商法の規定（平成29年改正前商法516条2項・517条・518条）を適用させることに意味があった。しかし、手形については手形法が、株券や社債券については会社法が一律に適用され、倉庫証券や船荷証券には商法商行為編と海商編の特別規定が一律に適用される。さらに、平成29年改正により民法典に有価証券に関する一般規定が設けられたことにより、商法516条2項・517条・518条は削除された。これらにより、本号の存在意義は薄れてしまった（青竹・商法36頁、近藤・商法32頁）。

ⅱ 営業的商行為（商502条）

基本的商行為のもうひとつの類型の営業的商行為として、商法502条は、営業として（営利を目的に継続反復して）なされるときに商行為となるものを列挙している。但し、専ら賃金を得る目的で物を製造し、又は労務に従事する者の行為（手内職者の行為等）は除外される（商502条但書）。経営規模が小さい場合に商法の規定を適用することが相応しくないからである。

同条の列挙について、例示列挙なのか限定列挙なのか議論があるが、商法規定の適用範囲を画定する機能に照らすと、限定列挙と解することが妥当である。

① 投機貸借およびその実行行為（同条1号）

本条1号は、賃貸する意思をもって動産または不動産を有償取得または賃借し（投機貸借）、それらの目的物を賃貸する行為（実行行為）を挙げている。これは、物を買うか借りるかして、これを有料で貸して利益を上げようとする行為であり、物の利用を媒介する営利行為である。レンタルビデオ業・レンタカー業・貸衣装業等に見られる行為である。

② 他人のためにする製造または加工に関する行為（同条2号）

本条2号は、他人の計算において製造または加工を有償で引き受ける行為を挙げる。本条では、関する行為という表現が用いられることがあるが、その場合でも、商行為を定義しているのであるから、事実行為そのものではなく、それを引き受ける法律行為を意味している。

他人のため、すなわち他人の計算においてとは、他人から材料の提供を受けるか、他人の負担において材料を仕入れることを意味する。製造とは、材料に手を加えて全く異なる種類の物とすることであり、加工とは、物の種類に変更が生じない程度に材料に手を加えること、クリーニング・染色等をいう。

③ 電気またはガスの供給に関する行為（同条3号）

本条3号は、電気またはガスの継続的な供給を引き受ける行為を商行為とする。公

共性が強かったり、事業として発展が待たれる段階では、水道事業や通信事業が含まれなかったが、今日では、営業の対象となり得るという点では供給の対象が電気・ガスに限られる必要はない。しかし、それらの事業は会社形態をとることがほとんどであるから、会社の行為として商行為に当たることで商法規定の適用を図ることができ、営業的商行為に加えておく実益は乏しい。

④　運送を引き受ける行為（同条4号）

本条4号は、運送を引き受ける行為を商行為とする。運送とは、物品または旅客を場所的・空間的に移動させることであり、陸上・海上・空中のいずれであるか、また手段の如何を問わない。運送という事実行為を引き受ける行為が商行為となる。地方公共団体が市営地下鉄における運送を引き受ける行為も商行為となる（大阪高判昭43・5・23判時521・55）。

⑤　作業または労務の請負（同条5号）

本条5号は、作業または労務の請負を挙げている。作業の請負とは、不動産または船舶等の工事の完成を引き受ける行為をいい、労務の請負とは、作業員その他の労働者の供給を引き受ける行為（人材派遣業に見られる行為）をいう。

⑥　出版、印刷または撮影に関する行為（同条6号）

本条6号は、出版、印刷または撮影を引き受ける行為を商行為としている。出版とは文書・図画を複製して頒布することをいい、印刷とは機械力・化学力により文書・図画を複製することをいい、撮影とは写真等の撮影のことをいい、それらの行為を引き受けることが商行為となる。

⑦　客の来集を目的とする場屋の取引（同条7号）

本条7号は、場屋（じょうおく）取引を挙げている。場屋取引とは、公衆の来集に適した人的要員と物的設備を用意して、設備・場所を利用させ、そこでのサービスを受けさせる取引である。その例は、ホテル・旅館の宿泊契約、劇場・映画館・遊園地の入場契約、ボーリング場・ゲームセンターの遊戯契約に見られる。

理髪業・美容院については、場屋営業ではないとした判例や裁判例があるが（大判昭12・11・20民集16・1681、東京地判平2・6・14判時1378・85）、これを肯定する見解も多い（大隅・総則106頁、鴻95頁）。

⑧　両替その他の銀行取引（同条8号）

本条8号は、両替その他の銀行取引を挙げる。銀行取引とは、異種の通貨の交換である両替を含めて、金銭または有価証券の転換を媒介する行為をいう。判例と多数説は、与信行為と受信行為を併せ行ってはじめて銀行取引とする（質屋営業者による金銭貸付は銀行取引にあたらない、最判昭50・6・27判時785・100商百選28）。

⑨　保険（同条9号）

本条9号は、保険を挙げる。ここに保険とは営利保険をいい、相互保険や社会保険を含まない（但し、商法504条以下の商行為の規定は相互保険にも準用される。保険業21条2項）。保険営業者が保険契約者から対価を得て損害保険や生命保険を引き受ける行為が商行為となる。

⑩　寄託の引受け（同条10号）

本条10号は、寄託の引受け、すなわち、倉庫営業者のように、他人のために物の

保管を引き受ける行為を商行為としている。寄託は、混蔵寄託でもよく、消費寄託でもよい。

⑪ 仲立または取次ぎに関する行為（同条11号）

本条11号は、仲立または取次ぎに関する行為を挙げる。

仲立とは、他人間の法律行為を媒介すること（その法律行為の成立に尽力する事実行為）をいい、それを引き受ける行為が商行為となる。媒介代理商（商27条）や仲立人（商543条）の営業行為がこれに当たる。但し、それらのように媒介される行為が委託者にとって商行為である商事仲立ちに限らず、媒介される行為が委託者にとって商行為でない民事仲立ち（例えば、不動産賃貸の周旋や結婚の仲介）でもよい。

取次とは、自己の名をもって他人の計算において法律行為をすること（権利義務の帰属は自己に、経済的実質的効果の帰属が他人になること）をいい、これを引き受ける行為が商行為となる。商法上の問屋（トイヤ、商551条）、運送取扱人（商559条）、準問屋（ジュントイヤ、商558条）の営業行為がこれに当たる。

⑫ 商行為の代理の引受け（同条12号）

本条12号は、商行為の代理の引受けを挙げる。これは委託者のために商行為となる行為の代理を引き受ける行為をいう。損害保険代理店のような締約代理商（商46条）の行為に見られる。

⑬ 信託の引受け（同条13号）

本条13号は、信託法（平成18年法律108号）と同整備法9条により、信託の引受けを挙げる。信託とは、特定の者が一定の目的に従い財産の管理・処分・その他の当該目的の達成のために必要な行為をすべきものとすることをいい（信託2条）、信託の引受けとは、そのような財産の管理・処分等を引き受ける行為である。

2）附属的商行為 （商503条）

附属的商行為とは、商人概念を前提とし、その営業を補助する行為をいい、商人がその営業のためにすることによって商行為となる（商503条1項）。商人概念を論理的に前提にするが、あらかじめ商人概念が確定していることまで要求する必要はなく、開業準備行為や廃業後の整理行為であっても、附属的商行為となり得る。

商人の行為はその営業のためにするものと推定される（商503条2項）。すなわち、商人がなした行為は、営業のためでなく個人生活上の行為であることを立証しないと、商行為として扱われる。商人が締結する雇用契約に、この推定を働かせ、商行為性を認めた判例がある（最判昭30・9・29民集9・10・1484）。

3）会社の商行為 （会5条）

会社（外国会社を含む）が、その事業としてする行為及びその事業のためにする行為は、商行為とされる（会5条）。したがって、商法総則（商11条以降）と会社法総則との適用区分とは異なり、商法典の商行為規定は、会社の商行為についても適用される。

判例は、会社は商法4条1項にいう商人に該当し、その行為については商法503条2項の規定の適用があり、会社の行為は事業のためにするものと推定されるとする（最判平20・2・22民集62・2・576商百選29）。この判例の論理に対しては、疑問を呈する見解もある（近藤・商法37頁）。

（3）公法人の商行為

　国や地方公共団体等の公法人が行う商行為については、法令に別段の定めがある場合を除き、この法律（商法典）の定めるところによる（商2条）。国や地方公共団体等の公法人も、その目的遂行の手段として営利事業を行うことができ、公法人の行為が基本的商行為（商501条・502条）に該当するか、公法人の商人性を前提に附属的商行為（商503条）に該当する場合には、原則として商法の適用があるのは当然である。しかし、公法人の行為は、なんらかの政策的目的をもつことが多いので、本条は、公法人の性質上、特別の扱いをする必要がある場合は、そのための法令の規定が商法の適用を排除することを明らかにしている。

　公法人が営業を営む場合には、公の営造物や公務員を利用することが多いので、実際には、公法人に対して、商法上の商号、商業帳簿、商業使用人、商業登記に関する規定が適用されないことが多く、公法上の特別法令が優先して適用されることになる。

（4）双方的商行為と一方的商行為

　ある行為が当事者のいずれにとっても商行為である場合（卸売り業者と小売業者との売買契約、銀行と会社との間の金銭消費貸借契約等）を双方的商行為といい、ある行為が当事者の一方にとってのみ商行為となる場合（小売業者と一般消費者との売買、銀行と被商人との間の金銭消費貸借契約等）を一方的商行為という。

　双方的商行為については、商行為に関する商法の規定が当事者双方に適用されるのは当然であるが、一方的商行為については、その行為が商行為とならない相手方に、商行為に関する商法の規定を適用するのか、法律行為に関する民法の規定を適用するかが問題となる。

　そこで、商法は、当事者の一方のために商行為である行為（一方的商行為）については、商法典をその双方に適用する（商3条1項）。また、当事者の一方が二人以上ある場合において、その一人のために商行為となる行為については、商法典をその全員に適用する（同条2項）。いずれも、商法の画一的適用を図り法律関係の簡明を期すものであり、商法の適用範囲が実質的に拡張されている。もっとも、これらの規定は、明文上、双方的商行為に限って適用される規定（商521条等）や、当事者の特定の一方のために商行為であるときに限って適用される規定（商511条）によって、制約を受けていることに注意を要する。

2　商法商行為編規定の適用

（1）商行為概念の機能

　ある行為が商行為にあたると、商人概念を導くことになるほか、商行為の通則規定の適用がある。但し、商行為の通則規定には、商人間の商行為にのみ適用される規定、商人の商行為に適用される規定、あらゆる商行為に適用される規定があり、注意を要する（落合他・商法Ⅰ145頁）。

　「商人」および「商行為」の概念が商法典の適用範囲を画定しているといっても、商人や商行為に該当すれば商法の規定がすべて適用されるというのではなく、商人であれば商人に関する商法規定が、商行為であれば商行為に関する商法規定が、さらに各条項で定められた要件のもとに適用されて、商法で規定された効果が発生することになるのである。

（２）商法商行為編規定の適用
　商法商行為編の規定は、各条項における適用範囲や要件の定め方によって、さらに、いくつかの分類が可能である（平出・商行為28頁、弥永・商法9頁等）。

１）当事者の一方にとって商行為である場合
　第一に、当事者の一方にとって商行為である場合に適用される規定がある。例えば、商法504条の商事代理の規定は、本人にとって商行為である場合に適用され、商法505条・506条の商行為の委任に関する規定は、委託者にとって商行為である場合に適用される。その他、商法516条1項（商事債務の履行場所）の規定がある。
　また、学説上、多数当事者間の債務の連帯を定める商法511条は、債務者にとって商行為（同条2項は主たる債務者にとって商行為）である場合に適用され、流質契約の事由を定める商法515条は、債務者にとって商行為である場合に適用されると解されている。
　なお、これらの場合には、一方的商行為の場合に当事者双方に商法を統一的に適用することを定める商法3条1項の規定は、その適用範囲が制限されることになる（隅谷史人「商行為通則・有価証券」北居＝高田268頁、参照）。

２）当事者の一方が商人である場合
　第二に、当事者の一方が商人である場合に適用される規定がある。例えば、商法512条（報酬請求権）や商法513条2項（金銭立替者の法定利息請求権）の規定は、行為者が商人である場合に適用され、商法595条（寄託）の規定は受寄者が商人の場合に適用される。諾否の通知義務を定める商法509条や物品保管義務を定める商法510条は、申込を受けた者が商人である場合に適用される。

３）当事者の双方が商人である場合
　第三に、当事者の双方が商人である場合に適用される規定がある。例えば、金銭消費貸借における貸主の法定利息請求権を定める商法513条1項、目的物の供託・競売に関する商法524条、定期売買に関する商法525条、買主による目的物の検査・通知・保管・供託を定めた商法526条〜528条がある。なお、商人間の留置権を定めた商法521条は、商人間において双方のために商行為となる債権が弁済期にある場合に適用される。

《商行為の通則》

２．３．商行為の通則

2.3.1. 商行為通則の意義と諸規定の分類

    1　商行為通則の意義
    2　商行為通則の諸規定の分類

□1.商法商行為「通則」規定とはなにか。
□2.商行為通則の諸規定はどのように分類整理して理解できるか。

1　商行為通則の意義

　商法商行為編は、商行為の定義に続いて、商行為の通則を定めている。ここに通則というのは、行為主体の営業の種類（業態）を問わず、商行為であることによって共通して適用される規定であることを意味する。商法典の編纂上は、商行為編の総則と名付けられている。

　但し、既述のように、当事者の一方にとって商行為である場合に適用される規定もあれば、当事者の一方が商人である場合に適用される規定や、当事者の双方が商人である場合に適用される規定もあり、適用範囲は一様ではない。

2　商行為通則の諸規定の分類

　商行為通則の諸規定を分類整理する方法がいくつかある。

　第一は、民法典の体系との対比による分類である。この方法は、商法が民法の特別法であることから、民法典編纂のパンデクテン方式に従い、民法総則編に対する特則、物権編に対する特則、債権編に関する特則に分けて分類整理する伝統的な方法である。民法の特則としての商行為通則の位置づけを理解しやすいが、商行為通則の諸規定を民法と対比して静態的に観ることに止まる。

　第二は、適用範囲の差異による分類である。商行為編の適用について既述したように、当事者の一方にとって商行為である場合、当事者の一方が商人である場合、当事者の双方が商人である場合に分けて分類する方法である。現行規定の適用範囲を明確に理解することに役立つ方法であるが、適用範囲のあり方自体が要件論として常に議論されることから、この方法も商行為通則の諸規定を静態的に整理することに止まるものである。

　第三に、実質的意義による分類がある。これは、商行為通則の各規定の立法趣旨として、それらに反映する商取引ないし企業取引の特色に注目するもので、営利性にもとづく規定、集団・大量性にもとづく規定、継続・反覆性にもとづく規定、迅速性

にもとづく規定といったように、規定の実質的意義によって分類する方法である。各規定の趣旨を企業取引の実態に即して理解するのに役立つ優れた方法である。しかし、規定と趣旨とが一対一対応しているわけではなく、各規定をいくつもの範疇で取り上げなければならないことから、商行為通則の各規定を体系的に位置付けることが難しく、説明方法として採用する上でも不便である。

　第四として、企業取引の生成から消滅への時系列的分類を試みる方法がある。物事の整理法には時系列に即して行うことが適しており、相互の関係が時系列的に理解しやすいということは広く知られている。そうした便法に拠るだけではなく、商行為通則の諸規定が企業取引を規整する法規範として、どのような場面でどのように機能しているかを動態的に理解する上で、他の方法より優れているといえる（本書の以下の著述もこの方法によることにしたい）。但し、業態を問わず利用される関係や手段（寄託、有価証券〔民法［債権関係］改正により有価証券の通則規定は民法に集約され、商法商行為編からは削除されている〕等）を通則に置く場合は、この分類の外に置かざるを得ない。

2.3.2. 商行為の代理と委任

　　　1　商法（企業法）における代理制度の展開
　　　（1）代理の意義・趣旨と諸規定
　　　（2）商法（企業法）における代理制度の変容
　　　2　商行為の代理
　　　（1）商行為の代理の方式　―　非顕名主義と相手方の保護
　　　（2）本人の死亡と代理権の存続
　　　3　商行為の受任者の権限

□1.商法（企業法）において、代理制度はどのように活用され、どのように変容しているか。
□2.商事代理の非顕名主義とはなにか、商法504条本文と但書の意義・両者の関係を説明せよ。

1　商法（企業法）における代理制度の展開

（1）代理の意義・趣旨と諸規定

　私的自治の原則では、本人自らの意思表示による法律行為の効果は本人自らに帰属すべきものである。しかし、その例外として、本人と一定の関係にある他人（代理人）が、本人のために意思表示することにより、その効果を直接本人に帰属させる制度が代理制度である。

　代理制度の趣旨は、①私的自治の拡張（個人や事業者の活動範囲の拡大を法的に実現するための利用、任意代理）、②私的自治の補充（法律効果を獲得するための行為能力が制限されている場合の法定代理、事実上の取引能力等の不足を補う場合の任意代理）、および、③法人への法律効果帰属方法の創設（実質上は代理と理解されている「代表」の行為による法人への効果帰属の実現と取引活動範囲の拡大）にある（四宮=能見293頁。法人と理事との関係につき、河上正二『民法総則講義』日本評

論社〔2007年〕169頁）。

　代理による法律行為については、民法99条～118条に原則的な諸規定があり、法人の理事の代表権については、一般法人法77条1項・197条に規定がある。

　企業の組織と活動においては、法人制度の利用や活動範囲の拡大に伴う私的自治の拡張の必要性が大きいので、商法（企業法）では、代理ないし代表の制度が大いに活用され、民法の特則や民法にない新制度が設けられている。

　その例は、現行の商法では、総則編の商業使用人制度（商20条以下）や代理商（商27条以下）、商行為編の商行為の代理（商504条以下）、会社法では、総則編の会社の使用人等（会10条以下）や会社の代理商（会16条以下）、株式会社編の機関（会348条以下）や持分会社編の管理（会593条以下・会603条）の諸規定に見ることができる。

（2）商法（企業法）における代理制度の変容

　民法における代理制度が、私的自治原則の例外という性質上、個別的で、本人の個性を尊重しているのに対して、商法（企業法）における代理と代表の制度は、企業の組織と活動の特色を反映して変容している。

　まず、企業組織法においては、支配人の権限（支配権、商21条・会11条）や会社の代表機関の権限（代表取締役の代表権・会349条、持分会社代表社員の代表権・会599条）において顕著なように、定型的・包括的で不可制限的な代理権ないし代表権が定型的に法定されている。また、船長の船主代理の権限について、支配人の権限と類似して包括的で不可制限的な代理権が法定されている（商713条・714条。但し、支配人と船長とでは、代理権の範囲に顕著な相違がある）。

　次に、企業取引法においては、商行為の代理についての非顕名主義（商504条）、代理権の消滅に関する特則（商506条）がある。民法における代理制度においては、取引の安全と代理制度の信頼確保のために、表見支配人制度が設けられているが（民109条・110条・112条）、商法（企業法）では、企業の取引活動における取引安全確保の強い要請を受け、定型的な信頼を保護する制度として、権利外観理論を導入した表見支配人制度（商24条・会13条）や表見代表取締役制度（会354条）が設けられている。

2　商行為の代理

（1）商行為の代理の方式　―　非顕名主義と相手方の保護

　法律行為の当事者にとっては、誰が相手方になって誰に法的効果が帰属するかは重大な関心事である。民法においては、代理の要件（効果帰属要件）として、①代理権限が有効に授与されていること、②代理人が代理権限の範囲内で有効な法律行為をしたことに加えて、③代理人が本人のためにすることを示して意思表示をすること、すなわち「顕名」を要求している（顕名主義、民99条1項）。したがって、代理人が本人のためにすることを示さないで意思表示をした場合には、原則として、代理人

自身のためにしたものとみなされ、代理人自身が当事者となり（民100条本文）、例外として、相手方が代理人が本人のためにすることを知り、または知ることができたときは、代理の効果が生じ、本人に効果が帰属する（民100条但書）。

　これに対して、商法は、商行為の代理の方式に関し、民法での顕名主義（民99条・100条）を修正している（英米法上の「Undisclosed Principal の法理」に立法的沿革を観る見解として、田中誠他・コンメ商行為74頁、沢野直紀「商事代理の非顕名主義」竹内昭夫〔編〕『特別講義商法Ⅱ』有斐閣〔1995年〕71頁。また、ロエスレル草案および旧商法から新商法への変遷につき、武川幸嗣「商事代理」北居＝高田196頁、参照）。すなわち、商行為の代理については、代理人が本人のためにすることを示さないときでも、その行為は本人に対して効力を生ずると規定している（商504条）。ここに商行為の代理とは、代理人についてではなく、本人について判断されるので、相手方にとってのみ商行為となる行為については同条の適用はない（最判昭51・2・26金法784・33）。

　商法が、非顕名主義を原則とするのは、企業取引が反覆・継続的に行われている状況では、代理であることを相手方が認識していること（あるいは、相手方が当事者の個性に着目していないこと）の方が常態であり、顕名の有無を問わず本人への効果帰属を認めて相手方に不利益はなく、また、むしろ、企業取引の迅速性を尊重すべきであり、いちいち顕名を要求することは煩瑣であって迅速性を妨げると考えられるからである（判例・多数説、大隅・商行為33頁、西原・商行為122頁）。

　但し、商法では、相手方が代理人であることを知らなかったときは、相手方は代理人に対して履行の請求をすることを妨げないと規定している（商504条但書）。商行為の代理であっても、顕名がなされなかったばかりに相手方が代理人を当事者と信じて取引関係が生じる場合があり得るので、そのような場合に相手方の不測の損害を避けて、相手方を保護するためである。

　ここに、商行為の代理について、商法504条但書により代理人に履行責任を負わせていることの趣旨と法律関係の理解の仕方が問題となる。すなわち、第一に、本条但書が適用される場合には、代理人に対して履行責任を追及できるという関係は、本条本文が定める本人への効果帰属に付加して（併存的に）認められるものなのか、あるいは、相手方は本人に対する関係ではなく代理人との関係を（択一的に）主張できるものなのかという問題がある。また、第二に、本条但書が適用されると、代理人に対して債務の履行を求めることができるようになるだけなのか、さらに代理人に権利も帰属することになるのか、この場合、本人は債務だけを負うのか、相手方は代理人に対する抗弁を主張できるのかが問題となる。

　このような商法504条但書が適用される場合の法律関係、商法504条本文と但書の関係をめぐっては争いがある＊。この点、判例および近時の有力説は、契約が相手方・代理人間と、相手方・本人間の双方の間で成立し、相手方は選択により一方を主張でき、その場合には他方が主張できなくなると解している（選択的法律関係併存・相手方選択説、最判昭43・4・24民集22・4・1043商百選30）。

《 商行為の代理の構造 》

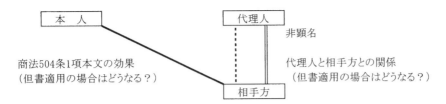

* **商法504条但書が適用される場合の法律関係**　商法504条但書が適用される場合の法律関係（商法504条本文と但書の関係）をどのように理解するかについては諸説がある。本文に示した論点を軸に整理すると以下のとおりである（米沢明「商法五〇四条の法意」北沢正啓=浜田道代〔編〕『商法の争点Ⅱ』有斐閣〔1993年〕228頁、森本編・商行為47頁、江頭・商取引273頁、武川・前掲197頁、参照）。
　1．択一的構成説類型
　(1)択一的法律関係・立証責任転換説　　商法504条は顕名主義の例外を定めた規定ではなく、実質上民法と同趣旨の規定であって、民法100条の特則として過失の立証責任が転換されるにすぎないとする（西原・商行為122頁）。条文の文言と調和しないことを認めつつ、立法論的に同条の削除を積極的に主張している。
　(2)選択的法律関係併存・相手方選択説　　近時の有力説と判例は、契約が相手方・代理人間と、相手方・本人間に成立し、相手方は選択により一方を主張でき、その場合に他方が主張できなくなると解している（最判昭43・4・24民集22・4・1043商百選30）。相手方の保護を図るため理論構成と言えるが、相手方が選択するまでの法律関係が不明確であり、本人が出現した後も相手方が自己に有利な選択を認めることは、相手方に予定外の保護を与えることになって妥当でないとの批判がある。
　なお、商法504条但書により相手方が本人または代理人を債権者として選択しうる場合に、本人が相手方に対し債務の履行を求めて提訴し、その訴訟係属中に相手方が債権者として代理人を選択したときは、本人の請求は、右訴訟の係属している間、代理人の債権につき催告に準じた時効中断の効力を有するとした判例（最判昭48・10・30民集27・9・1258商百選31）がある。この結論は妥当であっても、択一的債権として併存しつつ債権の実体は単一であると判示している部分には疑問もある（江頭・商取引275頁）。
　2．併存的構成説類型
　(1)代理人履行責任説　　従来の多数説は、本文の効果を維持しつつ、但書により、相手方は代理人の責任をも追及できて、代理人は本人の債務につき不真正連帯債務の関係に立つとする（代理人履行責任説：不真正連帯債務説、大判明39・5・22民録12・785）。この説では、善意無過失の相手方に限り但書の保護が受けられ、過失の立証は代理人が負う。代理人が履行責任のみを負う点で、商法504条但書の文言に忠実な解釈である。しかし、本人だけが権利を取得するので、相手方は債権者的地位にない代理人に弁済しても無効であり、本人からの履行請求に対して、代理人に対して有する抗弁をもって対抗することができず、代理人が当事者であると信じた相手方の保護が不十分であるとの批判を免れない。
　(2)代理人債権債務帰属説　　代理人には債務だけでなく債権も帰属し、本人は相手方に対して債務のみを負担するとの見解である（田中誠他・コンメ商行為79頁）。利点として、相手方が予期しない本人からの履行請求から免れ、代理人に対する弁済や代理人による債務免除が有効になり、代理人に対する相殺等の抗弁も妨げられない。但し、これらのことは商法504条の文言から導くことはできない解釈ではないかと指摘されている。
　(3)抗弁対抗説　　相手方が代理人との法律関係を主張しても本人と相手方の法律関係を消滅させる必要はなく、商法504条但書の趣旨を合理的に解釈して、本人が出現する前に相手方が代理人に履行請求することを妨げず、相手方は代理人との関係において行われた弁済や相殺等の抗弁事由をもって本人に対抗することを認める見解である（森本編・商行為51頁、江頭・商取引274頁）。相手方が代理関係を知った後は、代理人との法律関係を認める必要がないから、本人との法律関係だけになる（青竹・商法180頁）。

【 非顕名代理規定に関する立法論と代理法の将来 】

　商法504条が商事代理に関する非顕名主義を定めていることに関しては、解釈論上の論争に加えて、立法論上の意見や提案がある。

　まず、従来から、同条を削除すべきとの見解が学説上に多く見られる（落合他・商法Ⅰ153頁、大隅・商行為34頁、平出・商行為108頁）。その主な理由は、商行為の代理であることから、当然には、本人と代理人との間に反覆継続性を有する委任関係または従属関係が存在するとは言えず、また、相手方からみて当事者が誰でもよいという取引ばかりであるとは言い切れないことが挙げられている。顕名主義を維持しても、民法上の例外を緩やかに認定して商事代理の要請に即した柔軟な運用で対応できるという（武川・前掲207頁、参照）。

　次に、民法（債権関係）改正作業と併行して行われた商行為法の検討作業の成果として、立法論上の選択肢が示されている。すなわち、A案：選択的法律関係併存説を採る判例（最判昭43・4・24民集22・4・1043）をリステイトした規定に改める案、B案：本条本文および但書と同じとしつつ（但し、相手方の選択を認めない）、代理人が本人のためにすることを知らなかったときは、相手方は本人からの権利行使に対して代理人に主張することができる抗弁事由を主張できるとする案、および、C案：本条を廃止する案が示されている（商行為WG最終報告書450頁）。

　さらに、アメリカ代理法第3次リステイトメントとの比較法的考察がある。同リステイトメントでは、日本法のように民事代理では顕名主義を原則とし商事代理では非顕名主義を原則とするというのでなく、一般的に非顕名代理の方式を認めつつ、選択ルールではなく満足ルールを採用する等、相手方の保護はもちろん、本人や代理人自身にも手厚い保護が及ぶ工夫がなされており、日本の代理法の将来にとって示唆に富んでいる（神作裕之「非顕名代理」樋口範雄＝佐久間毅〔編〕『現代の代理法：アメリカと日本』弘文堂〔2014年〕95頁）。

（2）本人の死亡と代理権の存続

　民法の原則では、代理権は本人の死亡により消滅する（民111条1項1号）。死亡した本人に帰属していた法律関係は、本来、相続によって包括的に相続人に移転するはずであるが、任意代理の場合は、本人から個人的な信任を受けて代理人になっていることから、本人の死亡後その相続人に対する関係で代理人の地位を当然に継続させることは妥当でないからである（もっとも、相続人にとって代理人が必要であれば改めて代理権を授与すればよく、また、当初から本人の死亡によっても代理権は消滅しない旨の合意をすることも可能である。四宮＝能見308頁、参照。特殊な状況のもとで本人の死亡により代理権が消滅しないとの趣旨を判示するものとして、最判昭28・4・23民集7・4・396）。法定代理の場合は、特定の本人を保護するために発生した代理権であるから、本人死亡によって当然に消滅する。

　これに対して、商行為の委任による代理権は本人の死亡により消滅せず（商506条）、代理人は当然に相続人の代理人となる。「商行為の委任による代理権」とは、商行為をなすことの代理権ではなく、委任行為（授権行為）自体が委任者から見て商行為となる代理権のことである。代理権授与行為が附属的商行為となる場合であり、商人が商業使用人に授与した代理権や締約代理商の代理権が典型である。商法がこのような特則を設けるのは、当事者の通常の意思を前提として、営業活動の継続性を維持するとともに、企業取引の円滑な継続を図る必要性が大きいからである（取引確保の趣旨から、商人の相続人が商人の死亡の事実を知らず、営業承継の意思がなく現実に承継されなかったとしても、代理人の代理権は商人の死亡により消滅しない。東京高判平10・8・27高民51・2・102）。

3　商行為の受任者の権限

　民法が定める原則では、受任者は委任の本旨に従い、善良な管理者の注意をもって委任義務を処理すべきものとされている（民644条）。これに対して、商法では、商行為の受任者は、委任の本旨に反しない範囲において、委任を受けていない行為をすることができるとされている（商505条）。ここに「商行為の受任者」とは、商行為をなすべき委任を受けた者を意味し、商法506条にいう商行為の委任による代理権の場合のように委任自体が商行為である必要はない。

　本条の内容に関して、ある見解は、本条は受任者と委任者との内部関係を定めるとともに受任者の代理権の範囲をも定めたものであって、受任者が代理権限の範囲外の行為をした場合であっても、それが委任の本旨に反しない限り、その行為は直接本人に対して効力を生ずると解する（大隅・商行為35頁）。しかし、本条は、受任者と委任者との内部関係を定めたものにすぎず、受任者が代理権限の範囲外の行為をした場合の相手方の保護は表見代理（越権代理）規定（民110条）を適用すれば足りる（石井＝鴻60頁、田中誠・商行為101頁、西原・商行為126頁、平出・商行為114頁）。

　従来の学説では、本条は受任者の権限を拡張するものであり民法の原則を修正する規定であると考えられていたが、今日では、民法644条の解釈としても、受任者は委任の本旨に反しない範囲で委任を受けない行為をなすことができると解されるので、本条は、企業取引の安全と迅速性を図るべく、民法の意味を明確にしたものにすぎないと考えられる。立法論としては、一般法化することで問題はなく、商行為法上には不要な規定と解されている（商行為WG最終報告書452頁）。

2.3.3.　商事契約の成立

　　　1　企業取引と契約
　　（1）企業取引における契約の機能と構造
　　（2）契約締結前の当事者の義務（暫定的合意の効力）
　　（3）商事契約の成立に関する商行為通則規定
　　　2　商事契約の申込みの効力
　　（1）申込みの効力（承諾適格）と拘束力（撤回制限）
　　（2）承諾期間の定めのある申込みの効力
　　（3）承諾期間の定めのない申込みの効力
　　　3　商事契約の申込みを受けた商人の特殊な協力義務
　　（1）諾否通知義務と承諾擬制
　　（2）受領物品保管義務

□1.契約という法律要件は、企業取引の目的を達成する上で、どのような機能を有しているか。また、その構造はどのようなモデルで理解されているか。
□2.申込みの本来的効力としての承諾適格とは何か、また、申込みの拘束力として撤回制限を設ける必要があるのはなぜか。
□3.商事契約の申込みの効力に関して、商法はどのような規定を設けているか。
□4.商事契約の申込みに対して、商人はどのような義務を負うか。

1　企業取引と契約

（1）企業取引における契約の機能と構造
1）企業取引のプロセスと契約

　企業取引は、一般に、引き合いと交渉に始まり、契約の締結を経て、債務の履行と支払・決済がなされるというプロセスのなかで、その目的を達成する（本書4〜5頁）。企業取引の経済的効果は、主に契約の効力（有効な権利義務関係）によって法的に保障されるので、それをもたらす契約の成立は重要な意味を有している。

2）意思表示の合致による契約の成立

　意思表示を要素とする法律要件である法律行為としての「契約」は、「申込み」という意思表示と「承諾」という意思表示の合致によって成立するものと伝統的に理解されてきた（近時では、契約の成立過程に着目して、伝統的な申込み承諾型モデルの他に、合意型モデルも認識されている。平井宜雄『債権各論Ⅰ上　契約総論』弘文堂〔2008年〕166頁、加藤雅之「商事契約の成立」北居＝高田199頁、参照）。

　平成29年民法（債権関係）改正においては、「契約は、契約の内容を示して契約の締結を申し入れる意思表示（＝申込み）に対して、相手方が承諾をしたときに成立する」と明文化された（民522条1項）。

3）契約の効力発生時期

　平成29年民法（債権関係）同改正では、隔地者間における承諾の意思表示の効力発生につき発信主義を定めていた規定を削除し、隔地者間であると対話者間であるとを問わず＊、いずれの場合も到達主義を採用したので、契約は承諾の意思表示が到達したときに成立する（民97条1項・522条1項）。

> 　＊隔地者間と対話者間　　「隔地者間」というのは、相手方との間で直接に意思表示を了知できる状況にない場合をいい、距離を隔てていても電話等リアルタイムの通信が可能な手段を利用して交渉している場合は含まれない。他方、「対話者間」という場合は、相手方との間で直接に意思表示を了知できる状況にある場合をいい（距離を隔てていても電話等リアルタイムの通信が可能な手段を用いる場合を含む）、必ずしも距離が接近して対面している場合に限らない。

4）申込みの誘引

　実際の取引では、当事者間で引き合いと交渉が重ねられて合意が形成され、契約が成立することが多い。引き合いと交渉の段階での条件の提示等は、最終的な契約締結に判断の余地を残している場合は、申込みではなく、「申込みの誘引」と呼ばれる。

5）契約と契約書式

　契約書の作成は契約成立の要件ではない（民522条2項）。売買契約において、裁判例では、買主の注文書交付が申込み、売主の注文請書の交付が承諾というのが取引の典型と見られているが（東京地判昭14・6・14新聞4454・7）、売主の見積書交付が申込み、買主の注文書交付が承諾と理解するのが実務の実態に近いと言われている（江頭・商取引11頁）。また、企業間取引の現場では、契約の両当事者が互いに自前

の標準契約条件（書式）を作成して、自らに有利な契約条件を最終提案から契約内容に盛り込むために競い合うことがよくあり、これは「書式の戦い（battle of forms）」と称されている（石原全「商取引における契約の成否と契約内容―『書式の戦い』について」民商法雑誌85巻5号・6号、同86巻1号〔1982年〕、参照）。

6）企業取引における基本契約と個別契約

企業取引は、継続的取引として行われるのが通常である。この場合、同種取引が事実上反覆して行われるという場合は同種の契約が同じ条件で繰り返されるにすぎないが、他に、基本契約（当事者間で継続的取引全体に適用される基本的事項をあらかじめ取り決めておく契約）と個別契約（基本契約に基づいて個別に具体的条件を合意する契約）という構造をもって行われることが多い。

（2）契約締結前の当事者の義務（暫定的合意の効力）

企業取引の引き合いと交渉においては、契約締結前であるから当事者が契約にもとづく義務を負わない。しかし、当事者は、不当な交渉打ち切りや契約締結拒絶をした場合に、相手方の契約締結への期待を侵害したことによる損害賠償責任を負うことがある。この場合、当事者は相手方の期待を侵害することがないように誠実に契約の締結に努めるべき信義則上の注意義務があり（東京高判昭62・3・14判時1232・110商総行百選54）、また、交渉過程において一定の説明義務があり、その義務違反が根拠となる（最高裁平19・2・27判時1964・45商百選43、交渉破棄による責任の根拠・理論構成と賠償範囲をめぐる裁判例と学説について、池田清治・商百選43解説89頁、参照）。

（3）商事契約の成立に関する商行為通則規定

契約の成立に関する法規律は、民法に一般原則が定められ、商行為となる契約（商事契約）の成立に関しては、商法に、申込みの効力に関する特則と契約の申込みを受けた商人の特殊な協力義務が定められている。

なお、平成29年民法（債権関係）改正では、民法学の解釈論の成果を踏まえ、商法の関連規定の内容を一部取り入れ（民法の商化現象の一例）、これに伴い商法の関連規定が一部改正された。

2　商事契約の申込みの効力

（1）申込みの効力（承諾適格）と拘束力（撤回制限）

契約は、契約の内容を示して契約の締結を申し入れる意思表示（＝申込み）に対して、相手方が承諾をしたときに成立する（民522条1項）。したがって、契約が成立するには、承諾がなされる時点で申込みの意思表示が有効でなければならない。

相手方の承諾によって契約を成立させる申込みの効力が認められるためには、申込みの本来的な効力として、申込みの意思表示に「承諾適格」がなければならない。また、申込みの意思表示が撤回できない状態にある（申込みの拘束力〔撤回制限〕がある）か、申込みの意思表示が撤回できる場合には、その意思表示が撤回されてい

ないことが必要である（加藤・前掲北居＝高田176頁、参照）。法律上、申込みの拘束力（撤回制限）があるとされるのは、申込みの相手方を保護するためである。

　申込みの効力について、民法は、承諾期間の定めがある場合（民523条）と、承諾期間の定めがない場合（民525条）に規定を置き、商法は、商人である隔地者間において承諾期間の定めがない場合（商508条）の規定を置く。

《　申込みの効力に関する民法規定と商法規定　》

当事者	対話者間	隔地者間
承諾期間の定めのある申込み	**民法　523条2項** 承諾期間内は効力存続 期間内に承諾なければ失効	
承諾期間の定めのない申込み	**民法　525条2項** 対話継続中は「撤回」が可能 対話終了後は、継続中に承諾通知を受けなければ、失効 （商人である対話者間に関する旧商法507条は削除）	**民法　525条1項** 相当期間内は「撤回」が不可 「承諾適格」について明文なし 商人である隔地者間 商行為である契約 **商法508条1項** 相当期間内に承諾通知の 　　　発信がなければ、失効

（2）承諾期間の定めのある申込みの効力

　承諾期間の定めのある申込みがなされた場合、その承諾期間内は申込みの撤回は認められず、承諾期間が経過することによって、申込みの効力（承諾適格）が失われる（民523条）。承諾期間内は、申込みの効力（承諾適格）および拘束力がともに存続し、承諾の通知を受けないまま期間が経過することによって、それらの効力が失われる。

　申込みの効力が失われた後になって承諾がなされた場合、申込者は、それを新たな申込みとみなすことができる（民524条）。

（3）承諾期間の定めのない申込みの効力
1）隔地者間における申込みの効力

　民法の一般的規律では、承諾期間を定めないでした申込みは、申込者が承諾の通知を受けるのに相当な期間を経過するまでは撤回することができず、申込者が撤回する権利を留保したときは、この限りではない（民525条1項）。すなわち、承諾期間の定めがない隔地者への申込みは、相当期間経過後に申込者が撤回できるにとどまる。

　撤回制限を附すだけで承諾適格としての効力の帰趨については明文を欠くが、多数説は、相当期間経過により承諾適格としての効力が失われると解している。この民法学の多数説では、申込みの拘束力が存続する期間（撤回制限期間）としての相当期間と、申込みの承諾適格としての効力の存続期間とが区別されている。

2）商人である隔地者間における申込みの効力

　商人である隔地者間において承諾期間を定めないで契約の申込みを受けた者が、相当の期間内に承諾の通知を発しないときは、申込みは当然にその効力を失う（商508条1項。平成17年改正により「商人である」という文言が付加された）。商人間の場合には、申込者の撤回の意思表示がなくても期間経過だけで申込みの効力が失われることになる。すなわち、商法508条1項により、商人である隔地者間での承諾期間の定めがない契約の申込みは、相当期間内は撤回が制限されるが、相当期間の経過によって、申込みの拘束力（撤回制限）および効力（承諾適格）がともに失われる。すなわち、商法では、当事者が商人であることを考慮して、それら両期間を一致して規定していると理解することができる（加藤・前掲北居＝高田182頁・189頁）。

　本条の趣旨は、企業取引の迅速性の要請（商機を逸することがないようにするとの要請）にもとづき、申込みが失効される場合を明確にしたものと理解することができる。明文を欠くが、当然に、商行為である契約に適用される規定である。また、ここにいう相当期間については、個別的具体的に判断せざるを得ないが、売買目的物の価格変動の激しさ、当事者間の過去の取引態様、当該取引における申込者の態度、また場合によっては、当該申込みの条件の相手方にとっての有利不利が、判断要素となる（江頭・商取引12頁、近藤・商法126頁）。

　相当期間経過後に遅延した相手方の承諾の意思表示は、申込みの承諾適格が失われているので、承諾として効力は生じないが、新たな申込みとみなすことができる（商508条2項）。同条項は民法524条を準用するが、注意規定にすぎない。

3）対話者間における申込みの効力

　対話者に対して承諾期間を定めないでした契約の申込みについては、対話が継続中であれば申込みの撤回によって相手方が害されるおそれがないので、このような申込みは、対話が継続している間はいつでも撤回することができる（民525条2項）。さらに、対話が終了後にどのように扱われるかについては、判例（大判明39・11・2）に従い、対話が継続している間に承諾の通知を受けなかったときは、その申込みは効力を失うと規定されている（民525条3項本文）。但し、申込者が対話の終了後もその申込みが効力を失わない旨を表示したときは、この限りでなく、効力を有する（同条項但書）。

【 商人である対話者間における申込みの効力 】

　平成29年改正前商法では、商人である対話者間において、承諾期間の定めがない場合に、契約の申込みを受けた者が直ちに承諾をしないときは、申込みは当然に効力を失う旨が定められていた（平成29年改正前商507条）。取引の迅速性（商機を逸することがないようにするとの要請）にもとづくと考えることができた。

　令和29年改正前では、商法507条は、その時点で民法に規定がない対話者間で承諾期間の定めのない申込みに関する特別の条文であった。民法の一般的規律では、承諾期間の定めがある契約の申込みは撤回することができず、その期間内に承諾の通知を受けなかったときは申込みは効力を失うと規定されていた（平成29年改正前民521条1項・2項）。但し、対話者間で承諾期間の定めのない場合については、民法には規定がなく、多数説は、解釈により、対話者間でなされた申込みは、承諾がないまま対話が終了すれば効力（承諾適格）を失うと解して、商法507条と同様の帰結を導いていた。このように、平成29年改正前においても、「民法の商化現象」により商法507条は独自性がなくなっており、平成29年民法（債権関係）改正の機会に、商人で

ある対話者間に限らず、承諾期間の定めのない対話者間の一般的規律として民法525条3項が新設されたことによって、商法507条の条文は廃止された。

3　商事契約の申込みを受けた商人の特殊な協力義務

（1）諾否通知義務と承諾擬制
1）趣　旨
　商人が「平常取引をする者」から自己の「営業の部類に属する契約」の申込みを受けたときは、遅滞なく諾否の通知を発することを要し（諾否通知義務、商509条1項）、これを怠ったときは、申込を承諾したものとみなされる（承諾擬制、商509条2項）。

　民法の一般的規律では、諾否通知義務や承諾擬制は一切ない（たとえ一定の期間内に諾否通知がなければ承諾したものとみなす旨を付した申込みがあっても、その申込みを受けた者に諾否通知義務は生じないし、沈黙の承諾擬制などはない）。

　しかし、商法は、継続的な取引関係においては、申込者となる取引相手方の信頼を保護する必要があり、また、商人はその地位・職責の専門性に由来して諾否を決定することが容易であることから、商人間の迅速な取引を促進するために、商人に一定の諾否通知の義務を課し、通知がない場合の承諾擬制を定めているのである。

2）適用範囲
　商法509条1項では、申込みを受ける者が商人であれば、申込みをする者は商人でなくてもよい。但し、商人間では、同条2項に照らして、承諾期間の定めのない隔地者間における申込みの場合である。

　本条の趣旨から、「平常取引をする者」とは、必ずしも申込事項について過去に取引があったことまで必要ではなく、継続的に取引関係を有し、今後も継続的取引関係が予想される者があればよい（弥永・商法100頁、札幌高判昭33・4・15判時150・30）。他方、「営業の部類に属する契約」の範囲の解釈においては、通知なき場合に承諾擬制が伴う通知義務を課す合理的な範囲が求められ、学説上、見解が分かれている＊。

> ＊ **商人の諾否通知義務と「営業の部類に属する契約」の範囲**　　通説は、その商人にとって基本的商行為に属する契約に限ると解しており（西原・商行為128頁、石井＝鴻68頁、弥永・商法100頁、近藤・商法126頁）、判例も同様の傾向にある（最判昭28・10・9民集7・10・1072商総行百選39）。これに対して、営業として行う基本的商行為に限らず営業のために行う附属的商行為であってもよいが、日常業務として行われないものは除くとする見解もある（平出・商行為119頁）。他方、基本的商行為と附属的商行為との区別によるのではなく、営業上集団的反復的に行われる行為と解して、問屋［トイヤ］が委託の実行行為としてなす売買に適用を認める見解がある（鈴木9頁）。
>
> 　基本的商行為と附属的商行為という概念による区別に合理性があるとは言い難く、また、営業上の集団性反覆性という要素だけでは相当な範囲を見い出せない。結局、契約が行われる市場と業界において、申込み内容が合理的で、「申込みに対する沈黙が承諾を意味すると当然に予想される類型の取引」にのみ適用されるべきである（江頭・商取引10頁、同趣旨の判断と見られる裁判例として、東京高判昭58・9・28判時1092・112、東京地判平3・11・26判時1420・92）。

（2）受領物品保管義務
1）趣　旨

　商人が、その営業の部類に属する契約の申込みを受けた場合において、その申込みとともに受け取った物品があるときは、原則として、その申込みを拒絶したときであっても、申込者の費用をもってその物品を保管しなければならない（商510条）。但し、その物品の価額がその費用を償うのに足りないとき、または商人がその保管によって損害を受けるときは、この限りではない（同上但書）。

　民法の規律では、同様の場合、物品の返還や保管の義務は生ぜず、申込者のための事務管理が成立し得るに止まる。しかし、企業取引の実情においては、契約の申込みに際して、目的物の品質等を知らせたり、相手方の承諾が予想される場合に迅速な履行と決済を期待したりして、契約の申込みと同時に物品を送付することは多く、また、その場合には、契約の締結が拒絶されても申込み者の費用で物品が保管されることの信頼が発生することから、商法510条は商人に一定の物品保管義務を課している。また、同条は、企業取引における物品の安全保護を図り、もって企業取引を促進するものと理解できる。

　保管費用は申込み者の負担であるが、商人が保管義務を履行しても、保管物品の価額では費用債権を十分に担保することができない場合や、さらに損害を受ける場合まで、商人に保管義務を負わせることは妥当でないので、そうした場合は本条本文の適用がない（本条但書）。

2）適用範囲

　本条でも、申込みを受ける者が商人であれば、申込みをする者は商人でなくてもよい。営業の部類に属する契約の申込みであることは必要であるが、諾否通知義務の場合と異なり、平常取引の関係を有する者という人的範囲の制限はない。この点、本条の趣旨が果たされる合理的範囲として平常取引をなす者相互間に限るべきとの立法論がある（江頭・商取引16頁、近藤・商法129頁）。

　本条は、申込みが拒絶された場合に申込み者が送付物品を直ちに回収する等の適切な措置をとることができない場合に、申込み者を保護できればよいので、適用はそうした場合に限られる。したがって、この場合の適用範囲は、対話者間と隔地者間の区別により隔地者間における申込みの場合を言う（近藤・商法129頁）のではなく、拒絶があったときに適切な対処ができない場合を判断すべきということになる。

2.3.4.　商事債権の営利性

　　　1　商事債権の営利性の意義
　　　2　商人の報酬請求権
　　　3　商人の利息請求権
　　（1）商人間の金銭消費貸借における利息請求権
　　（2）商人の立替金の利息請求権

□1. 商行為によって生じた一定の債権について、商法上、どのような特別規定があるか。

1　商事債権の営利性の意義

　商法は、商行為によって生じた債権（商事債権）のうち、商人の報酬請求権および利息請求権に関して特別の規定を設けている（商512条・513条）。企業の組織・活動・取引が営利の目的（利潤追求の目的、少なくても収支相償の目的）を有すること（営利性）を反映して、商人が営業の範囲内でなす行為は有償とするとの原則が認められている。

　なお、平成29年民法（債権関係）改正に伴い、同改正前に民法の法定利率より高い固定利率の法定利率を定めていた同改正前商法514条の規定は削除された。

2　商人の報酬請求権

　民法では、ある者が、委任、準委任、事務管理等、他人のためにある行為をしても、特約がなければ報酬を請求することができない（民648条・656条・702条）。これに対し、商法では、商人が、その営業の範囲内において、他人のためにある行為をしたときは、特約の有無を問わず、商人はその者に対して相当の報酬を請求することができる（商512条）。企業の組織・活動・取引の営利性を反映している。

　商法512条が適用されるためには、次の要件を満たすことが必要である。

　第一に、行為の当時に「商人」であることを要する。しかし、その他人は商人である必要はなく、行為の相手方が商人でなくてもよい。

　第二に、商人が「営業の範囲内において」行為をしたことを要する。営業の部類に属する行為をする場合だけでなく、営業上の利益または便宜を図るためにする一切の行為を含み、営業のためにする附属的商行為をする場合も含む（通説、大判大10・1・29民録27・154）。

　第三に、他人のために行為をしたことを要する。「他人のために」とは、現実に他人が利益を得たか否かを問わず、行為の法律上または事実上の効果が他人に帰属することをいうが、行為者が主観的にそうであるだけでは足りず、客観的にみて他人のためにする意思をもって行ったと認められることが必要である（通説、最判昭50・12・26民集29・11・1890）。他人の委託にもとづいて行ったものであることは必要でなく、事務管理として行ったものでもよい（通説。但し、売主から委託されたものではないとして、宅地建物取引業者の報酬請求権を否定した判例〔最判昭44・6・26民集23・7・126商総行百選41〕がある）。

　ここに「行為」とは、商行為でも非商行為でもよく、法律行為に限らず事実行為をも含む。但し、ある行為が契約にもとづいてなされた場合に、その行為に対する報酬が既に契約上の対価に含まれているとき、また、慣習上もしくは社会通念上無償でなされることが普通の行為の場合には、その行為のみについて報酬請求権は認められない（通説、西原・商行為117頁、大隅・商行為45頁、石井＝鴻70頁、平出・商行為92頁）。

　なお、仲立人は、特約がなくても本条により報酬請求権を有するが、結約書の作成・交付の義務を果たした後でなければ報酬を請求できないので（商550条1項・546

条）、その分、本条の適用は制限され、媒介する他人間の商行為が成立しない場合は報酬を請求できない。仲立人とは異なるが、商人たる媒介業者の場合も同様である。商人たる不動産仲介業者が不動産売買契約を成立させれば、後から解除されても報酬請求権は消滅しないが（福岡高那覇支判平15・12・25判時1859・73）、仲介業者の義務違反による契約解除の場合には消滅する（東京高判平6・7・19金商964・3、参照）。また、運送人は、他人のために運送をしても、運送品の全部または一部が不可抗力によって滅失した場合には、運送賃（報酬）を請求できないので（商576条1項）、その分、本条の適用が制限される。

3　商人の利息請求権

（1）商人間の金銭消費貸借における利息請求権

　民法では、消費貸借は、特約がない限り無利息である（民587条）。これに対し、商法は、商人間で金銭消費貸借をしたときは、特約がなくても、法定利率（民404条）による利息の請求を認めている（商513条1項）。営利性を反映した特則である。「商人間の金銭消費貸借」とあるから、商人が営業外で金銭を借りた場合も含まれると解する見解もあるが（田中誠・商行為99頁）、商法512条と同様に商人の営業の範囲内の金銭消費貸借に限定されるべきである（西原・商行為119頁、鈴木17頁、平出・商行為98頁）。また、立法論としては、商人が営業の範囲内で貸付を行った場合に適用される旨を明定して、商人の非商人への貸付にも法定利息の請求を可能にすべきである（西原・商行為119頁、鈴木17頁、大隅・商行為46頁、石井＝鴻72頁、近藤・商法140頁。なお、さらに拡げて、貸主または借主のいずれか一方のみが商人でも認めるべきとの見解として、平出・商行為98頁）。

（2）商人の立替金の利息請求権

　民法では、金銭の立替も、立替が委任または寄託にもとづく場合（受任者または受託者は利息の償還ができる。民605条1項・665条）を除いて、無利息である（民702条1項）。これに対し、商法は、商人がその営業の範囲内で金銭の立替をしたときに、立替日以降の法定利率（民404条）による利息の請求を認めている（商513条2項）。これも営利性を反映した規定である。要件は「商人がその営業の範囲内で金銭の立替をしたとき」であるから、営業と無関係になした場合は商人としてなしたものとは認められない。相手方が非商人であってもよい。立替金の利息請求権と前述の報酬請求権とは別個であるから、商人は、立替金について利息請求権を有するほか、立替行為についての報酬請求権をも併せ有する（西原・商行為118頁、大隅・商行為45頁、石井＝鴻70頁、平出・商行為96頁）。

【 商事法定利率制度の廃止（商法514条の削除） 】

　平成29年民法（債権関係）改正前では、法定利率は、固定利率制を採り、民法では年5分とし（改正前民404条）、商法では、商行為によって生じた債務について、年6分としていた（改正前商514条）。企業取引における資金は有利に運用されるのが通常であるとの考えによる。

　しかし、低金利の状況が長期間にわたって続く経済情勢のもと、法定利率のあるべき水準の

策定にあたっては、広い場面に画一的に適用され得る利率として、できるだけ広く納得の得られる水準とする必要があること、また、金融市場における一般的な利率との対比で評価すべきであることから、平成29年民法（債権関係）改正では、変動制による法定利率の設定（民法第404条関係の改正）が計られた。また、商事法定利率を別途定めて、民事と商事とで法定利率の二本立てを維持する法制には合理的理由が見い出せないことから、商事法定利率制度は廃止（商法514条は削除）され、民法に一元化されることになった。

　改正後の民法では、利息を生ずべき債権について別段の意思表示がないときは、その利率は、その利息が生じた最初の時点における法定利率により、その法定利率については、改正法施行時には年3％であるが、法務省令で定めるところにより、3年を一期とし、一期ごとに変動することになった（民404条）。

2.3.5.　商事債権の担保の強化

```
1　商事債権の担保強化の必要性とその類型
2　多数債務者間の連帯
3　保証人の連帯
4　流質契約の許容
5　商事留置権
（1）商人間の一般留置権
（2）商人の業態による特別留置権
```

□1.商法511条2項の「保証が商行為であるとき」とはどのような意味か。
□2.商法上の留置権に関して、以下の小問に答えよ。
（1）民法上の留置権の諸規定に加え、商法上、留置権に関する諸規定が設けられているのはなぜか。
（2）商人間の留置権の特色はなにか。とくに、民法上の留置権と比較して述べよ。
（3）代理商および問屋の留置権の特色はなにか。商人間の留置権と比較して述べよ。
（4）運送取扱人および運送人の留置権の特色はなにか。民法上の留置権、商人間の留置権、代理商および問屋の留置権と比較して述べよ。

1　商事債権の担保強化の必要性とその類型

　企業取引は、経済主体間で次から次へと行われ、それぞれの企業取引が鎖のように繋がれて相互に依存しながら、生産・流通・消費のサイクルを形成して経済的目的を実現するので（企業取引の連鎖性）、そこでは、ひとつひとつの企業取引の確実な履行と決済が求められ、また、信用を強化する必要がある。そこで、商法は、そうした企業取引の特質を踏まえて、商事債権に関する履行を確保すべく、人的担保を強化する（多数債務者の連帯・商511条1項、保証人の連帯・商511条2項）とともに、物的担保を強化している（流質契約の許容・商515条、商事留置権・商521条等）。

2　多数債務者間の連帯

　民法では、特約がない限り、多数当事者の債務は分割債務となり、各債務者は平等の割合をもって義務を負う（民427条）。これに対して、商法は、数人が商行為たる行為によって債務を負担したときは、特約で排除しない限り、その債務は連帯債務に

なるとして（商511条1項）、商行為によって生じた債務の履行の確実性を高めている。

　本条の適用される要件として、第一に、その行為が債務者の一人または全員のために商行為であることを要する。この商行為の中には附属的商行為も含まれる（最判平10・4・14民集52・3・813）。その行為は債権者のために商行為である必要はなく、債権者も債務者も商人であることを要しない（通説）。現存の債務は必ずしも直接に商行為によって生じた債務でなくても、商行為によって生じた債務と同一性を有すれば足りる。

　要件の第二に、連帯債務になる債務は、数人が一個の共同行為によって負担するものであることを要する。建設工事の共同企業体がその事業のために第三者に対して負う債務につき、その共同体の構成員は本条項により連帯債務を負うと判示した判例がある（最判平10・4・14民集52・3・813商百選33）。しかし、必ずしも、数人の間に特殊な関係がなくてもよい。

3　保証人の連帯

　民法では、特約がなければ、保証は連帯保証とはならず保証人はいわゆる催告の抗弁権（民452条）、検索の抗弁権（民453条）、複数保証人の分別の利益（民456条）を有する。これに対し、商法は、債務が主たる債務者の商行為によって生じたとき、または保証が商行為であるときは、主たる債務者および保証人の債務は各自連帯してこれを負担すると規定し（商511条2項）、前記の各抗弁と利益を排除する。保証債務の履行の確実性を高めて、人的保証による債権担保を強化している。

　保証が商行為であるときとは、判例によれば、保証が保証人にとって商行為であるときだけでなく、保証が債権者にとって商行為となる場合を含むと解されているが（大判昭14・12・27民集18・1681）、学説では、債務が債務者にとって商行為たる行為によって生じた場合にのみ連帯を認める商法511条1項とのバランス等から異論が強く、保証が保証人にとって商行為である場合にのみ本条項の適用があるとの見解が多い（大隅・商行為39頁、西原・商行為133頁、近藤・商法129頁）。

　法文上、「主たる債務者及び保証人が各別の行為によって債務を負担したときであっても」とあるが、主たる債務者の債務と保証人の保証債務とは元来別個に発生するので、当該文言に積極的な意味は見いだせない。その場合とは異なり、数人の保証人が保証した場合については、法文上に明らかではないが、保証人間にも連帯関係が生じると解される（通説、大判明44・5・23民録17・320）。

4　流質契約の許容

　質権設定行為または債務の弁済期前の契約において、債務不履行の場合に、質権者が質物の所有権を取得し、または法律に定められた方法によらないで質物を処分してしまうことを約する契約を、「流質契約」という。民法では、債務者の窮状に乗じた高利の設定を防ぎ、金融を受ける経済的弱者の保護を図るために、流質契約が禁

止されている(民349条)。

　これに対して、商法は、商行為によって生じた債権を担保するために設定した質権について、流質契約を認めている(商515条)。企業取引では当事者間の経済力格差を考慮するより、金融の便宜を優先すべきだからである。なお、質屋にも、流質契約が認められている(質屋営業法1条・17条・19条)。

　商法により流質契約が許容される要件として、質権が商行為によって生じた債権を担保するために設定されることが必要である。この商行為は、債務者または債権者のいずれか一方にとって商行為であれば足りるとする見解もあるが、債権者にとってのみ商行為である行為によって生じた債権は含まないと解される(大隅・商行為40頁、弥永・商法94頁、近藤・商法130頁)。本条は、民法のように後見的態度を必要としない範囲として、冷静に損益計算がなされる場面に適用すべきだからである。

5　商事留置権

(1) 商人間の一般留置権

　商法は、商人間の商行為によって生じた債権につき、民法の一般留置権(民295条)より強力な商人間の留置権を認めている。すなわち、債権者は、弁済を受けるまで、債務者との商行為によって自己の占有に帰した債務者所有の物または有価証券を留置することができる(商521条)。商人間の留置権は、特約で排除できる(同条但書)。

　商人間の留置権が認められることによって、商人は、流動する商品について個別に担保権を設定する煩雑さを避けることができ、担保を請求することで相手方の不信を招くことを避けることができる。このように、商人間の営業上の債権者は、債権について担保を容易に確保でき、商人間の継続的な信用取引が助長される。

　商人間の留置権は、民事留置権と異なり、被担保債権と留置物との牽連関係を必要としない(成立要件緩和)。もっとも、目的物は債務者の所有に属することを要し、債務者との間における商行為によって債権者の占有に帰したことを要する。商人間の留置権は、動産および有価証券について成立することに異論はないが、不動産について成立するかどうかについては見解が分かれるが、肯定してよい(多数説、西原・商行為138頁、田中誠他・コンメ商行為159頁、弥永・商法96頁、近藤・商法131頁)*。

　商人間の留置権の効力として競売権が認められるが(民執195条)、優先弁済権はない(留置権にもとづく競売の場合に目的物上の他の担保権の帰趨には、引受説と消除説とがあり、実務は確定していない〔江頭・商取引254頁〕)。

　　＊ 不動産についての商人間の留置権の成否 ― 不動産会社倒産時の建設会社と金融機関とのバトル　　不動産会社の倒産時には、建設会社が、建物建設請負代金の担保として建物と敷地について商人間の一般的留置権を主張し、建物と敷地に抵当権を設定して不動産会社に融資している金融機関との間において争いが生じる。バブル経済が崩壊した後に不動産会社が倒産する例が多く、同様の争訟が続いた(森本編・商行為44頁)。
　　商人間の留置権が不動産についても成立するか否かにつき、肯定する裁判例(東京高決平11・7・23判時1689・82商総行百選46)、否定する裁判例(東京高判平11・7・23判時1689・

82)がある。また、建築請負業者が請負代金を被担保債権として占有している敷地についての留置権を主張できるか否かにつき、肯定する裁判例（東京高決平10・11・27判時1666・143）、否定する裁判例（前掲東京高決平11・7・23）がある。それらを肯定してよく、その方が事案の解決に適合するといわれている（江頭・商取引253頁）。

《 民事留置権と各種の商事留置権 》

	被担保債権の範囲	留置物の範囲	占有取得原因	被担保債権と留置物との間の個別的牽連関係
民 事 留 置 権	留置物と個別的牽連関係のある債権	他人の物	（限定なし）	要求される
商人間の留置権	双方的商行為により生じた債権	債務者所有の物または有価証券	債務者との商行為にもとづく	要求されない
代理商・問屋の留置権	取引の代理または媒介によって生じた債権	本人のために所有する物・有価証券	（限定なし）	
運送人・運送取扱人の留置権	運送品に関し受け取るべき報酬・運送賃、委託者のためになした立替または前貸	当該運送品		要求される

〔行澤一人「商法上の留置権」法学教室216号28頁、参照。〕

（2）商人の業態による特別留置権

商事留置権の規定は、上記の商人間の一般留置権のほかに、商人の業態による特別留置権がある。商人の業態による特別留置権は、要件に着目して、代理商・問屋の留置権（商31条・557条）と運送取扱人・運送人の留置権（商562条・589条）の類型がある。

なお、商事留置権は、債務者の破産手続が開始された場合において、民事留置権が効力を失うのと異なり、破産財団に対する特別の先取特権（優先弁済権付与、破66条1項・2項）、別除権（民事再生53条1項）、更生担保権（会社更生2条10項）として効力を有する*。

　* 債務者倒産時の商事留置権の権能　　銀行が債務者に対して弁済期が到来した貸付金債権を有し、他方で、その債務者から割引依頼・取立委任を受けた手形を占有している状況で、債務者の倒産手続が開始された場合に、銀行に、破産管財人に手形を返還せず自ら取り立てて債権の弁済に充当するという、商事留置権の権能の存続を認めた判例がある（最判平10・7・14民集52・5・1261商総行百選47。但し、同判決は、銀行取引約定書4条4項にもとづいて銀行が任意処分権を有すると述べている）。商事留置権の権能が破産手続開始によって失われるのかどうか、その後の平成16年の破産法改正により結論が出たわけではない（伊藤靖史・商総行百選47解説97頁、参照）。抵当権者との間での優先関係は対抗要件具備の先後により決せられる（江頭・商取引254頁、東京高決平10・11・27判時1666・143）。
　民事再生法では破産法のように商事留置権を特別の先取特権とみなす規定がないが、銀行は、再生手続開始後に別除権を行使して取り立てた手形金を留置することができ、銀行取引約定書の条項を別除権行使に付随する合意と解して、債権の弁済に充当することができる（江頭・商取引254頁、最判平23・12・15民集65・9・3511）。

2.3.6. 商事債務の履行

> 1　商事債務履行の場所
> 2　商事債務履行の時間

□1.商行為によって生じた債務の履行に関し、民法と商法は、どのような規定を設けているか。

1　商事債務履行の場所

　民法の原則では、債務の履行の場所が特約等によって定まらないときは、特定物の引渡は、債権発生の当時その物が存在した場所でしなければならず、その他の弁済は、債権者の現時の住所でなすことを要する(民484条1項)。これに対し、商法は、商行為によって生じた債務(商事債務)については、特定物の引渡は、行為の当時その物が存在した場所でしなければならず、その他の弁済は、債権者の現時の営業所、もし営業所がないときは、その住所でなすことを要するとしている(商516条)。

2　商事債務履行の時間

　法令または慣習により取引時間の定めがあるときは、その取引時間内に限り、弁済をし、または弁済の請求をすることができる(民484条2項)。
　平成29年民法(債権関係)改正前では、債務履行の時間について、民法に明文規定はなく、商法が、商行為によって生じた債務について、法令または慣習により取引時間の定めがあるときは、その取引時間内に限り、債務の履行をなし、または履行の請求をなすことができると定めていた(平成29年改正前商520条)。この規定は、当事者のいずれにとっても商行為とはならない取引の場合にも類推適用されると考えられていた。そこで、平成29年民法(債権関係)改正により、前記のとおり、民法に同様の規定が新設され、商行為に該当しない一般の民事取引についても旧商法520条と同様の規律に服することが明確にされ、これに伴い、旧商法520条は削除された。

【 民法(債権関係)改正による「消滅時効」に関する規律と商法522条の削除 】
　平成29年民法(債権関係)改正前では、民法が、債権は原則として10年の時効により消滅すると定め(同改正前民167条)、これに対し、商法は、商行為によって生じた債権は、商法に別段の定めがある場合(同改正前商566条・567条・589条・626条等)、または他の法令にこれにより短い時効の定めがある場合(改正前民170～174条・手70条、小51条等)を除き、5年の時効により消滅すると定めていた(改正前商522条)。企業取引の迅速性に応じるねらいがあった。
　しかし、今日の経済状況のもとでは、短期消滅時効制度を設ける合理的理由を見いだすことが困難であり、平成29年民法(債権関係)改正により、債権の消滅時効の制度について抜本的な変更が行われた。すなわち、債権は、債権者が、①権利を行使することができることを知った時(主観的起算点)から5年間行使しないとき、または②権利を行使することができる時(客観的起算点)から10年間行使しないときに、時効によって消滅する(民166条1項)と規定され、二元的システムのもとに規律が整理された。さらに、改正前民法170条以下に規定されていた職業別の短期消滅時効がすべて廃止され、これらの改正に合わせて、旧商法522条が削除された。

2.3.7. 商事寄託

<blockquote>
1 商事寄託の意義と態様
2 商事寄託における受寄者の義務
</blockquote>

□1.寄託とはどのような関係をいうのか。そのうち商事寄託とはなにか。商事寄託を営業とするものには、どのようなものがあるか。
□2.受寄者の義務に関して、民法および商法はどのような規律を設けているか。

1 商事寄託の意義と態様

　物を預ける預かるという関係（「寄託」関係、寄託者と受寄者との関係）は、日常生活においてはもちろん、企業活動全般において頻繁に生じる関係である。

　寄託のうち、商人がその営業の範囲内で寄託を引き受けることを商事寄託という。寄託の引受けを本来の営業としている倉庫営業の場合はもとより、場屋〔ジョウオク〕の取引に関連して携帯品を保管する場合や、問屋〔トイヤ〕の販売委託品の保管、その他デパートの一時預かりのように、附属的商行為として営業のために寄託の引受けをする場合を含む。

2 商事寄託における受寄者の義務

　民法の規律では、寄託は、当事者の一方がある物を保管することを相手方に委託し、相手方がこれを承諾することによって、その効力を生ずる（民657条）。平成29年民法（債権関係）改正前では、寄託は、要物契約とされていたが、同改正により、諾成契約とされた。

　無報酬で寄託を受けた者（無償受寄者）は、「自己の財産に対するのと同一の注意」をもって、寄託物を保管する義務を負う（民659条）。有償受寄者は、「善良な管理者の注意」をもって、受寄物を保存しなければならない（民400条）。

　これに対して、商人がその営業の範囲内において寄託を受けた場合、すなわち上記の商事寄託のすべてを通じて、報酬を受けないときでも、善管注意義務を負う（商595条）。民法上、無償寄託の場合、受寄者は、自己の財産に対するのと同一の注意を払えば足りるが、商法は、商人の信用を重視し、寄託を含む取引の円滑を図るために、義務を厳格に定めている。このような義務を負うことになる寄託契約の成立の有無（寄託を引き受けているのか、単に保管場所を提供しているにすぎないか）を判断することは、現実には困難な場合が多い（近藤・商法236頁）。

　さらに、商法は、倉庫業者や場屋の主人については、前記の一般規定のほかに、それぞれ別に厳重な保管責任を定めている（商596条〜598条・617条）。

2.3.8. 有価証券

　　　　1　有価証券の意義・機能と法制度
　　　（1）有価証券の意義・機能・種類
　　　（2）有価証券と法制度・法理論
　　　（3）ペーパーレス化・電子化の進展と新たな特別法
　　　　2　有価証券に関する民法上の一般的規律
　　　（1）有価証券の譲渡と善意取得
　　　（2）有価証券上の権利の行使（取立債務性と呈示証券性）
　　　（3）有価証券喪失の場合の権利行使方法

□1.有価証券とはなにか、どのような機能を有するか。有価証券にはどのようなものがあるか。
□2.有価証券の機能を保障するために、どのような法制度や法理論があるか。
□3.有価証券のペーパーレス化・電子化に伴い、どのような特別法が展開しているか。
□4.有価証券に関する一般的規律として、民法上にどのような規定が置かれているか。

1　有価証券の意義・機能と法制度

（1）有価証券の意義・機能・種類

　有価証券とは、財産的価値のある私権を表章する証券であって、権利の発生・移転・行使の全部または一部が証券によってなされることを要するものをいう（通説）。借用証や各種の契約書は、権利の存在や内容といった事実を証明する証拠方法として役立つ証拠証書にすぎず、有価証券ではない。また、通貨や印紙、郵便切手は、証券そのものが財産権を意味する金権であり、有価証券ではない。

　有価証券は、権利と証券とを結合させて、財産的価値のある権利を市場において取引できるようにしたものであり、権利に市場における商品適格性を付与する技術であるといえる。

　有価証券には、経済的機能に注目して、①資本証券と呼ばれる株券や社債券、②支払証券と呼ばれる約束手形、為替手形、小切手、③物品証券と呼ばれる船荷証券（B/L）、倉庫証券等がある。また、当該の目的を達成するために発行される証券の数に注目して、大量証券と個別証券との区別があり、資本証券は前者に、支払証券等は後者にあたる。

（2）有価証券と法制度・法理論

　有価証券が種々の取引においてそれぞれ必要な役割を果たすことができるように、制度基盤として有価証券法といわれる法分野が生まれ発展を遂げてきた。この法分野では、有価証券上の権利関係を処理するため、独特の法的思考と技術を伴った有価証券法理論が展開している。

　まず、「権利」と「証券」とを結合する思考として、証券の存在と記載により権利取引の法律関係を明確にし、証券の流通により権利の譲渡性を促進すること（権利譲渡手続の簡易化、権利譲渡の効力強化、権利行使の容易化）が図られている。また、そこでは、実質的権利に対して形式的「資格」を第一次的に優先して取り扱う法的処

理が採用されている。

　わが国では、有価証券に関する民事規律は、完全有価証券といわれる手形・小切手に関する規定が手形法・小切手法に設けられ、商法商行為編には、倉庫証券・船荷証券の制度が定められ、会社法に、株券・社債券等の制度が定められている。

　平成29年民法（債権関係）改正により、従来、商法商行為編の商行為の通則として、有価証券の呈示・喪失・譲渡方法・善意取得を定めていたこと*が改められ（商法商行為編にあった有価証券の総則的規定がすべて削除され）、民法上に指図証券に関する多くの規律が新設されて、有価証券の一般的規律として、民法の商化現象が進んだ。

　　＊　**平成29年民法（債権関係）改正前の有価証券の規律構造**　　改正前、商法商行為編は、有価証券の流通力を強化する趣旨のもとに、有価証券の譲渡方法とこれを前提とする有価証券の善意取得に関する規定を置いていた。平成17年改正では、規定の適用関係の明確化が図られていた（相澤哲〔編著〕『立案担当者による新・会社法の解説』別冊商事法務295号〔2006年〕260頁）。
　　　「金銭その他の物または有価証券の給付を目的とする有価証券」の譲渡については、「当該有価証券の性質に応じ」、手形法（昭和7年法律20号）第12条、第13条及び第14条2項、または、小切手法（昭和8年法律57号）第5条2項及び第19条の規定を準用していた（改正前商519条1項）。

（3）ペーパーレス化・電子化の進展と新たな特別法

　有価証券の技術と法制度は、証券資本主義といわれる経済社会の秩序を形成し支えてきたが、権利を表章して流通させるための証券という紙の物理的な存在が、その大量化によって、かえって流通を妨げる事態を生じさせる。そこで、最近では、証券のペーパーレス化が進み、さらには、その電子化が図られている。

　わが国では、まず、証券（金融商品）取引市場における株式取引量の激増に対処するため、「株券等の保管及び振替に関する法律」にもとづく株券保管振替制度により、株券の不動化によってペーパーレス化が図られ、さらに、平成16年商法改正による株券不発行制度を受け、株券の無券化による高度なペーパーレス化を図るべく、「社債、株式等の振替に関する法律（「社債株式振替法」と略称）」（平成16年法律88号）が成立し、これにより、新しい株式振替制度へと移行している（社債株式振替法は平成21年1月5日に施行され、株式振替制度の対象となる株式について株券は無効となった）。また、会社法では、株券不発行が原則となっている（会214条）。他方、電子手形の実現に向け、平成19年に「電子記録債権法」が成立し（平成20年12月施行）、同法にもとづく電子記録債権の実施が始り、多くの金融機関が参加している。

2　有価証券に関する民法上の一般的規律

（1）有価証券の譲渡と善意取得
1）有価証券の譲渡方法
ｉ　**指図証券**　　指図証券は、証券上に特定の者を権利者として記載し、その

者またはその者が指図する者を権利者とする証券である。指図証券は、裏書により、すなわち、証券上に「裏書」の記載をして証券を交付することにより、譲渡される（民520条の2、手12条～14条2項）。裏書の方式については、指図証券の性質に応じ、手形法中の裏書の方式に関する規定が準用される（民520条の3）。

ii　**記名証券**　記名証券は、証券上に特定の者を権利者として記載し、その者またはその者より権利を譲り受けた者に権利行使を認める証券である。記名証券は、民法上の債権譲渡（民467条）に関する方式に従い、かつ、その効力をもってのみ、譲渡される（民520条の19第1項）。通説によれば、記名証券の譲渡は当事者間の意思表示によって行われ、対抗要件として債務者に対する通知または債務者の承諾を必要とするが、さらに、譲渡人に対する証券の引渡し（交付）を要する。

iii　**無記名証券**　無記名証券は、証券上に権利者として特定の者を記載せず、証券の正当な所持人を権利者として取り扱う証券である。持参人払式証券ともいう。無記名証券および無記名証券とみなされる記名式所持人払証券（選択無記名証券、小5条2項）は、当事者間の意思表示および証券の交付により譲渡され、証券を交付しなければ効力を生じない（民520条の13・520条の20）。

2）証券所持人の権利推定

指図証券の裏書には、資格授与的効力が認められる（民520条の4）。資格授与的効力とは、証券の占有者が裏書の連続によってその権利を証明するとき、適法な所持人と推定されることをいう。平成29年改正前商法519条1項では、小切手法19条が準用され、これによって指図証券の裏書に資格授与的効力が認められていたが、これを踏襲する規定が民法520条の4である。

記名式所持人払証券の所持人は、証券上の権利を適法に有するものと推定され（民520条の14）、無記名証券には記名式所持人証券の規定が準用される（民520条の20）。これらは、平成29年改正前商法519条2項が、持参人払式証券の権利推定を定める小切手法20条を準用していたのと、同趣旨である。

なお、記名式証券については、以上の指図証券、記名式所持人払証券および無記名証券とは異なって、権利推定の規定はない。

3）善意取得の制度

指図証券および記名式所持人払証券については、証券の占有を失った者がある場合において、その証券を取得した形式的資格を有する所持人は、その取得に際して、悪意または重大な過失がない限り、証券を返還する義務を負うことなく、証券上の権利を原始的に取得することができる（民520条の5・520条の15・520条の20）。平成29年改正前商法519条2項が、小切手法21条を準用していたのと同趣旨である。これを有価証券の善意取得といい、証券上の権利の帰属先を定めるもので、有価証券の流通過程でのリスクを分配して流通の安全を図るものである。民法192条に定められた動産の即時取得の制度に較べると民法193条や194条のような制限がなく、取得者の保護が厚い。

なお、記名式証券については、以上の指図証券、記名式所持人払証券および無記名証券とは異なって、善意取得の規定はない。

4）債務者の人的抗弁の制限（切断）

指図証券および記名式所持人払証券については、証券に記載した事項およびその証券の性質からから当然に生ずる結果を除き、その証券の譲渡前の債権者に対抗することができた事由をもって善意の譲受人に対抗することができない（民520条の6・520条の16・520条の20）。平成29年改正民法472条・473条と同趣旨である。これを人的抗弁の制限（切断）の制度といい、これによって有価証券の流通の安全が図られる。なお、記名式証券については、指図証券、記名式所持人払証券および無記名証券とは異なって、人的抗弁の制限の規定はない。

（2）有価証券上の権利の行使（取立債務性と呈示証券性）

民法の一般的規律によれば、債務者が履行遅滞の責任を負うのは、債務の履行について確定期限が定められている場合は、期限が到来した時からであり、不確定期限の債務の場合は、期限の到来を知った時からである（民412条1項・2項）。しかし、有価証券のなかでも指図証券や無記名証券は、転々流通するので、権利行使する債権者（証券所持人）が誰であるかを債務者は知ることができないことから、債権者の方で証券を債務者に呈示して証券と引換に債務の履行を請求できる性質が与えられることが合理的である。

そこで、まず、指図証券および無記名証券上の債務は、債務者の現在の住所において弁済することを要すると定められ（民520条の8・520条の18・520条の20）、持参債務の原則（民484条1項）の特則として、取立債務とされている。この一般的規律に吸収される形で、平成29年改正前商法516条2項は削除された（但し、改正前商法では、債務者の現時の営業所または住所において弁済することを要すると定められていたので、改正により、個人商人の場合に営業所において弁済できなくなるのではないかとの疑問が生じている）。

その上で、指図証券、記名式所持人払証券および無記名証券については、履行期限の定めがあるときでも、その期限到来後、所持人がその証券を呈示して履行を請求した時から、債務者は遅滞の責に任ずると定められている（民520条の9・520条の18・520条の20）。これは呈示証券性を定めたもので、平成29年改正前商法517条の内容を継承するものである。

（3）有価証券喪失の場合の権利行使方法

有価証券を喪失すると、これにより実質的権利を失うわけではないが、形式的資格を有しないため、証券上の権利の移転や行使に支障が生じる。再交付を可能としても限定的にならざるを得ない。そこで、その救済を図るため、裁判所に公示催告の申立をして、「除権決定」を得ることによって、権利行使を可能とする制度が、指図証券、記名式所持人払証券および無記名証券、さらに記名証券について認められる（民520条の12・民520条の18〜520条の20）。

その公示催告から除権決定までに通常6か月以上を要するので、その間に債務者の無資力や目的物の損壊のおそれがあることから、その事情を考慮して、債権者の保護を図るために、除権決定を得ずとも履行請求を可能とする方法が定められてい

る。すなわち、金銭その他の物又は有価証券の給付を目的とする有価証券の所持人がその有価証券を喪失した場合において、「非訟事件手続法（明治31年法第14号）」第114条に規定する公示催告の申立てをしたときは、その債務者に、その債務の目的物を供託させ、又は相当の担保を供してその有価証券の趣旨に従い履行をさせることができる（民520条の12）。平成29年改正前商518条を継承するものである。また、記名証券については公示催告手続が認められていないので、同条の適用はないと考えられていたが（通説、大隅・商行為61頁、西原・商行為115頁）、平成29年改正により、民法において記名証券にも準用されることになった（民520条の19第2項）。

　なお、会員制ゴルフクラブが発行する入会金預り証や保証金預託証書は、有価証券ではなく、公示催告や除権決定の対象とならない（東京高決昭52・6・16判時858・101商総行百選45、東京地判平2・7・25金商861・30）。

2．4．商事売買

2.4.1. 企業間売買と商法規定

　　　　１　商事売買の意義と商法規定の特色
　　　（１）商事売買の意義
　　　（２）商事売買に関する商法規定の特色
　　　　２　商事売買規定の改正と現状
　　　（１）改正動向
　　　（２）現行規定の概要

□1.商事売買とはなにか。商事売買に関する商法上の規定として、わずか5か条が存するにすぎないのはなぜか。
□2.商法上の商事売買規定は、全般的にみて、売買に関する民法上の規定と較べ、どのような特色があるか。

１　商事売買の意義と商法規定の特色

（１）商事売買の意義

　売買は、財貨転換のための最も基本的な契約形態として、資本制経済社会の商品の取引において中枢的な役割を果たしている。商事売買とは、当事者の一方または双方にとって商行為となる売買である。商事売買は、企業が利益の獲得をめざす取引活動において、中心的で極めて重要な地位を占める。商法上、営利を目的とする売買は、絶対的商行為（商501条1号・2号）とされ、商行為の典型として「商」概念の基礎となっている。商法は、商人間の商事売買について定めている。

（２）商事売買に関する商法規定の特色
１）条文数の少なさ

　商事売買に関する商法上の規定は、わずか5か条が存するにすぎない（商524条〜528条）。なぜであろうか。これは、第一に、民法の商化現象の現れとして民法上に売買に関する詳細な規定（民555条〜585条）が存するので、商事売買については、それらの規定の一般的適用を前提に、商法上は若干の特則ないし補充的規定があれば足りるからである（「商法修正案理由書」）。

　第二に、売買は私的自治のもとに契約自由の原則が最も強く現れる分野であって、商事売買について詳細な規定を設けることは企業取引の自由な展開を阻害するおそれがあるからである。とくに、商事売買の実際においては、商法の規定をまたなくても、当事者の特約、商慣習法または普通取引約款等によって規律される場合が多いからである。今日では、商品の種類や取引の形態に応じ、関係の諸団体によって、売買に関する統一規則や標準約款が多く定められているところである（例えば、取引所売買に関する証券取引所・商品取引所の業務規定、自動車割賦販売契約書約款、等）。

2）売主保護の趣旨

　商法上の商人間の商事売買に関する規定は、迅速を旨とする企業取引の要請に応じて、売買に伴う不安定な法律関係を速やかに処理し、民法上の一般的規律を変更するための特則を定めたものであり、さらに、売主と買主との利害を調整する上で、売主の利益を保護する趣旨が加味されている。なぜであろうか。

　これは、第一に、買主の義務を強化して売主の利益を保護することによって、商品の取引の円滑により商品の流通を促進するためである。第二に、商人間の商事売買では、取引当事者はいずれも利益の獲得を目的にしているという点で同質であり、商品流通過程において売主となれば買主ともなるという立場の互換性が認められるからである。したがって、売主の法的権利が強化され、「買主注意せよ」との趣旨で買主に義務が強化されても平等を欠くことにならないからである。

2　商事売買規定の改正と現状

（1）改正動向

　取引の迅速化と売主の保護を趣旨とし、民法の特則として商法制定時から存在していた商事売買に関する規定は、会社法制定に伴う平成17年改正において現代語化が図られ、その機会に、商法525条を含めて商人間に適用されることが明定され、また、商法526条の規定内容が分かりやすく整理された（相澤哲〔編著〕『立案担当者による新・会社法の解説』別冊商事法務295号〔2006年〕261頁。なお、福原紀彦「商事売買」森田編・88頁以下では、同改正前の学説・判例を整理している）。

　最近では、平成29年民法（債権関係）の改正により、民法の契約および売買に関する一般的規律の一部が変更されたことに伴い、その文言と平仄を合わせるため、商法規定（商526条2項・3項）の文言修正が行われた（浅木慎一『商法学通論補巻Ⅰ』信山社〔2016年〕204頁）。なお、現代的な民法の商化現象に照らすと、あらためて、商法上の商事売買規定の存在意義を再点検し、それぞれの解釈論と立法論の帰趨を検討する必要がある（長期的に見た立法提案として、商行為WG最終報告書470頁～477頁）。

（2）現行規定の概要

　現行商法は、商業流通過程における商人間の商事売買について、その典型である商品売買において商品の引渡しが経済的合理性を持ち得ない場合に、売主または買主が講じるべき措置や講じることができる措置を平成29年民法（債権関係）改正を踏まえて、以下のように定めている。

　まず、買主の目的物の受領拒絶・受領不能の際に、売主に民法の一般的規律とは異なる供託と自助売却の権能を認め（商524条）、売主を保護している。次に、買主の特殊な義務を定め、第一に、買主に目的物の検査と契約不適合の通知の義務を課し、その通知を発しなければ、その不適合を理由とする履行の追完・代金減額・損害賠償の請求および契約の解除ができないものとし（商526条）、第二に、その解除がなされた場合に、買主の目的物の保管・供託の義務を定める（商527条・528条）。

さらに、定期売買においては、相手方から期限経過後直ちに履行請求がない場合の契約の当然解除を定める（商525条）。

　もっとも、これらの規定は、いずれも任意規定であるから、公序良俗に反しない限り当事者は特約によって適用を修正・排除することができ、現実にはさまざまな異なった内容の売買契約が締結されている。

2.4.2. 商事売買規定の内容

　　　　1　売主の供託権と競売権（自助売却権）
　　　　（1）意義・趣旨
　　　　（2）要　件
　　　　（3）効　果
　　　　2　買主の目的物の検査義務と通知義務
　　　　（1）意義・趣旨
　　　　（2）要　件
　　　　（3）検査義務と通知義務の内容
　　　　（4）通知義務違反の効果
　　　　3　買主の目的物の保管・供託・競売の義務
　　　　（1）意義・趣旨
　　　　（2）要　件
　　　　（3）義務の内容
　　　　（4）義務違反の効果
　　　　4　定期売買の解除
　　　　（1）意義・趣旨
　　　　（2）当然解除の要件
　　　　（3）解除の効果

□1.商人間の売買において売主が有する供託権と競売権は、民法の規定にもとづく場合と較べて、商法の規定による場合には、どのような理由により、どのような特徴があるか。
□2.商人間の売買において目的物の瑕疵または数量不足があった場合、民法の一般的規律による買主の地位と較べて、商法の規定による買主の地位には、どのような理由により、どのような特徴があるか。
□3.商法525条に定められた定期売買の規定につき、その趣旨と内容を明らかにせよ。

1　売主の供託権と競売権（自助売却権）

（1）意義・趣旨

　商人間の売買において、買主が目的物を受け取ることを拒み、またはこれを受け取ることができないときは、売主は、その目的物を供託して給付義務を免れることができる（商524条1項）。また、そのようなときは、相当の期間を定めて催告をなした後に（目的物が損敗しやすいときは催告せずに）、目的物を競売することができる（同条2項）。その競売代金は供託することを要するが、売買代金に充当することもできる（同条3項）。債務者が給付義務を免れるために目的物を自ら競売することを「自助売却」という。

　民法の一般的規律によれば、売主が目的物引渡義務を履行しようとしても、買主がその受取を拒んだり、またはその受取ができない場合には、売主は目的物を供託してその給付義務を免れることが原則とされ、その目的物を競売して競売代金を供託できるのは、目的物が供託に適さないか、滅失・毀損のおそれがあるか、保存に過分の費用を要する場合に限られ、かつ、裁判所の許可を要件として認められるにすぎず（民494条・497条）、競売代価の代金への充当は認められていない。

　商法は、商人間の売買については、民法の定める手続・制限に服することなく、売主は自助売却権を行使できるものとし、さらに競売代金を売買代金に充当することをも認める。大量に反復継続して行われ目的物の価格の騰落が激しい商事売買について、取引に伴う法律関係を迅速に確定して、要件と効果の両面で特則を設けて、売主の利益を保護している。

　同様の趣旨の制度は、問屋営業(商556条)、運送営業(商582条)、倉庫営業(商615条)においても認められている。

（2）要　件

　売主が商法上の供託権および競売権（自助売却権）を有するためには、次の要件が必要である。

　第一に、商人間の売買であることを要する。このことは、条文上に明らかであるが、本条が商行為編中の規定であり、当事者が商人であっても営業と関係なく非商人として行う売買にまで適用されることは妥当でないから、売買が当事者双方にとって商行為であることを要する（通説、西原・商行為147頁、田中誠・商行為128頁、大隅・商行為63頁、戸田・商法Ⅰ186頁、平出・商行為219頁、青竹・商法207頁。立法論として、当事者の一方にとって商行為であれば足りるとすべきとの見解がある。西原・商行為147頁、石井=鴻77頁）。

　商人が代理人により売買する場合には、その代理人が商人である必要はない。非商人である無権代理人が、民法117条により、商人である本人と同一の責任を負う場合にも適用がある（大判昭8・1・28民集12・10、近藤・商法143頁）。

　第二に、買主が目的物を受け取ることを拒み（受領拒絶）、または目的物を受け取ることができないこと（受領不能）を要する。目的物に制限はない。不特定物でも売主の準備により目的物が特定すればよい。

　従来からの通説によれば、買主の受取拒絶または受取不能という事実があればよく、債権者の受領遅滞（民413条）は要件とされず、債権者を遅滞に付するために売主が予め履行の提供をすることは必要でなく（なお、大判明41・10・12民録14・994〔反対〕）、受領不能は買主の責めに帰すべき事由によらない場合をも含む（近藤・商法143頁）。売買の目的物引渡時期が到来する以前でも、買主の受領拒絶の意思表示があるか、受領不能の事実が明らかである場合には、本条の適用が認められる＊。

　この要件のほかに、債務者（売主）の過失なくして債権者（買主）を確知できない場合（民494条）については、商法の明文上は規定を欠くが、本条の類推適用を認めてよい（西原・商行為148頁）。

　代金の支払の有無は、本条の適用と無関係であり、代金支払済の場合にも本条の適用がある。本条は、企業取引の迅速性の要請により、売主に契約上の義務を早期

に免れさせることを目的としているからである（したがって、契約を解除した場合は本条の適用はない。近藤・商法144頁）。

> ＊ 供託・自助売却と履行の提供　商法524条の自助売却権に行使の前提として、買主を遅滞に付すため売主は履行の請求をしなければならないとの立場がある（大判明41・10・12民録14・994）。平成29年民法（債権関係）改正によって、債権者の受領拒絶を理由とする供託に関して、「弁済の提供をした場合において」との文言が付加され（民494条1項1号）、その判例の立場が明文化されたことにより、商法524条による供託と競売の場合にも、売主が履行を提供して、受領遅滞を生じさせることが要件になると解する見解もある（青竹・商法207頁）。実務では、履行の請求が必要であること、競売が必要であるため任意処分ができないこと、さらに、競売の前に催告が必要なこと、競売の代価は弁済期が到来した売買代金にしか充当できないことから、売主の立場からは機動力を欠き、それらを補う当事者間の特約がなされることで解決が図られているという（江頭・商取引28頁）。法制度の理解としては、商法の独自性を踏まえ、民法改正で供託の要件が加重されたと解さずともよく、通説の見解を維持してよいであろう（川村他116頁）。

（3）効　果
1）売主の供託権

前述の要件が備われば、売主は目的物を供託して給付義務を免れる。目的物の供託は、民法上でも認められているので、売主の供託権については本条は確認規定にすぎない。供託の手続については、民法（民494条〜496条）および供託法の規定による。但し、売主が供託したときは、遅滞なく買主に対して通知を発することを要し（発信主義、商524条1項）、この点は、民法の規定（到達主義、民97条1項・495条3項）と異なる。

2）売主の競売権（自助売却権）
i　独立手段としての自助売却権

民法では、買主が本来の給付を受領できるように売主が供託をするのが原則であり、売主の自助売却権は、前述のように、目的物が一定の性質を有し、かつ裁判所の許可を得た場合に認められ、しかも競売代金は常に供託されることから、競売は供託の前提手段にすぎない。これに対して、商法では、民法上の手続・制限を排除し、売主が給付義務を免れるための独立の手段として自助売却権を認めている。

ii　自助売却権の特別要件としての催告

商法では、買主を保護するため、売主が相当の期間を定めた受領の催告をすることを要件に加えている（商524条1項）。ここに「相当の期間」とは、買主が目的物を受領するか否かを考慮するのに相当と認められる期間をいう。その催告は文書であると口頭であるとを問わないが、買主に到達することを要する。買主は相当の期間の経過によって当然に競売を予想すべきであるから、その催告には、目的物を競売する旨の警告を付する必要はない。

目的物が損傷その他の事由による価格の低落のおそれがある物である場合は、その催告は必要でない（商524条2項）。これは、価格の低落による売主の不利益を回避するためであるから、物理的な品質等の低下だけを意味するのではなく、放置すれば価格急落の危険のある場合を含むと解される（近藤・商法143頁）。

iii　競売手続等

　競売手続は、買主の保護を図るべく適正な価格での売却を手続的に保障するため、民事執行法による（立法論として、適正価格での任意売却を認めるべきとの見解として、平出・商行為213頁）。売主が目的物を競売に付したときは、買主に対して遅滞なく通知を発することを要するが（商524条1項後段）、簡易な競売を認めた本条の趣旨から、この通知の有無は競売の要件ではなく、売主がこの通知を怠ったときに損害賠償責任を負うにすぎない（大判大10・6・10民録27・1127）。

　目的物を競売した売主は、その対価を供託することを要するが、売買代金の弁済期が到来しているときは、その対価の全部または一部を代金に充当することができる（商524条3項）。この売主の代金充当権は、代金請求権の確保・実現を図るものであり、また、この充当によっても供託なしに売主は目的物引渡義務を免れるので、本条項は、民法の特則として、代金債権回収の迅速性・確実性を高め、商人間の売買における売主の利益の保護を徹底した規定である。

3）売主の選択権

　売主は、本条の要件を満たす限り、供託権と競売権のいずれを行使するかを自由に選択できる。また、一方の権利の行使手続を開始した後に、これを変更して他の権利を行使することもできる。なお、これらの権利は、売主の保護のために認められているので、これらの権利を行使しないで民法の一般原則によって契約を解除して損害賠償の請求をなすこともできる（西原・商行為150頁、平出・商行為218頁、江頭・商取引28頁、青竹・商法208頁、大判大6・12・25民録23・2224）。

2　買主の目的物の検査義務と通知義務

（1）意義・趣旨

　商人間の売買において、買主は目的物を受け取ったときは、遅滞なくこれを検査しなければならない（目的物検査義務、商526条1項）。そして、検査によって目的物が種類、品質または数量に関して契約の内容に適合しないことを発見したときには、「直ちに」売主にその旨の通知を発しなければ、買主は、その不適合を理由にして履行の追完・代金減額・損害賠償の請求および契約の解除をすることができない（通知義務、同条2項）。売買の目的物が種類または品質に関して契約の内容に適合しないことを直ちに発見することのできない場合には、直ちに通知することは当然には要求されないが、買主が6か月以内にその不適合を発見したときには、通知の義務が発生する（同条2項後段）。本条は、売主がその不適合につき悪意であった場合には適用はない（同条3項）。

　民法の一般的規律によれば、売買において、売主は買主に対して、物の種類・品質・数量に関して契約の内容に適合した物を引き渡す義務を負い、これに反する場合は、契約不適合が買主の責めに帰すべき場合を除き、買主は、民法の規定にもとづき、売主に対して、一定の期間、履行の追完（目的物の修補、代替物または不足分の引渡し）の請求、代金減額の請求、損害賠償の請求および契約の解除をするこ

とができる（民562条〜565条）。不適合が種類または品質に存する場合は、それらの請求については1年間の除斥期間が設けられ、不適合が数量に存する場合は除斥期間の定めはない（民566条）。この除斥期間の起算点は買主が不適合を知ったときである。

しかし、それらによると、買主は目的物の契約不適合を知らなければいつまでも、瑕疵を知ってからはさらに1年間は、売主の責任を追及でき、売主は長期間にわたって不安定な状況におかれることとなり、法律関係の迅速な処理が要請される商事売買については適切とはいえない。また、売主は、目的物引渡から長期間が経過した後に責任を追及された場合、引渡当時に目的物に瑕疵があったか否かを調査することが困難となる。他方で、買主がその期間を利用し、売主の危険において投機を行うことが可能となるのは適切でない。むしろ、売主にとっては、買主から適切な通知を受けられれば、自己の仕入先と交渉する機会や、返還を受ける目的物を転売する商機を確保できる。商品売買の専門家である買主にそのような通知の義務を課しても不当ではない。

そこで、商法は、民法の特則を設け、商人間の売買においては、買主に目的物の検査義務と契約不適合の通知義務を課し、通知義務に違反した場合には、売主に対する責任追及などの権利を行使できないものとして、売主たる商人の保護を図っている。もっとも、当事者の合意により、本条の検査・通知義務を排除することは可能である（東京地判平23・1・20判時2111・48）。

平成29年民法（債権関係）改正と平仄を合わせて、現行商法は、目的物の瑕疵を契約の内容に適合しないもの（契約不適合）と改め、契約不適合に品質の不適合を明示し、買主の追完請求権を一般的に認めるとともに代金減額請求権を認め、特定物ドグマ（特定物の瑕疵は債務不履行責任を生じないとの考え）を否定して、契約不適合の責任は、契約責任・債務不履行責任であることを明らかにしている。

（2）要　件

商法526条によって買主に目的物の検査・通知の義務が発生するための要件をめぐって、次の点の確認が必要である。

第一に、商人間の売買であることを要する。これは、商人たる売主の場合にこそ、企業取引の法律関係を迅速に処理して早期に責任から解放され、商機が確保される必要が大きく、商人たる買主には、検査に必要な知識と能力が備わっていることが考慮されるからである。

買主の義務は、企業取引に伴う法律関係の迅速な処理の要請を受けたものであるから、この売買は当事者双方にとって商行為たることを要するものと解される（多数説、西原・商行為151頁、大隅・商行為67頁、田中誠・商行為137頁）。なお、製作物供給契約にも本条の適用が認められる（東京地判昭52・4・22下民集28・1-4・399）。

第二に、買主が目的物を「受領」したことが必要である。これは、買主が、客観的に検査をなしうる状態にあることであり、売買の履行として目的物を受け取ったことを要する（通説、西原・商行為154頁、大隅・商行為67頁、石井=鴻80頁、田中誠・商行為137頁。なお、事実上受け取れば足りるとする見解として、平出・商行為227頁）。したがって、船荷証券

の交付を受けただけでは足りない。なお、売主が占有改定により商品を引き渡したときでも、買主がいつでも商品の返還請求をして検査できるのであれば、占有改定のときから商品を受領したと解する見解がある（通説、近藤・商法147頁、最判平3・3・22判時1402・113）。

第三に、売買の目的物は、特定物であると不特定物であるとを問わない。平成29年民法（債権関係）改正前においても、通説・判例はそう解していた（最判昭35・12・2民集14・13・2893）。平成29年民法（債権関係）改正により、引き渡された目的物が契約の内容に適合しない場合は債務は未履行であるとの整理（契約責任説）を基本として、売主の担保責任の内容が整理されたため、それと平仄を合わせた商法526条においては、特定物売買のみならず不特定売買にも適用されることが明らかとなった。

第四に、目的物に契約不適合があることを対象とする。直ちに売主への通知を要する契約不適合とは、当該目的物を取り扱うことを業とする商人として通常要求される注意をもってすれば容易に発見できる契約不適合をいい、6か月以内に売主へ通知すればよい「直ちに発見することのできない契約不適合」とは、そのような注意をもってしても容易に発見することのできない契約不適合のことである。なお、商法526条2項後段は、平成29年改正前と同様に、数量について契約不適合がある場合を除外している。

第五に、売主に悪意がないことが必要である。ここに悪意とは、売主が目的物の引渡のときに、目的物に契約不適合のあることを知っていたことをいい、詐害の意思の有無を問わない（多数説、西原・商行為152頁、石井=鴻80頁）。売主が悪意の場合には、売主を保護する必要はなく、買主は本条の検査・通知義務を怠っても、民法の一般原則によって売主の担保責任を追及できる（大判昭16・6・14判決全集8・762）。

（3）検査義務と通知義務の内容
1）検査義務

買主は、商法526条1項により、目的物を受領したとき、遅滞なく検査することを要するが、その検査の程度・方法は、当該目的物を取り扱うことを業とする商人として通常要求される客観的な注意義務をもって、目的物が契約不適合でないかどうか判断できるために相当なものであることを要する。遅滞の有無は、目的物の性質・数量、受領の場所などに応じて異なるが、正常な取引慣行を基準として判断されるべきで、買主の主観的事情は考慮されない（西原・商行為152頁、平出・商行為231頁）。

2）通知義務

買主は、遅滞なく検査した結果、目的物の契約不適合を発見したときは、売主または通知受領権限のあるものに対して、直ちにその通知を発することを要する。ここに「直ちに」とは、買主が当該取引の常識からみて当該目的物を検査するのに必要な時間、通知が遅れたことによって売主が損害を被る可能性、売主に早期に瑕疵の調査の機会を与える必要性を比較検討して判断される（前掲東京地判昭52・4・22、近藤・商法146頁）。

買主は、契約不適合を通知するだけでは不十分であり、通知を受ける売主が善後策を講じられるように、契約不適合の種類および大体の範囲や程度を明らかにして

通知しなければならない（東京地判昭56・8・19判時1035・123）。但し、買主が、どのような法的救済手段をとるかを示すことまでは必要ない。本条の通知は、発信主義により、着否の危険は売主が負担する（西原・商行為153頁、平出・商行為235頁）。

3）検査義務と通知義務の関係

本条では、買主の検査義務と通知義務とを併せて規定するが、これは、通常、検査による契約不適合の発見が通知の前提となるからであって、本条の趣旨は、買主に速やかに通知をさせて売主に善後策を講じる機会を与えることにあるから、法的には通知義務こそが重要である。

検査義務を果たしても契約不適合が発見されなければ通知義務は問題にならず、検査義務を果たして契約不適合を発見しても通知義務を果たさなければ、買主は救済手段となる権利を保全できない。また、検査をせず、検査以外の方法で知り得た契約不適合を通知すれば、通知義務を果たして権利の保全ができる。このように、検査義務違反は直接には独立して問題とならない。もっとも、検査義務を果たしておけば、その後に契約不適合が発見されても、それは直ちに発見できない契約不適合であると認められる点、また、通知の時期が適法か否かは、検査と通知の双方が遅滞なく行われたかどうかによって定まる点では、検査にも一定の法律上の意味がある（西原・商行為154頁、平出・商行為238頁）。

（4）通知義務違反の効果

買主は、前述の検査・通知義務を怠ると、目的物の契約不適合による履行の追完、代金減額、損害賠償の請求および契約の解除をすることができない。この買主の義務は「責問義務」と呼ばれ、その違反によって損害賠償義務が発生するというものではなく、単に一定の権利を失うにすぎない不完全義務ないし間接義務である。この義務の履行によって保全される権利は、民法の一般原則による（最判昭29・1・22民集8・1・198、最判平4・10・20民集46・7・1129商百選42）。

3　買主の目的物の保管・供託・競売の義務

（1）意義・趣旨

商人間の売買において、目的物の契約不適合にもとづいて買主が契約を解除した場合、または、買主が売主から注文と異なった物品もしくは注文数量を超過した物品の引渡を受けた場合には、買主は、売主の費用で、目的物を保管または供託することを要する（商527条1項本文・528条）。その目的物が滅失または毀損するおそれがあるときは、買主は、裁判所の許可を得てこれを競売し、その対価を保管または供託することを要し、その旨を売主に遅滞なく通知しなければならない（商527条1項但書・同条2項・528条）。商法527条には同510条但書のような規定はないので、保管費用の方が価額より高い場合でも、保管の義務がある（近藤・商法148頁）。

民法の一般的規律によれば、売買の目的物の契約不適合によって買主が契約を解除したときは、買主は、原状回復のため、受け取った目的物を返還する義務を負う

にすぎない（民545条）。

　しかし、この原則が商人間の売買においても適用されると、売主は、買主からの返送・運送の費用を負担しなければならず、また、運送途中の危険を負担するほか、返送によって転売の商機を失うことにもなりかねない。そこで、商法は、買主に上述のような特殊な義務を課して、売主を保護し、企業取引の円滑を図っている。

（2）要　件

　買主が商法上の目的物保管または供託・競売の義務を負うのは、次の要件が満たされる場合である。

　第一に、商人間の売買であることである。これは、商法527条が明文で同526条を受けているからであり、商行為の規定であることから、さらに、当事者双方にとって商行為であることを要すると解される（多数説、西原・商行為157頁、大隅・商行為70頁、戸田・商法Ⅰ189頁、平出・商行為242頁）。

　第二に、異地売買または送付売買であることが必要である（商527条4項参照）。すなわち、売主が、契約上の義務を履行するために、自らの営業所所在地または商品の所在地と異なる地に目的物を送付する場合である＊。

　第三に、買主が目的物の契約不適合にもとづいて契約を解除したか、買主が売主から受け取った物品が注文品と異なっているか、またはその物品が注文数量を超過していることを要する。これは法文上明らかであるが（商527条1項・528条）、立法趣旨から考えて、売主の担保責任にもとづく解除の場合だけでなく、その他の理由による解除の場合にも類推適用される（西原・商行為158頁、戸田・商法Ⅰ190頁、平出・商行為242頁）。

　第四に、売主に悪意のないことを要する。これは、法文上、商法527条1項が、前条の場合において買主が契約の解除をしたときと規定していることから明らかであり、注文品と異なる場合または注文数量を超過する場合にも同様に解される（但し、立法趣旨、および、他の理由による契約解除の場合にも類推適用されることから考えて、売主が悪意の場合に保護を与えないことに疑問を呈する見解もある。服部栄三・他〔編〕『基本法コンメンタール商法総則・商行為法〔第三版〕』日本評論社〔1991年〕111頁〔実方〕）。

　＊　**目的物保管・供託・競売の対象となる異地売買・送付売買**　　売主および買主の営業所または住所が同一市町村の区域内にある場合の売買を「同地売買」といい、売主および買主の営業所または住所が同一市町村の区域内にない場合の売買を「異地売買」という。
　同地売買の場合には、売主が目的物について直ちに適当な処置を講ずることができると考えられるので、買主は当該義務を負わない（商527条4項）。異地売買の場合であっても、売主の営業所において目的物の引渡が行われ、他地への送付が必要でないときは、適用がないと解される（西原・商行為158頁、大隅・商行為70頁、平出・商行為242頁、近藤・商法149頁）。また、同地売買であっても、売主が買主の指定した土地に目的物を送付する場合、すなわち送付売買の場合には、買主は当該義務を負うと解される（西原・商行為158頁、大隅・商行為70頁、石井=鴻82頁、田中誠・商行為141頁、平出・商行為242頁、近藤・商法149頁）。

（3）義務の内容
1）通常の場合

通常の場合には、買主は給付された目的物を保管または供託することを要する（商527条1項本文）。保管と供託とのいずれを選択するかは買主の自由である。買主が保管する場合、保管期間は売主が適当な処置を講ずるまでの相当期間であり、買主は無限に保管する義務はない。保管費用は売主の負担であり（同条項）、買主は、その費用のほか、商人として、保管について相当の報酬を請求することができる（商512条）。

2）緊急売却の場合

目的物について滅失または毀損のおそれがある場合は、買主は、裁判所の許可を得てこれを競売し、その対価を保管または供託することを要し、かつ、競売したことの通知を売主に遅滞なく発することを要する（商527条1項但書・2項・4項）。

この競売は「緊急売却」と呼ばれ、売主の自助売却の場合（商524条）と異なり、目的物の効用の減少から売主を保護するために、買主に権利ではなく義務として課されるもので、その義務の履行にあたって不当な競売を防止するために、裁判所の許可が要件とされている（この競売の許可に関する事件の管轄は、売買目的物の所在地を管轄する地方裁判所にある。商527条2項）。

（4）義務違反の効果

買主は、商法527条および528条に規定された保管・供託・競売の義務に違反したときは、売主に対して損害賠償義務を負う。この損害賠償義務は、商法526条の検査・通知義務が不完全義務・間接義務とされているのと異なり、一般原則による法定の直接義務である。

4　定期売買の解除

（1）意義・趣旨

契約の性質または当事者間の意思表示によって、一定の日時または一定の期間内に債務者が履行するのでなければ、債権者の契約目的が達せられない行為を「定期行為（定期契約）」といい、売買が定期行為である場合を特に「定期売買」という（平成17年改正前は「確定期売買」の用語であった）。

商法上、定期売買においては、当事者の一方が履行しないで履行期を経過したときは、相手方が直ちにその履行を請求しなければ、相手方がその確定期売買を当然解除したものとみなされる（商525条）。

民法の一般的規律によれば、定期行為において、債務者が一定の日時までに履行しない場合、債権者は、契約解除の前提要件である催告（民541条）をしないで、直ちに契約を解除できることまでは定められているが（民542条1項4号）、解除の意思表示（民540条）は必要となる。これによれば、債権者が解除の意思表示をするまでは契約の効力が存続し、その間、債務者は履行の請求を受けるのか契約が解除され

るのかが分からず、不安定な状態に置かれる。

　そこで、商法は、商人間の定期売買においては、商事売買の簡易・迅速な処理を促し、同時に、商品相場の変動が頻繁であるにもかかわらず法律関係を右のように不確定な状態にしておくことで当事者の一方に不当な利益を与え他方に意外の損失を被らせることのないよう、ひいては債務者の負担において債権者が市場価格の変動に応じて投機を行う危険を防止するために、履行期の徒過によって当然に契約解除の効果を生じるものとしている（藤田勝利「確定期売買の解除」北沢正啓＝河本一郎〔編〕『判例と学説6・商法2〔総則・商行為・手形小切手〕』日本評論社〔1977年〕138頁）。

（2）当然解除の要件

　商事売買契約の当然解除の効果が生じるためには、次の要件を満たすことが必要である。

　第一に、商人の売買であることが必要である。かつて、本条が商人間の売買にのみ適用されるか否かについては争いがあったが、平成17年改正で、商法525条は商人間の定期売買に関する規定であることが明文化された。

　第二に、定期売買であることが必要である。すなわち、売買の性質または当事者の意思表示により、一定の日時または一定の期間内に履行をなすのでなければ、契約をした目的を達成することができない場合である*。実際には、定期売買であるか否かの判断は容易ではない**。

　第三に、当事者の一方が履行しないで履行期を経過したことを要する。これにより、債務者の責に帰すべき事由によると否とを問わず、債務者の履行遅滞を要件とせずに、所定の期間の経過という客観的事実により、契約の当然解除の効果が生じる。集団的に行われる企業取引における法律関係の画一的確定を図り、転売の商機を確保して債務者を保護するためである（西原・商行為160頁、平出・商行為249頁）。

　第四に、相手方が直ちに履行の請求をしなかったことである。「直ちに」とは、履行期の到来と同時に、または履行期経過後直ちにという意味で、この履行の請求には反対給付の履行の提供を伴うことを要しない（大判明44・6・13民録17・392）。履行の請求は債務者に到達することを要し（民97条）、到達しなかったときは当然解除の効果が生ずる。

　　　＊　絶対的定期行為と相対的定期行為　　　一般に、定期売買には、契約・給付の客観的性質から履行の時期が重視され、別段の意思表示がなくても定期売買とされるもの（絶対的定期行為）と、その客観的性質からは不明であるが、債権者の主観的動機から履行の時期が重視され、当事者の意思表示により定期売買とされるもの（相対的定期行為）とがあるとされている。そして、意思表示による定期売買とは、一定の日時・期間が履行の要素となっており、その時期を経過した後は、もはや履行とはみられないような事情がある場合であり（戸田修三・商法〔総則・商行為〕判例百選〔第2版〕解説113頁）、また、その動機が相手方に示され相手方がこれを諒解することが必要とされる（我妻栄『民法講義・債権各論上』岩波書店〔1954年〕169頁、平出・商行為248頁）。

　　　＊＊「定期（確定期）売買」であるか否かの判断　　　定期売買（確定期売買）であるか否かの判断は、結局、履行期の徒過が契約の当然解除という効果を認める上で、それほどに履行期のもつ意義を重視すべき事情があると認めるべきか否かの評価にかかる（上柳克郎・

商法〔総則・商行為〕判例百選〔第2版〕解説141頁）。その事情は主として売主の目的物引渡義務について問題となるが、買主の代金支払義務に関しても問題となりうる。

判例では、確定期売買であるかどうかが、契約・給付の性質や当事者の意思表示を総合して、個々の場合につき具体的に判断されている。

まず、商人間の売買というだけでは、また、履行期を一定の日時と定めただけでは、直ちに確定期売買であるとはいえない（大判明39・10・18民録12・1289、大判大7・4・2民録24・625）。そして、売買の性質から確定期売買と認められた代表的な例としては、商人が得意先への中元進物用として6月中に送付すべき旨を約して販売業者に注文した団扇の売買（大判大9・11・15民録26・1779）、植え付けが4月中旬以前であることが必要とされる桑苗につき3月中に履行されるべき商人間の売買（大判大15・11・15新聞2647・16）、クリスマス用品として輸出する目的で行われた目的物の買入（大判昭17・4・4法学11・1289）等がある。

単に当事者が契約の履行について期限厳守と言っただけの場合は当てはまらない。特殊な事情から特別に安い価格で土地を売却した売主が代金の支払時期に特別の関心を有していた事案につき、当事者の意思表示による確定期売買を認定した判決がある（最判昭44・8・29判時570・49商百選39）。

（3）解除の効果

以上の要件が満たされると、当事者の意思表示を待たずに契約解除の効果が生ずる。契約解除の効果については、商法上特別の規定はなく、民法の一般的規律により、原状回復および損害賠償（民545条4項・415条2項3号）の法律関係が生ずることになる。

《金融関連の商行為法上の特殊契約》

２．５．交互計算

2.5.1. 企業取引の支払と決済

```
１　企業取引の決済と支払手段
（１）決済・支払手段・決済システムの意義
（２）企業取引の支払手段
（３）決済のプロセス
２　企業取引の決済システム
（１）取引資金の決済システム
（２）貿易取引の決済システム
```

□1.企業取引の「決済」とはどういうことか。企業取引の「支払手段」にはどのようなものがあるか。
企業取引の決済はどのようなプロセスを辿るか。
□2.企業取引の決済システムは、今日、どのように組織化されているか。

１　企業取引の決済と支払手段

（１）決済・支払手段・決済システムの意義

　企業取引が目的を達成するためには、取引当事者間で発生する債権債務関係を
対価の支払いによって解消すること、すなわち「決済」が必要である。企業取引の決
済では、さらに、さまざまな「支払手段」を用いて、また、制度上の仕組みや実務上の
「決済システム」を通じて行われる（中島真志=宿輪純一『決済システムのすべて（第3版）』
東洋経済新報社（2013年）1頁～19頁。同書で「決済手段」とされるところは、支払（ペイメント）が
決済システム稼働の引き金（トリガー）となることから、本書では「支払手段」と表現している）。

　例えば、売買取引の当事者間で、代金の支払のために金銭が授受される場合、
現金が支払手段であり、特段の決済システムは経由せず、この買主による現金（通
貨）の支払いが同時に最終決済を意味する（現金決済）。また、預金口座を通じて振
込や引き落としにより、銀行預金（「預金通貨」と称されるもの）を用いて行う決済（預金
決済）の場合には、取引当事者が同一銀行に口座を有するときは、同一銀行内の口
座間の資金付け替えによって決済され（内部決済）、当事者のそれぞれが異なる銀
行に口座を有するときは、銀行間の決済システムを経由して、口座振替・口座振込に
よる決済が行われる。

（２）企業取引の支払手段

　企業取引の決済においては、支払手段として、現金による場合のほか、①約束手
形・為替手形・小切手等の有価証券が利用される場合、②クレジットカード・デビッド
カード・プリペイドカードや電子マネー等が用いられる場合、③口座振込・口座振替

や送金・資金移動が行われる場合、④外国為替関係での支払がなされる場合、⑤相殺（民505〜512条）や「交互計算（商529〜534条）」「ネッティング」の制度等が利用されている（支払決済に関する制度が「決済の方法」を軸に整理され検討されているものに、根田正樹＝大久保拓也〔編〕『支払決済の法としくみ』学陽書房〔2012年〕がある。また、最新のものを含めて、決済の全体像を解説するものに、宿輪純一『決済インフラ入門〔2020年版〕東洋経済〔2018年〕』がある）。

（3）決済のプロセス

　決済が行われるプロセスは、決済システムを経由する場合には、一般に、①支払（payment）、②清算（clearing）、③最終決済（settlement）」の3段階に分けて認識されている。

　①支払（payment）は、資金決済を起動するステップであり、②清算（clearing）は、決済のために取り交わされた支払指図を集計して最終的に受け渡すべき差額（決済尻）を算出することであり、③最終決済（settlement）は、その決済尻の金額を実際に受渡して決済完了性（finality）を備えるものである（下図と併せて、中島＝宿輪・前掲10頁）。このように認識しておくと、決済に伴うリスクの所在を明らかにして、さまざまな対策を講じるという、決済リスク管理を行う上でも有意義である。

《 企業取引の「決済」のプロセス 》

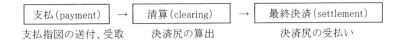

支払（payment）	→	清算（clearing）	→	最終決済（settlement）
支払指図の送付、受取		決済尻の算出		決済尻の受払い

2　企業取引の決済システム

（1）取引資金の決済システム

　「決済システム」は、「決済」を多数の当事者が一定の標準化された手順に従って組織的に処理するための仕組みである。企業取引や金融取引をはじめとする経済活動は、決済が確実に行われるとの信認の上に成り立っており、万一、決済システムが円滑に機能しない場合には、経済活動に大きな影響を与えることになる。その意味で、決済システムは一国の経済活動を支える重要な基盤を構成している（日本銀行『決済システムレポート2019』日本銀行〔2019年3月〕1頁、中島＝宿輪・前掲2頁、参照）。

　企業取引の支払決済が行われる場合には、支払段階から、一定の決済システムのもとに、清算と最終決済の段階に至ることが多い。とくに、経済規模の拡大とグローバル化を背景にして、企業相互間や金融機関相互間では大規模かつ複雑な決済が必要となり、組織的な決済の仕組みが決済システムとして開発され利用されている。

　わが国では、企業取引資金の主要な決済システムとしては、手形交換制度＊

のほかに、日銀ネット、外国為替円決済システム、全銀システムがある。また、国債、社債、株式等の証券決済システムについては、一連の証券決済制度改革による法制度整備を受けて、ペーパーレス化を進めた新しい振替制度が準備されている（最近の動向につき、日本銀行・前掲レポート〔2019〕3頁・10頁、宿輪・前掲214頁、参照）。

（2）貿易取引の決済システム

　他方、貿易取引では、通貨の異なる国の当事者間での貿易決済手段として、外国為替が用いられる。外国為替は、国際間の債権債務関係の決済あるいは資金移動を、直接の現金輸送によらず実現する仕組みであり、送金為替として外国送金（電信送金・郵便送金・送金小切手）、取立為替として荷為替や荷為替信用状といったものがある。

　　＊ 銀行取引と手形決済　　手形・小切手は、銀行取引を通じて利用される。制度上は、小切手の支払人は銀行に限られるので（小3条・59条）、小切手は銀行との関係なく利用できず、手形には支払担当者（第三者方払）の制度があり（手4条）、銀行を支払担当者として利用される仕組みが整っている。
　　実務では、取引先企業が銀行に当座預金の形で資金を預け入れ、振り出した手形・小切手の支払を委託するため、当座勘定規定にもとづく当座勘定取引契約が結ばれる。また、手形貸付・手形割引その他の銀行取引に関しては、取引先企業と銀行との間の協定書として銀行取引約定書がある。手形・小切手の用紙については法律上の制限はないが、実務上、当座勘定規定により、銀行の交付する手形用紙と小切手用紙が用いられ、全国銀行協会連合会（現在では全国銀行協会）の制定による統一手形用紙が用いられている。
　　さらに、銀行が多数の手形・小切手の取立と支払を迅速かつ安全に行うために、実務上、「手形交換」が実施されている。これは、同一地域内にある銀行その他の金融機関が相互に取り立てるべき手形・小切手を手形交換所に一定の時刻に持ち寄り、これを支払呈示として、交換によって集団的な資金決済を行う仕組みである。手形交換の手続は、手形交換所規則に定められている。この規則により、交換に回された手形・小切手が支払義務者の信用に関する事由で支払拒絶（不渡り）になったときは、銀行から手形交換所に不渡届けが提出され、6か月以内に2回の不渡手形を出した支払義務者は、銀行取引停止処分（手形交換所加盟銀行は2年間、当座勘定取引と貸出取引をすることができないという処分）を受ける。この実務上の制裁により、手形・小切手に対する社会的信頼が維持されている。
　　なお、法制度上、手形所持人のための迅速な権利実現を図る特別訴訟手続として、手形訴訟制度が設けられている。手形法に見られる「手形厳正」が手続法上に反映されて、反訴の提起ができないこと、証拠調べは、原則、書証に限ること、通常の民事訴訟への移行手続などが規定されている。

2.5.2. 交互計算に関する商法規定

1　交互計算の意義と機能
（1）商法上の交互計算＝古典的交互計算
　　　「決済簡易化機能」と「担保的機能」
（2）段階的交互計算とネッティング
2　交互計算の効力
（1）交互計算期間中の効力＝消極的効力
　　　「交互計算不可分の原則」とその例外
（2）交互計算期間経過後の効力＝積極的効力
3　交互計算の終了

□1.交互計算とはなにか、また、交互計算不可分の原則とその例外を説明せよ。
□2.交互計算契約によって、交互計算期間中および期間経過後にどのような効力が生ずるか。

1　交互計算の意義と機能

（1）商法上の交互計算＝古典的交互計算

1）意義と機能

　交互計算は、商法商行為編に規律を置く企業取引の支払手段である。商法上、交互計算とは、商人間または商人と非商人との間で平常取引をなす場合に、一定の期間内の取引から生ずる債権債務の総額につき、期末に一括して差引計算をなし、その残額を当事者の一方が他方に支払うべきことを約する契約である（商529条）。その差引計算をなすべき期間である交互計算期間は、当事者の特約がなければ、6か月である（商531条）。

　交互計算は、反覆継続して大量に行われる企業取引の決済を簡易化するとともに、相殺が果たす担保的機能を制度的に保障する。すなわち、交互計算によって、個別の債権債務関係を個別に決済せず、総額を一括して差引計算した後に決済するため、交互計算期間終結時まで債務履行が猶予され、事務作業の節約や決済額の縮小により、決済の簡易化と危険の低減を図ることができる。また、交互計算では、継続的取引関係のある当事者間で、取引の相手方の自己に対する債権を相互に担保として把握することができる。

　交互計算は、損害保険会社と代理店との取引に利用される程度で、あまり利用されていないと言われているが（青竹・商法323頁）、そのアイデアと仕組みは、応用範囲が小さくない。

2）要件上の留意点

　そうした交互計算の機能からすると、交互計算の要件として、一方が商人であればよいとされていても、非商人が小売商から継続的に商品を購入するだけの場合のように一方の債務しか発生しないような関係では交互計算とはいえない（もっとも、結果的に一方当事者のみ債務が発生した場合でも双方に債務が発生する可能性があればよい）。立法論として、当事者双方が商人であり、その間の継続的取引関係から通

常生ずる債権についてのみ担保的機能が承認されるべきとの見解に説得力がある（前田庸「交互計算の担保的機能について〔一〕〔二・完〕」法学協会雑誌78巻6号〔1961年〕73頁、同79巻5号〔1962年〕36頁）。

　また、交互計算に組み入れられる債務は、交互計算期間内に生じた債務のすべてであるが、一括して相殺することが不適当なものは除外される（除外されるべきものとして、金銭債権以外の債権、第三者から譲り受けた債権や不法行為・不当利得・事務管理のように取引自体から生じるものではない債権、消費貸借の予約による債権のように現実に履行されなければならない債権、有価証券上の債権など特殊な権利行使を必要とする債権、担保付き債権がある。近藤・商法164頁、北居＝高田286頁〔柴崎暁〕）。

（2）段階的交互計算とネッティング

　銀行の当座勘定取引契約にあるように、債権債務が発生すると「その都度」自動的に決済されてひとつの残額債権に置き換わる「段階的交互計算」という仕組みがある。段階的交互計算は、決済簡易化機能を有するが、商法が定める古典的交互計算とは異なり、担保的機能がない。近時、金融取引においては、簡易な資金決済を実現し、併せて、信用リスクの削減を図る必要があることから、それらの需要に応じるために、「ネッティング」という仕組みが考案され普及している。

【　ネッティング　】

　ネッティングは、法的性格により、「ペイメント・ネッティング」「オブリゲーション・ネッティング」「クローズアウト・ネッティング（一括清算）」の3つに分類され、また、当事者の数により、二当事者間での「バイラテラル・ネッティング」と、三当事者以上の間での「マルチラテラル・ネッティング」がある（中島＝宿輪・前掲38頁、森本編・商行為82頁）。

　「ペイメント・ネッティング」とは、二当事者間で、同じ履行期にあって、決済通貨が同一の債権債務がある場合に、履行期に、債権債務の総額を差引計算した差額を支払うことを履行とする旨の取り決めである。専ら、決済の効率化を図るものである。「オブリゲーション・ネッティング」とは、二当事者間で、同じ履行期にあって、決済通貨が同一の債権債務が複数発生する可能性がある場合に、新たに債権が発生する度に、履行期を待たずに、債権債務の差引計算をして、履行期に履行すべき債権を一本にする旨の取り決めである。このネッティングには、相殺の担保機能により信用リスクの削減を図る趣旨があり、その法的性質は、段階的交互計算であると考えられている。

　「クローズアウト・ネッティング（一括清算）」とは、当事者の一方に破産や会社更生などの一定の期限の利益喪失事由が発生した場合に、未履行の取引から生ずるすべての債権債務を現時点での価値に再評価し、さらに単一通貨の債権債務に換算し、差引計算をして一本の債権とする取り決めである。この一括清算は、差引計算による差額の決済を合意内容とするが、合意期間内の支払を猶予して期末に一括相殺するものではない点で、商法上の交互計算とは異なる。この一括清算では、倒産時等に、すべての債権債務を一括して差引計算をした差額をもって、相手方当事者の損失として限定することにより、信用リスクが軽減される。金融機関が行うデリバティブ取引について、この一括清算の法的有効性を明確にしておく必要性が大きい。そこで、「金融機関が行う特定金融取引の一括清算に関する法律（平成10年法律108号）」（＝一括清算法）が制定されている。同法は、「金融機関等が行う特定金融取引の一括清算についての破産手続等における取扱いを確定することにより、金融機関等が行う特定金融取引の決済の安定性の確保とこれによる特定金融取引の活性化を図り、もって我が国の金融の機能に対する内外の信頼の向上と国民経済の健全な発展に資することを目的」としている（一括清算法1条）。

　なお、マルチラテラル・ネッティングの法的有効性には疑義があることから、全銀システムと外国為替決済制度においては、東京銀行協会が「セントラル・カウンターパーティー（CCP）」となる仕組みが導入されている。

2　交互計算の効力

（1）交互計算期間中の効力＝消極的効力
1）交互計算不可分の原則

　商法上の交互計算においては、決済簡易化機能と担保的機能を発揮させる趣旨から、その交互計算期間中に契約当事者間で生じた債権債務は、当然に交互計算に組み入れられ、その独立性を失い、債権者は個々的に債権を行使・処分することができない（また、交互計算期間中、個々の債権は支払猶予の状態にあるので、時効消滅や履行遅滞の問題は生ぜず、交互計算に組み入れられていない債権との相殺は認められない）。これを「交互計算不可分の原則」という。

　交互計算不可分の原則は、当事者のみを拘束し、第三者に対抗できないとの見解がある（大隅・商行為75頁、田中誠・商行為152頁。この見解では、当事者が債権を勝手に処分した場合は、損害賠償の対象になるにすぎない）。他方で、多数説は、交互計算期間中は、交互計算に組み入れられた債権は、民法466条1項但書にいう「その性質上譲渡性を有しないもの」であり、これを譲渡・質入れしても無効であり、差し押さえもできないと解していた（鈴木24頁、石井＝鴻89頁、江頭・商取引38頁、大判昭11・3・11民集15・4・320商百選64）。しかし、平成29年民法（債権関係）改正後の民法466条2項は、当事者が債権の譲渡を禁止し、または制限する旨の意思表示をしたときであっても、債権の譲渡はその効力を妨げられない旨を定める。この規定により、取引の安全を高めるために、譲渡制限特約に反する譲渡を無効とする立場をとらないことが明らかになったことから、あらためて、交互計算契約において各個の組入債権が譲渡できないのは、当事者の契約にもとづくものと解する前者の立場から、当事者による各個の組入債権を質入れした場合、第三者たる質権者は有効に質権者を取得するとの主張が説得的になっている（青竹・商法326頁）。

2）例　外

　交互計算不可分の原則の例外として、手形その他の商業証券から生じた債権及び債務を交互計算に組み入れた場合において、その商業証券の債務者が弁済をしないときは、当事者は、その債務に関する項目を交互計算から除外することができる（商530条）。「証券の債務者が弁済をしないとき」とは、証券の主たる債務者である約束手形の振出人や為替手形の引受人が支払をしないときが該当するが、その他、小切手の支払人が支払をしないときや為替手形の支払人が引受拒絶をするときも含まれると解される（近藤・商法167頁）。

（2）交互計算期間経過後の効力＝積極的効力

　交互計算期間経過後において、期間中の債権債務総額につき相殺をなし、差額がある場合に、債務額の超過する当事者は、その差額を相手方に支払う義務を負い、これによって従来の債権債務の関係が更改される（新たな債権が一本発生する）。その際、計算書類を作成し承認を行うことで残額債権が確定する*。

　当事者は、債権及び債務の各項目を記載した計算書の承認をしたときは、当該各

項目について異議を述べることができない（商532条）。したがって、計算違いがあっても承認があれば残額債権は争えない。但し、当該計算書の記載に錯誤又は脱漏があったときは、この限りではなく、異議を述べることができる（本条但書）。もっとも、この但書がなくても、不当利得で争うことができる。また、承認行為そのものに錯誤・詐欺・強迫があった場合は、承認行為そのものの無効・取消しを主張できる。

　残額債権は更改（民513条）によって新たに生じるので、特約がない限り、個々の債権に付着する担保や保証は残額債権には引き継がれず、消滅時効についても改めて時効期間が進行することになる。

　相殺によって生じた残額については、債権者は、計算の閉鎖の日以後の法定利息を請求することができ、当該相殺に係る債権及び債務の各項目を交互計算に組み入れた日からこれに利息を付することを妨げない（商533条）。本条により、民法405条の利息の元本組み入れに関する規定に反しないかとの疑義が払拭される。

　　＊　**計算書類承認の法的意義**　　計算書類承認の意義をどのように理解するかが、その承認がなかった場合の処理をめぐって問題となる。この場合、交互計算期間の満了により、交互計算契約の積極的効力として残額債権が当然に成立すると解し、計算書類の承認は成立している残額債権を争えないものとして確定する効力を有するにすぎないと捉える見解がある（平出・商行為315頁）。しかし、計算書類の承認によって残額債権が成立すると解すると、計算書類の承認がない場合は、債務不履行を理由に交互計算契約を解約するほかないと解される（近藤・商法169頁）。

3　交互計算の終了

　交互計算契約は、存続期間の満了、および、その他契約の一般終了原因（民541条・543条）によって終了する。さらに、交互計算契約は取引関係の継続を前提にしているので、相手方の信用悪化により継続的取引関係が失われるときは交互計算契約を解約する必要があることから、次の特則によって終了する。すなわち、第一に、各当事者はいつでも交互計算の解除をすることができる（商534条）。第二に、当事者の一方について破産手続または会社更生手続が開始されたときは、交互計算は終了する（破59条1項、会社更正63条）。

　この場合に交互計算契約が終了したときは、直ちに、計算を閉鎖して、残額の支払を請求することができる（交互計算期間満了の場合と異なり計算書の承認を経ることなく残額債権が成立する）。

【 一人計算 】

　多数当事者間に債権債務関係にある場合、多数当事者の中央にCCPと呼ばれる清算機関を置き、多数当事者間の債権債務を各当事者とCCPとの間の債権債務に置き換えて、決済の単純化を図る仕組みは、前述の銀行間の決済のほか、金融商品取引所間の決済や、今日では交通系電子マネーの決済などで利用されている。この仕組みの法制度としての整備のため、民法（債権法）改正検討委員会では、多数当事者間の決済をひとつの機関との関係に置き換えて相殺・計算する制度を、「一人計算」と呼び、民法中に関係規定を設けることを提案していたが（同委員会「債権法改正の基本方針3.1.3.37」平成27年3月）、その立法化は実現しなかった。

２．６．匿名組合

2.6.1. 匿名組合の沿革と機能展開

```
１　匿名組合の沿革と仕組み
（１）沿　革
（２）基本的仕組み
２　匿名組合の機能展開
（１）共同事業スキームから節税・投資スキームへ
（２）導管性を有するビークルを利用した投資スキームの展開
（３）金融商品としての匿名組合員の地位
```

□1.匿名組合形式は、どのような沿革を有し、どのような基本的仕組みとして存在しているか。
□2.匿名組合形式の機能は、どのように展開しているか。とくに、投資スキームとして活用される場合のTMK（特定目的会社）スキーム、GK（合同会社）-TK（匿名組合）スキームとはなにか。

１　匿名組合の沿革と仕組み

（１）沿　革

　事業のために資金を必要とする者と資産を保有するが自ら事業をしないで資金運用を図りたい者との双方の需要を満たす仕組みは、歴史上、数多く案出され、今日、制度的に整備され活用されているものが少なくない。そのなかに、10世紀頃から地中海沿岸で海上貿易を実施するために広く行われた「コンメンダ（commenda）」契約に由来し、その後「コレガンチア（collegantia）」と呼ばれた取り決めに起源をもつ共同企業形態がある。この企業形態は、一方で、資本家が名前を出し、出資額を限度として債権者に責任を負う会社の形態としてフランスで普及し、他方、従来どおり資本家が対外的に現れない形態がドイツで支配的となって発展した（西原・商行為176頁、北居＝高田300頁〔高田晴仁〕、永沢徹〔監〕『SPC＆匿名組合の法律・会計税務と評価〔第7版〕』清文社〔2020年〕58頁）。すなわち、機能資本と無機能資本とを結合する共同企業形態を、法人格をもつ会社形態で実現して、会社法上に制度化されたのが「合資会社」であり、法人格を用いずに契約によって実現したのが「匿名組合」である。

　ヨーロッパの近代商法典では、両者が制度化され、わが国の商法にも継受された。しかし、ヨーロッパでは匿名組合の制度は、会社制度と併せて規定が置かれるのに対して、わが国では、立法上、純然たる契約形態である匿名組合を、営利社団法人と規定した会社とは分離し（平成17年改正前商法52条1項）、商人である営業者にとって匿名組合契約が附属的商行為となることから、商行為編の中に規定を置くことになった。

　そして、同じ商法典中において、改正前商法会社編の合資会社に関する規定を、匿名組合に準用していた（平成17年改正前商法542条）。平成17年の会社法の制定に伴い、それまで合資会社の社員の地位に関する合資会社の規定を準用していた部分を、匿名組合に合わせて新たに書き下ろし、規定の明確化が図られている。

（2）基本的仕組み

　匿名組合は、世上、事業者単独の事業体として現れるが、内部の実態を見ると、事業者が投資家からの出資を得て事業を行い、その事業の成果を分配する仕組みを有する（事業者は確定利息支払の負担はない）共同企業形態である。但し、投資家は、経済的には内部的に共同企業形態を形成していても、法的には外部には現れずに匿名の存在であるところから、匿名組合と呼称される。

《 匿名組合の基本的仕組み 》

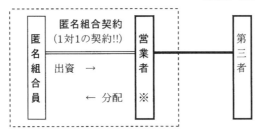

←　外部から見ると事業者単独の企業

↑　内部実態は投資家と事業者との共同企業
　　（但し、営業主体は組合ではなく営業者!!）

共同事業スキームから節税・投資スキームへの機能展開
　　※のポジションに「投資ファンド」が立つ投資スキームが登場・発展。
　　※に一定の組織を利用し、法人税負担を極小化する「導管」とする投資スキームが隆盛。
　　　　・特定目的会社（TMK）を利用する「TMKスキーム」
　　　　・合同会社（GK）を利用する「GK-TKスキーム」

2　匿名組合の機能展開

（1）共同事業スキームから節税・投資スキームへ

　近年、わが国では、匿名組合は、元来の共同企業形態として利用されるというより、資産流動化の方法や節税効果を有する投資スキームにおいて活用されるようになった。その際、匿名組合方式の利用により、二重課税を避けて税負担を軽減できる点が注目されている。

　昭和50年代後半には、航空機や船舶等のリース事業で、資金調達と節税を目的とした匿名組合の利用が活発になった（平成10年度および17年度の税制改正により税負担軽減が制限されて匿名組合方式を利用したリースは減少した。匿名組合方式を利用した航空機のレバレッジド・リース契約に関する事案として、東京地判平7・3・28判時1557・104商総行百選82）。さらに、匿名組合は、資産流動化の方法として、また、投資ファンドの運用において活発に利用されるようになり、平成の年代に入ってバブル経済崩壊の後には、不良債権を金融機関が処理するにあたっても利用され、匿名組合を活用する投資スキームに関する法制度の整備が行われた*。

＊　**商品ファンド法と特定債権法における匿名組合**　　平成3年制定の「商品投資に係る事業の規制に関する法律（平成3年法律66号）」（＝商品ファンド法）は、商品投資の仕組みとして、民法上の組合と信託方式とともに、匿名組合方式について規定している（同法2条5項1号）。

　平成4年制定の「特定債権等にかかる事業の規制に関する法律（平成4年法律77号）」（＝特定債権法）では、リース・クレジット債権の流動化を目的として、信託方式、債権譲渡方式、民法上の組合方式および匿名組合方式が基本的な仕組みとして規定された。資産流動化は、平成10年の債権譲渡特例法、資産流動化法（後掲）の制定などにより法整備が進み、リース・クレジット債権に限定した特定債権法は、その必要性が見直され、平成16年制定の信託業法（平成16年法律154号）附則2条により廃止された。

　最近では、投資ファンドが多数の投資家から資金を集めて運用する投資スキームにおいて大いに活用され、また、震災復興にあたり被災事業者への支援事業を実施するためにも利用されている（北居＝高田301頁、森本編・商行為85頁以下、神作裕之「交互計算・匿名組合」NBL935号30頁、永沢〔監〕・前掲86頁、参照）。

（2）導管性を有するビークルを利用した投資スキームの展開

　匿名組合形式が多く利用される最近の投資スキームでは、新たに設立する会社をビークル（Vehicle，媒体）として、これに法人税負担の極小化を果たす「導管」性を持たせ、この会社を営業者とし機関投資家を匿名組合員として、匿名組合契約を締結する方法が採られている。とくに、資産流動化のための有利な資金調達手段として、資産をオリジネーター（流動化する資産の保有者）から切り離して移転するにあたり、SPV（譲り受けた資産を裏付けとして証券を発行して資金調達を行う媒体）を営業者とした匿名組合方式が普及している。

　そのビークルとして、「特定目的会社（日本語での略称はTMK、英語での略称はSPC＝Special Purpose Company）」を利用するものが「TMK（特定目的会社）スキーム」であり、合同会社を利用するものが「GK（合同会社）‐TK（匿名組合）スキーム」である（営業者を株式会社とする場合は、「KK〔株式会社〕‐TK〔匿名組合〕スキーム」と呼ばれる）。TMK（特定目的会社）スキームの利用に関して、資産流動化法の制定を中心とする法制度が整備されている＊。

＊　**資産流動化法と特定目的会社**

　ｉ　**資産流動化法の制定と改正**　　平成10年制定の「特定目的会社による特定資産の流動化に関する法律（平成10年法律105号）」では、資産流動化の実態と需要に応じて、導管としてのビークルに「特定目的会社」という新たな法形態が用意され、流動化する資産の対象が、金融機関の貸付債権、売掛債権、不動産等の資産にまで拡大された。

　同法は、平成12年改正により、法律名が「資産の流動化に関する法律（平成12年法律105号）」（＝資産流動化法）に改称され、法整備内容の充実が図られた。特定目的会社について、業務は登録制から届出制に変更され、資産流動化計画の柔軟な変更を可能にしたほか、導管の役割を果たすもうひとつの法形態として「特定目的信託」の制度が設けられた（平成12年改正による特定目的会社および特定目的信託の概要につき、森本編・商行為88頁）。平成17年に会社法とともに制定された「会社法の施行に伴う関係法律の整備に関する法律（平成17年法律87号）」（＝会社法整備法）により、それまで商法の規定を準用していた資産流動化法も改正されている。

　平成23年に成立した「資本市場及び金融業の基盤強化のための金融商品取引法等の一部を改正する法律（平成23年法律49号）」（＝資本市場等基盤強化法）は、①多様で円

滑な資金供給の実現、②国民資産を有効活用できる資産運用機会の提供、③市場の信頼確保を三本柱として、金融商品取引法を含む関係法律を改正しており、その一環として、資産流動化法が改正され、上記③の観点から、特定目的会社を用いた資産流動化スキームに関する規制の弾力化（資金調達の利便性の向上等）が図られた。この改正資産流動化法にもとづき、新たなスキームが登場する可能性が高まっている（額田雄一郎＝伊藤浩也「平成23年資産流動化法の改正と流動化実務への影響」十市崇〔編〕『金融商品取引法の諸問題』商事法務〔2012年〕191頁・225頁、参照）。

　　ⅱ　**特定目的会社**　　特定目的会社は、資産流動化法に基づいて設立される会社であり、会社法上の会社ではないが、それ自体が法人格を有し、特定の資産の取得とその資産からもたらされるキャッシュを投資家に分配することを予め計画して設立される、資産の流動化を目的とした会社である。

　　設立には準則主義が採用され、株式会社設立と同様に、発起人による定款の作成（資産流動化法16条1項）、公証人による定款の認証（同16条6項）、発起人による特定出資全額の履行（同19条1項）の後、設立登記によって特定目的会社は成立する（同23条）。しかし、資産の流動化に係る業務については、法定事項を記載した業務開始届出書を内閣総理大臣に提出する必要がある（資産流動化法施行令2条、資産流動化法施行規則5条・6条）。業務開始届出に際しては、流動化計画書を作成し業務開始届出書に添付する必要がある。

　　特定目的会社の機関設計として、社員総会、1名以上の取締役、1名以上の監査役の設置を要する（資産流動化法67条1項1号・2号）。また、資産対応証券として特定社債のみを発行する特定目的会社であって、資産流動化計画に定められた特定社債の発行総額と特定目的借入れの総額との合計額が200億円以上の場合には、会計監査人も設置する必要がある（同法同条同項3号）。取締役が特定目的会社の業務を決定・執行し、会社を代表するが（同法78条・79条）。代表取締役を定めるときは、代表取締役が会社を代表する（同法79条1項但書）。監査役は、取締役の職務の執行を監督する（同法87条1項）。

　　特定目的会社では、原則として、特定資産の管理及び処分に係る業務は信託会社等へ信託する必要がある（同法200条1項）。取締役は特定資産に関する業務執行を直接的に行うことはなく、信託会社等の選定に関する意思決定を行い、信託会社等の監督等を行うにすぎない。これにより、投資ビークルとしての性質が法的に担保されている。

　　ⅲ　**特定目的会社におけるペイスルー課税**　　わが国の現行法制上、事業体が法人格を有する場合には、その法人を納税義務者とすることで、法的安定性が確保されている。特定目的会社は法人格を有するので法人課税の対象となり、二重課税を回避する構成員課税（パススルー課税）の優遇を得られないが、法人課税の特例として、ペイスルー課税という特別措置により実質的に同様の優遇が確保されている。

　　法人の場合は、配当金支払は税引「後」利益の剰余金を配当原資として行われ、配当金は、その支払が資本的取引と考えられ、税務上、損金算入されない。しかし、特定目的会社では、一定要件を満たした場合には、所得金額を限度として、当該事業年度に係る支払配当の額を、当該年度の所得計算の上で、損金の額に算入する取扱いが認められている（租税特別措置法67条の14）。この法人課税の特例は「ペイスルー課税」と呼ばれる。税引前利益から支払配当分を損金として処理して課税所得を極小化することで、特定目的会社自体への課税を節減することができる。民法上の組合や有限責任事業組合などの組合型投資ビークル（投資ファンド）では、それ自体が法人格を有さないので、構成員（組合員）課税（パススルー課税）が実現できるが、これに較べて、特定目的会社が法人格を有するというだけで税制上不利な扱いを受けると、投資家からみればファンドの選択により投資利回りに影響が出ることになって均衡を欠くことになる。ペイスルー課税は、そのことを防ぐために有用な仕組みである（「投資信託及び投資法人に関する法律〔平成26年法律198号〕」に規定する投資法人についても同様である。租税特別措置法67条の15）。

　　但し、特定目的会社においてペイスルーが認められるための要件として、①設計段階で満たしておくべき対象法人に関する要件と、②事業年度に関する要件とが定められている（租税特別措置法67条の14第1項）。後者の要件のなかに「当該事業年度に係る配当等の額の支払額が当該事業年度の配当可能所得の金額の90％に相当する金額を超えていること」が定められ、これにより、実質的に特定目的会社自体に剰余金を残さないことで組合型ビークルと同視し、ペイスルー税制を担保している（匿名組合を含む事業体への課税に

ついて、渡邊芳樹「事業体に対する課税形態と構成員課税・パススルー税制に係る実務上の問題点」森信茂樹〔編著〕『合同会社〔LLC〕とパススルー税制』金融財政事情研究会〔2013年〕80頁、特定目的会社の税務について、永沢〔監〕・前掲442頁、金子宏『租税法〔第23版〕』弘文堂〔2019年〕331頁・441頁、参照）。

（３）金融商品としての匿名組合員の地位

投資スキームとして匿名組合形式が利用されると、その実態は、共同事業性が薄れ、多数の投資家が匿名組合員として出資をすることになり、匿名組合契約にもとづく匿名組合員としての地位は、金融商品としての性格をもつ。

そこで、平成18年改正の金融商品取引法において、投資家保護の観点から、匿名組合契約にもとづく匿名組合員としての地位が、金融商品取引上の「みなし有価証券」の集団投資スキーム持分として、同法の規制対象とされている（金商2条2項5号。同条項は、各種ファンドに金融商品取引法を適用するための包括条項である。近藤光男＝吉原和志＝黒沼悦郎『金融商品取引法入門〔第4版〕』商事法務〔2015年〕42頁。匿名組合と金融商品取引法との関係については、永沢〔監〕・前掲123頁、参照）。

2.6.2.　匿名組合に関する商法規定

  1 匿名組合の意義・性質
  2 匿名組合の効力
  （1）内部関係（匿名組合契約当事者間の権利・義務）
  （2）外部関係
  3 匿名組合の終了
  （1）終了原因
  （2）終了の効果

□1.匿名組合とはなにか。実質的意義・機能と法的性質を明らかにせよ。
□2.匿名組合員・民法上の組合員・合資会社の有限責任社員の法的地位を比較せよ。
□3.匿名組合員は、匿名組合契約の関係において、対内的および対外的に、どのような権利・義務を有しているか。
□4.匿名組合の終了原因はなにか。また、終了の効果はなにか。

1　匿名組合の意義・性質

匿名組合とは、当事者の一方（匿名組合員）が相手方（営業者）のために出資をなし、相手方がその営業から生ずる利益を分配すべきことを約する契約である（商535条）。匿名組合は、実質的には、営業者と匿名組合員の共同企業であるが、この契約は両当事者の内部的な契約にすぎず、対外的には、営業者の個人企業としてあらわれ、営業者のみが営業の主体となる（大判大6・5・23民録23・917）。

営業者は商人であるが、匿名組合員は商人でなくてもよい。匿名組合契約は営業者にとって附属的商行為である。

匿名組合は、匿名組合員と営業者との間で、1対1の匿名組合契約によって形成されるものである。但し、同一の事業者が複数の匿名組合契約を結んで複数の投資

家を得ることはあり得る。その場合には匿名組合員相互の間には法的関係は存しない。また、複数の投資家がひとつの民法上の組合を形成して、その組合が匿名組合員の立場に立つこともあり得る。

　平成17年商法改正では、改正前商法会社編の合資会社に関する規定を準用していた部分については、商法典のなかで匿名組合に合わせて新たに書き下ろし、持分会社の規定と一部異なる点も含めて、規定の明確化が図られた。

2　匿名組合の効力

（1）内部関係（匿名組合契約当事者間の権利・義務）
1）出資の履行

　匿名組合員は契約に定めた出資の義務を負う（商535条）。この出資は金銭その他の財産出資に限られる（商536条2項）。匿名組合員の出資はすべて営業者の財産に帰属する（商536条1項）。

2）営業の遂行

　営業者は、善良なる管理者の注意をもって匿名組合の営業を遂行する義務を負う（最判平28・9・6判時2327・82商百選65）。匿名組合員は、営業者に対して営業の遂行を請求できる（大隅・商行為86頁、森本編・商行為100頁）。営業者は競業避止義務を負い（通説、西原・商行為181頁、近藤・商法175頁）、これに違反したときは匿名組合員に損害賠償責任を負う。

　匿名組合員は、営業に参与してその業務を執行する権利義務を有せず、営業者を代表することができないが（商536条3項）、営業者の営業について貸借対照表の閲覧等および業務・財産状況に関する検査を行うことができる。

　すなわち、匿名組合員は、営業年度の終了時において、営業者の営業時間内に、貸借対照表の閲覧・謄写*の請求ができ、または営業者の業務及び財産の状況を検査することができる（商539条1項）。また、匿名組合員は、重要な事由があるときは、いつでも、裁判所の許可を得て、営業者の業務及び財産の状況を検査することができる（同条2項）。この許可に係る事件は、営業者の営業所の所在地（営業所がない場合にあっては、営業者の住所地）を管轄する地方裁判所が管轄する（同条3項）。

　なお、ここに、業務執行権を有しない社員の業務財産状況調査につき裁判所の許可を不要とした持分会社に関する改正内容との相違が生じている。持分会社の社員は原則として業務執行権を有するが（会590条）、匿名組合員は原則として業務執行権を有しない（商536条2項）という制度上の差異が、その根拠として指摘されている（相澤哲〔編著〕『立案担当者による新・会社法の解説』別冊商事法務295号〔2006年〕261頁）。

　　＊ 貸借対照表の閲覧・謄写の方法　　営業者の貸借対照表が書面をもって作成されているときは、当該書面の閲覧または謄写の請求をなし、電磁的記録（電子的方式、磁気的方式その他人の知覚によっては認識することができない方式で作られる記録であって、電子計算機による情報処理の用に供されるもので法務省令で定めるもの）をもって作成されているときは、当該電磁的記録に記録された事項を法務省令で定める方法により表示したものの閲覧又は謄写の請求をなすことができる（商539条1項2号）。

　ここに、法務省令で定めるものとは、磁気ディスクその他これに準ずる方法により一定の情報を確実に記録しておくことができる物をもって調製するファイルに情報を記録したものであり、法務省令で定める方法は、同号の電磁的記録に記録された事項を紙面又は映像面に表示する方法である(商施9条)。

3）利益の分配

　匿名組合員は、営業者に対し、その営業から生じた利益の分配を請求する権利を有する(商535条)。営業者は、出資の割合に応じて、匿名組合員に利益を分配する義務を負う(民674条1項)。営業者は、出資の義務を負うわけではないが、営業に利用する財産や労力を評価して、計算上、出資額に準じて取り扱うことになる。

　出資が損失によって減少したときは、その損失をてん補した後でなければ、匿名組合員は、利益の配当を請求することができない(商538条)。この場合、損失が後の利益で填補されるまで配当を受けられないということであり、新たに出資して損失を填補する義務を負うものではない。

（2）外部関係

　対外的には、匿名組合員は、営業に関与する権限を有せず、また営業者の行為につき、第三者に対して権利義務を有しない(商536条4項)。

　但し、匿名組合員は、自己の氏・氏名を営業者の商号中に用いること、または、自己の商号を営業者の商号として使用することを許諾したときは、その使用以後に生じた債務については、営業者と連帯して弁済する責任を負う(商537条)。名板貸人の責任(商14条)と同様、いわゆる禁反言則にもとづく責任である。したがって、第三者が悪意の場合は、同条による匿名組合員の責任は生じないと解される(西原・商行為183頁、近藤・商法173頁)。

3　匿名組合の終了

（1）終了原因

　匿名組合は、契約の一般終了原因のほか、次の特有の原因により終了する。すなわち、当事者の意思による終了として、匿名組合契約をもってその存続期間を定めなかったとき、またはある当事者の終身間存続すべきことを定めたときは、各当事者は6か月前の予告をもって営業年度の終わりに解約することができ、やむをえない事由があるときは、各当事者はいつでも解約することができる(商540条)。

　また、当事者の意思によらない終了として、①組合の目的たる事業が成功し、またはその成功が不能となった場合、②営業者が死亡し、または後見開始の審判を受けた場合、③営業者または匿名組合員が破産手続開始の決定を受けた場合には、それぞれ、匿名組合は当然に終了する(商541条)。

（2）終了の効果

　匿名組合が終了したときは、営業者は匿名組合員にその出資の価額を返還しな

ければならない（商542条）。出資の目的物が金銭以外の財産であった場合において、匿名組合員は出資財産そのものの返還を請求することはできず（名古屋地判昭53・11・21判タ375・112）、営業者は金銭で評価して返還する。

　出資が損失によって減少したときは、その残額を返還すれば足りる（商542条但書）。損失額が出資の価額を上回って計算上のマイナス部分が生じた場合、返還はないが、匿名組合員が塡補する義務を負うわけではない。その場合に、もし匿名組合員の出資に未履行残額があれば、その残額を上限として、匿名組合員がマイナス部分の払込を要することになる（近藤・商法176頁）。

《商行為法上の各種営業と企業取引》

２．７．仲立業と取次業

2.7.1. 補助商・企業補助者と仲立業・取次業

```
1  固有の商と補助商
2  企業補助者制度における仲立業と取次業
```

□1.仲立業と取次業は、補助商と呼ばれることがあるが、講学上、「固有の商」に対して「補助商」と呼ばれるものにはどのようなものがあるか。
□2.仲立業と取次業については、他の企業補助者とともに、商法・会社法上、どのような法制度が設けられているか。

1　固有の商と補助商

　商業の原初的な形態は、財貨転換により利得を得ること、すなわち、商品を安く買って高く売り、その差額を利益として獲得するという行為である。この行為は、わが国の商法でも、絶対的商行為の筆頭に投機購買およびその実行行為として定められており（商504条1号）、これを行う営業は「固有の商」と呼ばれている。

　これに対して、商品の流通過程における分業が進展すると、固有の商を補助する行為を行うことが独立の営業として成立するようになり、その伝統的な形態として、代理業（締約代理商）、仲立業（媒介代理商、仲立人）、取次業（問屋、準問屋、運送取扱人）、運送業、倉庫業等が生まれ発展した。これらは「補助商」と呼ばれている。

　代理業、仲立業および取次業は、商品の売買のみならず、さまざまなサービスの提供に関する行為についても成立する。代理業は、保険契約や運送契約の締結に関して普及している。仲立業は、不動産の売買を媒介する宅地建物取引業者が典型ではあるが、旅客運送契約や宿泊契約について広く見られる。取次業は、「問屋（トイヤ）」が物品売買の取次を行うが、物品運送の取次を行う運送取扱人や、その他の取次を行う準問屋の類型がある。

2　企業補助者制度における仲立業と取次業

　企業は、取引等の活動を展開する上で、さまざまな人的な補助者を必要とする。商法と会社法では、企業取引の補助者に関する制度を設けている。一般に、企業の活動の補助者には、企業に雇用されて労務を提供する局面と、企業の対外的営業活動を補助するために取引関係上一定の地位にたつ局面とがある。労働法が前者の場面を労働者の生活利益の保護の観点から規制しているのに対して、商法と会社法は後者の場面を関係者の利益調整の観点から規律している。

　商法は、対外的営業活動上の補助者に関する規定を総則編と商行為編にわたって規定している。そこには、企業組織内の補助者と、企業組織外の補助者がある。

　企業組織内の補助者として、特定の商人に従属し、代理という形態で補助をする存在を「商業使用人」という。商法と会社法は、①支配人、②ある種類または特定の事項の委任を受けた使用人、③物品の販売等を目的とする店舗の使用人という3種類を規定している。

　他方で、企業組織外にあって、自ら独立の商人として他の商人等を代理・媒介・取次という形態で補助するもの(代理商・仲立人・問屋・準問屋・運送取扱人)がある。また、会社法にも「会社の使用人」および「会社の代理商」の規定がある(会10条以下、16条以下)。

　商法では、商人概念を起点に条文を配列しているので、特定の商人のための補助者の類型(商業使用人と代理商)については総則編に、そうでない補助者の類型について商行為編の規定を置いている。しかし、代理商は、自ら独立した商人としての営業であることから、商行為編に規定がある方が、その制度上の位置づけを理解し易い。

《 商法・会社法上の企業補助者の類型 》

		補助の対象	補助対象との関係	補助の態様
商業使用人	支配人(商21条・会11条) ある種類または特定の事項の委任を 受けた使用人(商25条・会14条) 物販店等の使用人(商26条・会15条)	特　定	従　属	代　理
代　理　商	締約代理商(商27条・会16条)	特　定	独　立	代　理
	媒介代理商(商27条・会16条)	〃	〃	媒　介
仲　立　業	仲立人(商543条)	不特定多数	独　立	媒　介
取　次　業	問屋(商551条) 準問屋(商558条) 運送取扱人(商559条)	不特定多数	独　立	取　次

《 商法・会社法上の企業補助者の補助態様比較 》

代　理	媒　介	取　次
他人(代理人)の法律行為により、その効果が本人に帰属	他人間の法律行為の成立に尽力する単なる事実行為	自己の名をもって、他人の計算においてなす法律行為

2.7.2. 仲立営業

```
1　仲立業の機能と沿革
（1）仲立業の経済的機能
（2）仲立業の沿革
2　仲立人の意義
（1）仲立人（＝商事仲立人）と民事仲立人
（2）仲立人と代理商・問屋等との相違
3　仲立契約の種類と法的性質
4　仲立人の義務
（1）一般的義務
（2）商法上固有の義務
5　仲立人の権利
（1）報酬請求権
（2）給付受領権の有無
```

□1.仲立人とはなにか。また、代理商・取次商との相違はなにか。
□2.仲立人は、媒介取引の当事者との間で、どのような法律関係に立つか。
□3.仲立人は誰との間に、どのような権利・権限を有し、どのような義務を負うか。

1　仲立業の機能と沿革

（1）仲立業の経済的機能

　仲立業は、一般に、他人間の売買等の法律行為を成立させることに尽力することを仕事内容として、その手数料を得る営業をいう。自らが取引の当事者にはならないが、その取引の成立と遂行を補助して、取引を促進・助長し、取引の経済目的の達成を確実にする。

　仲立業者を利用すると、適切な取引相手を探すことが容易になる。すなわち、当該取引の市場の状況を探り、相手方の資力や信用を確かめ、取引対象の品質・機能・価値を正確に識ることができる。また、仲立業を利用すると、相手方に自己を知らせることなく、商品の売買や資金の運用による投機をなすこともできる。

　いわゆるブローカーと呼ばれる商人が、仲立業者にあたる。仲立業は、市場や商品・取引方法について専門性が高い場合に活用され、有価証券その他の商品の売買、金融取引、不動産取引、海上運送、海上保険、旅行商品の売買等で広く利用されている。

（2）仲立業の沿革

　仲立業の沿革は古代に遡り、外国人と内国人との取引での通訳や媒介のために発達し、中世ヨーロッパの諸都市で著しい発展を見た。そこでは、都市や商人団体から任命され、公職的地位や独占営業権を与えられ、通訳・鑑定人の業務を兼ね、取引に関する書類の作成・保存等の公証人の任務を有し、また、警察的事務をも担当することがあった。このため、仲立業を営む者は、公平な地位にあることが求められ、自己または他人のために商業を営むことが禁止されていた（西原・商行為280頁、平出・

商行為348頁）。近世になると、当初は、ドイツ旧商法でも公職的仲立人の規定があっ
たが、広く営業の自由が認められるようになると仲立業は自由営業とされた。

　わが国では、旧商法では仲立業には資格・認可・保証金を要する等の行政監督規
定があったが、新商法では仲立業は自由営業とされ、商法上の行政監督規定は削
除された。現行商法では、仲立業を営む商人のうち、他人間の「商行為」の媒介をな
すことを業とする者を、仲立人と呼んで、規定を設けている（商543条）。但し、若干の
仲立業については、適切な取締の必要上、業法による行政監督や罰則がある（金融
商品取引法、商品取引法、旅行業法、宅地建物取引業法等）。

2　仲立人の意義

（1）仲立人（＝商事仲立人）と民事仲立人

　商法上、「仲立人」とは、他人間の商行為の「媒介」をなすことを業とする者をいう
（商543条）。他人間の法律行為の媒介を引き受ける行為は営業的商行為であり（商502
条11号）、それを営業とする仲立人は商人である（商4条1項）。媒介される行為は、契
約の一方当事者にとって商行為であればよい。仲立人に媒介を委託する者は、特定
の者でも、不特定の者でもよい。

　媒介とは、他人間にあって、他人が当事者となる法律行為の成立に尽力する事実
行為である。したがって、取引相手方を探して、または指示して、取引成立の機会を
与えるにすぎない者（指示仲立人）は、商法上の仲立人ではない（通説、平出・商行為
349頁）。

　商行為以外の法律行為の媒介を業とする者は、他人間の「商行為」を媒介する仲
立人ではなく、「民事仲立人」と呼ばれる。非商人間の不動産の売買・賃貸の媒介を
行う宅地建物取引業者や、結婚仲介業者が、これに当たる。民事仲立人は、他人間
の法律行為の媒介を引き受けることを業とするので（商502条11号）、商人である（商4
条1項、従って、商人一般の商法規定の適用はある）が、仲立人ではないので、仲立
営業に関する商法上の特別規定の適用はない。

《 仲立人の法律関係 》

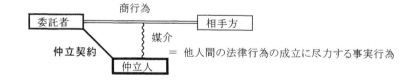

（2）仲立人と代理商・問屋等との相違

　仲立人は、他人間の商行為たる法律行為の成立に尽力して、さまざまな事実行為
をなす者であり、締約代理商のように、本人の法律行為を代理する者ではなく、問屋
（トイヤ）等の取次業者のように、自己の名をもって本人のために法律行為をなす者で

もない。仲立人は、不特定の他人間の取引の媒介をなすので、特定の商人のために
だけ取引の媒介をなす媒介代理商とも異なる。仲立人が特定の者の委託により媒介
をする場合には媒介代理商に類似する。

3　仲立契約の種類と法的性質

　仲立人と委託者との間には、仲立契約が結ばれる。仲立契約には、双方的仲立契
約と一方的仲立契約とがある。

　仲立契約は、通常、仲立人が委託者のために法律行為の成立に尽力する義務を
負い、委託者がこれに対し報酬を支払う義務を負う契約である。これを「双方的仲立
契約」という。この契約の法的性質は、媒介という事実行為の委託を目的とするもの
であるから、準委任（民656条）である。

　これに対して、一方的仲立契約では、仲立人は委託者のために法律行為の成立
に尽力する義務を負わず、尽力した結果、法律行為が成立した場合に、委託者が報
酬を支払う。一方的仲立契約は、請負（民632条）類似の契約である。

4　仲立人の義務

（1）一般的義務

　双方的仲立契約は準委任契約であるから、仲立人と委託者の間には、民法の委
任に関する規定（民643条以下）が準用される（民656条）。したがって、仲立人は、委
託者に対し、受任者として、善良な管理者の注意をもって取引の媒介をなす義務を
負う（民664条）。具体的には、仲立人は、契約の成立に尽力する義務を負うととも
に、成立した契約が支障なく履行され委託者が契約の目的を達成しうるものであるよ
うに注意を尽くす義務を負うものと解される（江頭・商取引235頁）。

　一方的仲立契約では、仲立人は尽力の義務を負わないが、尽力する場合は善管
注意義務を負うと解される（平出・商行為355頁）。

　仲立人は、委託者の取引相手方とは契約関係に立たないが、この者に対して報酬
を請求しうる地位が認められていることから（商550条2項）、その者に対しても公平に
利益を図る義務を負うものと解される（平出・商行為355頁、江頭・商取引235頁、森本編・商
行為107頁）。

（2）商法上固有の義務

　仲立人は、商法上、特別の義務を負い、この義務には、紛争防止のための義務
（見本保管、結約書の作成・交付、日記帳の作成）と氏名等黙秘に関する義務があ
る。

1）見本保管の義務

　仲立人が媒介する行為につき見本を受け取ったときは、その行為が完了するま
で、その見本品を保管することを要する（商545条）。取引の目的物の品質が見本と

同一かどうかの後日の紛争に備えて証拠を保全するために仲立人に課せられた義務である。仲立人は、善良な管理者の注意をもって保管しなければならない。法律上当然の義務であるから、仲立人は保管に関する報酬を請求できない。

　保管義務の終期は、「その行為が完了する時期」であるが、目的物が給付された時ではなく、買主が完全な給付があったことを認めた時、買主の異議期間（商526条）が経過したとき、当事者間で和解が成立した時等、目的物の品質に関する紛争の不発生または解決が確実になった時と解される（西原・商行為282頁、近藤・商法180頁、森本編・商行為107頁）。

２）結約書の作成・交付義務

　仲立人は、媒介によって成立した取引について、一定の事項を記載した書面の作成・交付義務を負う。すなわち、当事者間において行為が成立したときは、仲立人は遅滞なく各当事者の氏名または商号、行為の年月日およびその要領を記載した書面（結約書）を作成し、これに署名をして、各当事者に交付することを要する（商546条1項）*。但し、氏名・商号が秘匿される場合がある（商547条）。

　結約書は、当事者間の紛争を防止するために仲立人が作成する証拠書類であり、取引当事者間の契約書とは異なる。また、結約書の作成は、取引当事者間の契約成立のための要件ではない。しかし、仲立人が報酬請求権を行使するための要件とされている（商550条）。

　取引当事者間の契約が期限付きや条件付きであるため、履行が後日になる場合のように、当事者が直ちに履行を為すべきでないときは、仲立人は各当事者にも結約書に署名させて、これを相手方に交付することを要する（同条2項）。この場合に、当事者の一方が結約書の受領や署名を拒んだときは、これは結約書の記載に異議があることを意味するので、仲立人は遅滞なく相手方に対して、その旨の通知を発することを要する（同条3項）。そのような場合には、他方の当事者に速やかに対応策を講じさせる必要があるためである。

３）仲立人日記帳の作成・交付義務

　仲立人は帳簿を作成し、結約書への記載事項を帳簿にも記載することを要する（商547条1項）。この帳簿は、仲立人日記帳という。仲立人が媒介した他人間の取引について証拠保全を図るために課せられる義務である。当事者の氏名・商号については、当事者が秘匿を仲立人に命じたときは結約書に記載してはならないが、仲立人日記帳の原本には記載しておかなければならない。

　仲立人日記帳は商業帳簿ではないので、小商人が適用除外となることはない。保存期間については、商法19条3項を類推して、10年間と解される（通説、近藤・商法181頁）。当事者は、いつでも仲立人に対して、この帳簿の謄本の交付を請求することができる（商547条2項）。

　＊ **結約書・仲立人日記帳の作成・署名と交付の方法**　商法の規定により署名すべき場合には、記名押印をもって、署名に代えることができる（商32条）。結約書および仲立人日記帳の作成が書面によるときは、自署または記名押印をして、それら書面を交付する。
　結約書および日記帳の作成は、電磁的記録によることができ（民間事業者等が行う書面の保存等における情報通信の技術の利用に関する法律〔平成16年法律149号〕＝電子文

書法2条6号)、民間事業者等(電子文書法2条1号)がその作成を行う場合は、その使用に係る電子計算機に備えられたファイルに記録する方法または磁気ディスク等をもって調整する方法により作成しなければならない(商施10条1項・2項)。その電子文書において氏名又は名称を明らかにする措置は、当該署名等をすべき者による電子署名(電子署名及び認証業務に関する法律〔平成12年法律102号〕2条1項)とされている(商施10条3項)。

　また、電子文書法で定める交付等(電子文書法2条9号)は商法546条1項・2項および商法547条2項の交付とされ、民間事業者等が電子文書法6条1項の規定に基づき当該書面に係る電磁的記録の交付等を行う場合の方法が掲記されている(商施11条)。

４）氏名・商号の黙秘および介入の義務

　当事者がその氏名または商号を相手方に示さないよう仲立人に命じたときは、仲立人は当事者に交付する結約書および仲立人日記帳の謄本に、その当事者の氏名または商号を記載してはならない(商548条)。取引当事者の個性が重視されないことから、当事者が誰であるかを知る必要がない場合が多く、当事者が仲立人を活用する利点として、自らの存在を表示しないで取引を行うことができるようにするためである。

　仲立人が当事者の一方の氏名または商号を黙秘した場合には、仲立人は相手方に対し自ら履行の責任を負わなければならない(商549条)。この履行責任は当事者が氏名・商号の秘匿を仲立人に命じた場合に限らない。この履行責任は、仲立人の介入義務と呼ばれるが、問屋の介入義務と異なり、履行責任を負う場合であっても仲立人が契約の当事者になるのではなく、法的責任として仲立人に課せられた担保責任である。

　なお、この氏名・商号黙秘義務および介入義務に対しては、その実用性への疑問と立法論的な批判がある(江頭・商取引240頁、北居=高田316頁〔横尾亘〕)。

5　仲立人の権利

（1）報酬請求権

　仲立人は、商人であるから、特約がなくても、媒介した行為について相当の報酬(仲立料)を請求することができる(商512条)。もっとも、媒介の対象となった行為が成立しなければ報酬請求権は発生しないし、仲立人が報酬を請求できる時期は、契約が成立し、結約書の作成・交付を終えた後である(商550条1項)。契約による債務が履行されているかどうかは関係ない。

　この仲立料は、双方の当事者が半額ずつ(当事者双方平分して)負担する(同条2項)。当事者間の内部分担を定めたものではなく、仲立人は、委託者の相手方にも直接に半額を請求できる。この規定の趣旨が、民事仲立人にも適用される余地があるかどうかについては議論がある*。

　委託者の一方的な契約解除は、条件成就の故意の妨害にあたり、仲立人は条件成就とみなして報酬を請求できる(最判昭45・10・22民集24・11・1599商百選83)。

　＊民事仲立人の報酬請求権　　民事仲立人は、商人であるから、商法512条に基づく報酬請求権を有するが、仲立人ではないから、取引相手方に対する報酬請求権(商550条2

項)はない(最判昭44・6・26民集23・7・1264商総行百選41)。しかし、宅地建物取引業者については、不動産取引の当事者の一方から媒介の委託を受けていても、相手方当事者に対する報酬請求権を請求する余地が認められている。但し、それは、相手方当事者との間に黙示の民事仲立契約の成立が認定できる場合(最判昭43・4・2民集22・4・803)、または、客観的に相手方当事者のためにする意思をもって媒介行為をしたと認められる場合(他人のために事務管理を行う場合、最判昭50・12・26民集29・11・1890)である(近藤・商法179頁、森本編・商行為114頁)。

(2) 給付受領権の有無

なお、仲立人は、媒介した取引について、別段の意思表示や慣習がないかぎり、当事者のために支払その他の給付を受ける権限を有しない(商544条)。

2.7.3. 問屋営業

　　1　取次業(問屋等)の機能と沿革
　　(1) 取次業の経済的機能 ― 法形式と経済的実質との乖離と融合
　　(2) 取次業の沿革
　　2　問屋の意義
　　(1) 問屋の意義と商法551条の趣旨
　　(2) 問屋と代理商・仲立人との相違
　　3　問屋の法律関係
　　(1) 外部関係 ― 問屋と取引相手方との関係(売買契約)
　　(2) 内部関係 ― 問屋と委託者との関係(問屋契約)
　　4　問屋の義務
　　(1) 受任者としての義務
　　(2) 問屋としての義務
　　5　問屋の権利
　　(1) 受任者としての権利
　　(2) 問屋としての権利

□1.取次業とはなにか。また、取次業にはどのような機能があり、どのような種類があるのか。
□2.問屋とはなにか。代理商や仲立人との相違点はなにか。
□3.問屋の法律関係はどうなっているか。商法552条2項は、問屋と委託者との関係をどのように定めたものと解されるか。
□4.問屋が委託の実行として買い入れた物品を委託者に現実に引き渡さないうちに破産した場合、委託者は当該物品の取戻権を有するか。
□5.問屋は、誰に対して、どのような権利と義務を有するか。

1　取次業(問屋等)の機能と沿革

(1) 取次業の経済的機能 ―　法形式と経済的実質との乖離と融合

　取次業は、自己の名をもって他人の計算において法律行為を為すことを仕事内容とし、手数料を得る営業をいう。取次業者は、自ら、法律上、取引の当事者になるが、その取引の経済的実質を、委託者と相手方との間に立って処理する。取次業は、法形式(法的効果の帰属)と経済的実質(経済効果の帰属)とが乖離している点に、特

色がある。

　取次業は、代理業や仲立業と同様に、取引相手を広く求めて商業活動の範囲を拡大する役割を果たしているが、さらに、商人は取次業を利用することで、代理人（商業使用人や締約代理商）を利用する場合にあり得る権限濫用の危険を避けることができ、遠隔地等に使用人を派遣したり、支店を設置する経費を節約することができる。遠隔地等の馴染みのない市場や専門知識の乏しい取引についても、それらに明るい取次業に委託することで可能になる。商人だけでなく非商人も、取次業者の信用・知識・経験等を利用することができる（場合によっては、送付物品を担保にして借入をしたり買入資金の立替等の金融を取次業者から得ることができる）。相手方にとっても、委託者を調査する必要がなく、もっぱら取次業者を直接の相手として安全に迅速に取引をすることができる。

　取次業は、国際貿易において利用が始まったが、その後、相場変動が激しく、また大量で迅速な取引を要する有価証券や商品の取引で広く行われるようになった。

（2）取次業の沿革

　ヨーロッパでは、国境を越えた遠隔地取引が行われるようになると、商人自らが遠隔地へ赴き、遠隔地の現地人を雇って通訳や案内に当たらせることになったが、それに代わり、商人が本拠地に留まって使用人を派遣したり、現地人の名義をもって取引をさせることが、古くから行われていた。現地人の名義で取引をさせると、外国人への課税を免れ、現地の市民としての権利や優遇を得ることができるので、独立の営業としての取次業が16世紀頃から発達し、国際貿易の拡大に不可欠の存在として、18世紀末頃には隆盛を極めるようになった（西原・商行為263頁、平出・商行為370頁）。その後、交通手段や通信手段の進歩によって、遠隔地に現地法人たる子会社を設置することが多くなると、取次業は隆盛を失ったが、内国と外国を問わず専門市場が形成されると、その専門市場での活躍場面が広がった。

　当初は、取次業と代理業との区別が十分でなかったが、近代商法の成立に際して、フランス商法典において取次の概念が独立して定義され、ドイツ旧商法を経て、わが国の商法にも概念と制度が設けられ整理された。旧商法では、現在の問屋（トイヤ）が仲買人と称していたが、新商法典では、実業界で仲買人と称されているものは仲立人に当たり、法律上も用いていた仲買人の呼称が「問屋（トイヤ）」と改められた。

　取次業のうち、取り次ぐ法律行為が売買契約の場合を、「問屋（トイヤ）」という。日常用語でいう問屋（とんや）と同じ表記であるが、問屋（とんや）は自己商であり、ここでいう「問屋（トイヤ）」は取次業者である。取次業者としての「問屋（トイヤ）」の典型は、証券会社である。

　取次業のうち、取り次ぐ法律行為が売買契約ではない場合、問屋に関する商法の規定が準用され（商558条）、「準問屋」と呼ばれる。また、商法は、物品運送契約を取り次ぐ営業者を「運送取扱人」と呼び、一章を設けて諸規定を置いている。

2 問屋の意義

（1）問屋の意義と商法551条の趣旨

　問屋（トイヤ）とは、自己の名をもって、他人のために、物品の販売または買入をなすことを業とする者をいう（商551条）。自己の名をもって売買をなすとは、問屋が自ら法律上の当事者となって売買取引をなすことをいう。また、他人のために売買をなすとは、委託者たる他人の計算において売買をなすことをいう。物品には有価証券が含まれる。

　問屋の物品の販売または買入の委託を引き受ける行為は、取次に関する行為にあたり、営業的商行為である（商502条11号）。取次を営業とする問屋は商人である（商4条1項）。委託者は商人でなくてもよい。

《 問屋の法律関係 》

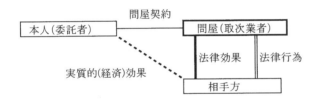

（2）問屋と代理商・仲立人との相違

　問屋は、実質的には委託者の代理人のような役割を果たしているが、自己の名で行為する点で、委託者の名で行為する締約代理商（商27条）その他の代理人とは異なる。問屋の関係は、代理に似ているので、間接代理と呼ばれることがあるが、代理ではない。また、問屋も代理商も自ら独立した商人ではあるが、代理商が特定の商人のために代理または媒介をするのに対して、問屋の場合は委託者が必ずしも特定しておらず、また、委託者のために取次を行うものである。

　問屋は、仲立人と同様に独立の商人であるが、仲立人は媒介を行い、取引当事者とならないが、問屋は取次を行い取引当事者となる。

3 問屋の法律関係

（1）外部関係 ― 問屋と取引相手方との関係（売買契約）

　問屋と第三者（取引相手方）との関係は、通常の売買契約の当事者であり、問屋は第三者に対しこの契約から生ずる一切の権利義務の主体となる（商552条1項）。

　委託者は第三者に対し直接の法律関係に立たない。契約の成立や効力に影響を及ぼす事項は、原則として、問屋について決せられる。但し、経済的実質を考慮して委託者の一定の容態が契約に影響を及ぼすと解する余地がある。問屋が委託者の指示に従っていた場合は、契約の効力に影響のある事情に関する委託者の悪意ま

たは過失による不知は、問屋の悪意と同視すべきと解される（民101条3項の類推適用、近藤・商法189頁）。委託者が相手方を欺罔して問屋との契約を成立させた場合には、第三者による詐欺ではなく、契約当事者の詐欺として扱うべきとの見解が有力である（江頭・商取引270頁）。

取引相手方が債務を履行しない場合の損害賠償について、問屋自身の損害は、委託者に履行担保責任を負う場合（商553条）を除いて、手数料相当分に留まり、委託者は相手方に対して、契約関係に立たないので、損害賠償の請求ができない。問屋が相手方に対して、委託者の損害を自己の名において請求できると解される（通説、大隅・商行為110頁、江頭・商取引271頁）。

なお、問屋が他の問屋に売買を再委託した場合には、復代理に関する民法の規定（民107条2項）は準用されない（通説、最判昭31・10・12民集10・10・1260。但し、民法104条・105条について準用を認める見解もあるが、準用されないと解される。平出・商行為386頁、森本編・商行為124頁）。

（2）内部関係 ― 問屋と委託者との関係（問屋契約）

問屋と委託者との関係は、両者の間で結ばれる「問屋契約」によって定まる。この契約は、問屋が自己の名で委託者のために物品の売買という法律行為をなすことの委託を引き受けるものであるから、委任契約である。したがって、両者の間には、民法の委任に関する規定（民643条以下）が「適用」される。

問屋と委託者との関係は、法的には代理関係ではないが、経済的には代理類似の関係にあり、両者の間には代理に関する規定が準用され（商552条2項）、問屋のなした売買の実質的効果は委託者に帰属する。したがって、委託者と問屋との関係においては、委託者は問屋の行った売買契約によって生じた権利は自己に帰属することを主張でき、問屋が取得した物品の所有権は、特別の移転手続を経ることなく、委託者に帰属することになる（間接代理の法的効果の相対的帰属を認める従来の見解に対して、経済的効果帰属権限というべき権限の問屋への授与を認める見解がある。北居＝高田334頁〔来住野究〕）。

このように問屋の法律関係は、法形式と経済的実質を乖離させることで、問屋の市場における特殊な知識や技能を活用して委託者が実を得ることができる。しかし、その乖離が問題を生じさせる場合がある*。

　　* **問屋の破産と委託者の地位**　　問屋が破産した場合、買入委託をした者は、問屋が取得した物品について、実質的な利益を有するとはいえ、法形式上、問屋の債権者に対しては権利主張ができない。そこで、このような場合に、学説では、商法552条2項にいう「問屋」は問屋の債権者も含むと構成し、委託者は、委託の実行により、問屋の債権者に対しても買入物品について権利を主張できると解されている（通説）。証券会社に株式の買付を委託し、買付後・引渡前に証券会社が破産した場合、委託者は証券会社が買入れた株式につき取戻権を行使することができる（最判昭43・7・11民集22・7・1462商百選86）。
　　問屋の債権者は、その権利について自己の債権の一般的担保として期待すべきではないので、委託者は取戻権を有すると解してよいが、実際は、問屋の買入物品が委託者に帰属するものであるとして、分別保管される等、特定されていることが必要となる。
　　販売委託の場合に、委託者が問屋に引き渡した物品は、問屋に処分権があるにすぎず所有権は委託者に留保されているので、問屋が破産しても、委託者は問屋に引き渡した

物品を問屋から取り戻すことができる。物品が販売された場合は、取引相手方が代金未払いであるときは、委託者は代金債権について代償的取戻権（破64条、民事再生52条2項、会社更生64条2項）を有するが、問屋が販売代金を取得しているときは、問屋所有の金銭は一般財産に混入されてしまい、委託者は一般破産債権者に止まる。

　問屋の典型は証券会社であるが、証券会社と顧客との間の法律関係は、証券取引所所定の受託契約準則に拠り（金商133条1項）、取引の公正と顧客の保護を図るために金融証券取引法に特別の規律が設けられているので、証券会社に商法上の問屋に関する規定を適用する実益は乏しい（北居=高田323頁）。

4　問屋の義務

（1）受任者としての義務
1）一般的義務
　問屋は、善良な管理者の注意をもって、委託者のために売買をなし（民644条）、取得した物品または代金を委託者に引き渡す義務を負う（民646条）。その他、問屋は、商法上、次のような義務を負う。

2）商法上の通知義務
　問屋は、代理商と同様、委託者のために売買をなしたときは、遅滞なく（委託者からの請求を待つことなく）、委託者にその通知を発することを要する（商557条・27条）。これにより委託者が迅速に結果を知ることができ、さらに指示を行う上で便利である。

（2）問屋としての義務
1）履行担保義務
　問屋は、当事者の特段の意思表示や特別の慣習がない限り、売買の相手方がその債務を履行しないときは、委託者に対し自ら履行の責に任ずる（商553条）。委託者は問屋の取引相手方に対して直接に履行請求をする立場にないので、このような問屋の履行担保義務を設けることで、問屋営業の信頼を確保し、委託者を保護している。

　保証債務と類似するが、主たる債務があるわけではないので、法定の特別責任であり、無過失責任と解される。

　問屋の履行担保義務は、取引相手方が問屋に対しておう債務と同一内容のものであるから、相手方が問屋に対して主張できる抗弁は、これを問屋は委託者に主張できる。

2）指値遵守義務
　問屋は受任者であるから、委託者が売買価格を指定したときは、問屋はこれに従う義務を負う。これを指値遵守義務という。但し、問屋がこれに従わなかった場合でも、その差額を問屋自身で負担するときは、その売買は委託者に対し、受任事務の実行として効力を生ずる（商554条）。すなわち、問屋が指値との差額を支払う旨の意思表示をした場合、委託者は、問屋の売買の効果の自己への帰属を拒否できなくなる。

委託者の目的は達成され、問屋にとっても好都合であるからである。

　問屋が指値遵守義務に違反したときは、委託者は、売買の効果が自己に帰属することを否定し、善管注意義務違反にもとづく損害賠償責任を請求できるのであって、本条の差額負担を問屋に請求できるわけではない。

5　問屋の権利

（1）受任者としての権利
　問屋は商人であるから、特約がなくても、委託者に対し、費用の前払請求権（民649条）、立替費用の償還請求権（民650条1項）、報酬請求権（商512条）を有する。

（2）問屋としての権利
　問屋は、商法上、次のような権利を有する。
1）供託権・競売権
　委託者が問屋の買い入れた物品の受取を拒み、または受け取ることができないときは、問屋は、商人間の売買における売主と同様、供託権および自助売却権を有する（商556条・524条）。問屋は、商人間の売買における売主と類似する地位を有するからであるが、問屋の保護のために認められているので、委託者が商人であることを要しない。
2）特別の留置権
　問屋は、代理商と同様の特別な留置権を有する。すなわち、問屋の債権が弁済期にあるときは、弁済を受けるまで、問屋が委託者のために占有する物または有価証券を留置することができる（商557条・31条）。
　この特別の留置権は、被担保債権が留置物との間の牽連関係を必要としない点で民事留置権と異なり、さらに、留置の目的物が債務者たる本人の所有に属するものたることを要しない点で商人間の留置権と異なり、成立要件が緩和されている（本書前掲58頁～59頁、参照）。
3）介入権
　問屋は、取引所の相場のある物品の販売または買入の委託を受けたときは、自ら、その買主または売主となることができる（商555条1項）。この権利を問屋の「介入権」という。
　商法が委託の実行方法のひとつとして、問屋に介入権を認めるのは、委託者が問屋を利用する場合、その取引相手方が誰であるかを問わないのが通常であり、問屋自らが売買の相手方となっても差し支えなく、むしろ問屋にも委託者にも、時間と費用の節約が図れて便利なことが多いからである。
　しかし、問屋が自己に有利な価格で介入すると委託者の利益が害されるので、売買の目的物に客観的な取引所の相場のある場合に限って認められている。また、介入権の行使は、問屋が第三者と売買契約を締結する前でなければならない。
　介入は、問屋の一方的意思表示によって効果が生じる。問屋が介入権を行使する

と、問屋は売買の当事者と同一の地位に立つとともに、受任者たる問屋の地位をも併有する。したがって、問屋は、委託者に対して、報酬や費用を請求することができる。

2.7.4. 準問屋

　準問屋とは、物品の売買または物品運送以外の行為の取次をなすことを業とする者をいう（商558条）。広告や出版の取次業、保険契約の取次業、旅客運送の取次業等がこれにあたる。

　準問屋については、問屋に関する規定が準用される（商558条）。なお、商法は、物品運送契約を取り次ぐ営業者を「運送取扱人」と呼び、一章を設けて諸規定を置いているので、運送取扱人は、狭義の準問屋には含めないのが通常である。

2.7.5. 運送取扱営業

```
１　運送取扱営業と法的規律
（１）運送取扱営業の機能と沿革
（２）運送取扱営業の法的規律
２　運送取扱人の意義
３　運送取扱契約の法的性質
４　運送取扱人の義務・責任
（１）一般的義務
（２）商法上固有の義務
（３）運送取扱人の損害賠償責任
５　運送取扱人の権利
（１）一般的権利と報酬請求権
（２）商法上固有の権利
（３）運送取扱人の有する債権の消滅時効
６　その他
（１）運送品受取人の地位
（２）相次運送取扱
```

□1.運送取扱営業とはなにか、どのような機能を有しているか。運送取扱営業をめぐる法律関係（荷送人・運送取扱人・運送人）はどのようなものか。
□2.運送取扱人は、誰との間で、どのような権利・義務を有し、どのような責任を負うか。

１　運送取扱営業と法的規律

（１）運送取扱営業の機能と沿革

　運送取扱営業は、物品運送の取次を業とすることであるが、問屋が買入委託による物品を委託者に送付し販売委託による物品を相手方に送付するために、物品運送を営む運送人を選択して委託者の計算において運送契約を締結することが多いため、運送取扱営業は問屋営業と併せて行われることで生まれ普及してきた。さら

に、物流を支える運送の手段と方法が発達して複雑多様化・専門化し、運送距離の伸張や複数の運送人の利用が増えると、より合理的で効率的な運送を行うべく運送人の選択を行う必要性が高まり、また、通関手続・書類作成・保管等が必要な場合に適切な手配をする必要が生じることから、運送委託業務が取次業のなかで独立して発展を遂げるようになった。しかし、最近では、コンテナ輸送の発達や複合運送のビジネススキームの普及により、運送取扱営業は、その需要が他の営業によって代替されつつある（森本編・商行為130頁注1）。

（2）運送取扱営業の法的規律

運送取扱営業には、商法上、運送取扱営業の規定が設けられているが、取次商の一種であることから、商法に特段の定めがない限り問屋の規定が準用され（商559条2項）、民法の委任に関する規定（民643条）が補充的に適用される。

運送取扱に関する商法上の規律は、平成30年改正前は、問屋の次に章立てされ、運送の章の前に置かれ、運送に関する規律の一部が運送取扱の規定を準用していた。平成30年商法改正では、そうした章立ての変更は行われなかったが、準用の仕方が改められ、運送取扱に物品運送に関する規定が準用されるようになった（商564条）。

他方、運送取扱業者は、従来、鉄道運送とその前後の運送を含む通し運送に関わることが多かったことから、小運送業法（昭和12年法律45号）とこれを引き継ぐ通運事業法（昭和24年法律241号）により、業規制を受けていたが、物流サービスの高度化を受け、通運事業法は廃止されて、横断的総合的規制を目指す貨物運送取扱事業法（平成元年法律82号）が制定され、この規制に服することになった。しかし、近年、規制緩和を図るための平成14年同法改正による貨物利用運送事業法への改称改編により、運送取扱業を独立して対象とする業規制は撤廃された。

2 運送取扱人の意義

商法上、運送取扱人とは、自己の名をもって委託者の計算において運送人と物品運送契約を締結すること（物品運送契約の取次）を引き受けることを業とする者をいう（商559条1項）。取次の目的となる運送は、陸上運送であるか海上運送であるかを問わない。取次の対象は物品運送契約である。取次の対象が旅客運送契約の場合は、準問屋となる。

到達地において運送品を運送人から受け取り受取人に引き渡す業務を行う者は、到達地運送取扱人ということがあるが、これは、運送契約を取次ぐ者ではないので、商法上の運送取扱人ではない。しかし、運送取扱人も、その業務を行うことから、業務の類似性があるので、性質が許す範囲で運送取扱人に関する商法の規定を類推適用すべきであると解されている（通説、大判大13・6・6新聞2288・17）。

3　運送取扱契約の法的性質

　運送取扱人は、委託者との間で、運送の取次を引き受ける契約を締結する。これを運送取扱契約という。この契約は、委託者の計算において自己の名で運送人との間で運送契約を締結し、当該運送に関する諸々の事務を処理することを引き受ける契約であり、その法的性質は委任および準委任である。

　運送取扱契約には、商法に特段の定めがない限り問屋の規定が準用され（商559条2項）、民法の委任に関する規定（民643条）が補充的に適用される。

《 運送取扱人の法律関係 》

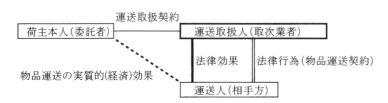

4　運送取扱人の義務・責任

（1）一般的義務

　運送取扱人は、真の荷主である委託者のために、適切な運送人を選択し、その運送人との間で運送取扱人の名義で物品運送契約を締結する義務を負い、その運送が行われるために必要な運送品の受取・保管・引渡や各種の事務を行う。運送取扱人の契約上の義務の詳細は運送取扱契約によって定まるが、委託者に対して、善良なる管理者の注意をもって、物品運送の取次をなす義務を負う（民664条）。

（2）商法上固有の義務

　運送取扱人は、商法上固有の義務として、問屋と同様に、通知義務（商557条・47条）および指値遵守義務（商554条）を負う（商559条2項）。なお、平成30年商法改正により、物品運送契約において荷送人から運送人への危険物に関する通知義務が課せられたが（商572条）、運送取扱契約においては、荷主である委託者に、運送取扱人に対する通知義務が課せられる（商564条）。

（3）運送取扱人の損害賠償責任

　運送取扱人は、受任者として善管注意義務をもって委任事務を処理する義務を負うので、この一般的な義務を怠り、委託者に損害が生じたときは、その損害を賠償する責任を負う。商法上、運送取扱人は、自己または履行補助者が運送品の受取、引渡、保管、運送人の選択その他運送に関する注意を怠らなかったことを証明するのでなければ、運送品の減失・毀損または延着につき、損害賠償の責任を免れない旨を定めている（商560条）。この規定は、運送人の損害賠償責任を定めた規定（商575

条）等と同様に、民法の一般原則を具体化した注意規定と解される。

　運送取扱人の損害賠償責任に関しては、運送人の責任に関する規定が多く準用されている（商564条）。運送取扱人に対して損害賠償を請求できるのは、運送取扱契約における委託者であり、運送品の荷送人であるが、さらに、運送品が到達するか運送品の全部滅失の場合には、荷受人も損害賠償請求権を有する（商564条・581条）。委託者は、運送取扱人に対して債務不履行責任だけでなく、不法行為責任を追求することができる（商564条・587条・577条・585条）。

　運送人の損害賠償額の定型化の規定（商576条）は準用されないが、高価品の特則と責任の消滅に関する規定が準用される。すなわち、高価品については、委託者がその種類および価格を明告しなければ、運送取扱人は責任を負わない（商564条・577条）。運送取扱人の責任は、荷受人に運送品を引き渡した日から1年以内に裁判上の請求がなされないときは、消滅する（商564条・585条）。その期間は運送品の全部滅失の場合においては引渡があるべき日から起算する。

5　運送取扱人の権利

（1）一般的権利と報酬請求権
　運送取扱人は、委託者に対し、運送賃その他の費用の償還請求権（民649条・650条）を有し、商人としての報酬請求権（商512条）を有する。運送取扱人が運送品を運送人に引渡したときは、直ちに報酬を請求することができる（商561条1項）。但し、運送取扱契約において運送賃の額を定めたとき（確定運送賃運送取扱契約のとき）は、特約がない限り、別に報酬を請求することができない（同条2項）。

（2）商法上固有の権利
1）介入権
　運送取扱人は、反対の特約がない限り、自ら運送を引き受けることができる（商563条1項前段）。この権利は、取次業者である運送取扱人の介入権である。但し、運送賃は定型化されていることが多いので、問屋の介入権行使の場合のような制限はない。この介入権の行使により、運送取扱人は委託者に対し運送人としての権利義務を有する（商565条1項後段）。また、委託行為を実行したことになるので、運送取扱人としての権利義務をも併有する。

　運送取扱人が委託者の請求によって、船荷証券または複合運送証券を作成したときは、自ら運送したものとみなされる（商563条2項）。
2）特別の留置権
　運送取扱人は、運送品に関し受け取るべき報酬、運送賃その他委託者のためになした立替または前貸について、その運送品を留置することができる（商562条）。運送取扱人が運送品について有する留置権は、運送人が運送品について有する特別の留置権と同様に、商人間の留置権（商521条）と異なって、被担保債権と留置物との間に牽連関係を必要とする。これは、運送品の受取人（荷受人）を保護するためで

ある。目的物の所有権については、商人間の留置権と異なり、民法上の留置権と同じく、誰にあるかは問題とされていない。効力は、商法上の留置権であり（更正担保権〔会社更生2条10項〕、別除権〔破66条1項・65条2項〕）、民法上の留置権より強力である。

（3）運送取扱人の有する債権の消滅時効

運送取扱人が委託者または荷受人に対して有する債権は、1年を経過したときは時効によって消滅する（商564条・586条）。運送取扱人の損害賠償責任は、前述のとおり、荷受人に運送品を引き渡した日から1年以内に裁判上の請求がなされないときは、消滅するが（商564条・585条）、その後も報酬を請求できるとは妥当ではないからである。委託者に対する債権だけでなく荷受人（運送品受取人）に対する債権も同様であるのは、荷受人が運送品を受け取った後は、委託者と同様の義務を運送取扱人に対して負うからである。

6 その他

（1）運送品受取人の地位

商法は、運送取扱人と運送品受取人との間に、運送人と荷受人との間と同様の法律関係を認め、運送品受取人は、一定時点での委託者の権利を取得し、また、義務を負う。すなわち、運送品受取人は、運送品が到達したときは、運送取扱人に対する権利を取得する（商564条・581条1項）。運送品受取人は、運送品を受け取ったときは、運送取扱人に対し報酬その他の費用を支払う義務を負う（商564条・581条3項）。

（2）相次運送取扱

相次運送取扱とは、同一の運送品の運送について、数人の運送取扱人が相次いで運送取扱をなす場合をいう。相次運送取扱には、相次運送の場合と同様に、広義には、下請運送取扱、部分運送取扱、中継運送取扱があるが、狭義には、中継運送取扱をいう。

運送品が中継運送される場合には、発送地の運送取扱人が、第一の運送契約の取次を引き受けるとともに、第二の運送契約について自己が委託者になり、他の運送取扱人に運送契約の取次を委託し、さらに必要に応じて以後の運送につき順次、運送契約の取次が行われる。この場合の二番目以降の運送取扱人が中間運送取扱人である。中継運送取扱における中間運送取扱人は、前者の委託者たる運送取扱人に代わってその権利を行使する義務を負う（商564条・579条1項）。運送取扱契約にもとづく善管注意義務に由来しており、ここに前者とは、運送取扱契約の相手となっている直接の前者である。

中継運送取扱における中間運送取扱人は、前者の運送取扱人に対して運送賃・立替金その他の費用等を弁済したときは、当然にその前者の権利を取得する（商564条・579条2項）。この場合の前者とは、自己に運送取扱を委託した直接の前者に限られないと解される（大隅・商行為124頁、平出・商行為452頁、森本編・商行為134頁）。

２．８．運送営業

2.8.1. 運送の意義・機能と法的規律

1　運送の意義・機能・分類
2　運送営業と運送取引の法的規律
（１）運送営業・運送取引の公法規律
（２）運送営業・運送取引の私法規律
（３）運送取引と約款
3　運送営業の主体と運送人の意義

□1.運送とはなにか、運送営業とはなにか。運送営業はどのような機能を有しているか。
□2.運送営業に関する法的規律にはどのようなものがあるか。そのうち、商法は、どのような法的規律を設けているか。とりわけ、平成30年商法改正により、運送営業に関する法的規律はどのように整理され、改正されているか。
□3.運送取引において、普通取引約款はどのように利用されているか。
□4.運送営業に関する商法規定において、運送人とは、どのような意味か。

１　運送の意義・機能・分類

（１）運送と運送営業

　「運送」とは、物または人を場所的・空間的に移動させる事実行為であり、この運送を請け負う営業が「運送営業」である。運送営業は、各種の営業のうちでも歴史上古くから存在していた。

　生産者から最終消費者に至る商品流通の過程で、商品の場所的移動や時間的保管に関わる活動は、「物流」と呼ばれるが、運送営業は、倉庫営業とともに、物流に関する補助商であり、企業取引の財貨の転換を促進する役割を担っている（運送営業は物流における距離を克服し、倉庫営業は物流における時間を克服するとも言われている）。

　また、人の移動は、物流に伴う場合も含めて、企業取引の活動全般を促進し、その範囲を拡大する。そして、経済社会の高度な発展や移動手段の著しい発達と相俟って、運送営業は規模を拡大しながら、その役割の重要性をいっそう増している。

（２）運送の一般的分類

　運送は、運送される対象が物か人かにより分類され、対象が物である場合を「物品運送」といい、対象が人である場合を「旅客運送」という。

　一般的用語において、運送は、それが行われる場所により、陸上運送・海上運送・航空運送（さらに宇宙運送）に区別される。但し、厳密な地理的区別がなされるのではなく、地表に近いロープウェーや地中の地下鉄による運送は、陸上運送に分類される。

　また、運送は、運送手段によって、陸上運送での自動車運送や鉄道運送、海上運送での船舶運送、航空運送での航空機運送等に分類される。

2　運送営業と運送取引の法的規律

（1）運送営業・運送取引の公法規律

　　運送営業と運送取引は、社会経済に及ぼす影響と公共性にもとづき、多くの公法上の規制に服する（貨物自動車運送事業法〔平成元年法律83号〕、道路運送法〔昭和26年法律183号〕、鉄道事業法〔昭和61年法律92号〕、鉄道営業法〔明治33年法律65号〕、軌道法〔大正10年法律76号〕、海上運送法〔昭和24年法律187号〕、内航海運業法〔昭和27年法律151号〕、港湾運送事業法〔昭和26年法律161号〕、航空法〔昭和27年法律231号〕）。

　　運送営業は、規制産業としての性格が強く、開業の免許・許可・届出、約款の認可、運賃の規制、契約の強制等の行政監督に服している（江頭・商取引292頁）。この場合、運送契約は附合契約の性質が強いことから、これを利用する一般公衆の利益を保護するために、一定の運送事業については、運送人の運送拒絶の禁止（鉄道営業法6条、道路運送法13条）、旅客運賃の認可（鉄道事業法16条、道路運送法9条）、運送約款の認可（道路運送法11条、貨物自動車運送事業法10条）等が定められている。

（2）運送営業・運送取引の私法規律
1）陸上運送

　　陸上運送とは、陸上における物品または旅客の運送をいう（商569条2号）。私法上、陸上運送を業とする場合には、運送営業として、商法第2編商行為の第8章運送営業の規定（第1章総則、第2章物品運送、第3章旅客運送）の適用を受ける。この商法第2編第8章は、平成30年商法（運送・海商関係）改正により、陸上・海上・航空および複合運送にも共通して適用される総則的規律となったほか、多くの変更がなされた*。そこでは、陸上運送と海上運送との区分も改められた**。

　　陸上運送については、約款が普及しており、これら商法規定が実際に適用される余地は大きくない。また、前述のように主として行政規律を定める特別法において、陸上運送に関する私法的な規律が設けられている。

　　＊　平成30年商法（運送・海商関係）改正の目的・経緯・概要　　商法上の運送・海商に関する分野については、条約の批准に伴う国際海上物品運送法等の特別法の制定以外には、明治32年の商法制定以来、ほとんど見直しがなされていなかった。しかし、この間、陸上運送及び海上運送のほかに航空運送も普及し、多様な物品が多数の関係者を経由して日常的に輸送されており、国民生活に大きな影響を持つ輸送の在り方が大きく変化した。旅客運送については、人命尊重の理念や消費者保護法制との関係等を踏まえた検討が不可欠であり、また、船舶の衝突や海難救助などの海商分野については、条約等の世界的な動向を踏まえ、規律の在り方を見直す必要があった。

　　そこで、法制審議会では、平成26年2月7日に法務大臣からの諮問を受け、部会・分科会を設置して審議が行われ、商法（運送・海商関係）部会において、平成27年3月11日、「商法（運送・海商関係）等の改正に関する中間試案」が取りまとめられた（法務省民事局参事官室「商法〔運送・海商関係〕等の改正に関する中間試案の補足説明」法務省〔平成27年3月〕1頁）。この中間試案の公表とパブリックコメントの手続きを経て、平成28年1月27日に「商法（運送・海商関係）等の改正に関する要綱案」がまとめられ、2月12日開催の法制審議会において同要綱が採択されて、同日に法務大臣に答申がなされた。

　　同答申を受けた法務省民事局の立案作業の後、10月18日に「商法及び国際海上物品運送法の一部を改正する法律案」が国会に提出された。衆議院解散に伴う廃案の後、平

成30年2月6日に、同内容の改正法案が国会に再度提出され、5月18日に改正法が成立し、平成30年法律第29号として、5月25日に公布された。同改正法の施行日は、2019 (平成31) 年4月1日である。

　同改正法の基本骨子は、次のとおりである。①商法第2編第8章運送営業の規定が、陸上運送に関する規定であったことが改められ、陸上・海上・航空および複合運送にも共通して適用される総則的規律となった。②荷送人に危険物の通知義務が課せられた。③運送人の責任（運送品の滅失・損傷・延着による責任）に関する除斥期間が1年間とされた（平成30年改正前の国際海上物品運送法の規定と同様になった）。④旅客運送人の責任に関する規定が改正され、旅客の人身損害に関して、減免特約が原則無効とされるとともに、賠償額の算定方法に関する規定が改められた。⑤商法第3編海商の規定が全面的に改正され、併せて、国際海上物品運送法が改正された。

**　商法上の運送の区分**　　　平成30年改正前商法では、陸上運送とは、陸上又は湖川、港湾における運送をいい、その「湖川、港湾」の範囲は平水区域によるとされていた（平成30年改正前商569条、同商法施行法122条、明治32年逓信省令20号）。平水区域は、船舶安全法等における概念であり、湖、川及び港内の水域並びに船舶安全法施行規則所定の水域を指す（同規則1条6項）。一般に、平水区域の定め方は、陸岸により囲まれ、外海からの波の侵入が妨げられる地形であること、気象及び海象が年間を通じて静穏であること、海岸までの距離が小さく、非常時の乗船者の避難が容易であること等が基準とされている。平水区域を航行区域とする船舶については、船舶検査証書の有効期間が伸長され、船舶職員の乗組み基準が異なるなど、沿海区域等を航行する船舶とは異なる規律が定められている（中間試案補足説明3頁）。

　しかし、平成30年商法改正においては、例えば瀬戸内海の広範囲の海域のように平水区域内の船舶による運送を陸上運送と評価することは社会通念上相当でないとして、陸上運送は陸上における運送のみを指すとする考え方が示された。この考え方は、船舶安全法上の堪航性保持義務は、平水区域を航行区域とする船舶にも課されること（同法29条ノ7）、内航海運業法では、輸送の安全の確保等の観点から、内航海運業のほか、専ら湖、沼又は河川において営む内航海運業に相当する事業についても約款の届出制等の規律が定められていること（同法27条）等を踏まえたものである。また、平水区域のみを航行する船舶やはしけによる運送について、堪航能力担保義務やその免責特約の禁止という海上運送に特有の規律の適用を認めることが相当と考えられた。

　そこで、平成30年商法改正では、陸上運送は、陸上における物品または旅客の運送をいうこととして、シンプルな定義に改められた。また、商行為をする目的で、専ら湖川、港湾その他の海以外の水域において航行の用に供する船舶を「非航海船」と定義し（商747条）、海上運送の定義として、商法第684条に規定する船舶による運送、すなわち、商行為をする目的で航海の用に供する船舶による運送のほか、非航海船による運送を含めることとなった（商569条3号）。

２）海上運送

　海上運送とは、船舶（商行為をする目的で航海の用に供する船舶〔商684条〕および非航海船〔商747条〕）による物品または旅客の運送をいう（商569条3号）。私法上、海上運送を業とする場合には、陸上運送・航空運送の場合と同じく、運送営業に関する総則的規定である商法第2編商行為第8章運送営業の規定（第1章総則、第2章物品運送、第3章旅客運送）の適用を受ける。さらに、商法第3編海商のうち、第3章の海上物品運送に関する特則（商737条〜770条）の規定の適用を受ける。

　海上物品運送契約については、船積港と陸揚港の双方が国内にある「内航船」によるものは商法の対象となり、船積港と陸揚港の少なくても一方が国外にある「外航船」によるものは国際海上物品運送法（昭和32年法律172号）の適用対象となる。国際海上物品運送法は、1924年の「船荷証券に関するある規則の統一のための国際

条約(ハーグ・ルールズ)」(=船荷証券統一条約)と、その1968年議定書(ウィスビー・ルールズ)および1979年改正議定書を批准し国内法化した法律である。

　なお、その他に、国際的な海上物品運送契約については、運送人の責任が強化された1978年の「国際連合海上物品運送条約(ハンブルグ・ルールズ)」が存在する。この条約は発展途上国の支持を得て1992年に発効しているが、主要海運国は参加していない。さらに、2008年の「全部または一部が海上運送である国際物品運送契約に関する国際連合条約(ロッテルダム・ルールズ)」が成立しているが、日本は批准していない(江頭・商取引290頁)。

　海上運送については、約款が普及しており、海上旅客運送に関しては、約款にもとづく当事者間の契約に委ねられている。

3) 航空運送

　航空運送とは、航空機(人が乗って航空の用に供することができる飛行機等〔航空法2条1項〕)による物品または旅客の運送をいう(商589条4号)。航空運送に関しては、行政規律を定める航空法(昭和27年法律231号)はあったものの、特別の私法規律を定める法令を欠いていたが、平成30年商法改正により、航空運送を業とする場合には、陸上運送・海上運送の場合と同じく、運送営業に関する総則的規定である商法第2編商行為第8章運送営業の規定(第1章総則、第2章物品運送、第3章旅客運送)の適用を受ける。

　もっとも、従来より、国際航空運送の法的規律が条約にもとづいて発達している。国際航空運送とは、出発地および到達地が二つの国の領域にある場合と、出発地および到達地が同一の国家の領域にあるが予定寄航地が他の国の領域にある場合とをいう。わが国は、1929年成立の「国際航空運送についてのある規則の統一に関する国際条約」(=ワルソー条約)を改正した1955年改正議定書(=ハーグ改正議定書)および1975年モントリオール第四議定書を批准し、さらに、1999年にワルソー条約に代わって成立した「国際航空運送についてのある規則の統一に関する国際条約」(=モントリオール条約〔Montreal Convention ＝ MC〕)を2000年に批准し、これら一連の条約(ワルソー体制)の自動執行力によって、国際航空運送契約が法的に規律されている(ワルソー体制に関する分析と整理として、藤田勝利「空運取引の展開」藤田勝利＝工藤聡一〔編〕『現代商取引法』弘文堂〔2011年〕214頁)。

　国内では、航空運送契約は、民法・商法の一般的規定、ワルソー条約とモントリオール条約に準拠する航空運送約款によって規律されている。

4) 複合運送

　同一の運送品について、自動車・鉄道・船舶・航空機等の異なる運送手段を用い、出発地から到達地まで運送する場合に、運送手段ごとに別個に運送契約を締結するのではなく、1人の運送営業者とだけ運送契約を締結して、出発地から目的地まで一貫した運送を実現することを、一般に、複合運送という。物流の量や範囲の拡大と、コンテナ輸送の普及や情報管理システムの発達により、複合運送は、今日、重要な運送形態として頻繁に利用されている。

　運送に関する法的規律は運送方法による分類毎に置かれ、従来は、制定法上に複合運送を直接の対象とする私法規律はなかったが、平成30年商法改正により、新

たに整理された物品運送についての総則時規律が複合運送にも適用されることを踏まえて、複合運送営業者(複合運送人)が運送品の滅失等に関して損害賠償責任を負うことが明確にされた(商578条1項)。国内の複合運送契約の内容は、一般貨物自動車運送約款等に定められた条項に従っている(江頭・商取引344頁)。

　国際複合運送については、1961年に作成されて1964年に発効した「契約運送人以外の者が行う航空運送についてのある規則の統一に関するワルソー条約を補足する条約」(=グァダラハラ条約)が、ワルソー条約の適用を受ける国際航空運送の全部又は一部が契約運送人以外(実際運送人)によって行われた場合の契約運送人の責任分担および両運送人の相互責任について定めているが、日本は批准していない。また、国連貿易開発会議が作成し1980年に成立した「物品の国際複合運送に関する国連条約」があるが、未発効であり、日本は加盟していない(藤田・前掲249頁、江頭・商取引281頁、落合他・商法Ⅰ232頁、高桑168頁)。国際複合運送に関する契約は、複合運送証券の裏面約款により内容が定められている(江頭・商取引343頁)。

《 平成30年商法(運送・海商関係)等改正後の運送に関する商法規律 》

		陸上運送	海上運送	航空運送
国内運送	物品運送	総則的規定 商法　第2編商行為 第8章第2節(商570〜588条)	商法　第3編海商 第3章第1節〜4節(商737〜770条)	
	旅客運送	総則的規定 商法　第2編商行為 第8章第3節(商589〜594条)		
国際運送			物品運送　国際海上物品運送法	ワルソー条約 モントリオール条約
			旅客運送	

(参考)　砂田太士・久保寛展『企業取引法』中央経済社(2018年)104頁に加筆。

(3)　運送取引と約款

　運送取引は、大量・集団的に行われ、多くの行政規制に服することから、現実には、ほとんどが運送約款にもとづく契約によって秩序づけられている。運送約款は、貨物自動車運送事業法、道路運送法、海上運送法等により、原則として、国土交通大臣の認可が必要であり、例外として、同大臣が定めて公示した標準約款を事業者が利用するときは、認可を要しない(例えば、標準貨物自動車運送約款につき、貨物自動車運送事業法10条3項)。

　後述の運送人に関する商法規定は任意規定であるので、実際には、運送人は運送契約とくに運送証券裏面の約款中に特約条項を設けて、責任を減免している。これは「免責約款」と呼ばれる(過失約款、賠償額制限約款、不知約款等がある)。しかし、不合理な約款は、立法論上、合理的な規制に服する傾向にあり、また、解釈論上も、その効力が制限されることがある(最判昭51・11・25民集30・10・960商総行百選100)。

3 運送営業の主体と運送人の意義

運送を引き受ける契約（運送契約）は、営業としてなされるときには商行為となり（商502条4号）、運送営業者は、法律上、商人となり（商4条1項）、商法の適用を受けることになる。

平成30年改正前の商法では、運送人概念を陸上運送について定め（改正前商569条）、同法第3編第3章で海上運送については運送人という用語を用いていなかった。しかし、同改正により、「運送人」は、「陸上運送、海上運送または航空運送の引き受けを業とする者をいう」と定義され（商569条）、商法第2編商行為第8章運送営業の規定は、陸上・海上・航空の区分を問わず適用される総則的規律とされた。

なお、「運送の引受け」という表現が用いられたことにより、荷送人との間で運送契約を締結した上で実際の運送を下請運送人に委託する者も「運送人」に含まれる。

2.8.2. 物品運送営業

1　物品運送の法律関係と諸形態
（1）物品運送人と物品運送契約
（2）物品運送の諸形態
2　物品運送人の権利と義務
（1）物品運送人の権利
（2）物品運送人の義務
3　荷送人・荷受人の法的地位
（1）荷送人の権利・義務
（2）荷受人の法的地位
4　物品運送人の損害賠償責任
（1）債務不履行責任の原則
（2）損害賠償額の特則
（3）高価品の特則
（4）損害賠償責任の消滅に関する特則
（5）不法行為責任との関係
5　相次運送人と複合運送人に関する特別規律
（1）相次運送人の権利・義務・責任
（2）複合運送人の責任規定と陸上運送への準用
6　各種運送書類と運送証券
（1）各種運送書類と運送証券の法的規律
（2）運送証券の意義・機能・種類
（3）運送証券の性質と効力

□1.物品運送人とはなにか。物品運送契約とはどのような契約か。
□2.物品運送人は、どのような権利と義務を有するか。
□3.物品運送において荷送人と荷受人は、どのような法的地位を有することになるのか。
□4.物品運送人が債務不履行にもとづいて負う損害賠償責任とはどのようなものか。
□5.物品運送人の債務不履行責任は、なぜ、どのように法的に免除・軽減されているか。
□6.物品運送人の債務不履行責任と不法行為責任とは、どのような関係にあるか。また、運送人の被用者は荷送人等の荷主側にどのような責任を負うか。
□7.相次運送とはなにか。複合運送とはなにか。それぞれ、どのような特別の規律があるか。
□8.運送証券とはどのような有価証券か。その文言性と無因性との関係はどうか。

1　物品運送の法律関係と諸形態

（1）物品運送人と物品運送契約

　物品運送人とは、物品の陸上運送を引受けることを業とする者をいう（商569条1項）。以後、物品運送人であることが明らかな文脈では、単に運送人と表記する。

　運送人と荷送人（運送の委託者）との間に、物品運送契約が締結される。この契約は、運送人がその保管のもとに物品の運送をなすことを引き受け、荷送人が報酬（運送賃）を支払うことを約する諾成・不要式の契約である。この契約は、運送という仕事の完成を目的とするものであるから、請負契約の性質を有する（民632条）。

　物品運送契約の当事者は運送人と荷送人であるが、荷送人は必ずしも荷主（運送品の所有者）である必要はない。運送の目的地で運送品の引渡しを受ける者を荷受人という。荷受人は運送契約の当事者ではないが、荷送人との間で運送品となっている商品の売買契約を結んでいる場合などがある。荷送人と荷受人とが同一人物であることもある。また、荷受人は、運送の進行に応じて、商法上、運送人や荷送人との間で一定の法律関係を有する（商581条）。

《 物品運送の基本的な法律関係 》

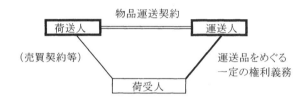

（2）物品運送の諸形態
1）下請運送（利用運送）

　同一の運送品について、ある1人の運送営業者が全区間の運送を引き受ける場合でも、その運送区間の全部または一部について、他の運送営業者を下請けに利用して運送を実行させる場合を、下請運送または利用運送という。実際に下請けとして運送を実行する運送営業者を実際運送人または下請運送人といい、実際運送人を利用して運送契約上の義務を履行する運送人を利用運送人という。

　この場合、利用運送人は実際運送人と下請運送契約を締結する。実際運送人と荷送人との間には直接の契約関係はなく、利用運送人が、荷送人に対して運送契約上の義務を負い、荷送人から収受する運送賃と実際運送人に対し支払う運送賃との差額を取得する。利用運送人は、物品運送の取次ぎにより報酬を取得する運送取扱人（商559条）とは異なる。

2）部分運送と同一運送

　同一の運送品について複数の運送人が運送を引き受ける場合に、数人の運送人がそれぞれ独立して各区間ごとに運送を引き受ける場合を、部分運送という。各運送人は自己が運送する区間についてのみ運送契約を締結し義務を負う。

　一方、複数の運送人が共同して全区間の運送をひとつの運送契約で引き受け、それら運送人の間で内部的に運送を分担する区間を定める場合を、同一運送という。同一運送では、商法上の多数債務者間の連帯責任の規定（商511条1項）にもとづき、全区間について運送人全員が連帯して責任を負う。

3）相次運送と複合運送

　同一の運送品について複数の運送人が相次いで陸上運送をすることを、相次運送という（商579条1項）。この場合、1人の運送人が全区間の運送契約を締結し、その運送人が自ら一部の区間の運送を実行するが、後続の区間については別の運送人が荷送人のためにする意思をもって運送を引き継いで実行する。後続の運送人は荷送人のために運送を引き継いで実行することから、下請運送とは異なる。商法は、相次運送について後続の運送人の義務・権利および各運送人の責任を規定し（商579条1項～3項）、海上運送および航空運送についても準用する（同条4項）。

　他方、既に述べたように、同一の運送品について、自動車・鉄道・船舶・航空機等の異なる運送手段を用い、出発地から到達地まで運送する場合を、一般に、複合運送という。商法は、平成30年改正により、複合運送の法律上の定義と複合運送人の責任に関する規定を定めている（商578条）。

4）個品運送と貸切運送

　運送人が個々の運送品毎に荷送人から運送を引き受ける場合、これを個品運送といい、貨物自動車運送、鉄道運送（コンテナ貨物）、海上運送（定期船）、航空貨物運送（定期航空）において、通常、行われている運送形態である。商法は、海上物品運送について、「個々の運送品を目的とする運送契約」を個品運送契約と定義し（商737条）、海上物品運送に関する特則が別に適用されるものとしている。

　運送人が運送手段をその所有者から貸し切る形で運送が行われる場合を貸切運送といい、貨物自動車運送、海上運送（不定期船）、国際航空運送（不定期航空）において行われている。貸切運送においてよく利用されているのは、海上物品運送における傭船契約であり、この傭船契約には、船舶賃貸借契約（裸傭船契約）、航海傭船契約および定期傭船契約がある。

　船舶賃貸借契約（裸傭船契約）は、船舶の所有者と賃借人との間で船舶を賃貸借により利用する契約である。船舶賃借人は、船舶所有者に代わって船長その他の船員を乗り組ませて船舶を運航し、運航費用、保険料、船舶修理費用を負担する。運送契約においては、船舶賃借人が運送人となる。商法は、船舶賃借人の船舶修繕義務等を定めている（商702条・703条）。

　航海傭船契約は、特定の港から港までの1回または数回の航海につき、船舶の全部または一部を相手方（傭船者）に貸し切る形で提供して物品を運送することを船主が引き受ける契約である。不定期船による貨物運送が典型例である。航海傭船契約は船腹（船内のスペース）の利用を目的とする運送契約であり、通常、航海傭船者が荷送人に該当する。商法は、航海傭船契約を定義し（商748条1項）、海上物品運送に関する特則が別に適用されるものとしている。

　定期傭船契約は、一般に、船舶所有者または船舶賃借人が船舶に船員を乗り組ませた特定の船舶を一定期間相手方に利用させる契約のうち、船舶の貸渡し・返還

等、期間中の費用負担、傭船料の支払・免除、船舶利用に関する相手方(定期傭船者)の指示権および補償責任等について定める条項を含む標準契約書式を用いて締結される契約をいう。定期傭船契約は、船舶所有者にとっては、船舶とともに船長その他の船員を維持することができ、他方、船舶を持たない定期傭船者にとっては、船員の給与の支払などを負担せず、船舶を自己の船舶のように自由に利用できることから、広く普及している。商法は、平成30年改正により、定期傭船契約を定義し(商704条)、運送契約ではなく、また、船舶賃貸借契約とは別の船舶の利用に関する契約のひとつとして位置づけ、定期傭船者の船長に対する指示権(商705条)、定期傭船者の費用負担(商706条)、運送および船舶賃借人に関する規定の準用(商707条)について定めている。

2 物品運送人の権利と義務

(1) 物品運送人の権利

1) 運送品引渡請求権

運送契約は諾成契約であるので、成立のために運送品の引渡は必要でないが、運送人は運送契約上の義務を果たして運送という仕事を遂行するため、荷送人に対し運送品の引渡を請求することができる。約款では、これに応じて、荷送人は運送に適した状態で運送品を引き渡すべきことが定められることが多い(標準貨物約款11条等)。荷送人がその義務を果たさないと、債務不履行となる。

2) 送り状交付請求権

運送人は、運送契約の成立後、荷送人に対して運送状(送り状)の交付を請求することができる(商571条1項)。これにより、荷送人は運送人からの任意の請求に応じて運送状を作成して交付する義務を負うことになるが、約款では、その作成と交付を定めている場合が多い。

運送状には、運送品の種類・重量または容積およびその荷造の種類・個数ならびに記号、到達地、荷受人の氏名または商号、運送状の作成地およびその年月日を記載し、荷送人がこれに署名することを要する(商570条2項)。運送状の作成は運送契約成立の要件ではないが、運送状は運送内容を明らかにする証拠証券であり、実務上、重要な役割を果たしている。

3) 運送賃請求権・費用償還請求権

運送人は、商人であるから、運送という仕事を完成したときは、特約がなくても、荷送人に対し運送賃を請求することができる(運送賃請求権、商512条)。運送賃については公的規制が多い。運送賃の支払いは、運送契約が請負契約であることから後払い(運送完了時の支払い)が原則であるが(民633条、商573条1項、国際海運15条)、法令や約款によって前払いとされていることが多い(標準貨物約款33条)。

平成29年民法(債権関係)改正により、債権者の責に帰すべき事由によって債務を履行することができなくなったときは、債権者は、反対給付の履行を拒むことができないとされ(民536条2項本文)、債権者に帰責事由がある場合の債権者の危険負担

が定められている。これに伴い、商法上は、運送品がその性質もしくは瑕疵によって滅失または損傷したときは、荷送人は運送賃の支払を拒むことができない旨が定められている（商573条2項）。同条項は、国際海上物品運送についても適用される（国際海運15条）。

　また、運送人は、運送に関連した必要な費用で通常運送賃に包含されないもの（通関費用や保険料等）を支払った場合には、荷送人に対しその償還を請求することができる（費用償還請求権、商513条）。なお、運送人が荷送人の指図に従い、運送の中止、運送品の返還その他の処分を行って運送が終了した場合には、運送人は、既に行った運送の割合に応じた運送賃（割合運送賃）、立替金および処分によって生じた費用の弁済を請求することができる（商580条）。

　運送賃や費用の支払義務を負うのは荷送人であるが、荷受人が運送品を受け取った場合は、運送人は荷受人に対しても運送賃や費用を請求できる（荷受人と荷送人との連帯債務、商581条3項）。運送人の荷送人または荷受人に対する債権は、これを行使できる時から1年間行使しないときは、時効によって消滅する（商586条）。

4）特別の留置権・先取特権

　運送人は、運送品に関し受け取るべき運送賃、付随の費用および立替金についてのみ、弁済期にあっても弁済を受けるまでは、その占有する運送品を留置することができる（商574条）。弁済期は到達地において運送品の受け渡しがあった時である（商573条1項）。なお、別途に要件を満たせば、商人間の留置権（商521条）や民事留置権（民295条）も認められる。

　特別の商事留置権の成立には、運送取扱人の特別留置権と同様、被担保債権と留置物との間に牽連関係を必要とする。留置物は債務者所有の物ではなくてもよい点で、商人間の留置権と異なる。これらにおいて、民事留置権と共通する。他の商事留置権と成立要件が異なる（緩和されていない）のは、留置物が運送品であり、これに利害関係を有する荷受人の立場を配慮しているからである。もっとも、被担保債権が留置物と牽連関係のある債権の全てではなく、運送品に関する一定の債権に限定されている点では、民事留置権と異なる（商事留置権一般について、本書前掲2.3.5.の5、参照）。なお、商人間の留置権と同様、商法上の留置権として、特別の先取特権とみなされ（破66条1項）、破産法上、別除権が認められ（同法65条）、会社更生法上の更生担保権とされる（会社更生2条10項）。

　運送人は、運送賃および附随する費用について、手許にある運送品の上に先取特権を有する（民318条）。

5）供託権・競売権

　運送人は、荷受人が確知することができない場合、運送品を供託することができる（商582条1項）。また、運送人は、荷受人が運送品の受取を拒み、またはこれを受け取ることができないときは、運送品を供託することができる（商583条）。平成30年商法改正前に供託ができる場合としての例示、すなわち、運送品の引渡に関して争いがある場合（改正前商586条）や、海上運送について荷受人が運送品の受取を怠った場合（改正前商754条1項）は、荷受人が運送品の受取を拒んだ場合に含まれるとして、同改正により削除されている。

　平成30年商法改正前は、海上で船舶内に運送品を止め置くことが危険であるとの認識から、海上運送では陸上運送にない供託の規律が設けられていたが、造船技術が発達した現代の状況に照らして、運送品の供託に関しても、陸上、海上および航空の運送の規律は統一された（松井他・問答商法38頁）。

　運送品を供託できる場合に、運送人が、荷送人に対し、相当の期間を定めて、運送品の処分につき指図をなすべき旨を催告したにもかかわらず、荷送人が指図をしないときは、運送人は運送品を競売することができる（商582条2項・583条）。これらの規定は、船荷証券または複合運送証券が作成された場合は、適用されない（商768条・769条2項）。平成30年改正前商法では、海上運送について、荷受人を確知することができないなどの事由があるときに、供託を認めながら競売権を法定していなかったが、同改正で競売権も法定された。国際海上物品運送においても、競売権が認められる（国際海運15条）。

　運送品が損傷その他の事由による価格低落のおそれある物であるときは、荷受人・荷送人への催告なしに競売ができる（商582条3項・583条）。運送人が運送品の供託または競売をしたときは、運送人は遅滞なく荷送人に対して、その旨の通知を発することを要する（商582条5項・583条）。運送人は、運送品を競売に付したときは、その代価（競売代金）を供託しなければならないが、その代価の全部または一部を運送賃・立替金その他の費用に充当することができる（商582条4項）。

　平成30年改正前は、海上運送人が運送品を競売に付すには裁判所の許可が必要であったが（改正前商757条1項）、同改正により、裁判所の許可は不要となった。国際海上物品運送人についても同様である（国際海運15条）。

　これら一連の運送品の供託・競売に関する規定の趣旨は、運送人が運送品引渡義務を免れる場合を明確にして滞貨を防ぎ、運送賃請求ができない運送人の不利益を回避することにある。

（2）物品運送人の義務
1）主たる給付義務 ― 運送品の受取・保管・運送・引渡の義務

　運送人は、運送契約の本旨に従って、運送品を受け取り、善良なる管理者の注意をもって（民400条、商575条）、その運送品の保管、積み込み、運送をなし、到達地において、これを荷受人に引き渡す義務を負う（商581条1項）。

2）附随義務
i　運送証券（船荷証券）等の交付義務

　海上運送の運送人または船長は、荷送人または傭船者の請求により、運送品の船積後遅滞なく、運送証券たる船荷証券を交付しなければならない（商757条1項）。運送証券の機能（本書後掲2.8.2.の6、参照）を発揮させる趣旨である。さらに、運送人または船長は、荷送人または傭船者の請求により、運送品の船積後遅滞なく、船積みがあった旨を記載した海上運送状を交付しなければならない（商770条1項）。現に船荷証券が交付されているときは、海上運送状を交付する義務はなく（商770条4項）、現に海上運送状が交付されているときは、船荷証券の交付義務はない（商757条3項）。

　商法の船荷証券および海上運送状の規定は、国際海上物品運送についても、適

用される(国際海運15条)。今日の実務において、船荷証券は、国内海上物品運送では使用されず、国際海上物品運送で利用されている。

平成30年改正前の商法では、陸上運送の運送人の貨物引換証交付義務が定められていたが(平成30年改正前商571条1項)、同改正により、貨物引換証の制度は廃止され、同交付義務の規定は削除された。

ⅱ 荷送人の指図に従う義務

荷送人は、運送人に対し、運送の中止、運送品の返還、その他の処分を請求することができ(商580条前段)、運送人はこの指図に従う義務を負う。運送人が指図に従った場合において、運送人は、既に行った運送の割合に応じた運送賃、立替金および処分によって生じた費用の弁済を請求することができる(商580条後段)。

3 荷送人・荷受人の法的地位

(1) 荷送人の権利・義務
1) 主たる給付義務 ― 運送賃支払義務

荷送人は運送人に対し運送賃支払義務を負い、到達地における運送品の引渡しと同時に運送賃を支払わなければならない(商573条1項)。平成30年改正により、民法の請負契約の規定(民633条本文)を明文化したものである。法令・約款によって、前払いとされることがある(鉄道運輸規程54条、標準貨物自動車運送約款33条1項、標準宅配便運送約款8条1項)。なお、荷受人も、運送品を受け取ったときは、運送賃等を支払う義務を負うが(商581条3項・741条1項・756条、国際海運15条)、この義務は法定の義務であり、これにより、運送契約上の義務である荷送人の支払義務が消滅するわけではない。

2) 附随義務
ⅰ 運送品引渡義務・送り状交付義務

荷送人は、陸上運送、海上運送、航空運送を問わず、運送に適する状態にした運送品を運送人に引き渡す義務を負う。契約で定める期日または期間内に荷送人が運送品を引き渡さないと、荷送人の債務不履行となり、運送人は契約を解除することができる(民541条)。海上運送における個品運送の荷送人が運送品の引渡しを怠ったときは、船長は直ちに発航することができ、この場合、荷送人は運送賃の全額を支払わなければならない(商737条2項)。

荷送人は、運送を委託する際に、運送人の請求により、送り状(平成30年改正前商570条では運送状と呼ばれていた)を交付しなければならない(商571条1項)。送り状の記載事項は法定されている(商571条1項)*。送り状の交付が運送人の請求を待たずに法定されている場合もある(鉄道営業法2条、鉄道運輸規程50条1項)。荷送人は、送り状の交付に代えて、運送人の承諾を得て、送り状に記載すべき事項を電磁的方法により提供することができる(商571条2項)。

送り状は、運送契約の成立要件ではなく、運送契約の内容について証拠となる証拠証券である。送り状は、法定事項の一部を欠いても証拠証券としての効力が否定

されるわけではない。しかし、荷送人の責めに帰すべき事由により送り状に虚偽または不正確な記載がされ、これによって運送人に損害が生じたときは、荷送人は賠償責任を負う（民415条1項）。鉄道運輸規程51条、標準貨物自動車運送約款43条2項では、賠償責任を負う旨が明記されている。相次運送では、1通の通し送り状によって各運送人が運送を行う。

　送り状に関する規定は、国際海上物品運送に適用される（国際海運15条）。国際航空貨物運送においては、航空運送状または貨物受取証が送り状に相当する（モントリオール条約4条1項・2項）。

　なお、海上運送における個品運送の荷送人は、船積期間内に運送に必要な書類を船長に交付しなければならない（商738条）。船積期間は、一般に運送契約で定められる。運送に必要な書類は、運送証券である船荷証券、海上運送状を作成するために必要な書類などである。

> **＊ 送り状の記載事項**　　送り状の記載事項は、①運送品の種類、②運送品の容積・重量、包み・個品の数、運送品の記号、③荷造りの種類、④荷送人・荷受人の氏名・名称、⑤発送地・到達地である（商571条1項1号〜5号）。荷送人の氏名・名称および発送地は、荷受人に知らせるべき重要事項であり、実務でも記載されているため、平成30年改正で追加された。送り状の作成地および作成年月日（平成30年改正前商570条2項4号）は、契約内容を示すものでないため削除され、荷送人の署名についても法定していない。

ii　危険物通知義務

a. 通知義務法定の趣旨　　危険物が運送され、その事実を運送人が認識できずに危険が現実のものとなると、関係者に多大の損害が発生し、社会的な影響も免れない。危険物の運送に関しては、国際海上物品運送法に規定があったが（平成30年改正前国際海運11条）、商法上には規律がなかった。そこで、さまざまな危険物が運送される可能性が増加し、運送の安全性を確保するため社会的要請が高まっていることから、運送の総則的規律を整備する平成30年商法改正により、荷送人に危険物の安全な運送に必要な情報を運送人に提供する危険物通知義務を課す規定が新設された。

　すなわち、荷送人は、運送品が引火性、爆発性その他の危険性を有するものであるときは、その引渡しの前に運送人に対し、その旨および当該運送品の品名、性質その他の当該運送品の安全な運送に必要な情報を通知しなければならない（商572条）。通知の方法には限定がない。

　本条は、定期傭船契約に係る船舶による物品運送の場合に準用され（商707条）、国際海上物品運送にも適用される（国際海運15条）。

b. 通知すべき危険物の範囲　　危険物の範囲として定められた「引火性、爆発性その他の危険性」については、公法上の規律（消防法、危険物船舶運送及び貯蔵規則、航空法施行規則等）を参考に判断され、当然、特に新たに製造された化学薬品等については慎重に判断される（松井他・問答商法22頁）。法律的に運送の障害になる（押収手続等による運送遅延のリスクがある）輸入禁止品等は、ここでの危険物には当たらない。

c.通知義務違反の責任　荷送人が危険物通知義務に違反した場合の責任については、商法上特段の規定を設けず、債務不履行に関する民法の規律に従うこととされた*。したがって、荷送人が自己に帰責事由がないことを主張立証したときは、その責任を負わない（民415条）。商法572条は任意規定であるから、運送事業者がそれぞれの運送手段に応じて別途定める約款条項が重要な役割を果たすことになる（近藤・商法200頁）。

> **＊ 危険物通知義務違反における帰責事由**　荷送人が通知義務に違反した場合の責任につき、過失責任か無過失かが議論されてきた。危険物通知義務が公益的要請にもとづくことを強調すると、その違反の場合の責任を無過失責任と解する余地もなくはないが、この点、平成30年商法改正にあたっての議論では、危険物に関する専門的知識を有しない消費者が荷送人となることがあることや、利用運送人は運送を実行する下請運送人に対する関係では荷送人の立場に立ち、利用運送人が運送品について自ら検査確認することは実際上は不可能であることなどを考慮して、過失責任であると説明されていた（山下友信「商法〔運送・海商関係〕等の改正に関する要綱について」NBL1072号〔2016年〕6頁）。
> 　物流の現場では、製造業者、商社、利用運送事業者などさまざまな関係者が危険物の荷送人となるため、平成30年改正商法では、責任の有無および範囲について、それぞれの知識・経験、運送品が危険物であることの認識可能性を踏まえ、各自の帰責性に応じた弾力的な判断ができるようにするため、荷送人の責任につき特段の規定を設けず、債務不履行に関する民法の規律に従うものとされた（松井他・問答商法23頁）。

3）荷送人の処分権

　荷送人は、運送人に対し、運送の中止、運送品の返還、その他の処分を請求することができる（商580条前段）。運送途上における運送品たる商品の市場の動勢や買主の信用状態の変化により、荷送人が適切な措置をとることができるようにしたものであり、これにより荷送人の利益が保護される。指図は運送契約の範囲内で行われることを要し、運送人に新たな義務を課すものであってはならない。その他の処分とは、運送に関する処分（経路変更や荷受人の変更等）をいい、運送品の処分（売却・質入等）は含まれない。なお、荷送人の処分権は、運送品が到達地に到着し、荷受人が引渡を請求したときに消滅する（商581条2項）。

（2）荷受人の法的地位
1）荷受人の権利取得

　荷受人は、荷送人によって指定され（商571条1項4号）、到達地において運送品の引渡を受けるべき者である。荷受人は、運送契約の当事者ではないが、運送の実情を反映し、運送品の到達地までの運送の地理的進行や、荷受人がとる行動（引渡請求や損害賠償請求）に応じて、運送人に対して運送契約上の一定の権利と義務を負う（商580条～582条）。

　荷受人の権利取得は、荷送人の権利を承継するものではなく、荷送人と同一内容の権利を原始取得するものである（通説、平出・商行為495頁）。運送証券が発行されると、荷受人の地位は荷送人の地位とともに同証券所持人の地位に吸収され、荷受人の特別の地位を設けた規定の適用はない（船荷証券について、商768条）。

2）荷受人の権利・義務

i　運送の進行状況への対応

　第1段階として、運送品が到達地に到着する前については、荷受人は運送人に対して、何らの権利義務を有しない。ここでは、荷送人だけが運送契約上の権利義務を有し処分権を有する（商580条）。運送途上で運送品が全部滅失しても荷受人は運送人に対して何らの権利義務を有しない。

　次に、第2段階として、運送品が到達地に達した後は、荷受人は運送契約によって生じた荷送人の権利を取得する（商581条1項）。この段階では、荷送人の権利は未だ消滅しない（荷送人は運送品処分権を有する）。この時点での荷送人の権利と荷受人の権利との関係が問題となるが、荷送人の権利が優先しつつ両者の権利が併存すると解される（通説）。

　さらに、第3段階として、運送品到着後、荷受人が引渡を請求したときは、荷受人の権利が荷送人の権利に優先する。条文上、荷送人の権利は運送品が到達地に達した後に荷受人が引渡請求をしたときは消滅するとされているが（商581条2項）、文言どおり消滅するとは解さないのが通説である。なぜなら、運送品の引き渡しに関して争いがある場合には、運送人は荷送人の指図を求むべきであること（商583条・582条2項）や、荷受人が権利放棄したときを考慮して、荷送人の権利は残存している必要があるからである。

　最後に、第4段階として、荷受人が運送品を受け取ったときは、荷送人とともに、運送人に対し運送賃その他の費用を支払う義務を負う（商581条2項）。

　このように第1段階から第4段階と進展する荷受人の地位の法律構成については、見解が分かれている*。

ii　運送品が全部滅失した場合

　運送品が全部滅失した時点においても、荷受人は、荷送人が物品運送契約により有する権利と同一の権利を取得する（商581条1項）。この場合には、上記の第2段階と同様、荷送人の権利と荷受人の権利が併存する。

　さらに、運送品が全部滅失し、荷受人が損害賠償の請求をした時点で、荷受人の権利が荷送人の権利に優先し、荷送人は権利行使ができなくなる（商581条2項）。上記の第3段階と類似している。一般に、国際売買契約では、運送品の船積み時などに運送品の滅失の危険が買主に移転する旨の契約条件が定められることが多く、その場合には、売主たる荷送人が運送品の滅失について運送人の責任を追及するインセンティブを有しておらず、荷受人は遠方の荷送人と交渉して運送契約上の損害賠償請求権の譲渡を受けるなどの実務上の必要があったことから、平成30年商法改正により、合理性・迅速性に鑑みて整えられた規律である（松井他・問答商法36頁）。

　　*　**荷受人の地位の法律構成**　　運送契約の当事者ではないが運送の進行に応じて運送人に対して一定の権利と義務を負うことになる荷受人の地位をどのように法律構成するかについては、古くから見解が分かれている。荷受人を、荷送人の代理人とみたり、あるいは事務管理者とみる見解、また、荷送人の権利が荷受人に移転すると解する見解もあったが、現在では、次の二つの見解に収斂されて対立している。
　　運送契約が第三者のためにする契約（民537条）であるとみて構成する見解がある（大隅・商

行為146頁、森本編・商行為148頁）。荷受人の権利取得が運送契約の当事者の意思表示の効力に基因するとの基本的理解である。荷受人の権利取得に受益者の意思表示を必要としていない点は、受益の意思表示は第三者のためにする契約にとって本質的なものではないとする（保険8条・42条等）。荷受人に発生した権利が変更消滅する点は、運送契約の特殊性から法がとくに荷受人の権利を一定期間制限し、段階的に発生させるものと解している。

　運送の特殊性から法が特別に認めた権利義務と解する見解がある（西原・商行為312頁、平出・商行為511頁、近藤・商法213頁）。物流における距離的・空間的な障害を克服するための運送契約では、発送地から離れた到達地で荷送人の身代わりとして荷受人が要求されるという特殊性があることが理解の背景にある。荷受人は権利だけでなく義務も負担することや、荷受人が運送品の引き渡しを請求するまで荷送人は指図権を行使して荷受人の変更等の処分もできることが、第三者のためにする契約の構成では説明できない。その点を修正するなら、後者の見解の方が無理のない構成ができると解される。

4　物品運送人の損害賠償責任

（1）債務不履行責任の原則
1）民法の一般原則と商法による具体化

　運送人は、物品運送契約上の義務（運送品の受取・保管・引渡等の義務）を負うとともに、法定の付随的義務（船荷証券の交付や荷送人の指図に従う義務等）を負い、それらの義務を履行せずに荷受人等に損害が生じたときは、債務不履行にもとづく損害賠償責任を負う（民415条1項）。さらに、商法上、物品運送人の損害賠償責任を具体化する規定が設けられている（商575条）。

　すなわち、運送人は、①運送品の受取から引渡しまでの間に、その運送品が滅失・損傷したとき、②その間に、その運送品の滅失・損傷の原因が生じたとき、または、③運送品が延着したときは、これによって生じた損害を賠償する責任を負う。但し、運送人が、その運送品の受取、運送、保管および引渡しに関し、注意を怠らなかったことを証明したときは、その損害賠償の責任を免れる（商575条）。

　物品運送人の運送品に関する損害賠償責任は、ローマ法上のいわゆる「レセプツウム（receptum）責任」に由来するが*、商法上は、過失の存在が推定された過失責任を原則とし、運送人が無過失を証明すれば免責されるとして、立証責任を明確化している**。

　運送人は、自らの行為のほか、履行補助者、運送取扱人、その使用人の行為や、雇用関係にはないが運送に使用した者の行為についても、その無過失を立証しない限り責任を負う。履行補助者の過失は運送人の過失と同視されるので、運送人が責任を免れるためには、運送人が履行補助者の選任・監督に過失がなかったことを立証するだけでは足りない（大判昭5・9・13新聞3182・14）。

　「滅失」は、物理的な滅失だけでなく、盗難・紛失・無権利者への引き渡し等の事実上引き渡すことができなくなった場合をも含む（最判昭35・3・17民集14・3・451商総行百選94。鉄道運送では、1か月を超えて引渡しが遅延する場合は、滅失したものと取り扱うことができる〔鉄道営業法13条1項〕）。「損傷」とは、運送品の価格を減少させる物理的な損耗をいう。「延着」とは、約定の日時または通常到達すべき日時に遅れて到着することを

いう（鉄道運送では、発送期間、輸送機関、集配時間を合算した引渡期間が満了した後の引渡しをいう〔鉄道営業法12条1項・2項〕）。条文上に明言されていない損害については、運送人は、民法の一般原則に従って賠償責任を負うことになる。

　運送人に対して損害賠償を請求できる者は、原則として、運送契約の相手方となる荷送人である。しかし、運送品が到達地に到着したとき、または運送品の全部が滅失したときは、荷受人が運送人に対する損害賠償請求権を取得し（商581条1項）、荷受人が損害賠償を請求したときは、荷送人は損害賠償請求権を行使することはできない（同条2項）。

　　　* レセプツウム（receptum）責任の継受の様相　　　ローマ法上、旅館の主人や海陸の運送人が物品を受領した場合には、その物品の保管について一種の結果責任が課せられ、物品の滅失および毀損については、単に過失がないのみならず不可抗力であることを証明しなければ、損害賠償責任を免れないとする厳格な責任が認められていた。これはレセプツウム責任と呼ばれている。
　　レセプツウム責任の原則は、近代国家の商法典にも取り入れられ、フランス法系ではローマ法以来の伝統の結果責任主義を引き継ぎ、英米法系においても「コモン・キャリア（他人からの委託運送を専業とする海運業、common carrier）」の責任に継受された。他方、1897年のドイツ新商法典では、運送人の責任は（鉄道運送営業者を除き）、過失推定責任とされ、わが国の新商法典も、その立場に倣った。しかし、ドイツでは、1998年運送法改正法による改正商法において、運送人は最大限の注意をもってしても予防ができず、かつ結果発生を避けることができなかった事態によって損害が生じたことを証明しない限り、責任を免れないと定められ、通常の運送人の注意より重い注意義務が課せられ、過失推定責任が加重されている。また、運送人の責任原則について、国際航空運送に関するモントリオール条約においては、所定の免責事由に該当しない限り、運送人は帰責事由の有無にかかわらず責任を負うという厳格な責任を定める。
　　これらにかかわらず、わが国での平成30年商法（運送・海商関係）改正において改正提案はみられず（中間試案補足説明8頁）、同改正では過失責任主義が維持された。

　　** 平成29年改正民法415条と平成30年改正商法575条との関係　　　債務不履行による損害賠償責任を定める両者の関係は、帰責事由、立証責任および履行補助者の行為についての責任の各点において、次のように整理できる（青竹・商法389頁以下、参照）。
　　i　帰責事由　　平成29年改正民法は、債務不履行にもとづく損害賠償責任の正当化根拠を契約の拘束力に求め、それが免責されるのは、債務不履行が契約その他の債務の発生原因および取引上の社会通念に照らして債務者が責めに帰することができない事由によるものであるときと定め（民415条但書）、帰責事由が当該契約の具体的事情とかけ離れた故意・過失を意味するものではないことを明らかにしている。これに対して、平成30年改正商法は、「注意を怠らなかったこと」を免責事由と定めて、過失責任主義を維持して前記民法の立場を採用せず、運送人が免責される範囲を拡張している（北居=高田367頁）。
　　ii　立証責任　　平成29年改正民法は、債務不履行の事実と帰責事由とを、同法415条1項の本文と但書とに分けて規定することにより、免責事由の立証責任、すなわち帰責事由の不存在の立証責任が債務者にあることを明確にしている。平成30年改正商法は、債務不履行の事実と過失の不存在とを、同法575条の本文と但書に分けて規定することにより、無過失の立証責任が運送人にあることを明確にしている。
　　iii　履行補助者の行為についての責任　　平成30年改正前商法577条（同趣旨の改正前商法560条や617条も同じ）は、運送人が履行補助者の故意・過失についても責任を負うことを明示していた点、無過失の立証責任が転換されていた点で、債務不履行に関する民法の一般原則の特則と位置づける見解（特別規定説）も過去には存在したが、すでに、民法の解釈論によっても同様の結論が導かれていたので、同条は、民法の債務不履行責任を、運送人について注意的に具体化したものと解されていた（注意規定説、大隅・商行為137頁、鈴木43頁、石井=鴻150頁、森本編・商行為152頁。なお、履行補助者による行

為による運送人の責任については民法上の原則よりも拡大していると解する立場もあった。田中誠・商行為216頁)。

平成29年民法改正では、履行補助者の行為についての債務者の責任は、過失責任の原則から切り離され、履行補助者の過失の問題ではなくなっている。すると、平成30年改正前商法が、「運送取扱人又ハ其使用人其他運送ノ為ニ使用シタル者」の過失についても責任を負うと規定していた部分は、民法上すでに債務者は履行補助者の「過失」について責任を負うから改正で削除された(松井他・問答商法28頁)というだけでは理論的に疑問が残り、その部分を残しておく余地もあったといえる(青竹・商法392頁、参照)。

(2) 損害賠償額の特則

民法上の一般原則によれば、損害賠償責任を負う損害の範囲は債務不履行と相当因果関係のある損害となるが(民416条)、運送人の損害賠償額については特則が設けられている(陸上物品運送における賠償額の定型化、旅客運送における特則、海上運送・航空運送における責任制限がある。落合他・商法I242頁)。

1) 損害賠償額の定型化

物品運送人の損害賠償の額については、運送の実態と運送人の地位に照らして、大量の運送品を取り扱う運送営業者を保護し、迅速かつ画一的な処理を図って紛争を防止するため、商法上、定型化されている(最判昭53・4・20民集32・3・670商百選74)。

平成30年改正後の商法では、運送品の滅失または損傷の場合の損害賠償額は、その引渡しがされるべき地および時における運送品の市場価格(取引所の相場がある物品については、その相場)によって算定される(商576条1項。国際海上物品運送の場合は、陸揚げされるべき地および時〔国際海運8条〕)。運送品の市場価格(取引所の相場)がないときは、その地および時における同種類で同一の品質の物品の正常な価格による(商576条1項但書)。

運送品の引渡しがされるべき地および時とは、運送契約において定められた地および時を指す。運送品が一部滅失又は毀損の場合には、引渡しがされるべき地および時における運送品の完全な状態の価格と、一部滅失又は毀損した状態の価格との差額が賠償額となる。運送品が単純に延着した場合(一部滅失や損傷がなく延着した場合)の賠償額については商法上に規定を設けておらず、民法の一般原則に従って算定される(松井他・問答商法30頁)。

基準となる地が発送地ではなく到達地とされるのは、運送の目的が最終的な到着後に到達地において利益が実現することを理由にしている(北居=高田32頁、参照)。但し、到達地の価格には運送賃等が含まれている場合もあるので、運送品の滅失または損傷のために荷送人等が運送賃その他の費用の支払を免れたときは、その額は損害賠償額から控除される(商576条2項、国際海運8条2項)。

民法の損害賠償額算定の一般原則(民415条・416条)に対して、損害賠償額の定型化を定める商法規定により、運送人の損害賠償額には特別損害(民416条2項)が含まれず、他方で、荷主の実損害が運送品の市場価格を下回っても、市場価格での賠償となる。もっとも、荷送人または荷受人に全く損害が生じない場合についてまで、運送人に責任を負わせるものではない(前掲最判昭53・4・20)。

運送人の悪意または重大な過失によって、運送品が滅失、毀損または延着した場合は、同条の適用はなく、運送人は一切の損害を賠償する責任を負う(商575条。履

行補助者の悪意・重過失の場合も同様、最判昭55・3・25判時967・61）。

なお、鉄道または軌道による物品運送については、要償額表示制度を基礎にした賠償額の定型化が進んでいる。同じく物流を担う運送取扱営業および倉庫業者については、損害賠償額に関する特別規定はない。

2）責任制限（損害賠償額の限定）

運送品の価値が高額である場合には、賠償額の定額化によって運送人の責任を限定する機能にも限界がある。このような場合への制度的対処として、運送人の責任の免除や賠償限度額を定めておくことが考えられる。商法では、後述するように、高価品に関する特則により一定の免責を定めているが（商578条）、損害賠償額を限定する規定はない。運送人の損害賠償責任に関する商法規定が任意規定であるから、当事者の合意または約款により、その責任を合理的な範囲で具体的に免除・軽減することができる。もっとも、そうした特約でも、荷受人等に不利益な特約などが無効とされることがある（商739条2項、国際海運11条）。

他方、鉄道営業法や国際海上物品運送法では、一定の責任限度額が定められている（鉄道営業法11条ノ2第2項、国際海運9条）。

（3）高価品の特則

1）高価品の特則の趣旨

運送品が貨幣・有価証券その他の高価品である場合には、荷送人が運送を委託するにあたり、その種類および価額を明告しなければ、運送人は、その滅失、損傷または延着について損害賠償の責任を負わない（商577条1項、国際海運15条）。これは、「高価品の特則」と呼ばれる。高価品は損害発生の可能性が高く、その明告があれば運送人は特別の配慮をし、それに応じた運送賃の請求もできるからである。平成30年改正により、延着の場合にも高価品の特則が適用されることが明文化された。

ここに「高価品」とは、運送人の予見可能性から考えて、重量および容積に比較して著しく高価な物品をいうと解されている（容量重量から高価なことが一見明瞭な物はこれに当たらない〔最判昭45・4・21判時593・87商百選75〕）。条文での例示のほか、貴金属、宝石、高級美術品、電子データ格納媒体等は高価品といえる。なお、個別の約款で高額物品を高価品に含める場合もある（鉄道運輸規程28条1項3号、標準貨物自動車運送約款9条1項3号）。

明告がなければ普通品としての責任も負わない。そうしないと高価品の明告が促進されないし、普通品としての損害額の算定は困難であるからである。

2）高価品の特則の適用除外

運送人が高価品であることを知っていた場合は、明告がなくてもリスクを予知し得たのであり、それに必要な注意をもって運送すべきであったことから、高価品としての損害賠償責任を免れないと解するのが通説であった（大隅・商行為141頁、平出・商行為485頁）。平成30年商法改正により、①「物品運送契約の締結の当時、運送人が運送品が高価品であることを知っていたときは、高価品の特則は適用されない」ことが明文化された（商577条2項1号）。また、同改正により、②「運送人の故意または重過失によって高価品の滅失、毀損または延着が生じたときは、高価品の特則は適用され

ない」ことが明文化された（商577条2項2号。同改正前から、学説の多数や裁判例では、こうした場合には明告がないことで免責を認めることは妥当でないと解されていた〔東京地判平2・3・28判時1353・119〕。松井他・問答商法31頁）。

　高価品の特則および適用除外に関する商法規定は、国際海上物品運送にも適用される（国際海運15条）*。

　　*　賠償額の制限と高価品の特則　　運送人の責任について賠償額の上限の定めがある場合の考え方として、一方で、高価品の特則による免責は認められず、運送人は高価品についても一定額まで賠償責任を負うとの理解があるが、他方で、高価品について通知がない場合は運送人は特則により免責され、通知がある場合は運送品の価額によるのではなく所定の制限賠償額を上限として運送人は責任を負うとの理解があり得る。この点、国際海上物品運送法では、後者の理解により、賠償額の制限と高価品の特則を両立させており（国際海運9条・15条）、商法でも同様に解することが妥当である（北居＝高田354頁）。

（4）損害賠償責任の消滅に関する特則

　物品運送営業は、大量の運送品を反復継続して運送することが多く、その際には、滞貨防止を含めて効率的な手法による迅速な業務遂行と、合理的な運送賃の設定が求められる。そうした物品運送営業の特殊性を反映して、運送人が運送品を荷受人に引き渡した後の責任関係を迅速に処理するため、商法は、運送人の損害賠償責任の消滅に関する特則を定めている（商584条・585条）。

1）運送品の受取による特別の消滅

　運送品の損傷または一部滅失についての運送人の損害賠償責任は、荷受人が異議をとどめないで運送品を受け取ったときは、消滅する（商584条1項）。ここに、異議をとどめないとは、運送品の損傷または一部滅失の事実および概要を運送人に通知しないことである。この特則は、荷受人に異議があれば速やかに通知させて、運送人に運送品の状態に関する証拠保全の機会を与え、賠償リスクから解放するものである（青竹・商法401頁、北居＝高田355頁）。運送賃は掛けの後払いとされることが多いため、特則の「かつ、運送賃その他の費用を支払ったとき」との要件は、平成30年商法改正で削除されている（松井他・問答商法41頁）。

　但し、運送品に直ちに発見することができない毀損又は一部滅失があった場合において、荷受人が引渡しの日より2週間以内に運送人に対してその通知を発すれば、運送人の責任は消滅しない（同条項但書）。また、運送品の引渡しの当時、運送人がその運送品に損傷または一部滅失があることを「知っていたとき」*は、特則は適用されず、運送人の責任は消滅しない（同条2項）。荷受人が消費者であることが多い引越運送や宅配運送では、約款により、荷受人が通知を発すべき期間が延長されている（標準宅配便運送約款24条、標準引越運送約款25条）。

　契約運送人が第三者（例えば、複数の実際運送人〔下請運送人〕）に運送を委託したような場合には、その実情に即して、荷受人が2週間以内に実際運送人に対して損傷等の通知を発したときは、運送人が第三者の責任の消滅を阻止するために通知すべき期間は、運送人が当該通知を受けた日から2週間を経過する日まで延長されたものとみなされる（同条3項）。

　運送品が全部滅失の場合は、受取がないため、また、延着の場合は債務不履行が明確なため、商法584条1項の特則の適用はない。この特則は、国際海上運送には適用されない（国際海運15条）。

> ＊　**商法584条2項の「知っていたとき」の意義**　商法584条2項は、平成30年改正前商法588条2項を引き継いでいるが、その旧条項が定めていた「悪意」の意義について、解釈上の争いがあった。判例は、運送品の一部滅失または毀損を知って引き渡したことを意味すると解している（最判昭41・12・20民集20・10・2106商総行百選90）。学説では、判例同旨の見解もあったが（田中誠・商行為238頁）、多数説は、運送人が故意に運送品の一部滅失または毀損させ、または運送品の一部滅失または毀損を隠蔽することを言い、免責を認めるのが妥当でない場合に限定していた（西原・商行為305頁、大隅・商行為144頁、石井＝鴻155頁）。また、平成30年改正前商法566条3項の悪意は多数説と同様に解しながら、改正前商法588条2項の悪意は運送人が損害の発生を知っている場合と解する見解もあった（森本編・商行為160頁）。
> 　平成30年商法改正は、前記判例の立場に立つことを明らかにしており、運送人を保護すべき範囲に照らしても、文言どおりに解してよい（近藤・商法217頁、青竹・商法402頁）。

２）期間の経過による消滅（責任の除斥期間）

　運送品の一部滅失、損傷または延着についての運送人の責任は、運送品が引渡しがなされた日（運送品の全部滅失の場合にあっては、その引渡しがされるべき日）から1年内に裁判上の請求がなされないときは、消滅する（商585条1項）。但し、この期間は、運送品の滅失等による損害の発生後に限り、合意により、延長することができる（同条2項）。平成30年改正前には、1年間の短期消滅時効とされていたものが、同改正により除斥期間に変更された。上述の運送品の受取による責任消滅の場合とは異なり、期間経過による責任消滅は、運送人が滅失等を知っていたかどうか（主観的態様）を問わない（松井他・問答商法41頁）。

　この除斥期間の延長として、契約運送人がさらに第三者に運送を委託したような場合につき、上述の運送品の受取による責任消滅の場合にあった規律（商584条3項）と同様の趣旨から類似の規律がある。すなわち、運送人が1年以内に損害を賠償しまたは裁判上の請求をされたときは、運送人に対する第三者の責任に係る1年の期間は、運送人が損害を賠償しまたは裁判上の請求をされた日から3か月を経過する日まで延長されたものとみなされる（商585条3項）。

（5）不法行為責任との関係
１）運送人の不法行為責任

　運送人またはその履行補助者が故意・過失により運送品の滅失・毀損を生じさせた場合は、運送人または履行補助者は、不法行為にもとづく損害賠償責任も負担する（民709条・715条）。

　この場合、通説・判例は、相手方は、債務不履行にもとづく損害賠償請求権と、不法行為にもとづく損害賠償請求権のいずれをも主張することができると解してきた＊。これを受けて、平成30年改正商法では、運送人の債務不履行責任を減免・制限する諸規定（賠償額の定型化〔商576条〕、高価品の特則〔商577条〕、責任の消滅〔商584

条・585条〕)は、運送品の滅失等についての運送人の荷送人または荷受人に対する不法行為による損害賠償責任について準用される旨を明らかにしている(商587条)。そうしないと、責任減免・責任制限を認めた趣旨が没却されるからである(近藤・商法218頁)**。

　但し、荷受人があらかじめ荷送人の委託による運送を拒んでいたにもかかわらず、運送人が荷送人から運送を引き受けた場合、運送人の荷受人に対する不法行為責任には、それら責任減免・責任制限の規定は適用されない(商587条但書、その他の例外として、商768条・769条2項)。荷受人は自ら運送契約を締結したわけもないのに、不法行為責任が減免されてしまうのは不合理だからである(近藤・商法218頁)。

　　* **運送人の損害賠償責任と不法行為責任との関係をめぐる議論**　　判例・通説は、契約責任と不法行為責任とは要件と効果を異にするから、両請求権は別個の権利であり、相手方は二つの請求権のいずれを選択して行使することもでき、そのことは被害者である債権者の保護に資すると解している(請求権競合説、鈴木43頁、最判昭44・10・17判時575・71。なお、最判平10・4・30判時1646・162商総行百選99、参照)。この請求権競合説に立ちながら、運送人の責任に関する特別規定は、不法行為責任にも類推適用する見解がある(修正請求権競合説、田中誠・商行為227頁、平出・商行為495頁)。
　　これに対して、ひとつの行為が二つの法規に関係しても請求権は一個しか発生しないとの立場から、契約法上の規定と不法行為法上の規定は特別法と一般法との関係にあり、特別法である契約法上の規定は不法行為法上の規定の適用を排すると解し、その責任を緩和することにより、社会性の強い運送企業を保護することが必要であるとの主張も有力である(法条競合説、西原・商行為305頁、大隅・商行為142頁、石井=鴻151頁)。
　　さらに、基本的には請求権競合説に立ち、契約の存在は行為の違法性を阻却するのが通常であるから、不法行為が成立するのは運送人に故意があった場合に限られるとする見解(主観的折衷説、小町谷操三『商行為法論』有斐閣〔1943年〕376頁)や、契約に予想された程度を逸脱する行為があった場合のみ不法行為上の請求権が生ずるとの見解がある(客観的折衷説、戸田・商法Ⅰ248頁)。
　　なお、国際海上物品運送法の平成4年改正により、国際海上物品運送においては、運送人は、不法行為による損害賠償請求に対しても、同法に定める抗弁事由や責任制限事由を主張できることが定められ(平成30年改正前国際海運20条の2第1項)、この規定が平成30年改正でも引き継がれている(国際海運16条1項)。

　　** **高価品の特則と不法行為責任に関する議論の系譜**　　従来から、運送人の責任について、高価品の特則による免責が不法行為責任にまで及ぶのかが問題となっていた。
　　高価品の明告がない場合、請求権競合説を採ると、荷送人は債務不履行にもとづく損害賠償請求権を失うが、不法行為にもとづく請求権は失わないことになる。これでは、高価品の特則が定められた意味が減殺される。法条競合説では、もとより不法行為責任の成立の余地はない。そこで、請求権競合説に立ちながらも、不法行為にもとづく請求に対しても商法578条を適用または類推適用をする見解があった(修正請求権競合説)。
　　近時の判例は、約款による責任限度額の定めについて、運送人の荷送人に対する債務不履行責任に対してだけでなく、不法行為責任についても適用されると解するのが当事者の合理的意思に合致すると判示した(最判平10・4・30判時1646・162商総行百選99)。運送品の不法行為責任は、通常予期できない場面として運送人の悪意または重過失がある場合にのみ追及できるとの見解(折衷説)からは、その判例の趣旨が理解しやすかった。場屋営業者についても同様の問題があり、最近の判例が同趣旨を述べていた(最判平15・2・28判時1829・151商総行百選108)。
　　平成30年商法改正は、本文のように、この議論に終止符を打ったものであるが(松井他・問答商法43頁)、他の責任減免規定である商法585条の適用を認めることに疑問を呈する見解もある(青竹・商法406頁)。

2）運送人の被用者の不法行為責任

運送人の被用者（陸上トラック運送の運転手、海上運送の船長や船員など）が、運送品の滅失等を生じさせたときには、その被用者自身も、荷送人または荷受人に対して、不法行為にもとづく損害賠償責任を負うことがある（民709条）。この場合、運送人の不法行為責任が商法587条により免除・軽減されるときは、その限度で被用者の不法行為責任も免除・軽減される（商588条1項、国際海運16条3項）。

このような規律が設けられないと、荷送人等の荷主側は、運送契約当事者である運送人を請求相手としても運送人保護の規律によって責任が免除・軽減されてしまうので、契約当事者以外の者を請求相手方にして争うことになる。①運送人の責任を超えてその被用者が責任を負うのは相当ではなく、②被用者に重い責任を課すと、事実上その最終的な負担が運送人に転嫁され、運送人に責任の減免を認めた立法趣旨が損なわれかねない。そこで、平成30年改正により、改正前の国際海上物品運送法上の規律（平成30年改正前国際海運20条の2第2項）を引き継ぎ、商法上も、前記の規律が設けられた（松井他・問答商法45頁）。

その趣旨に照らして、被用者の不法行為責任を減免する規定は、被用者の故意または過失によって運送品に滅失等が生じたときは、適用されない（商588条2項）。

当該規定によって不法行為による責任が減免される者は、「被用者」であり、運送人に使用される者に限定され、実際運送人（下請運送人）などの独立した補助者（独立の契約者〔Independent Contractor〕）は含まれないと解される（松井他・問答商法45頁）。したがって、約款に、当該荷主の請求に対して、履行補助者も運送人が有する抗弁を対抗できる旨の条項（いわゆる「ヒマラヤ条項」）を置く意義は残存している（落合誠一「運送人等の不法行為責任」海法会誌復刊36号70頁、江頭・商取引325頁、青竹・商法408頁、落合他・商法Ⅰ236頁。なお、ロッテルダム・ルールズでは、実行運送人その他の下請業者にまで保護対象が拡張されている。北居＝高田358頁）。

5　相次運送人と複合運送人に関する特別規律

（1）相次運送人の権利・義務・責任
1）相次運送の意義と商法規律

相次運送とは、同一の運送品について数人の運送人が相次いで陸上運送をなすことをいう（商579条1項）。各運送人と個別に契約がなされるのではなく、一通の運送状によって数人の運送人が相次いで運送を引き受けるものが典型である。1人の運送人が全区間の運送契約を締結し、一部の区間について当該運送人が自ら運送を実行するが、他の区間について後の運送人が荷送人のためにする意思をもって運送を引き継いで運送を実行する場合である。後の運送人は荷送人のために運送を引き継いで実行するから、下請運送とは異なる（大判明45・2・8民録18・93）。

商法は、陸上の相次運送について後の運送人の義務・権利および各運送人の責任を規定し（商579条1項〜3項）、この陸上相次運送人の権利義務に関する規定は、海上運送および航空運送について準用される（同条4項、国際海運15条）。但し、海

空陸の異なる運送手段間の相次運送(海空陸相次運送)は、適用対象外である。

2)相次運送人の権利・義務

数人の運送人が相次いで陸上運送をするときは、後の運送人は、前の運送人に代わってその権利を行使する義務を負う(商579条1項)。後の運送人が前の運送人に弁済したときは、後の運送人は前の運送人の権利を取得する(同条2項)。

3)相次運送人の責任

ある運送人が引き受けた陸上運送について、その荷送人のために他の運送人が相次いで当該陸上運送の一部を引き受けたときは、各運送人は、対外的に、運送品の滅失・毀損または延着について連帯して損害賠償責任を負う(商579条3項)。これにより、荷送人等の荷主側は、運送品の滅失等がどの区間で生じたかを証明することなく、各運送人に損害賠償請求ができることになり、その便宜と有利性は大きい。もっとも、運送人相互間の内部関係においては、自己の運送した区間について責任を負うことになり、他の区間で生じた責任については、当該他の運送人に求償することになる。

(2)複合運送人の責任規定と陸上運送への準用

前述したように、近年重要性が増している複合運送については、平成30年商法改正により、新たに整理された物品運送についての総則時規律が複合運送にも適用されることを踏まえて、商法上に、定義規定が置かれ、複合運送営業者(複合運送人)が運送品の滅失等に関して損害賠償責任を負うことが明確にされた。

すなわち、商法上、複合運送とは、①運送人がその物品運送をひとつの契約によって全区間の運送を引き受けるものであり、かつ、②物品運送が陸上運送、海上運送または航空運送のうち2以上の運送手段の組合せによってなされるものをいう。そして、複合運送における運送品の滅失、損傷または延着等についての運送人の損害賠償責任は、それぞれの運送区間においてそれらの原因が生じた場合に適用されるわが国の法令または適用条令に従う(商578条1項)。

なお、陸上運送においては、自動車や鉄道などの異なる運送手段による運送があり、それぞれの運送に関する法令が存在するために、複合運送と類似の状況がある。そこで、陸上運送であってその区間ごとに異なる法令が適用されるものをひとつの契約で引き受けた場合には、複合運送人の責任規定が準用される(商578条2項)。

6　各種運送書類と運送証券

(1)各種運送書類と運送証券の法的規律

1)運送書類の分類

運送契約が締結される際に作成される運送書類には、大別すると、①運送品の引渡請求権を表章する運送証券(船荷証券等)と、②特別な法的効力はなく、運送品の受取や契約内容の一応の証拠となるにすぎない書類(送り状や運送状)とがある。

２）運送証券に関する法的規律の統合・新設

平成30年改正前商法では、第2編商行為編の第8章運送営業の章において、陸上物品運送契約にもとづき発行される「貨物引換証（カブツヒキカエショウ）」について規定し（平成30年改正前商571条〜575条・584条）、基本的にこれらの規定を準用する形で船荷証券の効力等を定めていた。

しかし、貨物引換証は、陸上運送の運送人が運送品を受け取ったことを認証し、到達地において証券の正当な所持人に運送品を引き渡すべきことを約する有価証券であり、船荷証券が国際売買における貿易金融の手段として大いに利用されているのに較べると、最近の陸上運送では、運送手段の発達と高速化により運送期間が短くなったことから、貨物引換証の利用される例はなくなっていた。このことから、平成30年商法改正の機会に、商法上、貨物引換証の制度は廃止された。

平成30年改正商法は、第3編海商編の第3章物品運送の章において、それまで商法と国際海上物品運送法とに散在していた規定を整理・統合し、「船荷証券（B/L ＝ Bills of Lading）」についての規定を置く（商757条〜768条。なお、商法757条〜760条は平成30年改正前国際海上物品運送法6条〜9条を、商法761条〜764条は同改正前国際海上物品運送法10条により準用されていた改正前商法573条〜575条・584条を、商法766条・767条は同改正前国際海上物品運送法10条により準用されていた改正前商法771条〜775条を、それぞれほぼ引き継いでいる。これにより、改正前の国際海上物品運送法6条〜10条は削除された）。

平成30年商法改正では、さらに、海陸複合運送につき発行される「複合運送証券（combined transport bill of lading）」につき、その法律上の根拠を示し、交付義務・記載事項等の規定が新設され、基本的に船荷証券と同様の規律に服し、同様の効力を有する（商769条）。

３）送り状・運送状の法的規律

「送り状」は、運送人や荷受人への情報提供の便宜のために作成される書類であって、契約書でも有価証券でもなく、契約内容を証明するための一資料である。平成30年商法改正により、従来の法令上の運送状という名称は、実務上の呼称に従い、送り状と改められた（松井他・問答商法20頁）。既述のとおり、商法は、荷送人に送り状交付義務を課している（商571条1項）。

「海上運送状（Sea Waybill）」は、海上物品運送契約による運送品の受取または船積みを証し、運送契約の内容を知らしめるため、船荷証券に代えて、運送人が荷送人等に発行する運送書類である。船舶の高速化に伴い運送品の受取に必要な証券の呈示がかえって不便となり、国際取引でも関連企業間取引や継続的取引が増加して荷為替を組む必要が低下したことにより、船荷証券に代わって広く用いられている。海上運送状は、有価証券ではなく証拠証券にすぎないが、実務上の重要性に鑑みて、平成30年商法改正により、その法律上の根拠を示し、交付義務・記載事項等の規定（商770条）が新設された（松井他・問答商法127頁）。なお、他方で、電子式船荷証券の構想が実現されている（江頭・商取引72頁）。

比較的短時間のうちに運送が終了する航空物品運送については、国内運送・国際運送のいずれにおいても、有価証券性のある運送書類は利用されておらず、「航空運送状（Air Waybill）」または「貨物受取証（receipt for the cargo）」が用いられて

いる（江頭・商取引314頁）。航空運送状・貨物受取証については、モントリオール条約に規律が設けられている（同条約4条〜12条）。最近では、電子運送状を利用する仕組みが整備され（2013年IATA決議第672号）、航空会社が発行する航空運送状の電子化が進んでいる。

（2）運送証券の意義・機能・種類

運送の途上にある物品（とくに商品）は、そのままでは経済的価値を発揮することができない。商品が運送品として扱われるだけでは、担保を設定して金融を得たり、買主たる荷受人が売却することには困難が多い。そこで、運送品として運送人の占有下にある物品の交換価値を十分に発揮させるために、運送品の引渡請求権を表章する有価証券が案出され活用されている。この有価証券が「運送証券」であり、有価証券の経済的機能上の分類では、物品証券にあたる。

運送証券に当たる有価証券として、陸上運送において利用されてきたものが「貨物引換証」であり、海上運送で利用されているものが「船荷証券（B/L）」であり、複合運送で利用されるものが「複合運送証券」である。

（3）運送証券の性質と効力
1）運送証券の有価証券的性質

運送証券は、次のような有価証券としての性質を有している。

i　要式証券性

運送証券には、一定の法定事項を記載することを要する（船荷証券につき商758条、国際海運15条、複合運送証券につき商769条2項）。但し、法定事項の一部の記載を欠いても、運送証券たるための不可欠の事項でなければ、証券は必ずしも無効とはならないと解される（通説）。また、法定事項以外の事項の記載も可能であり、その記載は、強行規定または運送証券の本質に反しない限り有効と解される。

ii　要因証券性

運送証券が有効に成立するためには、運送契約が適法に成立し、かつ運送のために運送品が受領されたという原因が存在しなければならない。これは要因証券性という。運送証券が次に言う文言証券性を有し、債権的効力を有することから（商760条・769条2項、国際海運15条）、要因証券性の意義をどのように理解するかについて見解が分かれる（後掲、運送証券の債権的効力、参照）。

iii　文言証券性

運送に関する事項は、運送人と運送証券の所持人との間では、運送契約によって左右されず、運送証券に記載された文言により決定される（商760条・769条2項、国際海運15条）。これを文言証券性という（但し、平成30年改正により船荷証券の文言証券性については法文が改められている〔商760条〕。松井他・問答商法122頁）。文言証券性により、証券の取得者が記載外の事項に制約を受けたり、記載内容を調査したりすることなく、取引を行うことができる。有価証券の文言証券性は、証券取得者の保護を図ることで、証券の流通による経済的機能を保障する（文言証券性と要因証券性との関係については、後掲、運送証券の債権的効力、参照）。

iv　権利移転面での性質

　運送証券は、記名式、指図式、選択無記名式のいずれでも発行でき、無記名式のものも認められる（民520条の2以下）。記名式で発行された場合でも、法律上当然に指図証券とされ、裏書により譲渡することができる（商762条、国際海運15条）。

　運送証券は、指図式の場合は裏書きにより譲渡され、無記名式の場合は引渡しによって譲渡される。その裏書や引渡しは、権利移転的効力および資格授与的効力を有するが（民520条の4・520条の14・520条の20）、担保的効力（手15条）は有しない。裏書または引渡しの効力として、善意取得の効力（民520条の5・520条の15・520条の20）および免責的効力（民520条の10・520条の18・520条の20）が認められる。この場合の善意取得の効果は、証券上の運送品引渡請求権（債権）の原始取得であって、運送品の所有権（物権）の取得ではない。

v　権利行使面での性質

　運送証券が発行されている場合は、運送証券の所持人は、この証券を呈示し、これと引換でなければ、運送品の引渡を請求することができない（呈示証券性・受戻証券性、商764条・769条2項、国際海運15条）。運送証券は、物品証券として、運送途上にあっては物品の交換価値を代替し先行して実現する機能を有するが、運送の終了後において、交換価値と使用価値とを再度一体とさせて、その経済的機能を全うする。その機能を確保する上で必要な有価証券の性質といえる。

　運送品の譲渡・質入等の処分は、運送証券によりなされなければならない（商761条）。このように、運送品の処分ができる者を適法な証券所持人に限ることで、運送証券によって運送品の処分を受けた者を保護することができる。もっとも、運送証券によらずに運送品が処分され、運送品の引渡を受けた者に運送品の善意取得が成立する場合には、善意の運送証券取得者であっても、運送品の善意取得者に対して、運送品に対する自己の権利を主張することはできない（大判昭7・2・23民集11・148商総行百選93）。

　運送人が運送証券と引換でなしに運送品を引き渡し、その後に運送証券の所持人から運送品の引渡請求を受けた場合には、先に引き渡した運送品を取り戻して証券所持人に運送品を引き渡さなければならず、その引渡ができないときは、証券所持人に対して債務不履行にもとづく損害賠償責任を負うことになる。

　しかし、実務では、運送証券との引換でない運送品の引渡によって運送人が被る一切の損害について責任を負う旨の保証状を差し入れて、運送品を受け取ること（保証渡）が行われている（本書後掲157頁参照）。

2）運送証券の効力

i　債権的効力

　運送に関する事項は、運送人と運送証券の所持人との間では、運送契約によって左右されず、運送証券に記載された文言により決定される（商760条・769条2項）。これを運送証券の債権的効力という。他方で、前述のように要因証券性が認められていることから、この債権的効力が働く場面や法律構成をめぐり見解が対立している＊。

＊ **運送証券の要因証券性と債権的効力**　　物品運送契約による運送品の受取を証し、運送人に対する運送品の引渡請求権を表章する運送証券(船荷証券等)は、要因証券であるとともに、文言証券とされていることから、その要因証券性の理解について争いがある。この理解の仕方により、物品の受取がないのに証券が発行された場合(空券)や、受け取った物品が証券の記載と相違する場合(品違い)において、証券を発行した運送人の負う損害賠償責任の法的構成が異なる(学説分類として、戸田・商法Ⅰ276頁、落合他・商法Ⅰ252頁)。

　A.　不法行為責任説では、伝統的な要因証券性の理解、すなわち、要因性とは、証券上の権利が、証券発行の前提である原因関係の影響を受けることを意味するとの理解をもとに、運送契約の無効や物品の受取がなかった場合には債権発生の原因を欠き、証券を無効とする。文言性は働く余地がない。従って、空券の場合でも、運送人は証券記載の物品を引き渡す義務を負わず、品違いの場合は、実際に受け取った物品を返還すれば足り、いずれも、証券の記載を信頼した所持人の救済は、証券発行者に対する不法行為責任によることになる。

　B-1.　債務不履行責任説類型の第一説では、証券発行の前提をなす原因関係を証券上に記載することがその証券の本質的内容として要求される点に、要因証券性を求める近時の有力説(大隅・商行為156頁、田中誠・商行為252頁)をもとに、運送契約の無効や空券・品違いの場合でも、それらが証券上の権利に影響を及ぼさず、証券上の債権は有効とする。従って、文言証券性が働き、証券の記載どおりの債権が実現しないときは、運送人は債務不履行責任を負うことになる。

　B-2.　債務不履行責任説類系の第二説では、要因証券性の理解としては伝統的な理解によりつつ(Aの前提と同じ)、そのことと証券所持人保護とは別問題であるとし、証券の記載と実際の原因が相違すれば証券は無効であるが、禁反言則または抗弁制限により(西原・商行為321頁)、証券発行者は善意の証券所持人に対して、その相違による証券の無効を主張できず、証券の記載に従って債務不履行責任を負う。

　C-1.　二元責任説類型は、空券の場合と品違いの場合を、それぞれ別の法的責任とする二元的構成をとる立場であり、その第一説では、空券の場合は、証券は無効で不法行為責任の問題となるが、品違いの場合は、少なくても物品の受取があったので要因性が満たされて証券は有効とし、文言証券性を働かせて、債務不履行責任を構成する(戸田・商法Ⅰ274頁)。

　C-2.　二元責任説類型の第二説では、要因証券性の理解としては伝統的な理解によりつつ(Aの前提と同じ)、証券流通の見地から商法は要因性を文言性に親しむ事項の範囲で制約していると解して、品違いの場合の物品の表示は文言性に親しむ事項であるから証券の記載が標準となり、証券上の債務が履行できないときは運送人は債務不履行責任を負うが、受取認証文句は文言性に親しまない事項であるから、空券の場合は証券的効力は認められず無効であるが、証券所持人の救済は不法行為責任に委ねるのではなく、契約締結上の過失によるべきであるとする(鴻常夫「倉庫証券の債権的効力」鈴木竹雄・他〔編〕『商法演習Ⅱ』有斐閣〔1960年〕84頁)。

　D.　証券不実記載発行責任説とでもいうべき見解では、当該議論の核心は、証券の不実記載を信頼した証券所持人の救済をいかに十分にするかにあるから、証券不実記載発行責任を契約締結上の過失を根拠に、不法行為責任、債務不履行責任と並ぶ包括的な責任発生原因として肯定すべきと主張する(落合他・商法Ⅰ244頁、江頭・商取引390頁)。こうした規律の立法的整備が望まれる。

　なお、判例は、空券の場合は、要因性を重視して無効と解し(大判昭13・12・27民集17・2848商総行百選91)、品違いの場合は文言性を認める(大判昭11・2・12民集15・357)。

ⅱ　物権的効力

　運送証券が発行されている場合は、運送品の譲渡・質入等の処分は、運送証券によりなされなければならず(商761条)、運送品を受け取ることができる者に運送証券を引き渡したときは、その引渡は、運送品の上に行使する権利(所有権・質権等)の取得につき、運送品の引渡と同一の効力を有する(商763条)。証券の引渡により、

運送品の譲渡につき対抗要件を具備し（民178条）、運送品に対する質権設定の効力が生じる（民344条）。これを運送証券の物権的効力という。物品証券としての経済的機能を発揮させるものである。

　商法763条は、運送品の上に行使し得る権利の取得に関して、運送証券の引渡が運送品の引渡と同一の効力をもつことを定める規定であるから、それ以外に、例えば、売買契約に伴う証券の引渡をもって、売主から買主への目的物の現実の給付がなされたことにはならない。なぜなら、運送品が売主または運送人の責めに帰すべき事由により滅失・毀損することがあり、空券や品違いの場合もあり得るからである。

　運送証券の物権的効力の理解をめぐり、その法律構成について、見解が対立している*。

　　＊　運送証券の物権的効力の法律構成　　学説は大きく四つに分かれている（学説の分類につき、落合・商法Ⅰ255頁、戸田・商法Ⅰ276頁、今井薫「貨物引換証」今井薫・他『現代商法Ⅰ総則・商行為法〔改訂版〕』三省堂〔1996年〕292頁）。
　　A.絶対説は、証券の引渡は、民法の定める占有移転の原則以外に認められた特殊の占有移転原因であるとして、運送人による運送品の占有の有無にかかわらず、証券の引渡をもって占有が移転すると解する（有力説、鈴木54頁、田中誠・商行為256頁、戸田・商法Ⅰ286頁）。この立場でも、空券、運送品の滅失、善意取得の場合にまで、物権的効力を認める趣旨ではないので、後掲の代表説とさほど差異があるとはいえない（平出・商行為541頁）。
　　B.相対説は、証券所持人は証券取得に伴い、運送品を直接占有する運送人に対して運送品引渡請求権を有することから、運送品の間接占有を取得すると解する。従って、証券の移転に伴い間接占有も移転するが、運送品の滅失や善意取得により運送人の直接占有が失われると、証券所持人について物権的効力が失われることになる。
　　B-1.厳正相対説は、相対説に立ちながら、証券によって占有移転の効力を得るには、証券の移転とは別に民法に定める占有移転の要件（民184条）の具備を必要とする。この見解は、商法575条の意義を失わせるので、今日、支持はない。
　　B-2.代表説は、証券のみによって占有移転の効力を生じると解し、証券の譲渡が有効であれば、証券は間接占有を擬制する、すなわち、証券は運送人の直接占有下にある運送品を代表し、その限りにおいて民法の占有に関する一般的な理論を修正すると解する（多数説・判例、西原・商行為324頁、大判昭7・2・23民集11・148商総行百選93）。運送人が運送品を一時的に紛失している間は、運送人に直接占有がなく、この間の証券の引渡には占有移転の効力がなくなる点で批判がある。
　　C.物権的効力否定説は、証券と運送品とは存在の空間を異にし、証券と運送品とを一律の物権的移転概念で把握できないとして、物権的効力と呼ばれてきた性質は、証券の債権的効力の反射的効果に過ぎず、物権的効力を認める必要はないと解する。商法763条（改正前商法575条）は、もっぱら当事者間において証券の引渡が売買契約における売主の完全な義務の履行である旨を定めたものと理解する（谷川久「船荷証券の物権的効力理論に関する反省」海法会誌復刊5巻64頁）。この見解には、対抗要件たる引渡を認める必要もあることから、批判がある。

2.8.3. 旅客運送営業

1　旅客運送の機能と法的規律
2　旅客運送契約
（1）旅客運送契約の意義と性質
（2）乗車券
（3）ICカード乗車券
3　旅客運送人の責任
（1）旅客に関する責任
（2）旅客の手荷物に関する責任
4　旅客運送人の権利

□1.旅客運送はどのような機能を果たし、旅客運送に対しては、どのような法的規律があるか。
□2.旅客運送契約には、どのような性質があるか。
□3.乗車券はどのような機能を果たす証券か。また、どのような法的性質を有しているか。ICカード乗車券を用いた運送契約はいつ成立するか。
□4.旅客運送人の責任について、商法上、どのような規定があるか。物品運送人の責任との相違点はなにか。
□5.旅客運送人が旅客の身体・生命の損害について負う責任に関して、特約を設けることができるか。

1　旅客運送の機能と法的規律

　自然人の地理的移動は、人類のあらゆる活動分野において不可欠であり、それを実現するサービスを提供する旅客運送営業は、歴史的に古くから存在し、大量で迅速な移動を実現する手段や方法の発達とともに、高度に専門化している。そして、旅客運送営業に関する法的な規律は、旅客の地理的移動に対する社会的・経済的な要請を受けて、高度に発達する運送手段に対応した旅客の安全と公共交通秩序の維持を図るとともに、旅客運送営業の奨励と保護を図り、さらには、国際的な協調をも図りながら、今日、多くの特別法令によって整えられている（公共性が強く、国家の運輸政策のもとで、公法的規律が多い）。

　旅客運送には、陸上運送、海上運送および航空運送（さらに宇宙空間運送）がある。従来、商法では、旅客運送について、陸上旅客運送（平成30年改正前商法590条〜592条）と海上旅客運送（同改正前商法777条〜787条）の規律が各別に設けられていたが、平成30年商法（運送・海商関係）改正により、航空運送の規律が新設され、それらすべての旅客運送に共通する総則的規律が設けられた。平成30年改正商法では、定義規定（商589条）、旅客運送人の責任に関する規定（商590条〜593条）、旅客運送人の債権の消滅時効に関する規定（商594条）のみが置かれている。

　なお、旅客運送についても、数人の運送人による相次運送（連帯運送）に準じた運送がありうるが、損害発生区間の特定が容易であるため、物品運送の相次運送人の連帯責任を定めた規定に相当する規定は置かれていない。

2　旅客運送契約

（1）旅客運送契約の意義と性質
　旅客運送契約は、運送人が旅客の運送することを約し相手方がその対価として乗車賃等の運送賃の支払いを約することによって、その効力が生ずる諾成・不要式の双務契約である（商589条）。

　旅客運送契約は、物品運送契約と同じく請負契約の一種であるが、物品運送契約と異なり、対象が自然人であり、運送の目的物を占有するという要素がない。旅客運送契約の当事者は、運送委託者と運送人である。運送委託者は、通常、旅客であるが、旅客以外が委託者になる場合もある。旅客運送契約においても、運送人が作成する運送約款が重要な役割を果たしている（近藤・商法219頁）。

　鉄道および軌道による運送人ならびに一般自動車運送事業者については、締結強制が定められている（鉄道営業法6条2項、軌道運輸規定2条・5条、道路運送法15条）。国際航空旅客運送の運送人は、運送契約の締結を拒否することは妨げられない（モントリオール条約27条）。

　旅客運送の運送賃については、一般に、国土交通大臣への届出が必要であり（鉄道事業法16条、鉄道営業法3条1項、道路運送法9条・9条の2）、一般乗用旅客自動車運送事業者が定める運賃については、国土交通大臣の許可が必要である（道路運送法9条の3）。

（2）乗車券
1）乗車券の発行と旅客運送契約
　旅客運送においては、乗車券が利用されることが多い。旅客運送契約は諾成・不要式の契約であるから、乗車券の発行は契約の成立要件ではない。

2）乗車券の有価証券性
　乗車券の有価証券性をめぐっては、議論がなされてきた。乗車前に発行される一般の乗車券は、運送請求権を表象する有価証券であり、乗車後は（また乗車後に発行される場合は）、証拠証券にすぎないと解される（大隅・商行為154頁、森本編・商行為181頁、近藤・商法223頁）。

　定期乗車券は、単なる証拠証券ないし免責証券にすぎないとの見解があるが（大隅・商行為154頁、平出・商行為560頁）、記名式の定期乗車券は、通用期間や通用区間を限定した上での包括的な運送債権を表章した有価証券と解される（森本編・商行為181頁、近藤・商法224頁）。

　回数券については、その発行により運送債権の成立を認めて有価証券性を認めるか、金銭代用証券にすぎないと解するか、議論がある。判例には、回数券が発行されても運送債権の成立を認めず、以後に乗車賃値上げがあれば追加支払が必要とするものがあるが（大判大6・2・3民録23・35商総行百選102）、一律には解し得ない。

　単に金額のみを表示した回数券では、運送債権の成立と有価証券性は認められず、金銭代用証券に過ぎないので、爾後の値上げがあれば使用時に追加払いが必

要となり、他方、通用期間と通用区間が指定されている場合は、運送債権は成立して有価証券性が認められ、爾後の値上げがあっても追加払いを要しないと解される（森本編・商行為183頁、近藤・商法225頁）。

3）ICカード乗車券

　最近では、ICカード乗車券による旅客の運送等が普及している。約款としての東日本旅客鉄道株式会社ICカード乗車券取扱規則第20条によれば、ICカード乗車券による個別の運送契約の成立時期は、旅客が駅において乗車の際に自動改札機によってICカード乗車券の改札を受けたときとされ（同規則20条1項）、この定めにかかわらず、Suica定期乗車券・Suica特別車両券による個別の運送契約の成立時期は、Suica定期乗車券・Suica特別車両券を購入したときとされている（同条2項）。

3　旅客運送人の責任

（1）旅客に関する責任

1）過失責任の原則

　旅客運送人は、旅客運送契約にもとづき、善良なる管理者の注意義務をもって、旅客を約定の期間内に約定の目的地まで、安全に運送する義務を負う。運送人が、この義務に違反した場合には、債務不履行となり、旅客の損害を賠償する責任を負う（民416条）。商法は、その一般原則を確認して、旅客運送人は使用人が運送に関する注意を怠らなかったことを証明しなければ、旅客が運送のため受けた損害を賠償しなければならないと定めている（商590条1項）。ここに「運送に関する注意」は、運送行為そのものに関する注意に限られず、運送設備（車輌、線路、駅等）に関する注意も含まれる（平出・商行為563頁）。

　旅客の損害としては、旅客の生命・身体・被服に受けた損害と、延着による損害がある。

2）旅客の生命・身体の損害に関する責任減免特約の無効

　平成30年改正商法は、旅客の生命または身体の侵害による運送人の責任について、これを免除・軽減する特約を明示的に無効とする（商591条1項）。旅客の人命尊重の見地から、片面的強行規定を置くものである（近藤・商法220頁、改正時の事情については松井他・問答商法49頁、参照）。

　但し、次の各場合には、責任を減免する特約を行うことは許容される。すなわち、①運送の遅延を主たる原因として生じたとき（商591条1項括弧書）、②大規模な火災、震災その他の災害が発生し、または発生するおそれがある場合において運送を行うとき（商591条2項1号）、③重病人など、運送に伴い通常生ずる振動その他の事情により生命または身体に重大な危険が及ぶおそれがある者を運送するとき（商591条2項2号）である。

　①については、大量輸送を引き受ける運送機関については一定の責任制限を認めることが合理的である場合があること（名古屋地判昭51・11・30判時837・28）、遅延による損害はさまざまで、有効あるいは無効と解すべき範囲を一律に画定するのは

難しく、免責の余地を認めないと大量の紛争が生じ、運送事業の合理的運営が阻害されることから除外されている。②と③については、社会的必要性は高いが運送人にとってもリスクが大きい運送について、免責特約の余地を認めないと事業者が運送の引受けを躊躇し、真に必要な運送サービスが確保されないため、あらかじめ責任を負うべき範囲を明確化することを許容する趣旨である（松井他・問答商法50頁）。

　①～③の場合、責任を減免する特約の有効性は、さらに、個々の事例において民法90条や消費者契約法8条および10条によって判断されることになる。

【　旅客損害の賠償額算定の特則（平成30年改正前商法590条2項）の廃止　】

　平成30年改正前商法590条2項では、旅客の生命・身体に関する損害賠償の額の算定にあたっては、裁判所は被害者およびその家族の状況を斟酌すべきものとされていた。これは、自然人である旅客の損害という特殊性にもとづき、斟酌すべき被害者および家族の状況としては、被害者の年齢・収入・家族数（扶養・被扶養）・家族の生活状態などがあるとされていた。

　当事者の予見可能性を問わない点で、民法416条2項の特則である。また、陸上運送人の場合に損害賠償額が定型化されていることに較べると、旅客運送人の場合に賠償額が個別化されていることは対照的である。賠償額の個別化の趣旨に照らして、延着や被服に関する損害には、本条項の特則の適用はないと解されていた。

　立法論として、旅客損害の賠償額を個別化することについては、運送契約の集団大量性に鑑みて妥当でないとの見解（平出・商行為564頁）、また、定額の運送賃で集団的に運送される旅客の生命身体について、賠償額に格差を設けることは妥当ではないとの尊重すべき見解があった（加藤正治「旅客死傷の損害賠償」海法研究2巻464頁、戸田・商法Ⅰ236頁）。

　現在の裁判実務においては、旅客運送契約に基づく損害賠償請求に限らず、一般に、治療費等の実費、休業損害等の逸失利益、慰謝料等の損害賠償額の算定にあたり、被害者およびその家族の情況が斟酌されており、改正前商法第590条2項が削除されても、旅客運送契約に基づく損害賠償額の算定の実務に影響を及ぼすものとはいい難く、また、同項の規律を存置しても、その適用結果は裁判所に一任され、旅客の予見可能性が高まるともいい難い。そこで、平成30年商法改正により、同条項は削除された（松井他・問答商法48頁）。

（2）旅客の手荷物に関する責任

1）引渡しを受けた手荷物（託送手荷物）

　運送人が旅客から引き渡しを受けて運送する手荷物が損害を被った場合、運送人は、とくに運賃を請求しないときでも、物品運送人と同一の責任を負う（商592条1項）。したがって、運送人の債務不履行責任について、過失推定責任（商585条）、減免・制限に関する諸規定（賠償額の定型化〔商576条〕、高価品の特則〔商577条〕、責任の消滅〔商584条・585条〕）が適用されることになる。

　手荷物が到達地に達した日より1週間以内に旅客が手荷物の引渡を請求しないときは、運送人は、その手荷物を供託し、また相当の期間を定めて催告した後にこれを競売することができ、競売したときはその旨を旅客に通知することを要する（商592条3項・524条）。但し、住所または居所が不明の旅客に対しては、催告および通知をなすことを要しない（同条項但書）。

2）引渡しを受けていない手荷物（携帯手荷物）

　運送人が旅客から引渡しを受けていない携行手荷物・身の回り品については、商法は、運送人は故意または過失がある場合を除いて責任を負わない（商593条1項）。運送人の故意または過失により損害が生じたことの立証責任は、旅客が負う。旅客の

携行する手荷物は旅客自身が保管し管理している以上、託送手荷物と同じように運送人に過失推定責任を課すのは妥当ではないからである。

　物品運送人の損害賠償額の定型化の規定や物品運送人の責任の消滅に関する規定は、携行手荷物に関する責任についても準用される(商593条2項〔平成30年商法改正で追加〕)。但し、高価品の特則(商577条)は、携行手荷物について種類や価格を運送人に通知することは予定されていないため、準用されていない。

4　旅客運送人の権利

　旅客運送人は、商人であるから、報酬(運送賃)の請求権を有する(商512条)。

　運送賃請求時期については、旅客運送が請負契約の一種と解されることから後払いが原則となるが(民633条・624条1項)、物品運送と異なり、運送品の留置等による運送賃請求権を担保する方法がないので、商慣習や約款により、乗車前または乗車後運送終了までに運送賃が支払われるのが通常である。もっとも、託送手荷物がある場合には、旅客や手荷物の運送賃について、当該手荷物に留置権と先取特権が認められる(民295条・318条)。

　運送賃債権など、運送人が旅客に対して有する債権は、行使できるときから1年の短期時効によって消滅する(商594条〔平成30年商法改正で追加〕)。

2.8.4.　海上運送営業の特殊な法的規律

　　　1　海上運送の意義・特色と法的規律
　　　(1)　海上運送と海上運送営業
　　　(2)　海商法と海上運送営業の法的規律
　　　2　海上運送営業の特殊な手段と組織
　　　(1)　船舶
　　　(2)　船舶の所有と利用
　　　(3)　船長等
　　　3　海上物品運送に関する特則
　　　(1)　海上物品運送契約の意義と形態
　　　(2)　海上物品運送契約に関する特則の整備
　　　(3)　海上物品運送契約の履行
　　　(4)　船荷証券と海上運送状
　　　(5)　海上物品運送人の責任
　　　4　海上旅客運送の法的規律
　　　(1)　海上旅客運送契約
　　　(2)　海上旅客運送人の責任
　　　(3)　海上旅客運送人の権利
　　　5　海上危険への対処の制度
　　　(1)　船舶衝突
　　　(2)　海難救助
　　　(3)　共同海損
　　　(4)　海上保険

□1.海上運送と海上運送営業の特色はなにか。その特色に応じて、どのような法的規律が形成されているか。そのなかで、海商法とは、どのような法分野をいうのか。
□2.海商法上の基本概念としての「船舶」とはなにか、その所有と利用に関して、どのような法的関係が認められるか。
□3.「船長」とはなにか、どのような権限を有し、責任を負うか。
□4.海上物品運送人は、どのような権利を有し、義務と責任を負うか。
□5.船荷証券とはなにか、どのような法的性質を有するか。また、海上運送状とはなにか。
□6.海上危険に対処するために、海商法上、どのような制度があるか。

1　海上運送の意義・特色と法的規律

（1）海上運送と海上運送営業

　船舶による海上活動（航海）によって物品または旅客の運送を行う海上運送は、海洋を超えて遠隔地に大量の物資を輸送し、多数の人々の移動を実現する方法として、歴史上古くから行われ、その技術と手段の発達とともに、経済圏や交流域の拡大に役立ってきた。海上運送は、さまざまな目的で行われるが、商品や旅客を船舶によって輸送し、その対価を得ることを目的とする海上運送営業として多く行われ、それを営む海上企業が実行の役割を担っている。

　周囲を海に囲まれた島国である日本では、早くから海上運送が発達し、造船と海運における競争力によって、貿易立国として発展してきた。海上運送営業は、今日では、物品運送業としてはもとより、旅行や観光のサービスを提供するための旅客運送業としても発展している。もっとも、迅速な輸送を求められる場面では、急速に発達した航空運送営業が役割を担うようになっている。

　海上運送は、船舶を手段として危険の大きい海洋を舞台に実行されるので、海上運送営業には、それを実現するために、船舶とこれを運航するスタッフを確保して、航海上の危険に対処するための手段や措置を講じることが必要となる。

　なお、商法上、海上運送とは、船舶（商行為をする目的で航海の用に供する船舶〔商684条〕および非航海船〔商747条〕）による物品または旅客の運送をいう（商569条3号）。

（2）海商法と海上運送営業の法的規律
1）海商法の実質的意義と独自性

　海上運送営業は、海上における企業活動の典型であり、その主要部分を占めるので、海上の活動とりわけ企業活動の法的規律に服する。海洋の活動を対象とした法分野は「海法」と呼ばれ、そのなかで、船舶を用いた海上運送を中心にした海上企業に特有の法律関係に関する法分野が「海商法」と呼ばれ、実質的な意義では海上企業法として理解されている（海商法の意義・理論的体系・特殊性について、戸田・海商1頁～6頁、重田晴生他『海商法』青林書院〔1994年〕4頁、田中誠二『海商法詳論〔増補第三版〕』勁草書房〔1985年〕1頁、戸田修三＝西島梅治『二訂保険・海商法』青林書院〔1982年〕172頁、とくに、平成30年商法改正後の体系書において、箱井・海商1頁～10頁、岡田豊基『現代保険法・海商法』中央経済社〔2020年〕124頁、参照）。海商法と対比して、陸上の企業に関する法分野は「陸商法」と呼ばれることがある。

　海商法の特殊性と独自性は、船舶を用いて危険が大きい海洋を舞台とするという事業の手段・方法・内容に由来し、人類社会の展開に大きな影響を及ぼし続けている航海の歴史と変遷に根ざしている。今日では、商法（企業法）といえば身近かな陸商法（陸上企業法）を念頭におき、海商法（海上企業法）をその修正としての例外と思いがちであるが、むしろ、歴史的には、海商法は商法の先駆的役割を果たしてきたのであり、海洋を舞台に当初から国際性を備えていたことには、留意する必要がある。確かに、科学技術の発展と制度的改良とともに、航海の手段や危険性に伴う特異性が減少し、空商（海商との類似性と有しながら新たな手段と危険性のもとで強い特殊性をもつ法分野）が出現し発展したことで、海商法の特殊性と独自性は相対化されている。しかしなお、海商法には、一般の民法（一般的民事規律）や商法（企業法一般）に還元し尽くせない特殊な規定や制度が数多く存在する（箱井・海商10頁）。加えて、海商法は、国際性を強く帯びて発達している。

２）海上運送営業の法的規律

　規制産業としての運送営業には、既述のとおり行政規制が多いが、海上運送営業に関しては、海上企業活動（海商）に関する民事規律のほかに、航海活動に特有な公法規律（海事特別公法）が多い*。

　海上運送営業を中心とする海上企業活動（海商）に関する民事的規律（海事私法）としては、商法第2編商行為第8章運送営業の規定（平成30年改正により整備され陸上・海上・航空の区分を問わず適用される運送営業の総則的規律）と、その特則である商法第3編海商の規定があり（後者が、形式的意義における海商法である）、その特別法（海事特別私法）がある**。

　＊　海事特別公法　　船舶とその航行に関して、船舶法（明治32年法律46号）、海上交通安全法（昭和47年法律115号）、船舶衝突予防法（昭和52年法律62号）、水先法（昭和24年法律121号）、港則法（昭和23年法律174号）、船舶のトン数の測度に関する法律（昭和55年法律40号）、海難審判法（昭和22年法律135号）、船員に関して、船員法（昭和22年法律100号）、船舶職員及び小型船舶操縦法（昭和26年法律149号）、船員職業安定法（昭和23年法律130号）、海上運送の秩序維持に関して、海上運送法（昭和24年法律187号）、港湾運送事業法（昭和26年法律161号）、内航海運業法（昭和27年法律151号）、海事代理士法（昭和26年法律32号）などがある。

　＊＊　海事特別私法　　1924年の船荷証券統一条約の批准にともなって制定された国際海上物品運送法（昭和32年法律172号）、1957年の船主責任制限条約の批准にともなって制定された、船舶所有者の責任の制限に関する法律（昭和50年法律94号）、略称は船主責任制限法があり、船舶油濁等損害賠償保障法（昭和50年法律95号、平成16年に現名称に変更）、船舶登記令（平成17年政令11号）がある。

２　海上運送営業の特殊な手段と組織

（１）船　舶

１）船舶の意義（海商法の対象）

　船舶とは、社会通念上は、水上航行の用に供する構造物すべてを指すが、法律上は、商法海商編が適用される対象を明らかにする基本概念として存在する。すな

わち、商法上、船舶とは、商行為をする目的で航海の用に供する船舶（航海船かつ商船〔営利船〕）のことをいい、端舟（たんしゅう）や主として櫓櫂（ろかい）で運転する船は含まれない（商684条）。内水船（湖川港湾のみを航行する船）や非商船は、商法上の船舶に含まれない。

平成30年商法改正により、非航海船による海上物品運送には、個品運送に関する規定が準用される（商747条・756条）。平成30年船舶法改正により、公用船でない限りは、非営利の航海船にも商法第3編海商の規定が準用され、内水船にも船舶衝突の規定（商791条）と海難救助の規定（商807条）が準用される（船舶法35条）。

船積港および陸揚港が本邦内にある船舶を「内航船」といい、船積港または陸揚港が本邦外にある船舶を「外航船」という。海上物品運送契約については、内航船によるものは商法の対象となり、外航船によるものは国際海上物品運送法（昭和32年法律172号）の適用対象となる。

２）船舶の公示（船舶の登記と登録）

船舶は、経済的に高価であり、所有と利用をめぐって多くの利害関係が発生し、法律関係を明確にすることが必要となり、個性にもとづく同一性を確認する必要性が大きい。そのため、船舶は、法律上、動産でありながら、固有の名称を有し、国籍・船籍港を定めて擬人的に扱われるとともに（船舶の登録の制度〔船舶法5条・20条〕）、船舶の登記が行われて不動産的に扱われる（船舶の登記の制度〔商686条〕）。

船舶の登録の制度は、船舶に対する国籍の付与（船舶国籍証明書の交付）等の行政上の取り締まりを目的とする公法上の制度であり、他方、船舶の登記の制度は、船舶の私法上の権利関係の公示を目的とする制度であり、それぞれ目的が異なる。船舶の登記は、船舶の登録に先立って行う必要がある。

３）船舶債権者の特殊な担保権（船舶先取特権と船舶抵当権）

船舶の航海に関して発生した特定の債権（船舶債権）を有する債権者（船舶債権者）には、特殊な担保権として、船舶先取特権（商842条、船主責任制限法95条1項、船舶油濁損害賠償法40条1項）と船舶抵当権（商847条）の制度が用意されている。

船舶先取特権は、船舶債権者が、船舶および船舶の属具を目的として、法律上当然に優先的弁済を受けることができる権利である（商843条1項）。船舶所有者が、危険が大きい航海の継続のために資金や物資を調達する必要上、債権者となる第三者の利益を確保するための制度である。

船舶登記は、登記した船舶を目的とする抵当権である（商847条1項）。船舶所有者が、航海にあたって多額の資金を調達する上で、船舶の利用を継続したまま担保権を設定することを可能とするものである。船舶抵当権には、民法上の不動産の抵当権に関する規定が準用される（商847条3項）。

（２）船舶の所有と利用
１）船舶運航の主体

海上運送営業を中心とする海上企業活動では、自己の所有する船舶を使用すること（船舶所有、船舶共有）もあれば、他人の所有する船舶を利用すること（船舶賃借、定期傭船）もある。商法は、それらの諸形態に照らして、数種の船舶運航主体の

概念を定め、特別の法的規律を設けている。

i 船舶所有者

商法上、船舶所有者とは、船舶を所有（広義での船舶所有）し、その船舶を利用して海上活動を行うことを目的として、その船舶を航海の用に供する（狭義での船舶所有）者をいう。船舶所有者は船主ともいわれる。商法第3編海商編（形式的意義における海商法）では、伝統的に、船舶所有者の概念を用いて規定が組み立てられている（商686条以下）。

船舶所有者は、船長その他船員がその特殊な職務を行うについて故意または過失によって他人に加えた損害を賠償する責任を負う（商690条）。民法715条の使用者責任の特則であり、船舶所有者に選任監督上の過失がなくても厳格な不法行為責任を認めるものである。

ii 船舶共有者

商法上、船舶共有者とは、船舶を共有（広義での船舶共有）し、その船舶を利用して海上活動を行うことを目的として、その共有船舶を航海の用に供する（狭義での船舶共有）者をいう。船舶共有は、海上企業活動に伴う資金の調達と危険の分散のために生み出された一種の企業形態である。海上企業が株式会社形態で営まれることが常態となっている今日では、狭義の船舶共有はあまり利用されていない。

船舶共有は民法上の組合に類似するが、商法は、船舶共有につき、各共有者の持分価格に応じた内部関係と、外部関係の処理に関する規定を設けている（商692条以下）。

iii 船舶賃借人

以上の自船使用の場合と対比できる他船利用の場合の基本的形態が船舶賃貸借である。船舶賃借は、船舶のみの賃借であり、後述の船員とともに船舶を利用する定期傭船とは区別され、裸傭船といわれる。船舶賃貸借人は、他人の所有する船舶を賃借し（広義での船舶賃借）、その船舶を利用して海上活動を行うことを目的として、その賃借船舶を航海の用に供する者（狭義での船舶賃借人）をいう。

船舶の賃貸借については、内部関係は裸傭船契約によって定められ、原則として、民法の賃貸借の規定が補充的に適用される。例外として、商法は、実務を踏まえて、賃借人に船舶の修繕義務があることを定めている（商702条）。第三者との関係においては、船舶賃貸人は、その船舶の利用に関する事項について船舶所有者と同一の権利義務を有する（商703条1項）。したがって、船長その他の船員が職務上の行為により第三者に損害を生じさせたときは、船舶賃借人が直接に無過失責任を負うことになる。

iv 定期傭船者

定期傭船契約とは、当事者の一方が艤装した（航海を可能とする船舶の設備工事等を施した）船舶に、船員を乗り組ませて、その船舶を一定の期間相手方の利用に供することを約し、相手方がこれに対してその傭船料を支払うことによって効力を生ずる契約をいう（商704条）。平成30年改正商法によって明文化され、定期傭船契約は、運送契約ではなく、船舶賃貸借契約とは別の船舶の利用（船員付き船舶の利用）に関する契約として位置づけられた。そして、定期傭船者の船長に対する指示権

（商705条）、定期傭船者の費用負担（商706条）、運送および船舶賃借人に関する規定の準用（商707条）が定められている。

２）船主責任制限制度

船舶所有者（または船舶賃借人）は、前述のように、船長その他の船員の行為について無過失責任を負うが、船籍港外においてそれらの者を指揮監督することは困難であり、海上の危険の大きさに照らして、無限責任を負わせることは酷である。また、それを貫くと海運の円滑な発展を阻害しかねない。そこで、海上企業の主体である船主の責任を制限する制度が生まれ、世界的に普及している。

わが国では、条約の批准に伴う「船舶所有者等の責任の制限に関する法律（船主責任制限法）」（昭和50年法律94号）の制定と改正によって、船主責任制限を法制度化している＊。同時に、「油濁損害賠償保障法」（昭和50年法律95号、平成16年に「船舶油濁等損害賠償保障法」と改称）が制定されている。

> ＊ **船主責任制限法の沿革と内容**　　わが国では、1957年船主責任条約（ブリュッセル条約）を批准し、昭和50（1975）年に、「船舶所有者等の責任の制限に関する法律（船主責任制限法）」（昭和50年法律94号）が制定され、それまでの委付主義（船舶および運送賃などの海産上の権利を債権者に移転させ、責任を免れること）が改められ金額責任主義が採用された。その後、1976年海事債権責任制限条約を1980年に批准して、昭和57（1982）年に必要な法改正を行い、2005年同条約改正議定書を摂取して、平成8（1996）年に法改正を加えた（責任限度額の引き上げと旅客損害に関する債権についての責任制限の廃止）。さらに、平成27（2015）年に、条約改正に伴う法改正を施している（責任限度額引き上げ）。
>
> 　船主責任制限法は、実体法的規定として、責任制限の主体（船主責任制限法2条1項2号・3号）、制限債権（同法2条1項4号・3条1項・2号）、非制限債権（同法3条4項・4条1号・2号）、責任限度額（同法7条1項2号・7条3項・7条4項）を定め、その他、手続法的規定を置く（同法17条以下）。これらの最新の内容の整理として、岡田・保険海商157頁、箱井・海商61頁、参照。

（3）船長等

１）船舶運航の補助者

企業活動の補助者には、対外的営業活動上の補助者に関する法制度が商法の総則編と商行為編に設けられているが、別途、海商編においては、船舶の運航を担う船長に関する独特の規定がある（商708条以下）。船舶運航の補助者としては、船舶所有者等との雇用契約にもとづいて船舶を運航する船長およびその他の船員がいるほか（船員については、船員法〔昭和22年法律100号〕に定義がある）、船舶所有者とは独立して海上活動を補助する水先人、曳舟業者、船舶代理人、船舶仲立人、港湾荷役業者などが存する。

２）船長の地位

ⅰ　権限

船長は、船舶所有者または船舶賃借人に選任（船舶共有の場合は船舶管理人に選任）される特定船舶の乗組員で、その船舶の運航指揮権を有し、船舶所有者の代理人として航海のための法定の包括的代理権を有する。

船長は、船籍港外において、原則として（例外として、船舶について抵当権を設定すること、借財をすることは特別の委任が必要）、船舶所有者に代わって航海に必要な一切の

裁判上または裁判外の行為をする権限を有し（商708条1項）、この船長の代理権に加えた制限は、善意の第三者に対抗することができない（同条2項）。また、船長は、やむを得ない事由によって自ら船舶を指揮することができない場合は、原則として、船長の職務代行者を選任できる（商709条）。船長は、海員を指揮監督し、海員への懲戒権を行使できる（船舶権力という。船員法7条・22条～24条）。

ⅱ　義務・責任

船長は、航海中、積荷の利害関係人の利益のために必要があるときは、その利害関係人に代わって、最もその利益に適合する方法により、その積荷の処分をしなければならない（商711条1項）。また、船長は、遅滞なく、航海に関する重要な事項を船舶所有者に報告しなければならない（商714条）。

船長は、海員がその職務を行うについて故意または過失によって他人に損害を与えた場合は、損害賠償の責任を負う（商713条本文）。但し、船員の監督について注意を怠らなかったことを証明したときは、この責任を負わない（同条但書）。なお、平成30年商法改正により、船長が契約関係にない傭船者、荷送人その他利害関係者に対して負う厳格な責任については、規定（平成30年改正前商705条1項）が削除された（松井他・問答商法85頁）。

3　海上物品運送に関する特則

（1）海上物品運送契約の意義と形態

1）意義と当事者

海上物品運送契約は、海上運送人（運送人）が海上における船舶による物品の運送を引受け、その相手方（傭船者または荷送人）がこれに対して報酬（運送賃）を支払うことを約する契約である（商570条参照）。海上運送人とは、海上運送の引受けを業とする者をいう（商569条1号・3号、国際海運2条2項・3項）。

海上運送人の地位に立つのは、一般に、船舶所有者、船舶共有者、船舶賃借人、定期傭船者である。契約の相手方は、傭船契約では傭船者であり、個品運送契約では荷送人である（荷主の場合もある）。

2）契約形態

ⅰ　個品運送契約と傭船契約

海上物品運送契約には、個品運送契約と傭船契約とがある。個品運送契約は、海上運送人が不特定多数の荷送人との間で個々の運送品を運送契約の目的とする契約である（商737条1項）。個品運送契約は、運送約款を用いて定型的に締結され、運送約款は船荷証券に記載されることが多い。傭船契約は、船舶所有者が船舶の全部または一部を貸切り、これに船積みした物品を運送することを約し、相手方である傭船者が報酬として傭船料を支払うことを約する契約である。傭船契約には、船舶賃貸借契約、航海傭船契約および定期傭船契約がある。

ⅱ　船舶賃貸借契約

船舶賃貸借契約は、裸傭船契約とも呼ばれ、船舶の所有者と賃借人との間で船

舶の賃貸借がなされるものである。船舶賃借人は船舶所有者に代わって船長その他
の船員を乗り組ませて船舶を運航し、運航費用、保険料、船舶修理費用を負担す
る。船舶賃貸借契約は、船舶の利用に関する契約であり、船舶賃借人が海上物品運
送契約における運送人となる。

iii 航海傭船契約

航海傭船契約は、特定の港から港までの1回または数回の航海につき、船舶の全
部または一部を相手方（傭船者）に貸し切る形で提供して物品を運送することを運送
人（船主）が引き受ける契約である（商748条1項）。不定期船による貨物運送が典型
例である。航海傭船契約は、船腹すなわち船内のスペースの利用が運送契約の目
的とされ、航海傭船者は通常は荷送人に該当する。航海傭船者が第三者との間で
再運送契約を締結した場合は、貨物運送に関しては、航海傭船者が再運送人として
責任を負う。

航海傭船契約を締結した場合は、各当事者は、相手方の請求により運送契約書
を交付しなければならないとされていたが（平成30年改正前商737条）、平成30商法
改正により、契約書の交付は実務の運用に委ねられ、規定は削除された。

iv 定期傭船契約

前述のとおり、定期傭船契約とは、当事者の一方が艤装した船舶に船員を乗り組
ませて、その船舶を一定の期間相手方の利用に供することを約し、相手方がこれに
対してその傭船料を支払うことによって効力を生ずる契約をいう（商704条）。平成30
年改正商法によって明文化され、定期傭船契約は、運送契約ではなく、船舶賃貸借
契約とは別の船舶利用契約の一種（船員付き船舶の利用契約）であることが明らか
にされている（松井他・問答商法69頁以下）＊。

> ＊ **定期傭船契約の法的性質論の帰趨**　　船舶組織を有せずとも本船を自己の船舶のよ
> うに活用するため、定期傭船契約は世界的に大いに普及しているが、平成30年改正まで
> 商法には定期傭船契約の規定がなかったため、定期傭船契約の法的性質が論じられ、定
> 期傭船者の責任が論じられてきた（松井他・問答商法71頁）。平成30年改正商法は、定期
> 傭船契約の簡素な定義規定、契約の内部の規定、準用規定を定めたものの（商704条〜
> 707条）、従来の抽象的議論に終止符を打つものではなく、定期傭船者の第三者に対する
> 責任に関する規定を設けておらず（松井他・問答商法83頁）、法解釈の余地も残されてい
> る。定期傭船者の船舶衝突の責任や船荷証券上の責任等については、契約の法的性質
> を抽象的に論じて演繹的に結論を導くのではなく、個々の定期傭船契約や船荷証券にお
> ける具体的条項を検討した上で（定期傭船者が船舶所有者と同様の企業主体としての経
> 済実態を有しているかを検討した上で）、契約の実態に即した法の適用（商703条1項〔平
> 成30年改正前商704条1項〕の類推適用）を考察して、妥当な結論を導くべく法解釈を行う
> べきとの考え方が近時の学説で有力となり、判例もある（定期傭船者の衝突責任を肯定し
> た判例として、最判平4・4・28判時1421・122商百選101、落合誠一・商法〔保険・海商〕判例
> 百選157頁、船荷証券上の運送人の確定は証券の記載にもとづいて行うべきとした判例と
> して、最判平10・3・27民集2・527商百選102〔ジャスミン号事件〕）。

（2）海上物品運送契約に関する特則の整備

商法は、従来、全部傭船契約を中心に規定を置き、個品運送契約については数か
条を置くにすぎなかったが、平成30年改正により、海上物品運送契約に関する特則

が整備された(松井他・問答商法91頁)。すなわち、個品運送契約に関する規定(商737条〜747条)と、航海傭船契約に関する規定(商748条〜756条)とを区別して配置し、航海傭船契約には個品運送契約に関する規定の多くを準用する(商756条)。

なお、外航船には、国際海上物品運送法の規定が適用される(国際海運1条・15条)。同法も、平成30年に、商法第3編海商の諸規定の整備と合わせて改正された(松井他・問答商法202頁)。

(3) 海上物品運送契約の履行

1) 海上運送人の船舶提供と堪航能力担保義務

海上運送人は、傭船者または荷送人に対し、運送契約の趣旨に適合した船舶を提供し、船舶が発航当時安全に航海をなすに堪えることを担保し、これに堪えないときは、そのことによって生じた損害を賠償する義務を負う(商739条、国際海運5条)。これを堪航能力担保義務という。平成30年改正により、商法は、国際海運法5条と同様に、堪航能力担保義務の内容を明記し、過失責任であることを明らかにした。

2) 運送品の受取り・船積み・積付けと発航

海上運送人は、船積み港に船舶を回航し碇泊させた後、運送契約に従って引き渡された運送品を受け取り、これを船舶に積み込み、適切に積み付ける義務を負う(商737条、国際海運15条)。荷送人は、運送品が危険性を有するときは、その引渡しの前に、運送人に対し、当該運送品の安全な運送に必要な情報を通知しなければならない(商572条)。運送人・船長等は、荷送人の請求により、船積み後遅滞なく、船荷証券を発行・交付する義務を負う(商757条、国際海運15条)。

運送人は、運送品の船積み・積付けが完了した後、ただちに船舶を発航させる義務を負う。運送人は、受取り時から引渡し時まで、善良な管理者の注意をもって運送品を保管し運送しなければならない(国際海運3条)。

3) 運送品の陸揚げ・引渡しと運送契約の終了

海上運送人は、陸揚げ港に船舶を入港させ碇泊させた後、運送品を陸揚げし、これを荷受人または船荷証券所持人に引き渡す義務を負う(国際海運3条)。この運送品の引渡しによって、海上運送人の運送契約上の債務が終了する。荷受人の権利義務については、商法商行為編の運送営業の総則的規定(商581条)に従い、運送の進行に伴って変化する。

海上運送契約は、運送の完了により終了するほか、運送契約の解除によっても終了する。商法は、解除事由につき、荷送人による発航前の解除(商743条)と発航後の解除(商745条)、全部航海傭船契約の傭船者による発航前の解除(商753条1項)と発航後の解除(商754条)について規定し(航海傭船契約の解除への準用について商755条)、それらの場合の運送賃その他の費用の負担関係について規定している(商743条1項・745条・753条1項・754条)。

4) 海上運送人の権利

海上運送人は、運送の終了により、運送契約の履行の対価としての報酬(運送賃)を請求する権利を取得する。運送賃の支払義務者は、運送契約の相手方である傭船者または荷送人であるが、運送品受取後は荷受人も支払義務者となる(商741条1

項）。運送賃は向払いが原則であり、運送品が目的地に到達しないときは運送賃請求権を生じない（商573条1項、国際海運15条）。海上運送人は傭船者が碇泊期間内に船積みまたは陸揚げをしない場合には、特約がない場合でも碇泊料（運送品を船積みまたは陸揚げするために碇泊期間を超えて碇泊する期間に対しての支払金額）を請求することができる（商748条3項・752条3項）。

　なお、海上運送人は、運送賃その他の費用の支払いを受けるまで、運送人は運送品を留置することができ（商741条2項）、荷受人に運送品を引き渡した後においても、運送賃の支払いを受けるため運送品を競売に付することができる（商742条）。

（4）船荷証券と海上運送状
1）船荷証券の意義・機能と法的規律

　船荷証券（Bills of Lading ＝ B/L）は、海上運送人が海上物品運送契約に基づく運送品の受領又は船積みを証明し、運送品の引渡請求権を表章する有価証券である。船荷証券は、物品証券としての経済的機能を発揮する運送証券である（本書138頁、参照）。また、船荷証券の裏面は、運送契約が依拠する約款が記載され、運送人と船荷証券所持人との間の法律関係を判断する重要な資料となる（福原紀彦「B/Lと運送契約」比較法雑誌16巻4号〔1983年〕参照）。

　船荷証券には、船積みがあった旨を記載した「船積船荷証券」と、受取りがあった旨を記載した「受取船荷証券」がある。

　船荷証券は、今日、国内ではほとんど使用されていない。商法海商編の船荷証券に関する規律は、平成30年改正により、国際海上物品運送に適合するように整備されている（商757条以下）。これに伴い、改正前にあった国際海上物品運送法上の船荷証券に関する規定（平成30年改正前国際海運6条～10条）が削除された。

　また、商法に、複合運送証券の規定が新設され、船荷証券に関する規定が準用されている（商769条）。

2）船荷証券の発行と記載事項
ⅰ　運送人船荷証券の立場

　運送人または船長は、荷送人または傭船者から請求があれば、運送品の船積み後、遅滞なく、船積船荷証券を1通又は数通交付しなければならない（商757条1項）。運送品の船積み前においても、運送品の受取り後は、荷送人又は傭船者から請求があれば、受取船荷証券の1通又は数通を交付しなければならない（同条項2文）。受取船荷証券が交付された場合には、受取船荷証券の全部と引換えでなければ、船積船荷証券の交付を請求することができない（同条2項）。但し、運送品について現に海上運送状が交付されているときは、これらの船荷証券の交付は不要である（同条3項）。平成30年改正により、商法は、従来の船主船荷証券の立場（船長が船舶所有者を代理して発行する）を改め、上述のように運送人船荷証券の立場を採り、国際海上物品運送法でも準用されている（国際海運15条）。

ⅱ　記載事項の法定と要式証券性

　船荷証券には、次の法定事項を記載し、運送人または船長が署名または記名押印しなければならない（商758条1項）。すなわち、①運送品の種類、②運送品の容積

もしくは重量または包もしくは個品の数および運送品の記号、③外部から認められる運送品の状態、④荷送人または傭船者の氏名または名称、⑤荷受人の氏名または名称、⑥運送人の氏名または名称、⑦船舶の名称、⑧船積港および船積みの年月日、⑨陸揚港、⑩運送賃、⑪数通の船荷証券を作成したときは、その数、⑫作成地および作成の年月日である。

　このことから、船荷証券は要式証券であり、その趣旨は、運送契約の内容と運送品の同一性を特定させ、証券取得者の期待を保護し、船荷証券の流通性を確保することにある。したがって、すべての法定事項の記載がなくても、その趣旨が果たされている範囲での記載があれば、船荷証券は有効である。

3）船荷証券の性質と効力

　船荷証券には、有価証券として、非設権証券性、要式証券性、要因証券性、文言証券性、法律上の当然の指図証券性、引渡証券性、処分証券性、呈示証券性、受戻証券性等の性質がある（本書138頁参照）。

　船荷証券には、証券の発行者である海上運送人と証券所持人との間の債権関係を決定する債権的効力がある。運送人は船荷証券の記載が事実と異なることをもって善意の所持人に対抗することができない（商760条）。この規定は、平成30年商法改正により、すでに改正されていた国際海上物品運送法9条の趣旨に合わせて新設された。船荷証券の文言証券性の理解については、要因証券性との関係で見解が分かれている（本書140頁参照）。

　船荷証券が作成されたときは、運送品に関する処分は、船荷証券によってしなければならず（商761条）、船荷証券の引渡しは、証券に記載された運送品の引渡と同一の効力を有するという物権的効力がある（商763条）。船荷証券の物権的効力については、民法上の占有移転との関係で議論がある（本書141頁参照）。

4）無故障船荷証券

　「運送品を外観上良好な状態で船積した(shipped in apparent good order and condition)」旨の記載がなされている船荷証券を「無故障船荷証券（クリーンB/L）」という。この記載は、外部からは異常を感知できない状態であることを認めたものであるが、外部から感知できない異常がないことまでも承認したものではないと解されている（最判昭48・4・19民集27・3・527保海百選92）。荷為替取引では、銀行は故障付船荷証券を割り引かないので、実務上は、一般に、荷送人からの補償状(Letter of Indemnity = L/I)と引換えに運送人が無故障船荷証券を発行する。

5）仮渡・保証渡

　船荷証券が作成されたときは、運送品に関する処分は、船荷証券によってしなければならず（商761条）、船荷証券と引換えでなければ、運送品の引渡しを請求することができない（商764条）。船荷証券は、裏書を禁止する旨が記載されている場合を除き、裏書によって、譲渡または質入れをすることができる（商762条）。

　運送品が陸揚港に到着したにもかかわらず、荷受人が何らかの事情で船荷証券を入手できない場合に、海上運送人は、後日証券を入手次第受け戻すことを条件に船荷証券と引換えでなしに運送品を引き渡すことがある。これを「仮渡」という。

　また、それでは、運送人が正当な船荷証券の所持人に対し損害賠償責任を負うこ

ととなるため、荷受人および銀行を連帯保証人とし、いっさいの結果について責任を負うことを内容とする「保証状(Letter of Guarantee ＝ L/G)」を運送人に差し入れることが行われている。これを「保証渡」という。銀行を連帯保証人としないシングルL/Gもあるが、通常は、銀行が連帯保証人になったバンクL/Gを差し入れることが多い。

仮渡・保証渡については、かつては、船荷証券の受戻証券性に反し無効となるとの疑義もあったが、現在では、判例・学説上も、適法な商慣習として有効なものと認められている。保証渡が行われた後に、証券を取得できなかった場合は、運送人が証券所持人に対して損害賠償を負い、運送人は保証状にもとづいて求償することになる(保証渡の有効性をめぐる議論と不法行為の成否に関する整理として、栗田和彦「保証渡し・荷渡指図書」今井薫他『現代商法Ⅰ総則・商行為法〔改訂版〕』三省堂〔1996年〕296頁。保証渡をした運送人代理店の不法行為責任を認めた裁判例として、大阪高判昭63・4・5金法1201・19〔福原紀彦・同判例研究・商事法務823号〕、運送人の責任を認めた裁判例として、東京地判平8・10・29金法1503・97商総行百選86)。

なお、船荷証券所持人に対する損害賠償責任について、責任制限や除斥期間等の規定(商585条、国際海運8条・9条・11条・15条、船主責任制限法3条)の適用の有無も問題となる(箱井・海商144頁)。

6) 海上運送状

「海上運送状(Sea Waybill)」は、海上物品運送契約による運送品の受取または船積みを証し、運送契約の内容を知らしめるため、船荷証券に代えて、運送人が荷送人等に発行する運送書類である。船舶の高速化に伴い運送品の受取に必要な証券の呈示がかえって不便となり、国際取引でも関連企業間取引や継続的取引が増加して荷為替を組む必要が低下したことにより、船荷証券に代わって広く用いられている。海上運送状は、有価証券ではなく証拠証券にすぎない。商法は、実務上の重要性に鑑み、平成30年改正で、交付義務・記載事項等の規定を新設した(商770条)。

海上運送状は、船荷証券と同様に、運送人または船長が、荷送人または傭船者の請求により、運送品の船積後または受取後に交付すべきものとされ、記載事項は、船荷証券とほぼ同様である。その記載と交付は、荷送人または傭船者の承諾を得て電磁的方法によって記録し提供することもできる(商770条2項・3項)。

なお、「海上運送状に関するCMI統一規則」が約款によって運送契約の内容に取り込まれている。同規則では、海上運送状は運送人と荷受人との間ではこれに記載された通りの運送品の受取について確定的証拠となるとして、一種の文言性を認めている(同規則5条〔ⅱ〕〔b〕)。この点は海上運送状に関する商法規定(商770条)には定めがないので、約款にもとづく当事者間の約定として効力を有することになる。

(5) 海上物品運送人の責任
1) 適用される法的規律

海上物品運送人の責任については、内航船による海上運送については、商法第2編商行為第8章運送営業第2節に定められた物品運送一般の運送人の責任に関する規定が適用され、さらに、商法第3編海商のうち、第3章の海上物品運送に関する特則の規定の適用を受ける(その内容については前述した)。

他方、外航船によるものは国際海上物品運送法（昭和32年法律172号）の適用対象となる（国際海運1条・15条）。

２）国際海上物品運送における運送人の責任

i　債務不履行責任の原則

海上運送人は、自己またはその使用する者が運送品の受取り、船積み、積付け、運送、保管、荷揚げおよび引渡しについて注意を怠ったことにより生じた運送品の滅失、損傷または延着について、損害賠償責任を負い、運送人はその注意が尽くされたことを証明しなければ責任を免れない（国際海運3条・4条）。債務不履行責任につき、基本的に物品運送契約に関する商法上の通則（商575条）と同様である。

ii　賠償額の定型化と責任限度額

運送品に関する損害賠償の額については、荷揚げされるべき地および時における運送品の市場価格によって定めるとして、定型化されている（国際海運8条、制約として10条）。商法576条と同様の趣旨である。

運送品に関する運送人の責任の限度として、①滅失、損傷または延着に係る運送品の包または単位の数に1計算単位の666.67倍を乗じて得た金額、あるいは②当該運送品の総重量について1キログラムにつき1計算単位の2倍を乗じて得た金額のいずれか多い金額を限度とすると定めている（国際海運9条1項〔平成30年改正〕、なお、1計算単位とは、国際通貨基金協定3条1項に規定する特別引出権による1特別引出権に相当する金額をいい〔国際海運2条4項〕、その邦貨への換算は運送人が損害を賠償する日において公表されている最終のものによる〔国際海運9条2項〕）。

iii　免責約款の禁止と法定免責（責任の加重と軽減）

運送人が船荷証券中に置く免責約款が禁止され、運送人の責任が強行法的に規制されている（国際海運11条1項）。但し、運送品の船積み前または荷揚げ後の事実により生じた損害（国際海運11条3項）、傭船契約の当事者間（国際海運12条）、特殊の運送および生動物・甲板積みの運送（国際海運13条・14条）には、免責禁止規定は適用されない。

他方で、法定免責が定められ、運送品の損害が船員等の航海上の過失あるいは船舶における火災等の一定の事由によって生じた場合には、運送人は法律上当然に免責される（国際海運3条2項）。その他の法定免責事由として、海上その他可航水域に特有の危険、天災、戦争・暴動または内乱等がある（国際海運4条2項）。

iv　責任追及・責任消滅の特則

荷受人または船荷証券所持人は運送品の一部滅失または損傷があった場合には、受取りの際、運送人に対し、その滅失または損傷の概況につき書面による通知を発しなければならず、これを怠った場合には、運送品は滅失および損傷がなく引き渡されたものと推定される（国際海運7条1項・2項）。

運送品に関する運送人の責任は、運送品が引き渡された日（全部滅失の場合には引き渡されるべき日）から1年以内に裁判上の請求がされないときは、消滅する（国際海運15条・商585条1項）。

v　責任減免規定の不法行為責任への準用

運送人の荷受人に対する不法行為責任について、運送人の債務不履行責任を減

免する規定(損害賠償額の定型化、責任限度額、除斥期間等)を準用する規定が設けられている(平成30年改正前国際海運20条の2第1項、1968年制定のウィスビー・ルールを摂取した旧国際海運法16条1項。平成30年商法改正により、商法でも物品運送一般につき同様の規定が新設された〔商587条〕)。但し、荷受人があらかじめ荷送人の委託による運送を拒んでいたにもかかわらず、運送人が荷送人から運送を引き受けた場合には、公平の観点から、それらの責任減免規定は準用されない(国際海運16条2項〔平成30年改正〕、松井他・問答商法207頁参照)。

4 海上旅客運送の法的規律

(1) 海上旅客運送契約

わが国での海上旅客運送事業は、国内での2019年実績で、972事業者により1806航路に2238隻が就航しており、離島や長距離のフェリーの他、観光クルーズ船も利用されている(国土交通省海事局『数字で見る海事2020』国土交通省〔2020年〕)。外航定期航路は周辺国との間で運航され、観光クルーズ船も運航されている。

海上旅客運送契約は、船舶(商684条、747条に規定する非航海船〔商747条〕を含む)により、旅客の運送を引き受ける契約をいう(商569条3号)。海上旅客運送契約は、運送人が旅客を運送することを約し、相手方がその結果に対してその運送賃を支払うことを約することによって、その効力を生ずる(商589条)。海上旅客運送契約は、双務契約かつ諾成契約としての性質を有する。

平成30年改正により、陸上運送・海上運送・航空運送に共通の旅客運送に関する規定が置かれている(商589条〜594条)。これにより、平成30年改正前商法777条以下の海上旅客運送契約に関する特別規定は削除された。内航船については、海上運送法が運送約款の認可について定め(海上運送法9条)、国土交通省が告示する標準約款があり、その約款の利用が普及しており、商法上の規定を実質的に補充している(箱井・海商186頁)。海上旅客運送契約に関する国際的な規律として、1974年の海上旅客運送およびその手荷物に関するアテネ条約が成立しているが(1987年発効、2002年改正議定書により改正)、わが国は批准していない。わが国では、日本外航客船協会が制定する標準運送約款に準拠した約款が利用されている(箱井・海商187頁)。

(2) 海上旅客運送人の責任
1) 旅客に関する責任

海上旅客運送人は、旅客が運送のために受けた損害を賠償する責任を負い、運送人が運送に関し注意を怠らなかったことを証明したときは責任を負わない(商590条)。このように、海上旅客運送人は基本的に推定過失責任を負う。

海上旅客運送においては、旅客の生命・身体を保護する観点から、商法590条の規定に反する特約(運送に関する注意義務違反の立証責任を旅客に負わせる特約、旅客の生命・身体の侵害に関して責任限度額を設ける特約等)は無効とされて

いる(商591条1項)。但し、運送人の責任を軽減することもやむをえないと認められる
場合(大規模な災害が発生した地域に緊急に記者やボランティアを輸送するような場
合、あるいは重篤な病人を急いで病院へ搬送する場合等)には、その特約禁止は除
外される(同条2項)。

海上旅客運送における堪航能力担保義務については、平成30年改正により商法
上の規定が削除され、債務不履行の一般原則による。

2) 手荷物に関する責任

運送人は、旅客から引渡しを受けた受託手荷物については、運送賃を請求しない
ときであっても、物品運送契約における運送人と同一の責任を負う(商592条)。これ
に対し、旅客から引渡しを受けていない携帯手荷物の滅失または損傷については、
故意または過失がある場合を除き損害賠償責任を負わない(商593条1項)。

物品運送人またはその被用者の責任の減免規定は、受託手荷物の場合はもとよ
り、責任の不均衡を避ける観点から、携帯手荷物の場合にも、性質上適当でない規
律を除き、準用が認められる(商593条2項〔平成30年改正〕、松井他・問答商法53頁)。

(3) 海上旅客運送人の権利

海上旅客運送人は、旅客に対し運送賃請求権等の債権を有するが、これらの債
権については、陸上運送・海上運送・航空運送の区別を問わず、物品運送の場合と
同様に1年の短期消滅時効が適用される(商594条・586条)。

5 海上危険への対処の制度

(1) 船舶衝突
1) 意義と特別規律

船舶の衝突は、海上企業活動においては不可避な事故であり、事後処理の民事
規律は、民法上の不法行為規定が原則となる。しかしながら、船舶の衝突という特殊
な事故においては、事故発生の原因究明や責任判定が困難となることが多いことか
ら、伝統的に、海商法分野に特別の規律が設けられている。

商法上、船舶の衝突とは、単なる船どうしが衝突することを意味するのではなく、商
法にいう船舶(商船)どうしが衝突する場合をいう(商788条)。但し、商法上の船舶と
非航海船との衝突等の事故についても、船舶の衝突に関する海商法の規定が準用
される(商791条)。

商法上の船舶の衝突に関する規定(商788条・789条)は、船舶がその航行もしくは
船舶の取扱いに関する行為または船舶に関する法令に違反する行為によって、他の
船舶に著しく接近し、他の船舶または他の船舶内にある人や物に損害を加えた事故
にも準用される(商790条)。これは、衝突を伴わない一定の場面でも、同趣旨から、
衝突に準じて規律するもので、準衝突と呼ばれる。

船舶の衝突によって生じた損害に関する責任の帰属・分担に関しては、商法第3
編海商第4章の規定、日本も批准している1910年「船舶衝突についての規定の統一

に関する条約（いわゆる衝突条約）」の特別規定、「海上衝突予防法」とその特別法である「海上交通安全法」と「港則法」（いわゆる海上交通三法）がある。

平成30年商法改正では、船舶の衝突について、前述の規律のように適用範囲を拡大するとともに、衝突条約をはじめとする国際的な規律との調和を図って、衝突船舶の双方に過失ある場合の責任分担規律を整え、船舶衝突を原因とする損害賠償請求権の消滅時効の規定を新設している（松井他・問答商法132頁〜138頁）。

2）船舶衝突の形態と責任分担規律

船舶衝突の効果として責任の分担のあり方は、損害の負担およびその決定方法を公平かつ明確にするために、衝突条約4条1項を摂取した平成30年改正商法を踏まえると、当事者の過失の状況に応じた船舶衝突の形態に応じて、次の三つの場合の規律を認識できる。

第一には、衝突船舶の双方の過失による衝突の場合には、裁判所が、これらの過失の軽重を考慮して、各船舶所有者について衝突による損害賠償の責任および額を定める。過失の軽重を定めることができないときは、損害賠償の責任および額は、各船舶所有者が等しい割合で負担する（商788条）。

第二に、衝突船舶の一方の過失による衝突の場合には、民法の一般的不法行為の規定（民709条）により、過失のある船舶所有者等が損害賠償責任を負う。

第三に、不可抗力または原因不明の場合（相手方の過失を立証することができない場合を含む）には、一般原則に基づいて、物の損害は所有者の負担とされ、被った自己の損害は、各自で負担することとなる。

3）船舶衝突による損害賠償請求権の消滅時効

船舶衝突を原因とする不法行為による損害賠償請求権（財産権が侵害されたことによるものに限る）は、不法行為の時から2年間行使しないときは、時効によって消滅する（商789条、衝突条約7条1項）。

（2）海難救助

1）海難救助の意義・要件と法的規律

海難救助に関し、商法は、平成30年改正により、わが国も批准している1910年海難救助条約（大正3年条約2号）と、1989年の海難救助新条約（1996年に発効しているが、こちらはわが国は批准していない）等の規律との調和を図っている（松井他・問答商法139頁〜155頁、岡田・保険海商203頁）。

海難救助とは、船舶または積荷等（積荷その他の船舶内にある物）の全部又は一部が海難に遭遇した場合において、これを救助することをいう（商792条1項）。海難を救助した者（救助者）は、義務なくして行う救助（任意救助）に限らず、契約にもとづく救助（契約解除）であっても、その結果に対して救助料の支払を請求することができる。但し、船舶または積荷等が救助された（救助が成功した）ことが必要である（不成功無報酬〔no cure no pay〕の原則）。船舶所有者および船長は、積荷等の所有者に代わってその救助に係る契約を締結する権限を有する（商792条2項）。

海難救助に関する商法第3編海商の規定は、非航海船又は非航海船内にある積荷その他の物を救助する場合に準用され（商807条）、適用範囲が拡張されている。

2）海難救助の効果

海難救助が行われると、その効果として、救助者に救助料の支払請求権が発生する(商792条1項)。但し、救助者が故意に海難を発生させた場合、または、救助者が、正当な事由により救助を拒絶されたにもかかわらず、救助を行った場合には、救助料を請求することはできない(商801条)。

なお、救助料の支払請求権は、救助の作業が終了した時から2年間行使しないときは時効によって消滅する(商806条)。

3）救助料

i　救助料の額

救助料の額について特約がなく額に争いがあるときは、危険の程度、救助の結果、救助のために要した労力および費用その他一切の事情を考慮して、裁判所が救助料の額を定める(商793条)。平成30年改正商法は、1989年海難救助新条約に合わせて、海洋汚染をもたらす船舶の救助を促進するため、裁判所の考慮事情として、海洋汚染の防止または軽減のための労力および費用を追加している。

また、海難に際して契約によって救助料を定めた場合であっても、その救助料の額が著しく不相当であるときは、当事者は、その増額または減額を請求することができ、この場合にも、裁判所が一切の事情を考慮して救助額を定める(商794条・793条)。なお、救助料の額については、特約がないときは、救助された物の価額(救助された積荷の運送賃の額を含む)の合計額を超えることができない(商795条)。

ii　共同救助・人命救助の場合の救助料の分配

数人が共同して救助した場合(共同救助)において、各救助者に支払うべき救助料の割合については、裁判所が一切の事情を考慮して救助額を定める(商796条1項・793条)。また、人命の救助に従事した者も、共同救助の規定に従って救助料の分配を受けることができる(商796条2項)。

iii　船舶所有者と船員の間での救助料の分配

船舶所有者と船員との間での救助料の分配については、救助に従事した船舶の場合は、その3分の2を船舶所有者に支払い、その3分の1を船員に支払わなければならない(商797条1項)。この場合も、救助料の割合が著しく不相当であるときは、船舶所有者または船員の一方は、他の一方に対し、その増額または減額を請求することができ、裁判所が一切の事情を考慮して救助額を定める(商797条3項・793条)。

さらに、各船員に支払うべき救助料の割合については、救助に従事した船舶の船舶所有者が決定し(商797条4項)、船舶所有者は航海が終了するまでに分配案を作成して、これを船員に示さなければならない(商798条)。

船員は、この分配案に対して異議の申立てをすることができ、この異議の申立ては、異議の申立てをすることができる最初の港の管海官庁にしなければならず、管海官庁は、その異議を理由があると認めるときは、船舶所有者の分配案を更正することができる。船舶所有者は、異議の申立てについての管海官庁の決定があるまでは、船員に対し、救助料の支払いをすることができない(商799条)。

なお、救助者がサルベージ会社などの救助を業とする者であるときは、救助料の全額をその救助者に支払わなければならない(商797条5項)。

4) 救助された船舶の船長の権限

救助された船舶の船長は、契約救助の場合を除いて、救助料の債務者に代わって救助料の支払いに関する一切の裁判上又は裁判外の行為をする権限を有するとされ、救助料に関し、救助料の債務者のために、原告又は被告となることができる（商803条1項・2項・4項）。

5) 特別補償料

前述の不成功無報酬原則の例外として、船舶または積荷等の救助の結果が得られないときでも、海洋汚染の防止・軽減の措置を促進する措置として、汚染対処船舶従事者に特別補償料の請求が認められる（商805条〔平成30年新設〕）。この補償料請求権の消滅時効期間も2年間である（商806条）。

（3）共同海損

1) 海損の形態と共同海損の意義

海損とは、広義には、航海に際して船舶又は積荷等について生じる一切の損害・費用をいい、通常海損（小海損）と非常海損（狭義の海損）とがある。通常海損（小海損）とは、通常の航海に伴い規則的に発生する損害・費用（船舶の自然損耗や燃料費、入港税、水先料など）をいい、船舶所有者が運送賃によって支出すべき性質のものとして認識され処理される。

これに対し、狭義の海損である非常海損とは、通常予見することができない航海に伴う事故から生ずる損害・費用のことをいい、単独海損と共同海損とがある。非常海損のうち、単独海損とは、船舶または積荷等のいずれか片方についてのみ生ずる損害・費用のことであり、その損害の関与者が単独でこれを負担する。

そして、非常海損のうちの「共同海損」とは、船舶または船荷等に対する共同の危険を回避するために、船舶または積荷等についての処分（共同危険回避処分）がされた場合において、その処分によって生じた損害・費用のことをいう（商808条1項）。

2) 共同海損の法的規律

共同海損行為によって生じた損害・費用（商法809条1項に損害額が明示されている）は、船舶や積荷・積荷以外の船舶内にある物の各利害関係人および運送人によって分担される（商810条1項）。この場合の利害関係人には船員や旅客は含まれない。

共同海損は、実務上、1994年ヨーク・アントワープ規則によって処理されることが多く、商法では、平成30年改正により、同規則に整合するように規律が整備された（松井他・問答商法156頁）。

【 商法第3編海商における船舶衝突・海難救助・共同海損の規定配列 】

平成30年改正前の商法第3編海商においては、第4章海損と第5章海難救助の章立てをして、第4章の中に共同海損と船舶の衝突に関する規定を置いていた。これは、海損には、①共同海損（座礁した船舶につき重量を軽くして離礁させるために積荷を投棄した場合のように、船舶、積荷及び運送賃に対する共同の危険を免れるために生じた損害であって、これらにより共同して負担すべきもの）と、②単独海損（船舶の衝突によって生じた損害のように、関与者のみが単独で負担すべき損害）とが存在するという理念に基づく。

しかし、時系列では、一般に、船舶の衝突が生じ、その衝突に際して海難救助が行われ、海難救助の後にこれらに関する精算（共同海損）が行われる。また、船舶の衝突に関する規律は、

不法行為に関する民法の特則を定めるものであっても共同海損に関する規律とは性質が大きく異なり、同一の章で規律することは相当ではない。さらに、共同海損の計算に際しては、救助された船舶の船舶所有者が支払うべき救助料の額を確定しておくことが論理的な前提となる。

そこで、平成30年改正商法では、時系列や論理的な関係等に配慮し、第3編の中に第4章船舶の衝突、第5章海難救助を、第6章共同海損を規定している（松井他・問答商法131頁）。

（4）海上保険

1）海上保険の意義・機能と法的規律

海上保険契約とは、損害保険契約のうち、営業として保険の引受けを行う保険者（保険会社）が、航海に関する事故によって生ずることのある損害を填補することを約する契約をいう（商815条1項）。海上保険契約には、船舶を保険の目的とする船舶保険契約と、貨物を保険の目的とする貨物保険契約とがある（従来の希望利益保険は、希望利益が貨物の価格に加算されて貨物保険で付保されることから、平成30年改正で規定が削除されている）。

航海においては事故の原因・態様・規模が特殊であり、そもそも保険制度が海上保険から始まったという沿革と企業保険としての性質を踏まえて、商法第3編海商において、海上保険に関する規定が維持されている（海上保険に関する体系的な最新の参考文献として、中出哲『海上保険』有斐閣〔2019年〕がある）。もっとも、海上保険は損害保険の一種であることから、海商編の特別規定のほかは、保険法（平成20年法律56号）の多くの規定が適用される（商815条2項）。

2）保険者（保険会社）の損害填補責任

保険者（保険会社）は、原則として、保険の目的について、保険期間内に発生した航海に関する事故によって生じた一切の損害を填補する責任を負う（商816条）。また、保険者は、海難の救助または共同海損の分担のために、被保険者が支払うべき金額を填補する責任も負う（商817条1項）。

保険期間内に航海の変更をしたときは、保険者（保険会社）は、その航海の変更が保険契約者又は被保険者の責めに帰することができない事由による場合を除いて、その変更以後に発生した事故によって生じた損害を填補する責任を負わない（商822条2項）。

保険者（保険会社）は、①被保険者が発航又は航海の継続を怠ったときや、②被保険者が航路を変更したとき、③その他保険契約者又は被保険者が危険を著しく増加させたときは、保険者（保険会社）は、その事実が当該事故の発生に影響を及ぼさなかった場合や保険契約者又は被保険者の責めに帰することができない事由によるものである場合を除いて、その事実が生じた時以後に発生した事故によって生じた損害を填補する責任を負わない（商823条）。

貨物保険契約で定める船舶を変更したときは、保険者（保険会社）は、その変更が保険契約者または被保険者の責めに帰することができない事由によるものである場合を除いて、その変更以後に発生した事故によって生じた損害を填補する責任を負わない（商824条）。

その他、海上保険契約において、保険者（保険会社）の損害賠償責任を制限する特約を定めることは、可能である。

3）保険価額と保険期間

船舶保険契約については、保険期間の始期における、その船舶の価額が保険価額となる（商818条）、貨物保険契約では、船積みがされた土地および船積みがされた時における貨物の価額、運送賃、保険に関する費用の合計額が保険価額となる（商819条）。但し、実際上は、保険価額を当事者間で協定し、協定による保険価額を基準とする。実務上、保険期間は、一定期間または特定の航海中、あるいは両者の混合による方法で定められる。

4）自発的告知義務

保険契約者または被保険者になる者は、海上保険契約の締結に際して、海上保険契約によって填補することとされる損害の発生の可能性（危険）に関する重要な事項について、事実の告知をしなければならない（商820条〔平成30年改正〕）。海上保険においては、危険の内容や危険の程度をあらかじめ一般的に推定することが困難であるため、このような自発的な告知義務が設けられている。保険契約者または被保険者が、故意または重大な過失によって、この告知義務に違反した場合には、保険者（保険会社）は海上保険契約を解除することができる（商829条）。

5）保険者（保険会社）の免責

保険者（保険会社）は、次の損害については、填補責任を負わない。すなわち、①保険の目的物の性質や瑕疵、その通常の損耗によって生じた損害、②保険契約者・被保険者の故意または重大な過失（責任保険契約では故意）によって生じた損害、③戦争その他の変乱によって生じた損害、④船舶保険契約において、発航の当時、堪航能力に関する注意義務（商739条1項各号）を欠いたことにより生じた損害（保険契約者・被保険者が、発航の当時、注意を怠らなかったことを証明した場合を除く）、⑤貨物保険契約において、貨物の荷造りの不完全によって生じた損害である（商826条）。

6）保険委付の廃止

従来、商法には、海上保険に特有の制度として保険委付の制度に関する規定があった（平成30年改正前商833条〜841条）。保険委付とは、被保険者が、全損またはこれに準ずる損害が発生した場合に、保険の目的物について有する一切の権利を保険者に移転することにより、保険金額の全部を請求することができるものとする制度である。海上保険では、全損発生の事実の立証が困難であり、損害の算定に多くの労力と時間を要する場合も少なくないことから、保険契約者の便宜のために認められた制度であった。しかし、実際には、わが国において保険委付はほとんど行われず、近時では、約款に保険委付をすることができない旨が明記されるようになったため、平成30年改正により、商法上、保険委付に関する制度は設けられないことになった（松井他・問答商法187頁）。

2.8.5. 航空運送営業の特殊な法的規律

　　　1　航空運送の意義・特色と法的規律
　　（1）航空運送と航空運送営業
　　（2）空商法と航空運送営業の法的規律
　　　2　航空物品運送の特殊な法的規律
　　（1）航空貨物運送契約
　　（2）航空貨物運送人の責任
　　　3　航空旅客運送の特殊な法的規律
　　（1）航空旅客運送契約
　　（2）航空旅客運送人の責任

□1.航空運送とはなにか、どのような分類がなされるか。
□2.航空運送の法的規律にはどのようなものがあるか。
□3.航空物品運送契約および航空物品運送人の責任に関しては、運送に関する一般的規律に加えて、どのような特殊な規律があるか。
□4.航空旅客運送契約および航空旅客運送人の責任に関しては、運送に関する一般的規律に加えて、どのような特殊な規律があるか。

1　航空運送の意義・特色と法的規律

（1）航空運送と航空運送営業

　「凡そ航空の科学ほど、人類の活動に、実際に利用された科学は類を見ない。また人類の生活と国民の運命にこれほど大きい影響を与えた活動は、他に存在しない。」と言われ（伊沢孝平『航空法』有斐閣〔1964年〕1頁）、航空技術の急速な進歩とともに、迅速な運送を可能とする航空機を利用する航空運送事業が大いに発展し、世界規模での経済社会活動の拡大に寄与している。運送の手段と費用の面から、大量の物品運送は船舶による海上運送が、迅速な旅客運送は航空機による航空運送が担う傾向が少なからずあったものの、今日では、航空運送は、旅客運送としても、貨物運送としても普及している。

　わが国の航空運送事業は、第二次大戦後の活動制約期の後、国際的な民間航空事業に関する「シカゴ体制」のもとで、官民をあげての再生と国際競争力の向上の取り組みが進められ、市場規模は拡大傾向を強めた（但し、2020年春からのコロナ渦により需要が激減し、その後の回復が期待されている。わが国の航空事業の沿革等につき、ANA総合研究所『航空産業入門〔第2版〕』東洋経済新報社〔2017年〕、最近の動向につき、渋武容『日本の航空産業』中公新書〔2020年〕、参照）。

　航空運送とは、航空機（人が乗って航空の用に供することができる飛行機等〔航空法2条1項〕）による物品または旅客の運送をいう（商569条4号）。その航空機には、エンジンの推進力で空中を移動する飛行機のほかグライダーも含まれるが、ドローン等の無人飛行機は含まれない。

　わが国の航空法（昭和27年法律231号、最終改正：令和元年法律38号・令和2年6月18日施行）においては、航空機を運行して営む事業上は、他人の需要に応じ航空機を使用して有償で貨物または旅客を運送する航空運送事業（航空2条18号）と、他人の需要に応じ航空機を使用して有償で貨物または旅客の運送以外の行為の請負

を行う航空機使用事業（航空2条21号）とに分類されている。

前者の航空運送事業には、本邦内の地点と本邦外の地点との間または本邦外の各地間において行う国際航空運送事業（航空2条19号）、および本邦内の各地間に路線を定めて一定の日時により航行する航空機により行う国内定期航空運送事業（航空2条20号）がある。

（2） 空商法と航空運送営業の法的規律
１） 空商法

空中の活動を対象とした法分野を「空法」（宇宙空間の場合には「宇宙法」）と呼び、航空機を用いた運送を中心にした航空営業（空商）に特有の法律関係に関する法分野を「空商法」と呼ぶことがある。

空商法は、実質的な意義においては、航空企業法である。前述の「海商法」という法分野を認識することに対応した法分野の認識といえる（「航空法」という用語で認識し体系化した伝統的な書物に、伊沢・前掲航空法がある）。

２） 航空運送営業の法的規律

航空運送に関しては、従来から、行政規律を定める航空法（昭和27年法律231号、最終改正：令和元年法律38号・令和2年6月18日施行）はあったものの、特別の民事規律を定める法令を欠いていた。ようやく、平成30年商法改正により、航空運送を業とする場合には、陸上運送・海上運送の場合と同じく、運送営業に関する総則的規律である商法第2編商行為の第8章運送営業の規定（第1章総則、第2章物品運送、第3章旅客運送）の適用を受けるようになった。

海上物品運送については、商法上の総則的規律に加えて商法第3編海商の編および国際海上物品運送法に多くの特別規定が置かれているが、航空運送については、商法の総則的規律の他に法文上の規定はない（商法中に「空商」の編はない）。航空運送契約は、民法・商法の一般的規定、自動執行力のあるモントリオール条約等に準拠する航空運送約款によって規律されている。

国際航空貨物運送および国際航空旅客運送については、それぞれの特殊性にもとづき、モントリオール条約（MC）に規律が設けられている。わが国においても、国際航空運送では、自動執行力のあるモントリオール条約（MC）に依拠する約款にもとづいて契約条項が定められているが、国内航空運送約款では必ずしも条約とリンクしていない部分があり、その場合にはMCの内容との一致が望まれている（藤田・前掲現代商取引法239頁、参照）。

そこで、以下では、航空運送営業に関する特殊な法的規律につき、国際的に共通して通用している多くの約款が準拠するモントリオール条約（MC）の主要な内容を扱う（MCの内容の体系的整理につき、藤田・前掲現代商取引法234頁以下、江頭・商取引300頁以下・337頁以下・366頁以下、青竹・商法413頁以下・433頁以下、高桑155頁以下・165頁以下が詳しい。なお、MCの主要条文の日本語訳として、砂田＝久保・企業取引152頁以下、逐条解説として、藤田勝利＝落合誠一＝山下友信〔編〕『注釈モントリオール条約』有斐閣〔2020年〕がある）。

2 航空物品運送の特殊な法的規律

（1）航空貨物運送契約
1）契約の主体と形態
　航空貨物運送契約では、荷送人と利用運送事業者が個品運送契約を締結し、後者の利用運送人が実際運送人との間で個品運送契約を締結する場合が多い。この場合の利用運送人および実際運送人との契約も、諾成不要式の契約である。

2）航空運送状・貨物受取証の利用
　航空運送状（Air Waybill, Air Consignment Note）とは、運送契約の締結および運送人による貨物の引受けの事実、および運送条件その他の一定の事項を証する証拠証券である（MC11条1項）。航空運送状は、荷送人によって原本3通が作成され（MC7条1項）、荷受人および運送人に交付される（MC7条2項）。運送に関する記録を保存する他の手段（電磁的手段）を運送状の交付に替えることができ、荷送人が要請するときは、運送人は、荷送人に対し、送り荷の識別および当該手段によって保存される記録に含まれる情報の入手を可能にする貨物受取証（receipt for the cargo）を交付しなければならない（MC4条2項）。

　航空運送状には、条約上、出発地および到達地等の記載が要求されるが（MC5条）、実務上は国際航空運送協会（IATA）によって貨物の種類・個品の数・実重量・記号・外見状態や貨物の申告価格等を定めた統一様式が用意され、運送人はこれに従った書式を用いる。貨物の重量、寸法および荷造りならびに荷の個数に関する航空運送状または貨物受取証に記載された申告は、反証がない限り、証明力を有する（MC11条2項）。

3）航空貨物の処分権と引渡し
　荷送人は、貨物到達地において荷受人が適法に引渡しを請求するときまで、貨物の返還を請求する等の貨物を処分する権利（貨物処分権・運送品処分権）を有し、運送人は、荷送人用の航空運送状または荷送人に交付した貨物受取証の呈示がなされた場合でなければ、荷送人の当該指図に従うことはできない（MC12条1項・3項。貨物受取証は荷受人用の航空運送状と同じ法的機能を有する〔江頭・商取引314頁〕）。

　国際航空貨物運送契約では、物品証券である有価証券は発行されない。そこで、運送契約上、貨物が到達地に到達したときは、荷受人と指定された者が、運送人に対して、料金を精算しおよび運送の条件に従うことを条件に、証券を呈示することなく貨物の引渡しを要求する権利を有する（MC13条1項）。

（2）航空貨物運送人の責任
1）責任原因と免責事由
　国際航空貨物運送においては、運送人は、貨物に対して破壊、滅失または毀損が生じ、または延着の場合に損害が発生した場合、その損害の原因となった事故が航空運送中に生じたものであることのみを条件として、損害賠償責任を負う（MC18条1項）。貨物の破壊、滅失または毀損により損害が生じた場合は、貨物の固有の欠陥

または性質等の原因から生じたことを証明しなければ、損害賠償責任を免れないとして、厳格責任とされている（MC18条2項）。延着から生じた損害の場合には、厳格責任とすることは妥当でなく、運送人その使用人および代理人が損害を防止するために合理的に要求されるすべての措置をとったこと、またはそのような措置をとることが不可能であったことを証明すれば、責任を免れる（MC19条）。

　もっとも、賠償の請求者または賠償の請求者の権利を生じさせた者の過失または不当な作為もしくは不作為が損害を生じさせ、または損害に寄与したことを運送人が証明する場合には、運送人は、当該過失または不当な作為もしくは不作為が損害を生じさせ、または損害に寄与した範囲内において請求者に対する責任の全部または一部を免れる（MC20条）。

　なお、航行・航空機の取扱上の過失免責や火災免責については、国際海上物品運送法とは異なり、モントリオール条約に定めはない。

２）損害賠償額とその制限

　一般に、航空運送契約においては、賠償額の定型化はなされておらず、荷送人の申告価額またはMCに定める責任限度額の範囲内で賠償がなされる。国際航空貨物の破壊、滅失、毀損または延着の場合における運送人の責任は、原則として重量1kg当たり17特別引出権（SDR）の額を限度とする（MC22条3項）。運送人の厳格責任と平仄を合わせて、その責任限度額は絶対的な上限を定めたものとされ、運送人やその使用人の故意により生じた損害であっても、運送人や使用人は、これにより責任制限を主張できる（MC22条5項）。

　また、条約に反する責任限度を定める特約は禁止されている（MC26条）。不法行為にもとづく請求にも条約の責任制限規定が適用される（MC29条）。

３）その他

　MCでは、苦情の申立ての制限（MC31条）、責任の除斥期間を定めている（MC35条）。また、準拠法・裁判管轄等の紛争解決の特約により条約の規定に違反することが禁止される（MC49条）。

3　航空旅客運送の特殊な法的規律

（1）航空旅客運送契約

１）契約の主体と形態

　航空旅客運送契約は、運送人が主として旅客との間で締結される契約で、諾成不要式の契約である。運送人が旅客を航空機により運送することを約し、旅客がその対価として運送賃を約することによって効力を生じる。なお、旅客運送の利用運送契約については、現在のわが国で実例はないといわれている（江頭・商取引289頁）。

　国際航空旅客運送の運送人は、運送契約の拒否を妨げられない（MC27条）。

２）運送証券（航空券）や手荷物識別票の利用

　MCに準拠する航空旅客運送契約においては、運送人に運送証券（旅客切符、航空券）の交付義務があり、これを電磁的手段による電子航空券に替えることができる

(MC3条2項)。但し、電子航空券が利用される場合でも、運送人の責任がMCの規律に従い、責任制限があり得る旨については、旅客に対して書面通知を要する(MC3条4項)。

　一般に、航空機への搭乗前に旅客から運送人に託送手荷物の委託がなされ、この場合、無料となる手荷物許容範囲が定められており、範囲を超える部分には超過手荷物料金が徴収されている。運送人は、託送手荷物毎に、証拠証券である手荷物識別票の交付を要する(MC3条3項)。

（2）航空旅客運送人の責任
1）旅客に関する責任
　国際航空旅客運送においては、運送人は、旅客の死亡または身体の傷害における損害が発生した場合、その死亡または身体傷害の原因となった事故が航空上または乗降のための作業中に生じたものであることのみを条件として、損害賠償責任を負う(MC17条1項)。責任限度額の定めはなく、責任制限は認められいない。

　その損害に関しては一定限度(113,100特別引出権〔SDR〕)までの額については責任を排除・制限することはできない(MC21条1項)。その限度まで無過失責任を負う。但し、過失相殺はあり得る。その限度額を超える部分の賠償については、当該損害が、運送人、使用人、代理人の過失または不当な作為・不作為によって生じたものでないこと、または、当該損害が第三者の過失または不当な作為・不作為によってのみ生じたことを自ら証明する場合は、責任を負わない(MC21条2項)。

　運送人は、延着から旅客に生じた損害については、損害防止の合理的措置をとったか、その措置が不可能であったことを証明しない限り、責任を負う(MC19条)。責任限度額の定めがあり、各旅客につき4,694特別引出権(SDR)の額とされている(MC22条1項)。運送人、使用人、代理人が損害をもたらす意図をもって無謀に、かつ損害が生ずるおそれがあることを知りながら行った行為については、その責任制限は排斥される(MC22条5項・30条3項)。

2）手荷物に関する責任
　託送手荷物と持込手荷物とを問わず、手荷物の破壊・滅失・毀損・延着に関して、運送人は責任を負い、その責任は、各旅客につき1,031特別引出権(SDR)の額を限度にとされている(MC22条2項)。この責任制限も、運送人、使用人、代理人が損害をもたらす意図をもって無謀に、かつ損害が生ずるおそれがあることを知りながら行った行為については排斥される(MC22条5項・30条3項)。

２．９．場屋営業と倉庫営業

2.9.1. 場屋営業

1　場屋営業の機能と法的規律
2　場屋営業者の責任
（１）損害賠償責任
（２）高価品の特則
（３）短期消滅時効

□1.場屋営業とはなにか。場屋営業に関してどのような法的規律があるのか、そのうち、商法はそのような規律を設けているか。
□2.場屋営業者が客から寄託を受けた物品について責任を免れるために証明すべき「不可抗力」とはなにか。
□3.客が内容を告げずに旅館に預けた多額の金員在中の鞄を、従業員不足のため旅館で働いていた旅館主の娘が誤って他の客に渡してしまった場合、旅館主としてはどのような責任を負うか。

1　場屋営業の機能と法的規律

　場屋営業とは、一般公衆が来集するのに適した設備を設けて、顧客にその設備を利用させることを目的とする営業である。古くから、旅館や飲食店等にその例が見られ、営業活動に伴う人の移動と滞在（宿泊・飲食）の需要に応じることに始まり、今日では、個人の趣味・娯楽を含む、さまざまな需要に応じるために、ホテル、飲食店、レストラン、喫茶店、インターネットカフェ、浴場、サウナ、劇場、ゲームセンター、スポーツクラブ等の多様な営業が展開している（ゴルフ場を場屋営業とする裁判例として、名古屋地判昭59・6・29判タ531・176、理髪業は場屋営業ではないとした判例に、大判昭12・11・26民集16・1681）。

　従って、場屋営業者と顧客との間で締結される基本取引の契約は、売買、賃貸借、請負等の単一の契約のこともあれば、混合契約のこともあり、無名契約と解される場合もある。

　多様な取引が展開する場屋取引＊は、一括した法的規律のもとに置くことが困難であり、各取引毎の法的規律に服することになる。しかし、場屋に不特定多数の顧客が出入りするので、その設備の安全性が確保されなければならず、また、客の所持品について盗難や紛失の事故が生じやすく、客を保護して場屋営業の信用を護る必要がある。場屋営業は、いわゆるサービス業として、一般公衆の日常生活と密接な関係を有する。そこで、環境衛生の保全や設備・食品等の安全を確保する上で、多くの行政規制に服する（旅館業法〔昭和23年法律138号〕、公衆浴場法〔昭和23年法律139号〕、風俗営業等取締法〔昭和23年法律122号〕、食品衛生法〔昭和23年法律233号〕、興業場法〔昭和23年法律137号〕等）。

　そして、商法は、場屋営業者を、客の来集を目的とする場屋の主人として定義し

（商502条7号・596条）、商法第2編第9章寄託の総則において、場屋営業者が客の荷物について負う責任を定めている。

> **＊ 場屋取引の定義** 公衆の来集に適する物的・人的設備をなし、これを客に利用させる行為と解して、客の設備利用という面を重視する見解（西原・商行為81頁、戸田・商法Ⅰ58頁、大判昭12・11・20民集16・1681）と、公衆の来集に適する設備をなし、客の需要に応じる行為と解して、必ずしも客自身の設備利用を重視しない見解（大隅・商行為167頁）がある。両説の実質的な差異はない（岩崎憲次「場屋取引」今井薫他『現代商法Ⅰ総則・商行為法〔改訂版〕』三省堂〔1996年〕434頁）。

2　場屋営業者の責任

（1）損害賠償責任
1）客から寄託を受けた物品

　場屋営業者は、客から寄託を受けた物品の滅失または毀損につき、それが不可抗力により生じたものであることを証明しない限り、損害賠償の責任を免れることができない（商596条1項）。ローマ法のレセプツウム責任（受領という事実のみによって当然に結果責任を負わせた厳格な責任）に由来する責任である。

　ここに「客」とは、場屋営業者と基本契約（宿泊契約・施設利用契約等）を締結した者に限られず、施設の利用者を含む。例えば、ホテルの宴会招待客や宿泊客への訪問者も含まれる。

　商法596条1項にいう「不可抗力」の意義については見解が分かれているが、「外部から発生した出来事であり、かつ、通常必要と認められる予防方法を尽くしても発生を防止できないもの」と解される（通説）＊。

> **＊ 商596条1項にいう「不可抗力」の意義** 主観説では、事業の性質に伴い最大の注意をもってしても避けることができない場合を指す（小町谷・前掲書422頁）。これに対して、客観説では、客観的にみて、当該事業の外部から発生した出来事で、通常その発生を予測できないものとする（田中誠・商行為270頁）。主観説によると無過失責任と同じとなり妥当でなく、客観説によると、発生が予想されれば、防止が不可能または経済的に防ぎようがない場合にまで責任が生じて妥当でない。そこで、折衷説として、①外部から発生した出来事であり、かつ、②通常必要と認められる予防方法を尽くしても発生を防止できないものをいうとの見解が通説としての地位を占めている（大隅・商行為168頁、西原・商行為414頁、鈴木65頁）。

2）寄託を受けない場合

　客が特に寄託しない物品であっても、場屋内に携帯した物品が場屋営業者またはその使用人の不注意によって滅失または毀損したときは、場屋営業者は損害賠償の責任を負わなければならない（商596条2項）。この責任は、寄託契約上の責任とは言えず、不法行為責任でもないので、場屋の利用関係にもとづき強化された法定の特別責任と解するほかない（通説）。携帯手荷物に対する運送人の責任とも異なる。

3）免責の告示

　客の携帯品につき責任を負わない旨の告示をしても、上記の責任は免れない（商

596条3項）。単なる一方的な告示だけでは責任が軽減されないという意味であり、本条は任意規定であるから、特約による責任軽減は可能である。

（2）高価品の特則

　貨幣・有価証券その他の高価品については、客がその種類および価額を明告して寄託した場合でなければ、場屋営業者はその物品の滅失または毀損につき損害賠償の責任を負わない（商597条）。

　運送人や運送取扱人の責任に関する高価品の特則（商577条・564条）と同趣旨であり、原則として同様の解釈ができる。すなわち、高価品とは、場屋営業者の予見可能性から考えて、重量および容積に比較して著しく高価な物品をいうと解される（最判昭45・4・21判時593・87商百選75、参照）。貴金属・宝石・高級美術品等は高価品といえる。明告がなければ普通品としての責任も負わない。

　但し、場屋営業者が高価品であることを知っていた場合は、高価品としての責任を免れないと解される。また、場屋営業者の故意による滅失・毀損の場合には、明告がないことで免責を認めることは妥当ではないと解される（通説）。いずれの場合も、物品運送人には高価品の特則が適用されない旨が明文化された（商577条2項）のに対して、場屋営業者には高価品の特則が適用されない旨の条文は置かれなかったが、同様に解してよい。

　高価品の特則による場屋営業者の免責が、不法行為責任にも及ぶかどうかについては明文はないが、物品運送人の場合（商587条・588条）と同様に解される。裁判例には、高価品の特則による免責は、重過失の場合も適用があり、不法行為にも類推適用され、約款中の責任制限特約についても同様に解するものがあり（大阪高判平13・4・11判時1753・142）、判例では、高価品の特則と同様の機能を果たす約款中の責任制限特約は、場屋営業者の側に故意または重過失がある場合には適用されないと解したものがある（最判平15・2・28判時1829・151商百選98）。

（3）短期消滅時効

　商法596条および597条の場屋営業者の責任は、営業者が寄託物を返還し、または客が携帯品を持去った時（物品の全部滅失の場合には、客が場屋を去った時）から起算するから、1年を経過したとき、時効によって消滅する（商598条1項）。

　但し、この短期消滅時効の規定は、場屋営業者に悪意がある場合には適用されない（同条2項）。ここにいう悪意とは、客の物品の滅失または毀損が場屋営業者またはその使用人の故意により生じたか、またはそれらの者が故意に滅失・毀損を隠蔽した場合を意味すると解される（森本編・商行為196頁）。

　なお、場屋営業者の責任には、運送人の責任に関して定められている特別消滅事由（商584条）のような規定はない。

2.9.2. 倉庫営業

1 倉庫営業の機能と法的規律
2 倉庫営業者の意義
3 倉庫寄託契約の法的性質
4 倉庫営業者の権利・義務・責任
（1）倉庫営業者の権利
（2）倉庫営業者の義務
（3）倉庫営業者の損害賠償責任
5 倉荷証券
（1）倉庫証券の意義・機能と種類
（2）倉荷証券の意義と性質
（3）荷渡指図書

□1.倉庫営業はどのような機能を果たしているか。倉庫営業はどのような法的規律に服するのか。
□2.倉庫営業者とはなにか。倉庫営業者とその顧客である寄託者との間には、どのような法律関係があるか。
□3.倉庫営業者はどのような義務と責任を負うか。物品運送人、旅客運送人、場屋営業者と較べるとどうか。
□4.倉庫営業者はどのような権利を有するか。
□5.倉荷証券とはどのような機能を果たす有価証券か。また、どのような種類があり、有価証券としてどのような性質を有しているか。

1 　倉庫営業の機能と法的規律

　倉庫営業は、他人のために物品を倉庫に保管することを営業とする。
　生産者から最終消費者に至る商品流通の過程で、商品の場所的移動や時間的保管に関わる「物流」の活動において、倉庫営業は、運送営業とともに、補助商として、企業取引の財貨の転換を促進する役割を担っている（運送営業は物流における距離・空間的障害を克服し、倉庫営業は物流における時間的障害を克服すると言われている）。
　とくに、倉庫営業は、物品の保管を通じて、運送の手段と機関を調整しつつ、生産から消費までの物品流通の諸段階において需要と供給の時間差を調整するという重要な機能を果たしている。また、倉庫証券の発行により、保管品の交換価値を活用して取引を活性化し、証券担保による資金貸付を促して金融を補助する機能をも有している。さらに、倉庫業者の利用者には、物品の形状や性質に適した保管の手段と方法が提供されることで、自ら保管をするよりも、危険と経済負担を軽減することができる（森本編・商行為198頁、参照）。
　このように、倉庫営業は、大量生産・大量流通による市場経済の拡張を支える社会的機能を有し、公共性の強い営業であることから、倉庫業法（昭和31年法律121号）のもとに強い行政規制に服し、倉庫営業者の作成する倉庫寄託約款が倉庫寄託契約の内容を決定する上で重要な役割を果たしている（江頭・商取引372頁）＊。

　　＊ 倉庫業法による事業規制と約款規制等　　倉庫業法は、倉庫業の適正な運営を確保し、倉庫の利用者の利益を保護するとともに、倉庫証券の円滑な流通を確保することを目

的とする(同法1条)。「倉庫業」とは、「寄託を受けた物品の倉庫における保管を行う営業」をいう(同法2条2項)。同法の平成14年改正(規制緩和と消費者保護を柱とする改正)では、物流の効率化、競争力の強化を図るべく、許可制から登録制への変更、料金事前届出制度の廃止、トランクルーム認定制度の法制化等が行われている。

倉庫業法のもとに、倉庫業は登録制として規制され、倉庫証券の発行は許可された業者でなければ発行できない(同法13条)。倉庫業者は倉庫寄託約款を定めて国土交通大臣に届け出る必要がある(同法8条1項)。行政規制のもとで約款による倉庫取引が行われている。

また、今日では、コインロッカーやトランクルームなどにより、一般消費者のための物品保管が営業として広く行われており、倉庫業法による消費者保護を趣旨とした規制も増えている(認定トランクルーム制度等、同法25条)。

倉庫営業に関する民事規律は、商法典中に規定が置かれ(商599条〜617条)、倉庫営業者が行う寄託については、商事寄託に関する商法595条のほか、民法上の寄託契約に関する規定(民657条〜665条の2)の適用を受ける。

2 倉庫営業者の意義

倉庫営業者は、他人のために物品を倉庫に保管することを業とする者をいい(商599条)、寄託を引き受けるという営業的商行為(商502条10号)を業とする商人(商4条1項)である。

ここに「物品」とは、保管に適するあらゆる動産をいい、金銭や有価証券も含まれる。必ずしも特定物である必要はないが、倉庫営業に関する商法の規定は特定物を念頭に置いている(近藤・商法244頁、森本編・商行為198頁)。

混合寄託(民665条の2)については、商法上、別段の規定はないが、倉庫での混合寄託は倉庫寄託として扱われている(標準倉庫寄託約款19条)。倉庫での消費寄託は、他人の物品の保管ではなく、物品の所有権を取得してしまうので、倉庫寄託に当たらない。

「倉庫」とは、屋根のある建造物たる倉庫に限られない。倉庫業法において、「倉庫」とは、「物品の滅失若しくは損傷を防止するための工作物又は物品の滅失若しくは損傷を防止するための工作を施した土地若しくは水面であつて、物品の保管の用に供するもの」をいう(倉庫業法2条1項)。石置場や貯木場も含まれる。

倉庫営業者は、他人のために物品を保管する者であるが、物品の保管が他の本業に包含・附随して行われる場合、例えば、運送のために保管する運送人の場合などは、倉庫営業者に当たらない。もっとも、兼業はあり得る。倉庫営業者による保管は、自らが行う保管であり、物品を自己の占有下に置くことである(寄託者にとっては、倉庫営業者が誰であって、どこの倉庫に保管されるかが大きな意味を持つからである。近藤・商法243頁)。

3 倉庫寄託契約の法的性質

倉庫営業者と寄託者との間に、倉庫寄託契約が締結される。この契約は、不要式

である。

　倉庫寄託契約が要物契約であるか否かについては議論があった。古くは、倉庫寄託契約も寄託契約の一種であるから平成29年改正前民法657条により要物契約と解するのが一般的であった。しかし、従来から、諾成契約と解する学説も多かった。すなわち、倉庫営業は寄託を引き受ける行為であり、引受には寄託物の引渡が必ずしも必要でないこと、民法が対象とする一般的な寄託に較べて、商法上の倉庫営業での寄託は、反復継続的かつ大量に行われる取引であることを考慮すれば、諾成契約と解することが妥当だったからである（大隅・商行為173頁）。また、標準倉庫寄託約款では、申込者に寄託物引渡義務が課せられ（同約款10条）、倉庫寄託契約の要物契約性を前提に、寄託の予約をなし得るとの構成を採っているようでもあった（森本編・商行為198頁）。

　平成29年改正後の民法は、寄託契約を諾成契約と定めたので（民657条）、倉庫寄託契約も、その一種として諾成契約である。但し、民法の規定に従い（民657条の2第1項）、寄託者は、倉庫営業者が寄託物を受け取るまで、契約を解除することができる。

4　倉庫営業者の権利・義務・責任

（1）倉庫営業者の権利

1）保管料・費用償還請求権

　倉庫営業者は、商人として、特約の有無を問わず、保管の対価として相当の報酬（保管料ないし倉敷料）を請求することができる（商512条）。このほか、立替金その他寄託物に関する費用（輸入税・保険料等）も請求することができる。

　倉庫営業者は寄託物の出庫の時以降でなければ保管料・立替金その他寄託物に関する費用の支払を請求することができない（商611条本文）。保管期間を経過したときは出庫前でも保管料の請求はできると解される。保管期間経過前に寄託物を一部出庫した場合には、出庫の割合に応じた保管料を請求することができる（商611条但書）。

　保管料等の支払義務者は寄託者であるが、倉庫証券が発行された場合は、寄託者と寄託物返還請求権者とが異なり、物品運送の場合のように荷受人に義務を課す規定（商581条3項）が倉庫営業の場合にはないので、保管料等の支払義務者をどう解するかが問題となる＊。

> 　＊ **倉庫証券発行時の保管料等の支払義務者**　　実際には、約款で定められていたり、倉庫営業者が留置権や先取特権を行使できることから倉庫証券所持人が事実上支払うことになることが多いが、特約がなく問題が顕在化することもある（近藤・商法252頁）。その場合、学説・判例では、証券所持人に支払義務を認める傾向にあるが、根拠について見解が分かれる。
>
> 　第一説（債務引受説）として、伝統的な見解では、特約がない限り、証券所持人は支払債務を負わないが、倉庫営業者が寄託物の上に留置権や先取特権を有する結果、証券所持人は支払をしない限り寄託物の返還を受けられないので、常に保管料等の意思をもって証券を譲り受けており、債務引受を行ったと解されていた（最判昭32・2・19民集11・2・295

商百選96)。

　第二説(商法581条3項類推適用説)として、寄託契約の性質にもとづく実質上の必要性と、保管料が倉庫証券の法定記載事項とされていることに鑑み、倉庫証券所持人が寄託物の返還を受けるときは、運送の場合に荷受人の地位に準じて、証券記載の保管料等の支払義務を負うと解する見解がある(大隅・商行為178頁、西原・商行為360頁)。

　第三説(白地慣習法説)は、倉庫証券に関しては約款によるという白地慣習法が成立していると解して、証券に所持人負担が記載されているときは債務引受が成立するとして伝統的見解を補強し、但し、証券の所持人が寄託物の引渡を受けることを停止条件とすると解している(近藤・商法253頁)。本説が説得的である。

2) 留置権・先取特権

　倉庫営業者は、運送取扱人や物品運送人のような特別の留置権(商562条・574条)を有せず、寄託物について、民法上の留置権(民295条)と商人間の留置権(商521条)を有するにすぎない。民法上の先取特権(民320条)もある。

3) 供託権・競売権

　倉庫営業者は、寄託者または倉荷証券の所持人が寄託物の受取を拒み、またはこれを受け取ることができないときは、商事売買の売主と同じ条件・手続(商524条1項・2項)をもって、寄託物を供託し、または競売することができる(商615条・524条1項)。但し、商法524条3項は準用されていないので、倉庫営業者は競売代金を供託しなくてもよく、寄託者または証券所持人のために保管されることになる。

(2) 倉庫営業者の義務

1) 寄託物の保管義務

　倉庫営業者は、善良な管理者の注意をもって、寄託物を保管しなければならない(商595条)。倉庫営業者は、寄託者の承諾がない限り、自らが保管しなければならない(民658条2項)。予想される危険に対して合理的な範囲で予防措置(保険を付ける等)を講ずべきことは、保管義務に属すると解される(落合他・商法Ⅰ264頁、最判昭50・12・8金法779・25)。

　保管期間については、契約の定めがあればそれに従う(民663条2項)。保管期間の定めがないときは、民法の一般的規律によれば、寄託者はいつでも寄託物の返還ができるが(民663条1項)、商法では、寄託者を保護するため、倉庫営業者は、やむを得ない場合を除いて、寄託物入庫の日より6か月を経過した後でなければ寄託物を返還できないと定められている(商612条)。なお、寄託者の方からは、いつでも寄託物の返還請求を行うことができる(民662条1項)。

2) 倉荷証券交付義務

　倉庫営業者は、寄託者の請求により、寄託物の倉荷証券を交付しなければならない(商600条、倉庫業法13条)。寄託物の分割の場合にも、寄託者の請求により、寄託物の各部分に対する倉荷証券を交付しなければならない(商603条)。寄託者は、倉庫証券の再交付請求ができ(商608条)、倉庫営業者はこれに応じる必要がある。

3) 特別の帳簿備付・記入義務

　倉庫営業者は、倉庫証券を交付したときは、寄託を受けた諸事情を明らかにすべく、特別の帳簿を備え置き、記帳しなければならない(商602条・608条)。

4）寄託物の点検・見本摘出等に応ずる義務

　倉庫営業者は、寄託者または預証券もしくは倉荷証券の所持人の請求があるときは、営業時間内いつでも、寄託物の点検・見本の摘出または保存に必要な処分をなすことに応ずる義務を負う（商609条）。寄託者や倉庫証券所持人の利益を保護する規定である。

5）寄託物の返還義務

　倉庫営業者は、寄託者または倉庫証券の所持人の請求があるときは、保管期間の定めの有無を問わず、いつでも寄託物を返還しなければならない（民662条1項）。但し、倉庫証券が発行されているときは、倉庫営業者は、証券と引換に寄託物を返還する（商613条）。

（3）倉庫営業者の損害賠償責任

1）損害賠償責任の原因と内容

　倉庫営業者は、寄託物の保管に関し注意を怠らなかったことを証明しなければ、寄託物の滅失または毀損につき、損害賠償の責任を免れることができない（商610条）。この規定は、物品運送人の債務不履行責任の場合（商575条）と同様に、過失責任であり、無過失の立証責任を倉庫営業者が負うことを定めている。従来から、債務不履行に関する民法の原則を注意的に具体化したものと解されており（通説、平出・商行為585頁）、任意規定である。

　平成30年改正前の条文では、「自己又ハ其使用人ガ」寄託物の保管に関し注意を怠らなかったことを証明しなければ、寄託物の滅失または毀損につき、損害賠償の責任を免れることができないと定めていた。そこで、物品運送人の場合と異なり、「其他運送ノ為メ使用シタル者」に相当する部分が規定されておらず、「其使用人」と規定する部分に民法の原則にいう履行補助者を含むかどうか疑問があった（落合他・商法Ⅰ265頁）。平成30年改正では、さらに使用人の部分も削除された。しかし、倉庫営業者が使用人の過失につき責任を負わないことにはならない（青竹・商法459条）。

　損害賠償の請求権者となるのは、寄託者または倉庫証券所持人である。寄託者は、寄託物の所有権者でなくても、損害賠償を請求できる（近藤・商法248頁。最判昭42・11・17判時509・63商百選94、最判昭53・4・20民集32・3・670商総行百選95、参照）。

2）損害賠償の範囲

　損害賠償額については、運送人の場合のような特則（商576条・577条）がなく、民法の一般原則に拠る。

3）責任の消滅

i　特別消滅事由

　運送人の場合と異なり、寄託物の損傷または一部滅失についての倉庫営業者の損害賠償責任は、寄託者または倉荷証券の所持人が異議をとどめないで寄託物を受け取り、かつ、保管料等を支払ったときは消滅する（商616条1項本文）。但し、寄託物に直ちに発見することができない損傷または一部滅失があった場合において、寄託者または倉荷証券の所持人が引渡しの日から2週間以内に倉庫営業者に対してその旨の通知を発したときは、倉庫営業者の責任は消滅しない（同条1項但書）。

倉庫営業者に悪意があった場合には、倉庫営業者の責任は消滅しない（同条2項）。

ⅱ　短期消滅時効

寄託物の滅失または毀損によって生じた倉庫営業者の責任は、出庫の日より1年を経過したことで時効消滅する（商617条1項）。この1年の期間は、寄託物の全部滅失の場合においては倉庫営業者が倉荷証券の所持人（倉荷証券を作成していないときまたは倉荷証券の所持人が知れないときは寄託者）に対して、その滅失の通知を発した日より起算する（同条2項）。大量の寄託物を扱う倉庫営業の実態に鑑みて、責任関係の速やかな解決と倉庫営業者の保護を図る趣旨である。但し、倉庫営業者に悪意がある場合には、この短期消滅時効の規定は適用されず（同条3項）、民法に従う（10年の消滅時効、民166条1項）。この「悪意」の意義は、上述の趣旨に照らして、寄託物を故意に損傷したり、故意に損害を隠蔽した場合を指すと解される（近藤・商法250頁）。

5　倉荷証券

（1）倉庫証券の意義・機能と種類

倉庫証券とは、倉庫営業者に対する寄託物の返還請求権を表章している有価証券である。倉庫営業の果たす機能は、物品証券としての倉庫証券の機能によって支えられている。物品が倉庫に適切に保管されている間に、その物品の交換価値を発揮して、譲渡や質権設定を可能とし、取引の安全と円滑が図られる。物品証券としての貨物引換証や船荷証券と同様の経済的機能を有している。

倉庫証券は、「預証券」および「質入証券」という2枚の証券が発行される場合（複券主義）と、「倉荷証券」という1枚の証券が発行される場合（単券主義）とがある。複券主義は、フランスやイタリア等にみられ、単券主義は、ドイツやアメリカにみられる。わが国では、複券主義を経て、併用主義を採り、いずれの方式も認めていたが、実際には単券のみの利用が多かったことから、平成30年商法改正により、倉荷証券のみの単券主義が採用された。

（2）倉荷証券の意義と性質

1）倉荷証券の意義

単券主義での倉庫証券が倉荷証券であり、寄託物返還請求権を表章し、単独で行使・譲渡ができる。有価証券としての性質や扱いは、運送証券とほぼ同様である。但し、倉荷証券によって寄託物の質入れをした場合に、証券を所持しない寄託者の便宜を配慮した寄託物一部出庫の規定がある（商614条）。

2）倉荷証券の有価証券としての性質

倉荷証券は、運送証券と同様、次の性質を有する。

ⅰ　**要式証券性**　　倉荷証券には一定の法定事項を記載することを要する（商601条）。但し、法定事項の一部の記載がなくても、倉荷証券としての本質を失わない限り、証券は無効とはならない。

ii **要因証券性**　　倉荷証券が有効に成立するためには、倉庫寄託契約が適法に成立し、寄託物が受領されたという原因が存在しなければならない。

iii **文言証券性**　　寄託に関する事項につき、倉庫営業者は、倉荷証券の記載が事実と異なることをもって善意の所持人に対抗することができない（商604条）。倉荷証券における要因証券性と文言証券性について、その理論的な理解の仕方や、空券・品違いの場合の解決方法は運送証券・船荷証券の場合と同様である（本書138頁、参照）。

iv **法律上当然の指図証券性**　　倉荷証券は、記名式として発行された場合でも、裏書禁止の記載がない限り、裏書により譲渡することができる（商606条）。この裏書は、移転的効力および資格授与的効力を有するが、担保的効力は有しない。

v **処分証券性**　　倉荷証券が発行されている場合は、寄託物の譲渡・質入等の処分は、証券によりなされなければならない（商605条）。倉荷証券にも、運送証券と同様、物権的効力が認められ、証券の引渡は、寄託物の上に行使する権利（所有権・質権等）の取得につき、寄託物の引渡と同一の効力を有する（商607条）。

vi **呈示証券性・受戻証券性**　　倉荷証券の所持人は、この証券を呈示し（民520条の9）、この証券と引換でなければ、寄託物の返還を請求することができない（商613条）。

（3）荷渡指図書

　最近の実務では、運送取引および倉庫取引において、「荷渡指図書」が利用されることが多い。荷渡指図書は、発行者が物品保管者に宛て、その正当な所持人に対して、そこに記載された物品の全部または一部の引渡を委託する証券である。

　荷渡指図書について、商法上の規律を欠く。荷渡指図書には、①寄託者が発行する場合、②寄託者が発行して倉庫営業者が副署する場合、③倉庫営業者が発行する場合の各形態があり、その形態毎に性質を理解する必要がある（近藤・商法264頁、落合誠一「荷渡指図書の性質と効力」商法の争点Ⅱ304頁、栗田・前掲303頁）。

　いずれの形態の荷渡指図書も免責証券である。しかし、①の形態では、引渡まで、所持人の受領資格を表章しても寄託物返還請求権まで表章しているわけではなく、有価証券とはいえない。荷渡指図の撤回が可能である（最判昭35・3・22民集14・4・501）。②と③の形態は、寄託物返還請求権を表章する有価証券と理解できる。指図の撤回はできない。

　いずれの形態であっても、倉庫証券とは異なり、物権的効力は認められないとの見解が判例・通説である（大阪地判昭57・12・20判時1080・144、近藤・商法265頁、栗田・前掲310頁。一定の時期・地域・業界における取引慣行を前提に、寄託者台帳上の寄託者名義変更による指図による占有移転が生じると判断した判例として、最判昭57・9・7民集36・8・1527商百選97）。

企業取引法の現代的諸相

《現代的企業取引と法の展開》

　企業取引に関する法的規律は、商法第2編（商行為）において伝統的な取引に関する諸規定があるほかに、経済社会の高度化による企業取引の発展とともに、多様に展開している。本編には、それらのうち、主要な現代的諸相を収める。なお、本編では各章冒頭での設問は省略した。

　本編の構成と内容は以下のとおりである。まず、第一に、企業取引の最も基本的な形態である売買取引に関する法的規律の展開場面を扱う。そのひとつとして、企業取引の特徴である継続性の法的構造を概観し、わが国で普及しているフランチャイズ契約の仕組みと法的問題点を概説する。もうひとつには、企業取引の国際的傾向の展開を受けた法的規律に注目して、国際売買の意義・特色と法的規律の統一の諸相を概観する。

　第二に、貨幣経済社会における実物取引と金融取引のうち、後者の金融取引に関する法的規律を扱う。ここでは、金融・金融市場・金融システムにおける金融取引と金融機関の意義と機能を整理した上で、銀行取引、信託、保険取引、金融商品取引およびファイナンス・リース取引について、それぞれの法的規律を概観する。

　第三に、企業取引の当事者特性を反映する法的規律の展開として、消費者取引に関する法的規律を扱う。ここでは、消費者取引の特色と消費者保護法・消費者法の全体像を概観した上で、特殊な販売形態に対する特定商取引法の規律、信用販売に関する割賦販売法の規律、消費者契約法の規律等、消費者取引の主な法的規律を概説する。

　第四に、高度情報化社会における電子情報活用の機能に着目して、電子商取引に関する法的規律を扱う。電子情報活用の機能を発揮させるための法的障碍除去と法的安全確保を軸として、電子商取引に関する法的規律の生成と発展を概説し、電子契約の法的問題を扱い、併せて、電子商取引における消費者保護のための特殊な法的規律を概説する。

　もとより、企業取引法の現代的諸相は、それらによって網羅される訳ではない。本書に収めていない企業取引も多い。例えば、エネルギー、情報通信、各種サービス等を対象とする企業取引、宇宙を舞台とする企業取引、企業組織再編や業務提携を目的とする企業取引等である。それらの著しい発達に伴う法的規律の展開の諸相については、紹介を別の機会に譲らざるを得ないが、本書で示した認識や観点によって、それらにも関心が広がり、理解の端緒が得られれば幸いである。

2. 10. 売買取引の展開

2.10.1. 継続的取引とフランチャイズ契約

1　継続的取引の法的構造
（1）物流における売買取引の連鎖と反覆継続性
（2）基本契約と個別契約
（3）継続的契約の維持と終了
（4）特約店・代理店と商慣行の是正
（5）企業間提携契約
2　フランチャイズ契約
（1）フランチャイズの意義と契約内容
（2）フランチャイズ・システムの規律

1　継続的取引の法的構造

（1）物流における売買取引の連鎖と反覆継続性

　商品の製造から、商業流通と消費流通の過程を経て、消費に至るまで、複数の売買取引が連鎖して行われる。そのうちのひとつの売買取引では、問屋（トイヤ）を用いる「委託販売」が行われることもあるが、当該取引当事者自身のリスク負担による「仕切売買」が行われる場合が多い。そして、企業取引である売買取引では、一回きりの「スポット売買」となる場合もあるが、むしろ、同一当事者間において継続的に反覆して行われることが常態化している（落合他・商法Ⅰ187頁、江頭・商取引4頁）。売買取引が企業取引の連鎖のなかで反覆・継続して行われることで、安定した物流が実現され、市場への商品供給が円滑になる。

（2）基本契約と個別契約

　売買取引が継続的取引として行われる場合の法的構造として、予め当事者間で「基本契約」を締結しておき、これに基づいて、具体的な売買取引が「個別契約」によって行われるという仕組みが採用されることが多い。基本契約では、継続的取引から生ずる債権の保全を目的とする事項と、基本契約の対象となる商品の特質や範囲に関する事項とが定められているので、個別契約では、商品の数量と価格、納期等を合意すれば済む（江頭・商取引6頁）。この仕組みにより、当事者間での予測可能性を確保しつつ、迅速に取引を進めることができ、また、事故や紛争に備えることができる。

（3）継続的契約の維持と終了

　企業取引が継続的取引として行われる形態は、対象が動産たる商品である売買取引にとどまらず、対象がサービスである取引も含んで多様であり、それらの契約は、売買契約をはじめとする典型契約にとどまらず、さまざまな類型の契約として存在している。そして、継続的取引の機能を保護するために、契約の継続性を維持する法解釈の方法や法理論の整備が求められている（問題点の整理と関連文献につき、升田純『現代取引社会における継続的契約の法理と判例』日本加除出版〔2013年〕83頁、参照）。

　企業間の継続的取引においては、解除・解約・更新拒否が制限されるべきであり、供給側（売主側）が一方的に取引関係を解消して供給を停止することは問題となる。供給を受ける側が特約店として開拓した販路を、供給者側が奪取する目的で特約店関係を解消することは制限されるべきであるとの裁判例がある（札幌高決昭62・9・30判時1258・76商百選51）。他方で、供給を受ける側において重大な義務の不履行がある場合には、供給者側の卸販売会社は特約店契約を解除できるとする判例がある（最判平10・12・18民集52・9・1866商百選50）。

（4）特約店・代理店と商慣行の是正

　売買取引を継続的取引として安定して行うために、特約店や代理店を利用することが多い。その法的構造は、代理商契約による場合もあれば、商慣行に従う独特の特約店契約・代理店契約を締結している場合もある。さらに、フランチャイズ・システムが特約店の特殊形態として普及している。

　卸売業者または小売業者にあっては、製造業者や供給業者から買い取った商品を転売する仕切売買をしながらも、著名な業者の販売経路（チャンネル）として系列化され、特約店として存在している。日本では、伝統的に、商品の流通過程において製造者が卸売業や小売業を統制することが多く、その手段として、建値、リベート・協賛金、店員派遣、一店一帳合制等の商慣行が行われてきた。それらの弊害の指摘を受けて、「流通や取引慣行に関する独占禁止法上の指針」（公正取引委員会1991年7月11日制定、最新改訂2017年6月16日改正）が定められる等、市場の健全性の確保と消費者保護のための経済法規律が進んでいる。

（5）企業間提携契約

　企業取引の継続性を維持・発展させる仕組みを含み、さらに、製造・物流・販売の広い分野で、取引のコストを抑制し、リスクを回避して、経営資源の効率化を図るため、多様な「企業間提携契約」が登場している。企業の取引と組織とは、相互の機能を高めるために、一方の機能の一部を他方が担いながら、それぞれに新種の形態を生み出している。企業間提携契約は、企業の共同事業性とリスク管理を媒介として、企業取引の組織的性格を強めている（笠井修「企業間提携契約序論」現代企業法研究会〔編〕『企業間提携契約の理論と実務』判例タイムズ社〔2012年〕2頁、参照）。

2　フランチャイズ契約

（1）フランチャイズの意義と契約内容

　継続的な売買取引が安定して実施されるスキームとして、コンビニエンスストア等の小売業、レストラン・居酒屋・ファーストフード店等の飲食業、その他、CDレンタルや教育塾等の業種においては、「フランチャイズ・システム」が利用されている。

　フランチャイズ（franchise）とは、一般には、人や会社等に特権を与えることをいい、日本ではプロ野球チームやサッカーチームの本拠地とか独占興行権という意味でも利用されているが、アメリカで開発され、日本でも1960年代に導入され1970年代から普及しているビジネス・モデルとしてのフランチャイズ・システムの基本構造をいう。

　すなわち、ある事業者（フランチャイザー、本部）が他の事業者（フランチャイジー、加盟店）との間に契約を結び、自己の商標、サービスマーク、トレード・ネームその他の営業の象徴となる標識、および経営のノウハウを用いて、同一のイメージのもとに商品の販売その他の事業を行う権利を与え、一方、フランチャイジーはその見返りとして一定の対価（ロイヤルティ）を支払い、事業に必要な資金を投下してフランチャイザーの指導および援助のもとに事業を行う両者の継続的関係をいう（一般社団法人日本フランチャイズチェーン協会による定義）。フランチャイズ契約は、継続的な売買取引を実現するとともに、そのためにノウハウを提供する点に特色がある。

フランチャイズ契約

フランチャイザー（本部）	══════════	フランチャイジー（加盟店）
経営ノウハウの供与　→		←　加盟金の支払
経営指導		ロイヤルティ・チャージの支払
商品等の供給		

　今日では、さらに、フランチャイズ・システムにおいて、複数の店舗を展開するフランチャイジーが登場し、マルチユニット・フランチャイジーと呼ばれている。その形態には、エリア・フランチャイズとサブ・フランチャイズの2種類がある。サブ・フランチャイズでは、フランチャイザーとサブ・フランチャイザーとの関係のもとに、サブ・フランチャイザーと多数のフランチャイジーとの間でフランチャイズ契約が締結される（奈良輝久「サブ・フランチャイズ契約の制度設計，フランチャイズ契約の対第三者関係」現代企業法研究会〔編〕『企業間提携契約の理論と実務』判例タイムズ社〔2012年〕78頁、参照）。

（2）フランチャイズ・システムの規律
1）契約にもとづく規律

　フランチャイズ・システムの法的規律は、フランチャイズ契約にもとづく。この契約は典型契約ではないが、性格の類似する典型契約に関する民法規定を参考にした規律に服することがある。

　例えば、コンビニエンス・チェーンのフランチャイズ契約において、加盟店たるフラ

ンチャイジーが本部であるフランチャイザーに商品の仕入れを委託する内容が定められている場合には、加盟店と本部との間には準委任契約としての性格があり、加盟店は本部に対して、商品の仕入れの具体的内容について報告を求める権利があると解される（最判平20・7・4判時2028・32）。また、経営上のノウハウが提供されることから、契約上、フランチャイジーの競業避止義務が課せられ、契約終了後も一定期間、この競業禁止を定める条項を有効とする裁判例が多い（東京地判平17・1・25判タ1217・283等）。

2）契約締結時の情報提供

加盟店と本部との間で争いが生じるのは、加盟店開業後に当初予測していた売り上げや利益が得られない場合に多い＊。本部は、契約締結前でも適切な予測情報を提供する信義則上の保護義務を負い、加盟店は、この義務違反を理由に本部に損害賠償を請求することが可能である（東京高判平11・10・28判時1704・65商百選52）。

> ＊ **中小小売商業振興法とフランチャイズ・システム**　中小小売商業振興法（昭和48年法律101号）は、中小小売商業の経営近代化を図る有効な手段として、連鎖化事業（いわゆるチェーン事業）を位置づけ、この連鎖化事業の中にフランチャイズ・システムを含め、特に「特定連鎖化事業」（同法11条）として運営の適正化を図っている。具体的には、特定連鎖化事業を行うものは、その加盟希望者に対して同法が定める重要事項について情報を開示し、説明することを義務づけている。この時、本部から加盟者に対して交付される書面は、「法定開示書面」と呼ばれる。

3）ロイヤルティ（チャージ）算定方法の合理性

フランチャイズ契約にもとづいて、フランチャイジーである加盟店からフランチャイザーである本部に対して、ロイヤルティまたはチャージという名目で対価が支払われる。このロイヤルティの算定方法に関する取り決めの合理性をめぐって問題が生じている。

コンビニエンス・ストアのフランチャイズ契約では、売上高から実際に売り上げた商品の原価に相当する金額を控除したものに一定率を乗じたものをチャージ金額とする「総売上利益方式」を採用することが多いが、その場合、廃棄ロス（販売期限切れで販売できなくなり廃棄された商品）の原価を総売上利益に含めるという特殊な算定方法が行われている。これは、加盟店側に、廃棄ロスの架空計上によるロイヤルティ逃れを防止し、廃棄ロスの発生を減らすために適正仕入れを行うインセンティブを与える点で、合理的な目的を有するが、他方で、加盟店に一般的に理解できるような条項を定めることと、事前の十分な説明が必要である（同種の事件を扱った裁判例として、最判平19・6・11判時1980・69商百選53）。

また、この論点を含めて、加盟店事業に対する本部からの過剰な統制が問題となることがある＊。

> ＊ **加盟店事業に対する過剰統制の排除**　フランチャイズ契約においては、当該フランチャイズ・システムのブランド価値を維持し、市場の顧客ニーズに応える上で、加盟店事業に対する統制が行われることが通例である。本部による加盟店事業に対する統制は合理的な範囲で認められるものの、それが加盟店を過剰に拘束するものとなると問題である。

　　コンビニエンス・ストアのフランチャイズ・システムにおいて、販売期限近くにおける値引き販売（見切り販売）を、契約に定めをおかずに、本部が禁じていることについて、こうした制限は不公正な取引方法として優越的な地位の濫用にあたるとの公正取引委員会の判断がある（同排除措置命令平21・6・22審決集56〔2〕・6）。

2.10.2. 国際売買

　　　1　国際売買の意義と特色
　　（1）国際売買の意義
　　（2）国際売買の特色
　　　2　国際売買の法的規律
　　（1）統一の必要性と実現方法
　　（2）国際私法（抵触法）の統一
　　（3）実体法の統一 ── ハーグ条約からCISGへ
　　（4）一般規範原則・標準契約書式・統一規則等
　　　3　国際売買における典型的代金回収方法
　　（1）外国為替
　　（2）荷為替手形と荷為替信用状

1　国際売買の意義と特色

（1）国際売買の意義

　国際売買（international sale of goods）とは、物品（動産）売買であって、契約の重要な要素に渉外的性質のあるものをいい、一般には、商人間の売買であって、売主と買主の営業所がそれぞれ異なる国に存在し、売買の目的物が売主の営業所のある国から買主の営業所のある国へ移動する場合の売買をいう（高桑65頁）。具体的な国際売買の概念は、一定類型の売買契約について、抵触法的処理をするか、特定の法令や条約が適用されるかを決するために、必要に応じて明確にすることになる（高桑65頁）。

（2）国際売買の特色

　国際売買には、国内売買とは異なる性格を反映して、特有の制度または契約上の特色が存する。すなわち、国際売買においては、買主の信用状態の把握の困難、契約履行に必要な運送手段の物理的危険、為替レート変動の危険、多くの公法的規制の制約や政治的危険が伴う。それらに対処するために、荷為替信用状・先物取引・貿易保険等の制度が存し、また、運送契約・保険契約・有価証券取引との密接な関連が生じ、各種の取引条件が定型的に設定される（江頭・商取引51頁、高桑66頁）。

2　国際売買の法的規律

（1）統一の必要性と実現方法

　国際売買においては、当事者間の契約の締結、契約の履行、紛争解決または強

制執行につき、いかなる法規範が適用されるかが重要な問題である。この問題は、国際的に共通の法規範がない限り、法廷地の国際私法によって決定される準拠法の適用や裁判管轄の合意または準拠法の指定によって解決されることになる。しかし、各国の法秩序が異なっている現状では、国際売買が円滑に展開されるためには、適用されるべき法規範の内容を明確にして、法的処理の安定性と当事者の予測可能性を確保することが要請される。

この要請に応える方法として、ひとつには、各国の民商法の適用基準を定める国際私法（抵触法）の規定を統一し、裁判管轄権に関する規定を統一して、各国の裁判所での判決の一致を導くことによって、法的安定性と予測可能性を確保する方法がある。そして、より直接的には、国際売買のための実体法自体を統一する方法がある（高桑66頁）。

（2）国際私法（抵触法）の統一

国際売買に関する国際私法（準拠法指定）の規定を統一する試みとしては、ハーグ国際私法会議（＝HCCH）の取り組みの成果として、1955年採択の「有体動産の国際的売買契約の準拠法に関する条約」（1964年9月1日発効）および1958年採択の「有体動産の国際的性質を有する売買における所有権移転の準拠法に関する条約」（未発効）、並びに、1955年条約の実質的改正に当たる1986年採択の「国際物品売買契約の準拠法に関する条約」（未発効）がある（日本はいずれも未締結）。

他方、ローマで1980年に採択されたEEC「契約上の債務の準拠法に関する条約」と、その後、2008年に成立した、EU諸国での「契約債務に適用すべき法に関する欧州議会及び理事会規則」がある。

すべての国が統一法を採用しない限り、国際私法によって準拠法の決定を要する場合は残ることになる（統一法と国際私法との関係および同上条約の内容につき、高桑昭『国際商取引法〔第3版〕』有斐閣〔2011年〕14頁～20頁・73頁～123頁、参照）。

（3）実体法の統一　—　ハーグ条約からCISGへ

国際売買の実体法の統一を目指す世界的規模での作業は、国際連盟の補助機関として、1926年にローマに設立された「私法統一国際協会(International Institute for the Unification of Private Law ＝ UNIDROIT)による作業に始まった。その作業努力は、1964年に同協会の要請を受けたオランダ政府の主催によるハーグでの国際会議において採択された二つの条約に結実した。すなわち、「国際動産売買統一法条約(Convention Relating to a Uniform Law on the International Sale of Goods ＝ ULIS)」および「国際動産売買契約の成立に関する統一法条約(Convention Relating to a Uniform Law on the Formation of Contracts for the International Sale of Goods ＝ ULF)」である。

それらハーグ条約を改訂する形で、国際連合国際商取引法委員会（UNCITRAL）が作成し、1980年にウィーン外交会議で採択された条約が、「国際物品売買に関する国際連合条約（CISG）」（ウィーン売買条約）である（成立過程と逐条の解説として、ペーター・シュレヒトリーム〔内田貴・他訳〕『国際統一売買法』商事法務研究会〔1997年〕、曽野和明＝

山手正史『国際売買法』青林書院〔1993年〕、甲斐道太郎・他〔編〕『注釈国際統一売買法―ウィーン売買条約』法律文化社〔2000年〕)。この条約は1988年1月に発効し、わが国も、2008年7月に同条約に加盟し(平成20年条約8号)、2009年8月1日から国内で効力を生じている(加盟国は2019年1月で89か国に達している)。この条約は、売買契約の成立と国際物品売買契約の当事者間の権利義務についての統一を図るもので、世界貿易の4分の3が、このCISGによって規律されているといわれるほど、その重要性を増している(曽野裕夫他『私法統一の現状と課題』別冊NBL144号〔2013年〕2頁、概要につき、高桑75頁以下、久保田隆『国際取引法講義〔第2版〕』中央経済社〔2019年〕98頁以下)。

　国連国際商取引法委員会(UNCITRAL)は、CISGが規律していない事項について補完する条約として、1974年採択の「国際物品売買における時効期間に関する国際連合条約」(1980年改正議定書採択、1988年8月1日発効、日本未締結)と、2005年採択の「国際契約における電子通信の使用に関する国際連合条約」(2013年3月1日発効)とを用意している(曽野・前掲NBL144号3頁)。

(4) 一般規範原則・標準契約書式・統一規則等

　他方、国際売買に関して実質的な法的規律の統一をもたらす努力が、取引社会において行われている。国際売買に関する統一法の形成には、統一的規定事項の範囲や採用法域の範囲等に実効性の限界があり、そもそも売買法が任意法規として当事者の自由な契約内容の形成を妨げるものではないことから、一般的規範原則、国際的な標準契約書式、定型取引条件とその貿易定義・統一規則等の作成が有意義であり、現実に大きな成果を挙げている。

　私法統一国際協会が1994年に作成し、2004年に補充された「ユニドロワ国際商事契約原則(The UNIDOROIT Principles of International Commercial Contracts)」は、国際商事契約のための一般的規範を示すことを目的とし、契約当事者が当該原則に従うと合意したときに適用され、準拠法における適切な規範内容を確定することができない場合の問題解決方法を示し、国際的な統一法を解釈・補充するために用いられる(同原則の翻訳に、私法統一国際協会〔曽野和明・他訳〕『国際商事契約原則』商事法務〔2004年〕がある)。国連国際商取引法委員会(UNCITRAL)が2007年7月に、この原則を適宜利用することを推奨する旨を決定したことから、この原則はCISGの解釈・適用においても重要性を増している(藤田勝利=工藤聡一〔編〕『現代商取引法』弘文堂〔2011年〕124頁)。

　同原則は、2010年および2016年に内容が補充・修正されている(同原則2010年版の翻訳に、私法統一国際協会〔内田貴・他訳〕『国際商事契約原則2010』商事法務〔2013年〕、同原則2016年版の翻訳に、私法統一国際協会〔内田貴・他訳〕『国際商事契約原則2016』商事法務〔2020年〕がある。同内容につき、江頭・商取引55頁)。

　国際売買に関する当事者間の合意では、定型取引条件が使われ、その統一規則として重要なものは、国際商業会議所(ICC)により1936年に作成された「インコタームズ(International Commerce Terms)」(2010年最終改正)である。インコタームズは、現在11種の定型取引条件を定めているが、わが国の国際売買契約において最も多く用いられる取引条件は、CIF条件とFOB条件である(江頭・商取引62頁、高桑97頁、久

保田・前掲講義73頁）。CIF（Cost, Insurance and Freight）条件は、商品の売買代金が、到達地までの海上保険料と海上運送運賃とを加算して決定される契約条件である。FOB（Free on Board）条件は、売主が買主指定の船舶に目的物を船積することにより契約上の引渡義務を免れ、運賃と保険料は買主が負担する契約条件である。

3　国際売買における典型的代金回収方法

（1）外国為替

　国際売買となる貿易取引では、通貨の異なる国の当事者間での貿易決済手段として、外国為替が用いられる。外国為替は、国際間の債権債務関係の決済あるいは資金移動を直接の現金輸送によらず実現する仕組みであり（最新の手段を含めた国際支払のスキームにつき、久保田・前掲講義177頁以下）、送金為替として外国送金（電信送金・郵便為替送金・送金小切手）、取立為替として荷為替や荷為替信用状がある。

（2）荷為替手形と荷為替信用状
1）荷為替手形

　貿易取引では、買主から直接に売買代金を取り立てることが困難であり、また、買主の信用状態を把握しておくことが容易でないため、迅速かつ確実に売買代金を回収する方策が必要となる。そこで、売主が買主を支払人として為替手形を振り出し、取引銀行に船荷証券を中心とした船積書類を担保として提供し、その為替手形の割引を受けるか取立を依頼する。その為替手形は、買主の所在地の銀行を通じて買主に対し引受・支払のために呈示され、その引受・支払と引換に船積書類が買主に渡される。買主が引受または支払を拒絶したときは、船積書類が処分されるか、売主に遡求権が行使されて供与された信用が回収される。この場合の為替手形が、「荷為替手形」と呼ばれるものである。

2）荷為替信用状

　荷為替手形の割引等を行う銀行にとっての手形の支払性の不安、担保に供された船荷証券上の運送品処分の困難等、荷為替金融に伴う障碍を除去し、荷為替手形による代金回収の円滑化を図る補助的手段となるのが「荷為替信用状（商業信用状）」（Letter of Credit, L/C）である。

　信用状は、買主の取引銀行が発行依頼人たる買主のために、一定の条件のもとに、指定された受益者たる売主またはその指図人に対して支払をなし、指定された者が振り出した為替手形の引受・支払をなし、あるいはこれらの行為を他の銀行に授権することを確約する証書である。これによって売主は確実な代金回収の便宜を得ることができる。

　荷為替信用状の法律関係に関しては、国際商業会議所が制定した「荷為替信用状に関する統一規則および慣例」（1933年制定）があり、わが国を含む各国で多数の銀行が採用して、広く世界中で利用されている（2007年最終改訂。江頭・商取引194頁、高桑202頁、久保田・前掲講義197頁、落合他・商法Ⅰ199頁）。

《 荷為替信用状を利用したCIF売買の基本的仕組み 》

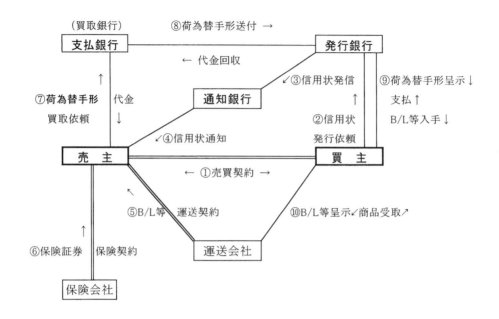

2.11. 金融取引

2.11.1. 金融取引の意義・機能と法的規律

1 金融取引の意義と機能
（1）金融・金融取引・金融システム
（2）金融取引の形態と様式
（3）金融取引のリスク管理と展開
2 金融取引の法的規律
（1）金融法と金融取引法
（2）金融取引の法的規律の諸相

1　金融取引の意義と機能

（1）金融・金融取引・金融システム

1）金融と金融取引

　貨幣経済社会においては、資金が余っている経済主体（資金余剰主体・黒字主体）と、資金が不足している経済主体（資金不足主体・赤字主体）とが生じ、前者（資金提供者）から後者（資金調達者）へと資金が融通されており、このことは「金融」と呼ばれている*。

　一般に、資金融通に関する直接・間接的な資金（＝キャッシュフロー）のやり取りを指して、「金融取引」という。財やサービスの取引が実物取引であるのに対して、貨幣の取引が金融取引である。金融取引は、現在のお金と「将来時点でお金を提供するという約束（＝金融商品）」との交換であると言われる（鹿野嘉昭『日本の金融制度〔第3版〕』東洋経済新報社〔2013年〕3頁、古川顕『現代の金融〔第3版〕』東洋経済新報社〔2014年〕4頁、池尾和人『現代の金融入門〔新版〕』ちくま書房〔2010年〕12頁、藤木裕『金融の基礎』東洋経済新報社〔2016年〕）。

　金融取引は、資金の移転とリスクの移転の機能を有する。金融取引による資金の移転によって、より効率的な投資が実現し、金融取引によるリスク移転によって、経済厚生が向上する（池尾・前掲書18頁・21頁）。また、金融の果たす機能は、不完全な市場メカニズムにおいて資金の流れをできるだけ円滑かつ効率的にすることにあり（福田慎一『金融論〔新版〕』有斐閣〔2020年〕）、その機能が金融取引によって発揮される。

　＊ 金融の発達　　すでに、紀元前18世紀頃に編纂されたハンムラビ法典には、貨幣の貸借に関する規定が存在していたが、近代的な金融業に至る営みは、遠隔地交易の発展を受けて13〜14世紀の北イタリアで発達した両替商に始まり、16〜17世紀に貿易の中心となった北ヨーロッパでのアムステルダム銀行を中心とする金融業務と西ヨーロッパ主要都市への普及、そして、イギリスにおける「ゴールドスミス・バンカー（金匠銀行）」と1694年設立の当初は商業銀行であった「イングランド銀行」の業務展開であった。
　日本でも、17世紀頃には小額紙幣を発行する豪商があり、18世紀初頭には大阪の堂島では米の先物取引が行われ、江戸時代の両替商では、さまざまな金融取引業務が行われていた。しかし、わが国では、明治維新により、そうした歴史的蓄積は消滅したが、西欧的

な金融制度が導入された（鹿野・前掲書17頁。また、金融業の発達の整理として、島村高嘉＝中島真志『金融読本〔第31版〕』東洋経済新報社〔2020年〕5頁・24頁・93頁、参照）。

２）金融システムと金融市場・金融仲介者

金融取引の円滑な実現を支えるための仕組みや組織、それらに関わるルールや規制の総体は、一括して「金融制度」と呼ばれ、金融制度と、そのもとで実現される各経済主体の行動パターンの連関とを合わせて、「金融システム」と称されている（池尾・前掲書24頁）。

金融システムが成立し機能する上で、「金融市場」と「金融仲介者」が重要な役割を果たしている。金融市場は、取引を通じて資金の需要と供給を一致させる市場である。金融市場は、市場参加者による取引ニーズと取引される金融商品の性質によって、①資金の調達・運用に関連した金融商品が取引される伝統的金融市場（短期金融市場と長期信用市場〔株式市場・債権市場〕）、②通貨と通貨とが取引される外国為替市場、③それらの市場での取引の結果生じたポートフォリオに内在するリスクの管理・調整の手段として利用される金融派生商品市場に分類される（鹿野・前掲書230頁）。金融市場は、銀行や証券会社等の金融仲介者によって具体的に機能している。

金融取引が成立するには、資金調達者が約束する将来の見返りが可能であることを資金提供者が確認し、その約束の将来における履行が確保される見込みが立たなければならず、加えて、その約束履行の実効確保が必要である。金融仲介者は、金融市場における資金需給を仲介する機能に加えて、資金調達者に対する事前の審査・信用調査と事後の監視（モニタリング）によって、この要請に応える「情報生産機能」を有している（池尾・前掲書31頁）。

また、この要請に応えるために、資金調達者の債務履行を確保する法制度が大きな役割を果たし、金融仲介者である金融機関や金融市場の機能を十全とするための法制度整備が図られている。

（２）金融取引の形態と様式

１）相対取引と市場取引

金融取引の形態は、大きく二つに分かれる。ひとつは、「相対取引」で、基本的に一対一で行われる取引であり、銀行が行う貸出取引や預金取引が典型である。これに対して、もうひとつは、「市場取引」で、市場において多数対多数で行われる取引であり、証券化された金融商品を流通価格を基準に売買する証券取引が典型である。

２）直接金融・間接金融と金融取引

資金提供者と資金調達者との間で直接に金融取引が行われる場合を、「直接金融」という。直接金融は、基本的には価格調整メカニズムに従って行われるが、現実のさまざまな背景事情を有する資金提供者と資金調達者との間では、資金の需要と供給に選好ギャップが生じることが多い。そこで、両者の間に金融仲介者（金融機関）が介在し、金融機関が、資金提供者と資金調達者のそれぞれのニーズに応じた

金融商品・取引条件を用意し、両者の選好ギャップを埋めるという金融仲介者の「資産変換機能」が発揮される。このように、資金提供者と金融機関との間、金融機関と資金調達者との間に、それぞれ金融取引が行われる場合を、「間接金融」という。

３）市場型間接金融と金融取引

　市場型の金融取引では、資金提供者と資金調達者との間で直接に取引が行われる直接金融は減少し、資金提供者・資金調達者とも金融機関との間で取引し、金融機関が市場に参加する「市場型間接金融」が常態化している。金融取引の対象や方法が技術的に高度化し複雑になった現代では、専門的な金融機関を相手にした取引を通じて市場を利用した方が、効率的である。この場合には、シンプルな直接金融と較べて、金融機関の市場参加形態の分化により、金融取引の形態も分化している。すなわち、資金調達者と市場を繋ぐ金融機関との間の相対型取引とその金融機関が行う市場型取引（ノンバンクによる資金の市場調達と貸出取引の例）、資金提供者と市場を繋ぐ金融機関との間の相対型取引とその金融機関が行う市場型取引（投資信託の例）である。このように、金融の展開により、金融取引の仕様が多様化している（池尾・前掲書40頁、下記図表につき、同41頁参照）。

　また、これに伴って、伝統的に金融機関の代表である銀行が一体的に提供していた機能が分解され、複数の、より専門化した事業者が分業体制を組み、より高度な金融サービスを提供する動き（＝「金融革新」）が生まれている（池尾・前掲書188頁）。

《 金融取引の形態と様式 》

　　　　　資金調達者＝D　資金提供者＝S　金融機関＝○

伝統的間接金融

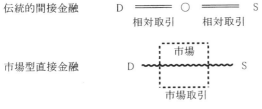

市場型直接金融

市場型間接金融

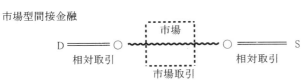

（3）金融取引のリスク管理と展開

　金融取引においては、資金調達者側による約束の履行である貨幣の支払いが将来所得という不確実な資産を原資にしているため、資金調達側の事業や資金運用が想定通りにいかなかった場合には、資金提供者側に約定どおりの履行ができなくなる。このことは、信用リスク（credit risk）または債務不履行リスク（default risk）と呼ばれる。金融取引には、この信用リスクがつきまとうために、金融仲介者による情報生産

活動が必要であり、また、法的には担保制度や保証制度が活用されることになる。

　金融取引に潜むリスクは、信用リスクだけでなく、金融経済情勢を反映する金融商品内容や取引条件のために、金利変動・価格変動・為替変動に伴う市場リスクや、流動性リスクがある（鹿野・前掲書118頁、酒井良清＝鹿野嘉昭『金融システム〔第4版〕』有斐閣〔2011年〕4頁）。そのために、リスクをヘッジ（軽減）する手段が講じられるほか、最近では、情報技術の著しい進展とファイナンス理論と応用（金融工学）の発展を受けて促進された金融革新の動きのなかで、効率的にリスク移転手段を独立させた「デリバティブ（金融派生商品）」が、リスク管理（分解・移転・再配分）の手段として利用され、また、金融取引として行われている（池尾・前掲書197頁）。

　伝統的な資金融通のニーズを背景に登場・発展した金融取引は、今日では、収益・リスク管理または金融資産管理（ポートフォリオ・マネジメント）のニーズを背景として、さまざまな金融資産・負債、金融取引に関わる権利・義務が取引されるようになり、それらの総称となっている（酒井＝鹿野・前掲書7頁）。

2　金融取引の法的規律

（1）金融法と金融取引法

　金融法や金融取引法という名称の法律は存在しないので、それらの用語は形式的意義がなく、実質的意義において理論的に把握できる法分野を指す。そこで、「金融法」とは、実質的に、金融の機能を保障する法の総体と理解することができる。

　金融法は、大別して、金融取引法と金融監督法の分野が認められる。「金融取引法」は、金融取引に関する私法ないし民事法の分野であり、私人間の利害を調整することを目的とする。これに対して、金融監督法は、国が金融分野を規制する公法的規制の分野であり、この規制は、預金者や投資家を保護するとともに、金融システムの安定や金融市場の健全性を確保すること等を目的とする（神田秀樹＝神作裕之＝みずほファイナンシャルグループ『金融法講義〔新版〕』岩波書店〔2017年〕1頁、なお、金融に関する法を金融法と呼び、金融取引を規律する金融取引法と金融制度を規律する法とに分けるものとして、川口恭弘『現代の金融機関と法〔第5版〕』中央経済社〔2016年〕、金融法の現代的な体系を試み、伝統的な体系も整理するものに、酒井俊和『ファイナンス法──金融法の基礎と先端金融取引のエッセンス』商事法務〔2016年〕がある。金融法に関する文献として、柴崎暁『金融法提要』成文堂〔2019年〕、西村あさひ法律事務所〔編〕『ファイナンス法大全〔全訂版〕』〔上・下〕商事法務〔2017年〕、神田秀樹・他〔編〕『金融法概説』有斐閣〔2016年〕、大垣尚司『金融と法』有斐閣〔2010年〕、福井修『金融取引法入門』金融財政事情研究会〔2009年〕、日野正晴『ベーシック金融法』中央経済社〔2005年〕、木内宜彦『金融法』青林書院〔1989年〕等がある）。

（2）金融取引の法的規律の諸相

　金融取引を統一的に規律する特別法は存在しないので、金融取引の法的規律の中心は、民法およびその特別法としての利息制限法、不動産登記法等である。また、金融取引には、商法、手形法・小切手法、民事手続関連法（民事訴訟法、民事執行

法、民事保全法）、倒産法（破産法、会社更生法、民事再生法）、消費者契約法、金融商品取引法、金融商品販売法（2020〔令和2〕年改正により「金融サービスの提供に関する法律〔金融サービス提供法〕」と改称）等の適用がある。刑事法として、「出資の受入れ、預り金及び金利等の取締りに関する法律」（＝出資法）等がある。

　金融取引を行い、また、仲介する金融機関に対する監督法が重要な地位を占める。金融業には、銀行業、信託業、保険業、貸金業、無尽業および金融商品取引業等があり、それぞれに業法による行政監督規制がある（銀行法、信託業法、金融機関の信託業務の兼営等に関する法律、保険業法、貸金業法、金融商品取引法等）。

　近時、金融取引に適用される特別法の制定が相次いでいる。例えば、「犯罪による収益の移転防止に関する法律（平成19年法律22号）」（＝本人確認法）、「犯罪利用預金口座等に係る資金による被害回復分配金の支払等に関する法律（平成19年法律133号）」（＝振り込め詐欺救済法）、「電子記録債権法（平成19年法律102号）」および「資金決済に関する法律（平成21年法律59号）」（＝資金決済法）等がある。

　その他、金融取引に関しては、古くから商慣習の成立が多くみられ、約款の利用が旺盛であり、また、手形交換所規則や内国為替規則等の自治法が重要な役割を果たしている。

　なお、最近の金融革新により、伝統的な金融取引に関する法制や規制の枠組みの見直しが迫られ、フィンテックの進展に伴う金融法関係の改正が頻繁に行われている（神田他・前掲金融法講義8頁・554頁「フィンテック関連法」参照）。

2.11.2.　銀行取引

　　1　銀行取引の意義
　　2　銀行取引の種類と法的規律
　（1）銀行業務と銀行取引の種類
　（2）固有業務の銀行取引

1　銀行取引の意義

　「銀行取引」は、法令上、商法502条8項に「両替その他の銀行取引」との表現で営業的商行為として規定されているほかに、明確な定義はない。同条項にいう銀行取引には、与信行為だけを行う場合は含まれず、受信行為と与信行為とを併せ行うことを前提にする与信行為は該当すると解される（通説、最判昭50・6・27判時785・100商百選28）。その解釈は、銀行法上の固有の「銀行業」の定義と合致している。

　「銀行法（昭和56年法律59号）」によれば、銀行業とは、①預金または定期積金の受入れと資金貸付けまたは手形の割引とを併せ行うこと、②為替取引を行うこと、それらのいずれかを行う営業をいう（銀行2条2項）。但し、預金の受入れを行う営業は、銀行業とみなして、銀行法が適用される（銀行3条）。銀行業を営むためには、内閣総理大臣の免許を要する（銀行4条）。

　銀行業を営むことを法律上認められている金融機関は多様である（銀行法により免許を受けて銀行業を営む「普通銀行」（都市銀行・普通銀行等）、信用金庫法にもとづく「信用金庫」、中小企業等協同組合法にもとづく「信用協同組合」、労働金庫法にもとづく「労働金庫」、農業協同組合法や水産業協同組合法にもとづく「農業協同組合」「漁業協同組合」「水産加工業協同組合」等がある）。そうした金融機関のほかは、不特定多数の者に対して、後日出資の払戻しとして出資金の全額またはこれを超える金額に相当する金銭を支払うべき旨を示して、出資金の受入をしてはならない（出資の受入れ、預り金及び金利等の取締りに関する法律〔いわゆる出資法〕1条）。

【 銀行法の沿革と改正経緯 】
ⅰ　沿革と現行法の基礎
　1981年に制定された現行の銀行法（昭和56年法律59号）は、銀行の業務の公共性に鑑み、信用を維持し、預金者等の保護を確保するとともに金融の円滑を図るため、銀行の業務の健全かつ適切な運営を期し、もって国民経済の健全な発展に資することを目的とする。
　同法は、①参入規制・免許制（銀行4条1項）、②業務範囲規制（銀行10条〜12条）、③組織形態規制（子会社・銀行持株会社の業務範囲制限や財務規制、銀行52条の17以下・16条の2等）、④主要株主規制・銀行の株式保有規制（銀行16条の3・52条の2の11以下・52条の24）、⑤各種行為規制（情報提供義務・説明義務〔銀行12条の2〕、大口信用供与規制〔銀行13条〕、禁止行為等〔銀行13条の2等〕）、⑥財務規制（自己資本比率規制・バーゼルⅢの国内法化〔銀行14条の2〕、情報開示等〔銀行17条以下・52条の25以下〕）、⑦金融庁の検査・監督（銀行24条〜28条）等を定め（神田=折原・前掲書10頁）、⑧金融ADR（裁判外紛争解決手続）等について規定している。
　同法に先立ち、1927（昭和2）年には、銀行倒産が相次いだ背景のもとで、普通銀行制度を整備し、健全経営の確保と信用秩序の維持を図ることを主眼として、旧銀行法（昭和2年法律21号）が制定されていた。旧銀行法は、日本の金融制度の根幹を担ってきたが、経済社会構造の変化とともに、金融事情や銀行業務の実情と合致しなくなった。そこで、1981年に全面的な改正が行われ、これが現行銀行法の基礎である。
　銀行法は、銀行の公共性を宣言するとともに、同法の運用にあたっては銀行の自主的な努力を尊重するよう配慮することを定めて、銀行の公共性と私企業性との調和を図った。また、銀行業務の大衆化・多様化の進展、国債等の公共債の大量発行、金融の国際化といった銀行を取り巻く内外の状勢変化に対応するため、公共債の証券業務を含む業務範囲の明確化、従来の行政指導を法制化する大口信用供与規制（銀行による特定の企業に対する信用供与額を設定する規制、額は銀行の自己資本を基準に設定）、ディスクロージャー（企業内容の開示）に関する規定の整備、銀行の週休2日制実現に向けた制度の整備、1年決算制への移行、外国銀行支店に関する規定の体系的整備等を図った。
ⅱ　近年における改正の概要
　さらに、銀行法は時代の変化に対応して改正が重ねられた。主要な改正は以下のとおりである（福原紀彦=武田典浩「銀行法」『大日本百科全書』小学館〔1994年、以後順次改訂〕、小山嘉昭『銀行法精義』金融財政事情研究会〔2018年〕、池田唯一=中島淳一〔監修〕佐藤則夫〔編著〕『銀行法』金融財政事情研究会〔2017年〕）。
　1992（平成4）年には「金融制度及び証券取引制度の改革のための関係法律の整備等に関する法律（平成4年法律87号）」（＝金融制度改革関連法）により銀行法が改正され、金融機関が業態別子会社を設立して他業態へ相互に参入することが可能となり、これまで行政指導に基づいていた自己資本比率規制を法律に基づく規制とした。
　1998（平成10）年には、いわゆる「日本版金融ビッグバン」と称される金融システムの大改革により、銀行法が改正された（平成10年法律107号）。銀行を子会社とする持株会社の設立が可能となり、銀行のディスクロージャーが罰則付き義務規定に服し、1998年4月から導入されていた早期是正措置（銀行の経営が破綻〔はたん〕する前に経営の改善を求める措置）を整備・強化し、大口信用供与規制を拡大するとともに、アームズ・レングス・ルール（銀行と子会社・主要株主等銀行の関係者との間で、銀行に不利益を与えるような取引を行うことを禁止する規制）の適用範

囲を拡大した。

　2001（平成13）年には、異業種事業会社による銀行業への参入（とりわけインターネット専業銀行の出現）という背景を踏まえ、銀行経営の健全化を確保するための改正がなされた（平成13年法律117号）。銀行の5％を超える株式を所有する大株主に銀行株式所有届出書の提出義務を課し、銀行の議決権の20％以上を保有する主要株主には内閣総理大臣の認可を受ける義務を課し、議決権の50％を超える支配株主には必要と認めるときは内閣総理大臣への改善計画の提出を求める。また、営業所の設置について、許可制から届出制に改正された。

　2005（平成17）年には、銀行代理業（預金受入れ・貸付・為替等の銀行業務を内容とする契約締結を代行・媒介する営業）を営むことを認める改正がなされた（平成17年法律106号）。2007（平成19）年には、銀行法改正ではないが、銀行の自己資本比率規制を強化すべく、2004年にバーゼル銀行監督委員会が公表したバーゼルⅢ（国際的に活動する銀行の自己資本比率の計算方法に関する新たな規制）が導入された。2009（平成21）年には、金融商品・サービスに関する銀行・利用者間の紛争を裁判外で簡易・迅速に解決するため、金融ADR制度を導入する改正がなされた（平成21年法律58号）。2013（平成25）年には、議決権保有規制（5％ルール）の事業再生会社等に関する緩和、大口信用供与等規制の見直し等の改正がなされた（平成25年法律45号）。

　2016（平成28）年には、銀行を中心とする金融グループの経営形態の多様化やFinTechに代表されるITの急速な発展を背景に、「情報通信技術の進展等の環境変化に対応するための銀行法等の一部を改正する法律」（平成28年法律第62号）が成立した。本法律は、①金融グループにおける経営管理を実効的なものとするため、銀行持株会社等が果たすべき機能を明確化する、②金融グループの効率的な業務運営と金融仲介機能の強化を図るため、グループ内の共通・重複業務の集約等を容易化する、③金融機関と金融関連IT企業等との一層の連携の強化を可能とするため、銀行及び銀行持株会社等による金融関連IT企業等への出資の容易化を図る、④仮想通貨について、G7サミット等の国際的な要請も踏まえ、マネーロンダリング・テロ資金対策及び利用者保護のための法制度を整備するといった措置を講じている（湯山壮一郎・他〔編著〕『逐条解説2016年銀行法、資金決済法等改正』商事法務〔2017年〕）。

　2017（平成29）年には、フィンテックの進展に伴い、決済関連分野において、顧客と金融機関の間に立ち、顧客の委託を受けて、スマートフォン等を利用して、決済指図の伝達や、金融機関における口座情報の取得・顧客への提供を業として行う者（電子決済等代行業者）が登場・拡大していることを受けて、「銀行法等の一部を改正する法律」（平成29年法律49号）が成立した。本法律では、金融機関にオープンAPI導入の努力義務を課すとともに、電子決済等代行業者に登録制を導入し、情報の適正な管理、業務管理体制の整備等を求め、業務の開始に先立って金融機関との契約締結を求める等、オープン・イノベーションを進めるための制度整備が図られている（湯山壮一郎・他〔編著〕『逐条解説2017年銀行法等改正』商事法務〔2018年〕）。

　2019（令和元年）には、「情報通信技術の進展に伴う金融取引の多様化に対応するための資金決済に関する法律等の一部を改正する法律」（令和元年法律28号）が成立し、この法律によって、資金決済に関する法律、金融商品取引法、金融商品の販売等に関する法律、銀行法、保険業法、金融機関等が行う特定金融取引の一括清算に関する法律等が改正された。本法律では、近年の情報通信技術の進展に伴う金融取引の多様化を踏まえ、金融の機能に対する信頼の向上及び利用者等の保護等を図るため、①国際的な動向等を踏まえ、法令上の「仮想通貨」の呼称を「暗号資産」に変更するとともに、暗号資産の流出リスクへの対応等、暗号資産交換業に関する制度を整備し、②暗号資産を用いた証拠金取引やICO（Initial Coin Offering）と呼ばれる資金調達等の新たな取引や不公正な行為に関する制度を整備し、③金融機関の業務に、顧客に関する情報をその同意を得て第三者に提供する業務等を追加し、④店頭デリバティブ取引における証拠金の清算に関し、国際的な取引慣行に対応するための規定を整備した（守屋貴之・他〔編著〕『逐条解説2019年資金決済法等改正』商事法務〔2020年〕）。

　関連して、2020（令和2年）には、「金融サービスの利用者の利便の向上及び保護を図るための金融商品の販売等に関する法律等の一部を改正する法律」（令和2年法律50号）が成立し、この法律により、金融商品の販売等に関する法律、資金決済に関する法律等を改正し、①多種多様な商品・サービスをワンストップで提供する「金融サービス仲介業」の創設、②高額送金を取扱い可能な類型（第一種資金移動業）や少額送金のみを取り扱う類型（第三種資金移動業）を設けるなどの資金移動業の規制の見直し、③収納代行や前払式支払手段についての利用者保護のための措置の整備を図っている。

2　銀行取引の種類と法的規律

（1）銀行業務と銀行取引の種類

　銀行が行う業務には、①固有業務（銀行10条1項、受信〔預金の受入等〕、与信〔貸出・保証等〕、為替〔振込・代金取立等〕）、②付随業務（銀行10条2項、保護預り・デリバティブ取引等）、③他業証券業務（銀行11条、国債・投資信託等の窓口販売）、④法定他業務（銀行12条、担保付社債信託業務等）がある。

　銀行は、これら以外の業務を行うことができない（銀行12条）。銀行の他業禁止は、本業専念による効率性の発揮、他業経営によるリスクの排除、利益相反取引の防止、優越的地位の濫用防止の趣旨にもとづく（池田他〔監〕・前掲書56頁）。

　以上の銀行業務から、銀行取引は、預金取引・受信取引、貸出取引・与信取引（貸付と手形割引）、為替取引、および、その他の付随取引に分類される。これらを特別に規律する取引法規はなく、民法・商法等の規定に従うほか、多くが銀行取引約款に委ねられている。

（2）固有業務の銀行取引

1）受信取引（預金取引）

　受信取引としての預金取引は、銀行が顧客から金銭の預託を受ける取引であり、銀行と顧客との間の預金契約の法的性質は、消費寄託契約であると解される（通説・判例）。預金には、要求払預金として、普通預金と当座預金とがあり、定期性預金として、定期預金、通知預金、譲渡性定期預金がある。当座預金は、手形・小切手の支払に利用され、消費寄託契約と手形・小切手の支払委託契約の混合契約である当座勘定取引契約にもとづいて行われる。普通預金や当座預金のように、決済手段として機能している預金は、「預金通貨」と呼ばれている。

　平成29年改正前の民法では、寄託契約は要物契約とされ（平成29年改正前民657条）、預金契約は銀行が金銭を受領して初めて成立することになり、この点をめぐって問題となることが多かった。平成29年改正後の民法では、寄託契約は諾成解約であることが明文化されたので（民657条）、預金契約は諾成契約となり、預金口座開設の申込みとそれに対する銀行の承諾により成立することになる。しかし、預金契約が諾成契約とされても、銀行が返還義務を負うのは、現金・証券類・振込みによる入金（受入）があったと認められる時点以降であるから、どの時点から銀行が返還義務を負うかが問題である。

　預金の受入は店頭入金が通例であるが、預金者が現金を窓口に差し出したところ、窓口の銀行員が承知したものの現金に手をつけず他の事務を続けている間に、窓口の現金が盗難にあったという事件（いわゆる窓口一寸事件）では、大審院は、預金契約の成立を認めず、顧客の銀行に対する返還請求を認めなかった（但し、寄託の成立を審理する余地を示している。大判大12・11・20新聞2226・4）。

　銀行員が顧客の住所または営業所に出向いて集金する場合には、銀行員が受け取った時に預金契約が成立するか（東京地判昭45・5・30下民集1・742）、銀行員が金銭

を店舗に持ち帰って入金処理をしたときに預金契約が成立するのか（大阪高判昭37・5・30下民集13・2488）、見解が分かれていた。預金契約の成立および返還義務の発生については、原則としては、当該銀行員に代理権が与えられているかどうかによるが、事案によっては、表見代理が認められたり、銀行の使用者責任が構成されることになる。

　振込みによる入金の場合、振込金額が受取人の預金口座に入金記帳された時に受取人を債権者とする預金債権（預金払戻請求権）が成立し、誤振込の場合には、受取人との間で預金契約の成立が認められる（最判平8・4・26民集50・5・1267）。なお、平成29年改正民法では、債権者が払込金額の預貯金払戻請求権を金融機関に対して取得した時に弁済の効力を生ずる旨だけが規定されている（民477条）。

　無権利者への預金の払戻しについて、銀行は無権利者を権利者と誤認したことについて過失があれば免責されない（民478条、最判昭37・8・21民集16・9・1809）。今日では、通帳と印鑑による確認に代えて、現金自動支払機でのキャッシュカードと暗証番号入力等の払戻しが普及しており、新しい環境で銀行の免責される場面が議論されている＊。

　なお、預金等の勧誘・販売については、預金者等を保護するために、銀行法および金融商品販売法（2020年改正により「金融サービス提供法」に改称）等に規制がある（銀行の情報提供・説明義務〔銀行12条の2第1項〕、虚偽事実の告知・断定的判断の提供等の禁止〔銀行13条の3第1号・2号・4号〕、特定預金等契約の書面交付義務〔銀行13条の4〕）。

　＊ **偽造カード・盗難カードによる払戻しと銀行の責任**　　偽造カード等または盗難カード等を用いて行われる不正な機械式預貯金払戻し等による被害が多数発生していることに鑑み、これらのカード等を用いて行われる機械式預貯金払戻し等に関して、民法の特例を定めるとともに、不正防止と預貯金者保護、預貯金に対する信頼確保を図る目的で、「偽造カード等及び盗難カード等を用いて行われる不正な機械式預貯金払戻し等からの預貯金者の保護等に関する法律（平成17年法律94号）」（＝偽造カード法）が制定されている。
　同法により、偽造カードが現金自動支払機（ATM）で用いられて預金が払い出された場合には、民法478条の適用は排除され（同法3条）、預金者の故意による払い戻しが行われたとき、または、銀行が善意無過失で預金者に重過失があって払戻しがなされたときに限り、払戻の効力が生じる（同法4条）。

２）与信取引（貸付取引と手形割引）

　銀行が行う与信取引の大部分は、貸付取引と手形割引が占める。銀行と顧客との与信取引は、取引開始時に差し入れる「銀行取引約定書」によって基本的な法律関係が規律されている。

　貸付取引は銀行が顧客に対して金銭を貸し付ける取引であり、銀行と顧客との間の貸付契約の法的性質は、金銭の消費貸借契約である。貸付取引には、手形割引、証書貸付、当座貸越、支払承諾取引、電子記録債権貸付・割引、コミットメント・ライン契約がある。

　当座貸越は、当座預金契約に附随して締結され、その法的性質は消費貸借契約の予約と解される。手形割引は、手形を所持する顧客を割引依頼人として、この顧客から銀行が満期未到来の手形を譲り受ける取引である。この場合、手形金額から譲

受日以降満期までの利息相当額を割引料として差し引いた金額が、銀行から割引依頼人に支払われる。手形割引の法的性質は、手形の売買であり、銀行は消費貸借上の債権を有しないと解される（通説、最判昭48・4・12金判373・6）。

３）為替取引

為替取引は、隔地者間において債権・債務関係がある場合に、その決済のための資金移動を、現金の輸送によらずに銀行を通じて行う取引である（為替取引とは「顧客から、隔地者間で直接現金を輸送せずに資金を移動する仕組みを利用して資金を移動することを内容とする依頼を受けて、これを引き受けること、又はこれを引き受けて遂行すること」と述べた最高裁決定がある。最決平13・3・12刑集55・2・97）。

銀行が行う為替業務には、送金為替（送金依頼人から受取人に対して銀行を通じて資金が移動する形式で、送金小切手等の普通送金、電信送金、口座振込がある）と、取立為替（取立依頼人に対して支払人から銀行を通じて資金が移動する形式で、証券の取立による形式）とがある。

また、資金移動が国内で行われる「内国為替取引」と、資金移動が複数の国にまたがり異種の通貨の交換を伴う「外国為替取引」とがある。

為替取引において、振込や送金の依頼を受ける銀行を「仕向銀行」といい、受取人に資金の支払いをする銀行を「被仕向銀行」といい、銀行間での為替取引契約が銀行間の資金決済を規律している。

今日、広く利用されている振込では、依頼人と仕向銀行との間に振込契約（準委任契約）が存し、仕向銀行と被仕向銀行の間には「全国銀行内国為替制度」を利用する為替取引契約（準委任契約）があり、被仕向銀行と受取人との間には預金契約が存在している。従って、送金事故（受取人口座への未入金・入金遅滞）があった場合、仕向銀行に故意または過失があったときは、仕向銀行は損害のあった依頼人に委任契約上の債務不履行責任を負う。被仕向銀行のみに過失があるときは、依頼人は、被仕向銀行に不法行為責任を追及することになる（依頼人は被仕向銀行との間に契約関係がないが、仕向銀行と被仕向銀行との間に復委任関係を認めて、依頼人の被仕向銀行に対する契約責任の追及を認めることができる）。このとき、仕向銀行の依頼人に対する責任を否定する判例がある（最判平6・1・20金法1383・37）。

《 振込みの基本的仕組み 》

日銀当座預金間での振替決済

- 200 -

【 資金決済法による資金移動業・暗号資産交換業等 】

　2009年に制定された「資金決済に関する法律（平成21年法律59号）」（＝資金決済法）は、近年の情報通信技術の発達や利用者ニーズの多様化等の資金決済システムをめぐる環境の変化に対応して、①前払式支払手段、②資金移動業、③資金清算業（銀行間の資金決済の強化・免許制）の規律を内容としている。

　前払式支払手段の規律では、「前払式証票の規制等に関する法律」（＝プリカ法）の適用対象となっていた紙型、磁気型、IC型の前払式支払手段に加え、サーバ型の前払式支払手段を法規制対象に加え、プリカ法が廃止された。そして、新たな資金移動業の規律を設けて、銀行等の免許を受けずとも、資金決済法による登録をした者は、資金移動業者として為替取引（1回あたり100万円以下）を行うことができるようにした（資金決済法37条・2条2項）。この場合、履行保証金の供託（同法43条）のほか、いわゆる金融ADRへの対応が必要である。

　以後、資金決済法は、資金決済サービスの高度化と多様化に対応して、改正が重ねられている（福原紀彦「Fintechによる電子商取引・決済法の生成と展開」中央大学学術シンポジウム研究叢書11巻249頁〔2017年〕、資金決済法に関する参考文献として、制定時、高橋康文〔編著〕『詳説・資金決済に関する法制』商事法務〔2010年〕、高橋康文〔編著〕『逐条解説・資金決済法〔増補版〕』金融財政事情研究会〔2010年〕、2016年改正まで、畠山久志〔編著〕『仮想通貨法の仕組みと実務』日本加除出版〔2018年〕、2017年改正まで、片岡義広・他〔編〕『Fintech法務ガイド〔第2版〕』商事法務〔2018年〕、丸橋透＝松嶋隆弘〔編著〕『資金決済法の理論と実務』勁草書房〔2019年〕、2019年改正まで、堀天子『実務解説・資金決済法〔第4版〕』商事法務〔2019年〕、増島雅和＝堀天子『暗号資産の法律』中央経済社〔2020年〕、河合健＝髙松志直・他〔編著〕『暗号資産・デジタル証券法』商事法務〔2020年〕、2020年改正を含む、渡邊涼介・他『電子商取引・電子決済の法律相談』青林書院〔2020年〕がある）。

　2016（平成28）年に、銀行を中心とする金融グループの経営形態の多様化やFinTechに代表されるITの急速な発展を背景にして成立した「情報通信技術の進展等の環境変化に対応するための銀行法等の一部を改正する法律」（平成28年法律第62号）では、資金決済法の一部改正により、仮想通貨については、G7サミット等の国際的要請も踏まえ、マネーロンダリング・テロ資金対策及び利用者保護のための法制度を整備し（仮想通貨および仮想通貨交換業の定義と業規制）、前払式支払手段や資金移動業については、ITの進展等を背景としたサービスの拡大に対応した措置が講じられた（湯山他・前掲逐条解説2016年銀行法等、神田他・前掲金融法講義567頁）。

　2017（平成29）年に成立した「銀行法等の一部を改正する法律」（平成29年法律49号）では、決済サービスに関する業務横断的な法体系の構築に向けて、金融機関にオープンAPI導入の努力義務を課すとともに、電子決済等代行業者に登録制を導入し、情報の適正な管理、業務管理体制の整備等を求め、業務の開始に先立って金融機関との契約締結を求める等、オープン・イノベーションを進めるための制度整備が図られた（湯山他・前掲逐条2017年銀行法、神田他・前掲金融法講義577頁）。

　2019（令和元年）に成立した「情報通信技術の進展に伴う金融取引の多様化に対応するための資金決済に関する法律等の一部を改正する法律」（令和元年法律28号）では、資金決済法の一部改正により、法令上の「仮想通貨」の呼称を「暗号資産」に変更するとともに、暗号資産の流出リスクへの対応等、暗号資産交換業に関する制度が整備され、暗号資産を用いた証拠金取引やICO(Initial Coin Offering)と呼ばれる資金調達等の新たな取引や不公正な行為に関する制度が整備された（守屋他・前掲逐条解説2019年資金決済法等）。

　2020（令和2年）に成立した、「金融サービスの利用者の利便の向上及び保護を図るための金融商品の販売等に関する法律等の一部を改正する法律」（令和2年法律50号）では、資金決済法の一部改正により、高額送金を取扱い可能な類型（第一種資金移動業）や少額送金のみを取り扱う類型（第三種資金移動業）を設けるなどの資金移動業の規制を見直し（3類型の設定）、収納代行や前払式支払手段についての利用者保護のための措置の整備を図っている。

　なお、「金融商品の販売等に関する法律」（金融商品販売法）の改正では、同法を「金融サービスの提供に関する法律」（金融サービス提供法）に改称した上で、新たな業種として多種多様な商品・サービスをワンストップで提供する「金融サービス仲介業」を創設することとしている。金融商品販売法は、事業者の説明義務違反に対する損害賠償責任を規律するなど、販売・勧誘に関する「民事ルール」の性質が強かったが、この改正を期に、「金融サービス仲介業」を規律する「業法」としての性質を強めている。

2.11.3. 信　託

1　信託の意義と機能
（1）信託の意義と基本的仕組み
（2）信託の法的特質
（3）信託の機能
（4）民事信託と商事信託
2　信託業の法的規律
3　信託の主要な民事的規律
（1）信託法の新たな規律の視点
（2）受託者（信託会社等）の地位
（3）受益者等の地位
（4）信託の終了と清算

1　信託の意義と機能

（1）信託の意義と基本的仕組み

　信託とは、一般的用語では、他人を信頼して物事を委託することをいうが、法律上は、「信託法（平成18年法律108号）」で定義される財産管理制度のことである。すなわち、信託法上の「信託」とは、信託行為（①信託契約の締結、②遺言または③信託宣言〔自己信託の意思表示〕のいずれかの方法）により、特定の者（＝受託者）が、一定の目的（＝信託目的〔専ら受託者の利益を図る目的を除く〕）に従い、財産の管理または処分およびその他の当該目的の達成のために必要な行為をすべきものとすることをいう（信託2条1項）。

　信託には法主体がなく受託者が権利義務の主体になるが、個人の責任財産から独立した財産管理方法が創出されるという点で、「一般財団法人」と機能が類似し、複数の者が委託者兼受益者となって受益者と信託契約を締結することで、共同企業形態として利用できる（神田・会社3頁）。

《 信託の基本的仕組み 》

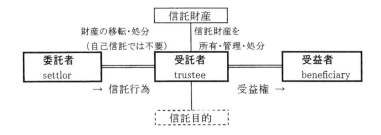

　関係者とその行為等を確認しながら述べれば、「信託」とは、基本的には、①委託者が、信託行為（信託契約または遺言）によって、信頼できる人（受託者）に対して、金銭や土地等の財産を移転し、②受託者が、委託者の設定した信託目的に従って、受益者のためにその財産（信託財産）の管理・処分等をするという仕組みである。

　受託者は、信託財産の所有権者になるが、自己のためではなく受益者のために信託財産を管理または処分等を行い、それから得られる信託の利益は受益者が享受する。但し、信託法上、自らを受託者として信託を設定する自己信託では、受益者が、自己の財産を、自己の利益を図る以外の一定の目的の下に置く（財産の移転・処分は不要）。

　受益者の定めのない信託があり（信託258条1項）、このうち、学術、技芸、慈善、祭祀、宗教その他の公益を目的とするものであって、受託者が主務官庁の許可を得た信託を「公益信託」といい（公益信託法1条）、それ以外の信託が一般の「私益信託」である。私益信託のうち、委託者自らが受益者となる信託を「自益信託」といい、委託者以外の者を受益者とする信託を「他益信託」という。実際には自益信託が多い（江頭・商取引543頁）。

　信託の仕組みは、歴史上古くから存在し、各国で制度的な展開を遂げ（友松義信『信託の世界史』金融財政事情研究会〔2018年〕）、今日のわが国でも重要な経済的・社会的役割を果たし、広く利用されている＊。

> ＊ **信託に関する主な参考文献**　神田秀樹=折原誠『信託法講義（第2版）』弘文堂（2019年）、岡伸浩『信託法理の展開と法主体』有斐閣（2019年）、能見善久=樋口範雄=神田秀樹（編）『信託法制の新時代』弘文堂（2017年）、樋口範雄=神作裕之（編）『現代の信託法』弘文堂（2018年）、佐久間毅『信託法をひもとく』商事法務（2019年）、三菱UFJ信託銀行『信託の法務と実務（6訂版）』金融財政事情研究会（2015年）、新井誠『信託法（第4版）』有斐閣（2014年）、樋口範雄『入門　信託と信託法（第2版）』弘文堂（2014年）、寺本昌広『新しい信託法（補訂版）』商事法務（2008年）、道垣内弘人『信託法入門』日本経済新聞・出版社（2007年）等。

（2）信託の法的特質

1）信託財産の独立性（倒産隔離）―　機能発揮装置

　信託においては、財産が委託者から受託者に移転して信託財産となるので、委託者の倒産等の影響を受けず、また、信託財産は受託者の所有に属しても、受託者の債権者からの強制執行等が排除されるので（信託23条1項）、受託者の倒産等の影響も受けない（倒産隔離）。受益者は信託財産の所有者ではない。

　信託財産は、形式上は受託者の所有名義に属するが、実質的には、委託者、受託者、受益者の誰にも属さないような状態の財産（nobody's property）となり、このことを信託財産の独立性という。このことにより、信託財産が保護され、受益権が裏付けられて受益者が保護され、信託の機能を発揮させる。

2）受託者責任（信認義務）―　信頼確保と制御装置

　受託者は、信託行為の定めに従い信託財産の管理・処分その他の信託目的の達成に必要な行為を行い（信託26条）、受益者に対して利益を給付する義務を負う（信託2条6項7項・88条）。この際、受託者は、信託の本旨に従い、善良なる管理者の注意義務をもって信託事務を処理しなければならない（信託29条）。

　その他、受託者は、受益者に対して、忠実義務（信託30条）、分別管理義務（信託34条1項）、公平義務（信託33条）、帳簿作成・報告・保存義務（信託36条・37条1項・38

条1項）等を負い、それらの義務に違反した場合には、損失の填補または原状回復の責任を負う（信託40条1項）。

　これらは、委託者からの高度な信頼に応えるために受託者が負う義務と責任であり、この「受託者責任」の基礎には、いわゆる「信認義務（Fiduciary duty）」が認められる（信認関係につき、タマール・フランケル〔溜箭将之監訳〕『フィデューシャリー：「託される人」の法理論』弘文堂〔2014年〕、松元暢子「金融分野における「フィデューシャリー・デューティー」の用語法についての一考察」能見=樋口=神田編・前掲書223頁）。

　また、受託者は、信託財産の所有者として、信託財産のためにした行為について、第三者たる信託債権者に対して負担した債務につき、信託財産によって責任を果たすことはもとより、必要であれば自らの固有財産をもってでも責任を負わなければならない（受託者の無限責任）。

（3）信託の機能

　信託は、その仕組みから分かるように、他人によって財産が適切に管理され、安全・確実な財産の承継を実現する機能を有するが、さらに、次のような機能がある（神田=折原・前掲書4頁）。

　ひとつは、信託により、さまざまな財産がひとつの信託財産にまとめられるという「取りまとめ機能（オーガナイザー機能）」である。これにより、例えば、多数の投資家から資金を集めて規模の大きなファンドを組成して効果的な分散投資が可能となったり、多数の地権者の権利関係が単純化されて再開発が容易になる。

　もうひとつは、財産が信託されると、信託財産になって、これを裏付けとして、さまざまな目的に応じた内容の受益権に転換されるという「転換機能」である。性状・性質が転換される場合もあれば、数が転換される場合もあり、さらに、世代間の財産承継を可能とする転換もある。

（4）民事信託と商事信託

1）意　義

　「民事信託」は、長期の財産管理制度と組み合わされた財産無償譲渡（贈与）を原因たる経済行為として、主として、財産の管理・承継のために利用される信託である。民事信託は信託の基本的な仕組みのもとに、委託者・受託者・受益者一人ずつの三者関係で、他益信託を典型とする。

　これに対して、「商事信託」は、対価の交換を伴う商取引を原因たる経済行為とし、主として、財産の管理・運用・投資に利用される信託である。商事信託は、委託者・受託者・受益者の三者関係を採るものの、取りまとめ機能と資産転換機能を発揮して、多数の受益者を擁する場合が多く、また、自益信託であることが多い。

2）商事信託の機能類型

　商事信託は、機能的に見て、4類型がある。すなわち、①運用型（投資家が受益者の地位に立ち、投下資金の範囲内でリスクを負う。実績配当型金銭信託、投資信託等）、②転換型（各種資産の流動化・証券化を目的とし、投資家が受益者の地位に立ち、投下資金の範囲内でリスクを負う。金銭債権信託、特定目的信託等）、③預金型（貯蓄目的で行われ、受益

者が実質的に預金者と同様の地位に立ち、リスクを負わない。受託者が元本保証を行い、配当について予想配当制を採る。合同運用指定金銭信託、貸付信託等）、④事業型（事業を行うことを目的とし、事業者が受益者の立場に立ち、事業リスクとして投下資金を上回るリスクを負う。代表例は土地信託）がある（神田＝折原・前掲書6頁）。

3）日本の信託利用の現状と展望

信託はイギリスのユース（use）に源があるとされるが、英米法圏で発達をみて、家族信託や個人信託といった民事信託が広く普及し、その後、アメリカで商事信託が発達した。日本では、当初、商事信託が金銭信託を中心に金融分野において導入され、民事信託はほとんど見られなかった。

しかし、今日では、信託は、金融資産の運用スキームとして広く利用されるようになったほか、少子高齢社会の社会インフラとして（例えば、高齢者・障害者のための福祉型信託等）活用されることが期待されている（信託の歴史及び信託のその他分類について、神田＝折原・前掲書17頁・10頁、三菱UFJ信託銀行・前掲書12頁以下・17頁以下、参照）。

2　信託業の法的規律

報酬を得ることを目的として信託を引き受けること（営利信託・信託業）は、商法上、営業的商行為とされている（商502条13号、平成18年法律109号により本号追加）。信託会社等の信託の引受けが消費者契約に該当する場合は、消費者契約法の適用を受ける。また、信託の受益権は、金融商品取引法上の「みなし有価証券」に該当するので（金商2条2項1号）、販売業者が規制に服するほか、一定の要件に該当する金銭信託の信託契約の締結は同法の適用を受ける（金商2条1項3号）。

営業信託のうち貸付信託については、信託会社等は、あらかじめ内閣総理大臣の承認を受けた信託約款に基づいて信託契約を締結しなければならないが（貸付信託法3条1項）、それ以外の信託契約については、約款等の行政機関による承認を必要としていない。

営利信託・信託業は、「信託業法」「金融機関の信託業務の兼営等に関する法律」「担保附社債信託法」「投資信託及び投資法人に関する法律」「貸付信託法」等の特別法による行政監督と、それらに含まれる民事的規律に服する。

【 信託の法制化とその展開 】

日本では、民法と商法の制定時には信託が法制化されておらず、1900（明治33）年制定の「日本興業銀行法」において初めて法律上に信託業が登場し、1905（明治38）年に、社債発行による資金調達の方法を整備するため、イギリスの信託を利用して担保附社債の制度を導入する「担保附社債信託法」が制定された。同法が信託の一般法に先駆けて制定されたことからも窺えるように、日本では、当初、信託の本格的な利用は社債担保権の信託に限って始まった。

その後、信託制度の発展を図るため、1922（大正11）年に旧信託法および旧信託業法が、主に民事信託を想定しながら、インド信託法やカリフォルニア州信託法を模範にして制定された。これにより有力な信託会社の設立が促進され、日本の信託業務は、範囲の拡大が認められながら徐々に発展した。戦時資金統制のもとに貯蓄推進のため、1943（昭和18）年に、銀行にも信託業務を認める「普通銀行等ノ貯蓄業務又ハ信託業務ノ兼営ニ関スル法律」（＝兼営法）が公布されたが、同法は、戦後の1948（昭和23）年以降、信託銀行法としての役割を担うことになった。同法は、1982（昭和57）年の新銀行法施行に伴う改正等を経て、子会社方式による銀行、証券、信

託、保険の相互参入を認める1992（平成4）年のいわゆる金融制度改革法の成立を受けて、「金融機関の信託業務の兼営等に関する法律」と改称され、信託業務を担う範囲が拡大された。

1996（平成8）年の金融ビッグバン宣言を受けて、1998（平成10）年に金融システム改革法が制定され、資産流動化法の制定、投資信託法の改正による会社型信託の導入が図られたほか、2000（平成12）年の資産流動化法の改正により特定目的信託が導入され、投資信託法制の改正により、いわゆる二者型の委託者非指図型投資信託が導入される等、商事信託特別法の制定と改正が続いた。なお、1951（昭和26）年制定の証券投資信託法は、1998・2000（平成10・12）年の改正を経て、「投資信託及び投資法人に関する法律（昭和26年法律198号）」と改称されている。

わが国の信託業は、信託業法による免許を受けた信託会社によってではなく、兼営法に基づく内閣総理大臣の認可を受けることにより信託業及び関連する一定の業務を営むことが認められる銀行その他の金融機関によって行われ、金銭の管理・処分を引き受ける業態が強い傾向が続いたが、2004（平成16）年に新しい「信託業法（平成16年法律154号）」が成立し、多様な担い手の新規参入が可能となり（運用型信託会社・管理型信託会社が登場）、信託財産の範囲制限が撤廃された（知的財産権等も加わった）。

これらとともに信託への現代的なニーズの高度化と多様化を受けて、新たな「信託法（平成18年法律108号）」が制定された。

3　信託の主要な民事的規律

（1）信託法の新たな規律の視点

信託を民事的に規律する法律の中心は、「信託法（平成18年法律108号）」である。この新信託法の内容は多岐にわたるが、その要点は以下のとおりである。

第一に、受託者の義務等の内容を適切な要件のもとに合理化したこと（忠実義務の任意規定化、利益相反行為の類型拡大と規定の厳密化、分別管理義務の任意規定化、自己執行義務の緩和等）である。

第二に、受益者の権利行使の実効性と機動性を高めたこと（受益者集会の導入、受託者行為差止請求権の創設等）である。

第三に、多様な信託利用形態に対応したこと（信託の併合・合併の制度、自己信託等の新たな信託類型の創設等）である。

（2）受託者（信託会社等）の地位

1）権　限

受託者である信託会社等は、信託行為の定めに従い信託財産の管理・処分およびその他の信託目的の達成のために必要な行為を行う権限を有する（信託26条）。受託者の行為が権限外の行為である場合、受益者は一定の要件のもとに、その行為を取り消すことができる（信託27条1項・2項）。

受託者は、本来は自ら信託事務を処理すべきであるが（従来の自己執行義務）、一定の委託要件のもとに、信託事務の処理を第三者に委託することができる（信託28条）。この場合には、適切な者を選任し、信託の目的を達成するために必要かつ適切な監督をしなければならない（信託35条）。新信託法では、自己執行義務を墨守する態度を改め、合理的な範囲での第三者委託を認めている（樋口・前掲書195頁）。

2）義　務

受託者は、信託の本旨に従い、信託事務を処理しなければならない（信託事務遂

行義務、信託29条1項）。その場合、受託者は、善管注意義務（信託29条）および忠実義務（信託30条）を負い、利益相反取引が制限される（信託31条1項）。また、権限にもとづく行為であっても、受益者の利益に反するものについては、固有財産または受託者の利害関係人の計算でしてはならない（競業避止義務、信託32条1項）。また、受益者が複数いる信託においては、受託者は、受益者のために公平にその職務を遂行しなければならない（公平義務、信託33条）。

受託者は、信託財産の独立性を確保するため、財産の区分に応じて定められる方法により、信託財産と固有財産または他の信託の信託財産とを分別して管理する義務を負う（分別管理義務、信託34条）。

受託者による信託事務処理の適正を担保し、受益者の受託者に対する監督機能を強化するために、受託者には信託事務処理状況等についての報告義務（信託36条）、および、信託帳簿・財産状況開示資料等の作成・報告・保存の義務（信託37条）がある。

３）責任

受託者は、その任務を怠ったことにより信託財産に損失が生じた場合には、受益者に対してその損失を填補する責任を負い、信託財産に変更が生じた場合には、受益者に対して原状を回復する責任を負う（信託40条1項）。

受託者が信託事務処理を第三者に委託した場合、信託財産に損失・変更が生じたときは、第三者に委託しなかったとしても損失・変更が生じたことを証明しなければ、損失填補または原状回復の責任を免れない（信託40条2項）。受託者が分別管理義務に違反した場合に、信託財産に損失・変更が生じたときも、分別管理義務に従い分別管理して管理したとしても損失・変更が生じたことを証明しなければ、損失填補または原状回復の責任を免れない（信託40条4項）。

その他、忠実義務違反の場合の損失額の推定（信託40条3項）、法人受託者（信託会社等）の役員の連帯責任（信託41条）、受託者の損失填補・原状回復の責任を受益者が免除する制度（信託42条）、損失填補・原状回復の責任等に係る債権の期間制限（10年の消滅時効、その進行の停止、20年の除斥期間、信託43条）が定められている。

４）権利

信託事務処理に必要な費用は信託財産から直接支出するのが原則であるが、受託者が、その費用を固有財産から支出した場合には、信託行為に別段の定めがない限り、信託財産からの費用等の償還を請求することができる（信託48条1項）。受託者は、費用の前払いを受けることもできる（信託48条2項）。但し、損失填補・現状回復の責任を負っている場合は、それらの請求をする前に、責任を果たしておかなければならない（信託48条4項）。

受託者は、受益者から費用の償還・前払いを受けることができるが、そのためには受益者との合意が必要である（信託48条5項）。委託者兼受益者が主体となって事業を行う事業型の商事信託の場合には、黙示の合意を認める余地が生じる（神田=折原・前掲書104頁）。

受託者は、信託事務処理のために自己の過失なく損害を受けた場合には、信託

財産からその賠償を受けることができる(信託53条1項)。

　受託者は、信託の引受けについての商人の報酬請求権(商512条)にもとづく場合、または信託行為に定めがある場合には、信託財産から信託報酬を受け取ることができる(信託54条1項)。

(3) 受益者等の地位
1) 受益権の取得

　信託行為の定めにより受益者となるべき者として指定された者は、信託の利益を受ける主体として、当然に受益権を取得する(信託2条6項・88条1項)。受託者は、受益者として指定された者に、遅滞なく、受益権取得の事実を通知しなければならない(信託88条2項)。

2) 受託者を監視・監督する権利

　受益権は、受益債権とそれを確保するための受託者に対する監視・監督権から構成される(信託2条7項)。受託者に対する監視・監督権は、各受益者が単独で行使できる権利(単独受益者権)とされ、信託行為の定めにより制限できない(信託92条)。信託財産への強制執行等に対する異議権(信託23条5項・6項)、受託者の権限違反行為や利益相反行為の取消権(信託27条1項・31条6項)、任務違反行為をした受託者への損失填補・原状回復の請求権(信託40条1項・41条)等がある。

　また、受託者の法令または信託行為の定めに違反する行為または違反するおそれのある行為によって、信託財産に著しい損害が生ずるおそれがあるときは、受託者に対して当該行為の差止めを請求することができる(信託44条)。

　受益者には、受託者を監督する上で必要な情報を収集するための権利として帳簿等の閲覧請求権が認められる(信託38条)。

3) 複数の受益者の統一的意思の形成

　受益者が複数いる信託において、受益者の統一的意思を決定する必要がある場合は、原則としては全員一致であるが(信託105条1項)、信託行為に別段の定め(多数決の方法等)を置くことができる(同条項但書)。受託者の損失填補・原状回復の責任を免除する場合の意思決定方法については、受益者集会における多数決による旨の定めに限って有効であり(信託105条3項)、その受益者集会の決議要件は特別決議であることを要する(信託113条2項1号)。なお、受益者は、受益権を行使する必要上、他の受益者の氏名等の開示を請求できる(信託39条)。

4) 受益権の譲渡・放棄

　受益者は、原則として、その有する受益権の譲渡・質入れをすることができる(信託93条1項・96条1項)。但し、その性質が許さない場合は、譲渡・質入れができない。また、信託行為に譲渡制限特約を置いて譲渡制限ができる(信託93条2項)。譲渡を容易にするため、信託行為において受益権を表示する証券(受益証券)を発行する旨を定めることができ、この場合を受益証券発行信託という(信託185条1項・3項)。

　受益者は、信託行為の当事者である場合を除き、受託者に対して、受益権を放棄する旨の意思表示をすることができる(信託99条1項)。この場合、当初から受益権を有しなかったものとみなされるが、第三者の利益を害することはできない(同条2項)。

5）受益債権

受益債権に係る債務について、受託者は信託財産に属する財産のみをもってこれを履行する責任を負う（受託者有限責任、信託100条）。受益債権に係る債務は、信託財産に属する財産のみが責任財産となり、受託者の固有財産は責任財産とならない。信託財産から給付を受けることを内容とする受益債権と、受託者の信託事務処理にもとづいて発生する信託債権は、それぞれが信託財産に属する財産を責任財産とするが、受益債権は信託債権に劣後する（信託101条）。

受益債権の期間制限（信託102条）、受益権取得請求権（合理的な対価を得て信託から離脱する権利）の制度（信託103条・104条）が定められている。

6）受益者代理制度

受託者の監督等のために受益者代理制度が設けられている。これには、受益者が現にいない場合の信託管理人（信託123条1項・4項、125条1項）、受益者は現存するが受託者を適切に監督することができない場合の信託監督人（信託131条1項・4項、132条1項）、受益者の多数・変動により意思決定等が困難な場合の受益者代理人（信託138条1項・139条1項・同条2項）の制度がある。

（4）信託の終了・清算

信託設定行為により効力が生じた信託は、信託の目的の達成等の法定の終了事由（信託163条）、委託者・受益者の合意（信託164条）、公益確保のための裁判所の終了命令（信託166条）により終了する。

信託が終了した場合には、原則として清算手続に入り（信託175条）、信託が終了した時以後の受託者（清算受託者）が清算のための職務を行う（信託177条）。残余財産は、信託行為において残余財産の給付を内容とする受益債権に係る受益者（残余財産受益者）となるべき者、または、残余財産の帰属すべき者（帰属権利者）となるべき者として指定された者に帰属する（信託182条）。

【 投資信託と投資法人 】

ⅰ 投資信託の意義と特質

投資信託とは、信託の一種で、とくに、①共同投資（投資家から集めたお金をひとつの大きな資金としてまとめる）、③専門化運用（専門家によって株式や債券などに投資・運用される）、③分散投資（危険を分散しつつ多方面に投資されて、運用成果が投資家それぞれの投資額に応じて分配される）という特質を持つ市場間接金融の一方法である。投資家にとってみれば、資金運用の専門的知識を持ち合わせなくても、少額の資金から投資が可能となり、毎日の時価評価額が計算されて資産価値を容易に把握でき、換金性にも優れているというメリットをもつ投資方法である。他方で、資金を自己運用する場合よりもコスト負担が増すことになり、また、運用が専門家に委ねられることからは、投資家保護のために、情報開示の徹底、業務の透明性、受託者責任の明確化、利益相反の防止が強く求められる。

投資信託は、広義には、上記の特質を有する資産運用型の集団投資スキームをいい、現在、わが国では、「契約型投資信託（法律上の「投資信託」）」と「会社型投資信託（法律上の「投資法人」）」がある。そのうち狭義の（法律上の）「投資信託」とは、「投資信託及び投資法人に関する法律」（＝投信法〔昭和26年法198号〕）で定められた「委託者指図型投資信託」及び「委託者非指図型投資信託」をいう（投信2条3項）。

ⅱ 投資信託の法的規律

投資信託は信託契約によって設定され、原則として、信託法の規律に従い、投資信託の特質

にもとづいて投信法の規制に服する。民事上、投資信託は、信託契約の締結により効力を生じ（信託4条）、登記・登録が権利変動の第三者対抗要件となる財産については、信託の登記・登録が信託財産の対抗要件となる（同14条）。

業規制としては、原則として、受託者が信託会社の場合は信託業法の規制に服し、信託業務を営む金融機関である場合は兼営法（＝金融機関ノ信託業務ノ兼営等ニ関スル法律〔昭和18年法律43号〕）の規制に服するが、投信法や金商法の規制による修正を受ける場合がある。投資信託の受益証券は、金商法上の有価証券に該当し、金商法の開示規制を受ける。

投資信託及び投資法人の制度を定める投信法は、1951（昭和26）年に証券投資信託法として制定され、同法は1998（平成10）年に改正されて「証券投資信託及び証券投資法人に関する法律」に改称され、新たに、会社型の資産運用スキームのビークルとなる投資法人制度が導入された。2000（平成12）年の同法改正により、投資信託及び投資法人の投資対象が有価証券から不動産等を含む特定資産に拡大された。これにより投資法人制度を利用した不動産投資法人（J-REIT）の組成が可能となった。

2007（平成19）年に証券取引法が改正され金融商品取引法（金商法）と改称された際に、投信法所定の投資信託委託会社に対する業規制の多くが、投資顧問業者に対する業規制と統合されて、金商法に移された。

2008（平成20）年の投信法施行令改正による特定資産の範囲拡大を経て、2013（平成25）年には投信法の大改正が行われた。この改正では、特定資産の範囲に再生可能エネルギー発電施設及び公共施設等運営権が追加され、投資信託に関しては、運用報告書の2段階化、投資信託の併合及び約款変更に係る書面決議手続の見直しが行われ、投資信託法人に関しては、資金調達手段の多様化、簡易合併要件の改正、役員会事前同意制度の導入等が行われた。

iii 投資法人の意義・機能・特徴

「投資法人」とは、資産を主として特定資産に対する投資として運用し、その成果を投資者に分配することを目的として、投信法に準拠して設立される社団法人である（投信2条12項・61条）。投資法人は投資主を社員とし、均等の割合的単位に細分化された社員の地位を投資口という（同条14項16項）。

投資法人は、投資口を発行して投資家から資金を調達し、また、借り入れや投資法人債の発行により資金を調達して、これらをもって規約の定めるところに従い、特定資産に対する投資を行い、そこから得られた収益を投資主に分配する。

投資法人を「器」として活用する資産運用の仕組みが「会社型スキーム」と呼ばれることにも表れているように、投資法人は、一般事業法人たる株式会社と同様に法人格を有し、定款に相当する規約を備え、株式会社の株式や社債に類似した資金調達方法、利益分配等の仕組みを備え、また、投資主総会や役員会等によるガバナンスの実効性確保を期待する制度設計を備えている。他方で、投資法人は、あくまで資産運用のための「器」にすぎないので、本店以外の営業所の設置や使用人の雇用が禁止され（投信63条2項）、業務の外部委託が義務づけられる点では、一般事業法人と異なる。また、税制上、投資法人は、いわゆる導管性要件（配当可能利益の90％以上を投資家に分配する等の要件）を満たせば、ペイスルーの優遇を得ることができる。

iv 投資法人の組織法規律

a. 投資法人の法的規律　　投資法人は投信法に準拠して設立され、投信法に主な組織法規律が整えられている。また、会社型スキームで重要な役割を果たす資産運用会社は、金商法上の投資運用会社として同法の規制に服し、投資法人が発行する投資証券等は、金商法上の有価証券として同法の規制に服する。さらに、投資法人の導管性要件に関して、税法の規制に服する。その他、運用資産に関して、民法・借地借家法・区分所有法・不動産登記法・信託法等の規律を受ける。その他、行政規制や自主規制がある。

b. 投資法人のガバナンス　　投資法人が投資ビークルとして活用されることから、エクイティを出資する投資家保護のために、株式会社において株主保護を必要とするのと同様に、機関設計、意思決定の仕組みや役員等の義務・責任等において、コーポレート・ガバナンスに関する規律が設けられている（但し、それらの仕組みは、株式会社に較べて簡素化されている）。また、資産運用会社は、それ自信が株式会社としてその株主の利益を図るとともに、投資法人の利益の最大化を図る必要があるので、投資法人の利益が害されることのないよう、利益相反が回避されなければならない。

投資信託の契約法規律および投資法人の組織法規律については、本書の姉妹書である福原・組織364頁以下、参照。

2.11.4. 保険取引

1　保険制度と保険取引の特質
（1）保険制度
（2）保険取引の特質
2　保険の法的規律
（1）保険の契約法的規律と監督法的規律
（2）保険契約の民事規律
（3）保険監督と保険業法
3　保険契約の意義・種類と関係者
（1）保険契約の意義・性質・種類
（2）保険契約の当事者と一般的関係者
（3）保険仲介者
4　損害保険契約
（1）損害保険契約の意義・種類と関係者
（2）損害保険契約の締結
（3）損害保険契約の内容
（4）損害保険契約の効果
（5）損害保険契約の変動
（6）損害保険契約の終了
5　生命保険契約
（1）生命保険契約の意義・種類と関係者
（2）生命保険契約の締結
（3）生命保険契約の内容
（4）生命保険契約の効果
（5）生命保険契約の変更・変動
（6）生命保険契約の終了・復活
6　傷害疾病保険契約
（1）傷害疾病保険契約の意義と関係者
（2）傷害疾病保険契約の民事的規律

1　保険制度と保険取引の特質

（1）保険制度

1）保険の起源と基盤

　人類の生存と活動には、これを脅かし妨げる危険が不可避的に発生する。保険とは、個人の生活や企業・団体の活動に伴う危険に対処するため、いわゆるリスク・マネジメントのための経済制度として案出され、制度的発展を遂げたものである。

　歴史上、保険の起源として、原始保険と称される火災ギルド等の保険ギルドに由来する「保険のゲルマン的起源（相互保険型）」と、遠隔地商業に伴う危険を回避分散するため冒険貸借等の危険引受手段から展開した危険の売買として構成される商人保険とくに海上保険に由来する「保険の地中海的起源（営利保険型）」とが認識されている。しかしながら、今日の保険制度は、危険の引受けを保険事業として自立させる社会的基盤の形成と産業資本の大規模な成長に支えられ、以下にみる合理的な保険技術の確立にもとづくものである（戸田修三＝西島梅治〔編〕『二訂　保険・海商法』青林書院新社〔1982年〕3頁〜10頁、参照）。

2）保険の仕組みと機能

i　保険と大数の法則

　保険制度では、まず、一定の偶然な出来事（保険事故）によって同種の危険にさらされる経済主体が多数で集団（保険団体）を形成する。そして、そこに「大数の法則」が成り立つことを応用して、その集団の中で統計的に把握される事故発生の蓋然率から確率によって算出される資金（保険料）を、各経済主体が拠出して共同の備蓄（保険料積立金）を形成する。個々の経済主体にとっては、将来の危険の発生を数値的に測定できないが、同種の危険にさらされる経済主体の団体では、それが統計上、測定することができる。つまり、それぞれの家屋が火災に遭うかどうかやその損害を予測することはできないが、例えば、この地域での木造建造物は、年間何件が火災にあってどれだけの損害が出ているということは、統計上、測定でき、その対象とする数が多ければ多いほど、その確率を示す統計数値は信頼が高まる。

　このような確率によって計算された保険料により共同備蓄がなされた上で、現実の事故発生によりリスクに対処する需要が発生した経済主体が、その共同備蓄から金銭その他の財産の給付（保険金）を受け取るという仕組みが保険制度である。

ii　収支相等の原則と給付反対給付均等の原則

　保険の需要が社会的に定着しても、保険制度が実現されるためには、保険の仕組みを担う事業者（保険者）が不可欠であり、保険を提供するための保険の募集と取引が必要となる。この場合、保険者が収受する保険料の総額が支払うべき保険金の総額と相等しくなるように事業が運営されなければならず、このことは、保険の運営における「収支相等の原則」と呼ばれる。個々の保険取引のレベルにおいては、個々の危険に対応した保険料の支払いが求められなくてはならず、このことは「給付反対給付均等の原則」と呼ばれる。

iii　近代市民社会の原則と保険

　近代市民社会は、私有財産制の前提と私的自治・自己責任の原則から成り立っているので、あらゆる危険は、原則として、自己の私有財産と責任によって対処しなければならない。そのため、将来の危険を事前の確定費用として測定する必要がある。とくに、合理的業務遂行と継続的存続を図る企業において、その必要性は大きい。ここに、私達が生活し活動する経済社会において、保険が求められる理由がある。

　そして、保険の需要が社会的に定着し、保険業を営む経済主体と需要に応じた保険商品が登場し、保険制度を実現する保険取引・保険業の実務と法的規律が整備されてきた*。

　＊　保険制度と保険法に関する参考文献　　甘利公人＝福田弥夫＝遠山聡『ポイントレクチャー保険法（第3版）』有斐閣（2020年）、岡田豊基『現代保険法・海商法』中央経済社（2020年）、山下友信＝竹濱修＝洲崎博史＝山本哲生『保険法（第4版）』有斐閣（2019年）、宮島司（編著）『逐条解説保険法』弘文堂（2019年）、山下典孝（編）『保険法』法律文化社（2019年）、江頭・商取引417頁～542頁（2018年）、山下友信『保険法（上）』有斐閣（2018年）、潘阿憲『保険法概説（第2版）』中央経済社（2018年）、岡田豊基『現代保険法（第2版）』中央経済社（2017年）、山野嘉朗（編著）『現代保険・海商法30講（第9版）』中央経済社（2013年）、坂口光男（著）＝陳亮（補訂）『保険法（補訂版）』文眞堂（2012年）、山下友信＝米山高生（編）『保険法解説―生命保険・傷害疾病定額保険』有斐閣（2010年）、東京海上日動

火災保険株式会社(編著)『損害保険の法務と実務(第2版)』金融財政事情研究会(2016年)、甘利公人=山本哲生(編著)『保険法の論点と展望』商事法務(2009年)、竹濵修『保険法入門』日本経済新聞社(2009年)、萩本修(編著)『一問一答・保険法』商事法務(2009年)、大串淳子(編著)『解説・保険法』弘文堂(2008年)。

　保険法制定前の体系書として、山下友信『保険法』有斐閣(2005年)、戸田修三=西島梅治(編著)『保険法・海商法』青林書院(1993年)、西島梅治『保険法(第3版)』悠々社(1998年)、田辺康平『新版現代保険法』文眞堂(1995年)、伝統的な体系書として、大森忠夫『保険法(補訂版)』有斐閣(1985年)、石田満『商法Ⅳ保険法(改訂版)』青林書院(1997年)、石井照久=鴻常夫『海商法・保険法』勁草書房(1976年)、田中誠二=原茂太一『新版保険法(全訂版)』千倉書房(1987年)。

3）保険の分類

ⅰ　公保険と私保険

　国家または公共団体が国民経済的見地から公的な政策の実現のために行う保険を「公保険」という。

　公保険には、社会政策目的を有する「社会保険」(健康保険・年金保険・雇用保険等)、産業政策の目的を実現するための「産業保険」(貿易保険・森林火災保険等)がある。公保険では、保険制度を政策的に利用するため、給付反対給付均等の原則や収支相等の原則が成り立たず、強制加入の扱いがある点で、純粋な保険制度とは異なる運営がなされている。

　これらに対して、保険関係者の純然たる私経済的見地から運営される保険を「私保険」という。私保険では、民間の保険会社によって純粋な保険制度が運営される(なお、自動車損害賠償責任保険〔いわゆる自賠責保険〕は、形式上、私保険であるが、社会政策的見地から、加入強制や利益追求禁止の措置などが置かれ、公保険としての性質が強い)。以下では、私保険を扱う。

ⅱ　営利保険と相互保険

　保険者(保険会社)が、収入保険料の総額と支払保険金の総額との差額を利得しようという営利目的で行われる保険を「営利保険」という。これに対し、保険加入者自身が相互に保険しあうことを目的として加入者自らが構成員となる相互保険会社を組織して行う保険を「相互保険」という。

ⅲ　保険（狭義の保険）と共済

　「共済」は、一定の地域または職域でつながる者が団体を形成して相互に掛金を拠出し、その団体の構成員に災害や不幸(火災や死亡等)が発生した場合に、共済金の支払(一定の給付)を行う仕組みである。共済は相互扶助を目的とし、営利目的で行われるものではないが、保険法の制定後は、共済契約も、その実質が保険契約である限り、保険法の規定が適用される(保険2条1号)。

ⅳ　財産保険と人保険

　保険は、保険事故の発生する対象に着目して、物保険と人保険とに分類される。この分類では、財産状態が現況より悪化しないという利益を保険の対象とする責任保険や費用保険が整理できないので、これらを含めて、物保険にかえて財産保険という概念が用いられている。火災保険や盗難保険が財産保険にあたり、生命保険や傷害疾病保険が人保険にあたる。但し、傷害疾病損害保険は、人保険であると同時に

費用保険として財産保険でもある。

ⅴ　損害保険と定額保険

　保険には、保険給付の内容に着目して、損害額に応じて保険金の額が決まる「損害保険」と、当初定められた一定の金額が保険金の額となる「定額保険」（生命保険・傷害疾病定額保険）がある。

（2）保険取引の特質

　経済制度である保険制度を形成する個々の保険取引には、保険制度を維持して機能させる必要があることから、物流における売買取引等とは大きく異なる次のような性質がある。

　第一に、保険の仕組みを成り立たせるための「技術性」が強く、契約法的規律において、告知義務や危険著増の通知義務等、保険者の危険選択に必要な規律がある（なお、従来は、保険の団体性が指摘されていたが、今日では、団体主義的性格を強調するには異論が多い）。

　第二に、保険取引では、故意に保険事故を発生させたり、保険事故を偽装して保険金を不正に取得しようとすることが生じやすく、そうしたモラル・ハザード（道徳的危険）の発生を防止する趣旨の規律が数多く加わる。

　第三に、保険取引は同種の大量な取引となることから附合契約性が強く、保険約款による契約が常態化するので、約款条項の適正化と契約者の保護が求められる。保険法では、一定の規定について「片面的強行規定」（当該規定に反する特約で保険契約者等に不利なものは無効と定める）としている。

　第四に、保険取引には、保険商品という特殊な商品を扱う金融取引としての特質（保険商品は原価が予め確定していないこと等）があり、保険の募集・勧誘が必要となることを含めて、行政による監督が強まり、適切な保険料率での事業運営や合理的契約内容を確保し、契約者を保護する必要が大きい。最近では、生命保険において、養老保険には貯蓄的性格が、変額保険には投資商品的性格が見られ、金融商品の提供としての規律の設定が求められる。

2　保険の法的規律

（1）保険の契約法的規律と監督法的規律

　保険の制度と取引が有する特質は、特徴ある契約法的規律を生みだし、併せて、保険事業および保険募集に対する監督を必要とする。保険の法的規律は、保険取引を民事的に規律する保険契約法の分野と、保険事業と保険取引を行政的に監督する保険監督法とに分けることができる。

（2）保険契約の民事規律
1）制定法（商法・保険法等）

　営業としての保険（営利保険）の引受は、商法上、営業的商行為とされ（商502条9

号）、保険者は商人として扱われる（商4条1項）。そして、保険取引の基本的な民事規律は、長らく、商法商行為編に定められていたが、今日では、2008（平成20）年に制定された「保険法（平成20年法律56号）」に定められている（2010〔平成22〕年4月1日施行）＊。

　海上保険の規律は、損害保険契約に関する特則として、商法第3編(海商)の中にあるが、平成30年商法(運送・海商関係)改正において、従来の位置づけ自体は維持しつつ改正が行われている（商815条～829条、本書146頁～165頁参照）。

　相互保険は、営利保険との区別なく保険法の対象となるが、相互会社が行う保険契約には当然には商行為の規定の適用はないが、相互会社の設立から消滅に至るまでを規律している保険業法において、多くの商法商行為規定が準用されている（保険業21条2項）。

　その他、自動車損害賠償保障法（昭和30年法律97号）、原子力損害の賠償に関する法律（昭和36年法律147号）、地震保険に関する法律（昭和41年法律73号）等にも保険契約の規律がある。

　　＊　**保険法の制定**　　保険法（平成20年法律56号）は、近年の社会経済情勢の変化に対応して、商法商行為編に規定されていた保険契約に関する法制を見直し、共済契約をその規律の対象に含め、傷害疾病保険契約に関する規定を新設するほか、保険契約者等を保護するための規定等を整備するとともに、表記を現代語化し、保険契約に関する法整備を行うものであり、これに伴い、商法商行為編にあった保険取引に関する規律は、この保険法に置き換えられた（萩本・前掲書問答保険法2頁～12頁）。

２）普通保険約款

　保険制度が成立するための集団性・大量性から、個々の保険取引を契約として行なわれる場合には、定型的・画一的処理が要請されて附合契約性が強くなり、保険者は保険約款（普通保険約款・特約条項）を用いて契約を締結することが常態化する。また、保険の社会的機能を確保して道徳的危険を予防するために、保険約款の合理性を事前に確保するため行政監督の必要性が大きい。保険業法は、保険事業の免許を申請する場合には普通保険約款の添付を必要とし（保険業4条2項3号）、普通保険約款の変更には内閣総理大臣の許可を必要とする（保険業123条1項）。

　約款の効力を規整する上で、消費者契約法が、普通保険約款における不当条項を規制する機能を果たす。司法による規整では、企業保険では、船舶海上保険契約が従う約款の効力について、普通保険約款の改正に際し主務官庁の認可を得なかっただけで無効とされるわけではないと解され（最判昭45・12・24民集24・13・218保険百選3）、また、許可を受けた保険約款の内容が常に合理的とはいいきれず、保険契約者の保護の観点から普通保険約款の効力を制限的に解釈した判例がある（最判昭62・2・20民集41・1・159保険百選15）。

（3）保険監督と保険業法

　保険業法（平成7年法律105号）が保険監督を定める法律の中心的役割を果たしている。保険法は契約当事者間における契約規律を定めるものであるのに対し、保

険業法は、保険業の公共性にかんがみ、保険契約者等の保護を図るため、保険業を行う者の業務の健全かつ適切な運営及び保険募集の公正を確保することを目的として(保険業1条)、保険者(保険会社等)に対する監督(免許の内容、業務内容の規制、罰則等)について定める。

　営利保険事業は、資本の額または基金の総額が10億円以上の株式会社で内閣総理大臣の免許を受け、会社法上一定の機関設計を有する会社でなければ営むことができない(保険業3条・5条の2・6条)。保険会社は、その商号または名称中に生命保険会社または損害保険会社であることを示す文字として内閣府令で定めるものを使用しなければならない(保険業7条)。

　保険業法は、保険者に保険業(保険の引受業務・資産運用業務とこれに付随関連する金融業務)以外の業務を行うことを禁止する(他業禁止、保険業100条)。保険業以外の業務から生じる損失の影響が保険加入者に及ばないようにするためである。また、保険業を生命保険業と損害保険業とに二分し、保険者による両事業の兼営を禁止する(兼営禁止、保険業3条2項・3項)。生命保険業が負担する危険は比較的規則正しく、綿密な統計的基礎を有するのに対して、損害保険業が負担する危険は偶然的要素を排除できないこと、契約期間が、生命保険では比較的長期で、損害保険ではおおむね短期であるとの差異があること、したがって、危険の引受けおよび財産利用の両面で加入者間の不公平を招かないための措置である(江頭・商取引422頁)。但し、規制緩和の目的を含む平成7年の保険業法の全面改正を経て、今日、保険者は、いわゆる業態別子会社(保険業106条1項)または保険持株会社(保険業271条の18第1項)を使って他方の事業に参入することが、認められている。

　現在、保険契約(共済契約を含む)の締結を業として行うには、次の3つの方法のいずれかに拠らなければならない。すなわち、①保険業法にもとづいて「保険業」の免許を得て保険会社として行う方法、②共済事業を許容する各種の協同組合法(農業協同組合法、消費生活協同組合法等)にもとづいて、その監督下に、共済事業として行う方法、③保険業法にもとづき、保険業とは別に、「少額短期保険業者」としての登録を受けて少額短期保険業(保険業272条〜272条の43)として行う方法(平成20年4月実施)がある。これらのうち、後者の②または③の方法の場合には、監督の規律が①に較べて緩やかで、例えば、保険会社であれば適用される兼業禁止や兼営禁止の監督規律が適用されないのが通例である。

　顧客本位の業務運営が金融サービスの指針とされる昨今、平成26年保険業法改正では(細田浩史『保険業法』弘文堂〔2018年〕2頁)、保険会社または保険募集人等が保険契約の締結または保険募集を行う場面における積極的な情報提供義務を明定し、顧客に対する説明義務の範囲の拡充と明確化を図っている(保険業294条1項)。

【 AI・データサイエンスと保険 : FinTech & InsuTech 】

　高度情報化社会がAI・データサイエンスによっていっそう進展するなかで、改めて、保険制度を支える技術的仕組みを学ぶと、それは、人類史上のビッグデータを活用するデータ・サイエンスの嚆矢ではないかと思われる。今日では、デジタル・トランスフォーメーション(DX)の流れのなかで、情報通信技術(ICT)による情報のデジタル化と人工知能(AI)によるデジタル化されたビッグデータの利活用が、革新的な金融サービスを生み出し、ビジネスのモデルとプロセスに変革を

もたらしており、それらの傾向がフィンテック(FinTech)と呼ばれている。そして、保険業界におけるフィンテックは、インステック(InsuTech)またはインシュアテック(InsurTech)と称される。

　インステックがもたらす現象として、ビッグデータとリアルタイム情報の活用が事故発生率の認識方法を改め、きめ細かい保険料率の算定を可能とし、データドリブン自動車保険(テレマティックス自動車保険では実際の運転時間・走行距離・加減速の頻度等から事故発生率を算定し保険料を算定する)の開発やデータドリブン健康保険の構想がみられる。また、自動運転技術の普及により、自動車事故の発生率が大きく低下すると、損害保険の主要部分である自動車保険のあり方の再検討が迫られる。さらに、保険販売チャンネルが大きく変容することが予想され、そこでは、保険商品の選択においてもロボアドバイザーの活用が期待される。

　そして、インステックの展開は、保険(契約)法および保険業法の規律に対して、既に影響を及ぼし始めており、今後、いっそう多くのしかも抜本的な改正を迫ることになろう(山下友信他・前掲保険法51頁。インステックの解説として、細田浩史『保険のデジタル化と法―InsurTechの社会実装に向けて』弘文堂〔2020年〕、渥美坂井法律事務所・他〔編著〕『FinTechのビジネス戦略と法』金融財政事情研究会〔2017年〕210頁～219頁、増島雅和=堀天子〔編著〕『FinTechの法律2017-2018』日経BP社〔2017年〕296頁、有吉尚哉・他〔編著〕『FinTechビジネスと法25講』商事法務〔2016年〕1講・14講・15講、柏木亮二『フィンテック』日本経済新聞出版社〔2016年〕、藤井秀樹=松本忠雄『FinTechは保険業界の「何」を変えるのか？』東洋経済新報社〔2017年〕等がある。

3　保険契約の意義・種類と関係者

（1）保険契約の意義・性質・種類

1）意　義

　保険法は、保険契約とは、「・・・いかなる名称であるかを問わず、当事者の一方が一定の事由が生じたことを条件として財産上の給付を行うことを約し、相手方がこれに対して当該一定の事由の発生の可能性に応じたものとして保険料を支払うことを約する契約をいう」と規定し、共済契約と呼ばれる契約も含めて、包括的に保険契約の全般を適用対象としている(保険2条1号)。

2）性　質

　a. 諾成契約性　　保険契約は当事者の意思表示の合致のみによって成立する諾成契約である(保険2条1号)。通例の約款では、保険料の支払いを保険者の責任開始の要件とするが、保険料の払込みを契約の成立要件にしたものではない(要物契約ではない)。

　b. 不要式契約性　　保険契約の締結にあたっては、所定の申込書が用意され、契約が成立すれば、保険者は遅滞なく保険契約者に対して法定事項を記載した書面を交付しなければならず(保険6条1項・40条1項・2項・69条1項・2項)、保険証券が発行される場合も多いことから、要式契約性を窺わせる。しかし、それらは保険契約の成立に必要な意思表示に特別な方式を法定したものではなく、保険契約の重要性から内容の確認のために書面の作成を定めるものであるから、保険契約は不要式契約である。

　c. 附合契約性　　保険契約は、保険取引の技術的性質に由来する集団性・大量性を有し、実務処理の定型性・画一性の要請を受けて、保険者が作成した普通保険約款にもとづいて締結されることから、附合契約性が強い。

　d. 商行為性　　保険を引き受ける行為は、これを営業としてなすときは商行為と

なる（商502条9号）。

　e. **射倖契約性**　　保険契約は、当事者の一方または双方の具体的な給付義務の発生またはその大小が、不確実な偶然の事実にかかっている契約（射倖契約）の性質を有し、それが契約締結時に既に決定している契約（実定契約）である他の多くの契約と異なる。射倖契約には賭博契約もあるが、保険契約は、不労利得や悪用を防止する特別の法的措置を備えるものである。この意味で、保険契約は「最大善意にもとづく契約」ともいわれる。

　f. **有償契約性**　　両当事者のなす契約上の出捐が対価構造を有する契約を有償契約というが、保険契約がどのような意味でこの有償契約性を有するとみるか議論されてきた。保険契約者のなす出捐は報酬すなわち保険料支払義務の引受けであり、これは確定的で具体的な金銭債務であるが、これと対価的な関係とみる保険者の出捐は、約定事故の発生を条件とする保険金支払義務の引受けである。保険契約は条件成就まで契約の効力が停止する停止条件付契約ではなく、契約の効力は無条件で発生する。保険契約の当事者の目的は、現実に保険事故が発生して保険金が支払われるということにあるのではなく、もし事故が発生すれば保険金が支払われるという期待により、被保険者の経済生活の不安を除去・軽減し、生活の安定を保障することにある。したがって、そのような期待の給付自体が現実の経済的価値の出捐としての危険負担であり、保険料の対価をなすものは保険者の「危険負担」とみて、保険契約の有償契約性を理解することができる（通説、戸田＝西島・前掲書二訂29頁）。

　g. **双務契約性**　　契約の効果（意思効果）として当事者の双方が債務を負担する契約を双務契約というが、これについても、保険契約が双務契約性を有することの意味が議論されてきた。有償契約性について述べたように、保険料債務負担に対する経済的対価は危険負担であるが、当事者の負担する債務として、機能的・外形的な牽連関係にあるのは保険料債務と条件付保険金債務であるとして、ひとまず、保険契約の双務契約性が理解されている（戸田＝西島・前掲書二訂32頁）。

　3）種　類

　保険法では、「損害保険契約」「生命保険契約」および「傷害疾病定額保険契約」の類型に分けて規律している。

　「損害保険契約」は、保険契約のうち、保険者が一定の偶然の事故によって生ずることのある損害を填補することを約するものをいう（保険2条6号）。これに対して、「生命保険契約」は、保険者が人の生存または死亡に関し一定の保険給付を行うことを約する保険契約（傷害疾病定額保険契約に該当するものを除く）をいう（保険2条8号）。保険法では、傷害疾病保険契約を、損害保険契約の一種である傷害疾病損害保険契約（同条7号）と生命保険に類似する「傷害疾病定額保険契約」（同条9号）とに分けて規律している。保険法上の保険契約の分類では、損害保険契約、生命保険契約、傷害疾病定額保険契約の3種類である。

　（2）保険契約の当事者と一般的関係者

　1）契約当事者

　保険契約の当事者は、保険サービスを提供する保険者と、保険ニーズのもとに保

険サービスを受ける保険契約者である。

　a. **保険者**　　「保険者」は、保険契約者と保険契約を締結し保険事故が発生した場合に保険金を支払う義務を負う者である。保険者の資格は、保険業法で厳格に定められている（本書前掲215頁、参照）。

　b. **保険契約者**　　「保険契約者」は、保険者と保険契約を締結し保険料の支払義務を負う者である。保険契約者たりうる者の資格については制限はなく、自然人でも法人でもよく、商人でも非商人でもよく、能力者でも制限能力者でもよい。保険契約が複数の保険契約者によって締結された場合において、その中の1人または数人にとって商行為となるときには全員に商法が適用され、保険契約者は各自連帯して債務を負担する（保険2条3号）。

　２）契約の一般的関係者

　a. **被保険者**　　損害保険契約においては、保険契約により填補することとされる損害を受ける者を「被保険者」といい（保険2条4号イ）、被保険者が、保険事故発生の場合に保険者に対して保険金の支払を請求できる者である。生命保険契約では、その生死が保険事故となる者を「被保険者」といい（同条号ロ）、傷害疾病定額保険契約では、その者の傷害または疾病（傷害疾病）に基づき保険者が保険給付を行うこととなる者を「被保険者」という（同条号ハ）。

　b. **保険金受取人**　　生命保険契約または傷害疾病定額保険契約において、保険給付を受ける者として定めるものを「保険金受取人」という（保険2条5号）。

（3）保険仲介者

　保険契約の締結にあたっては、実務上、募集行為が不可欠である。その募集行為に従事して保険者を補助する者として、保険代理商、保険仲立人、保険者の使用人等の各種の保険仲介者が存在する。

　「保険代理商」は、一定の保険会社のために継続的に保険契約の締結の代理または媒介を行うことを業とする者をいう。損害保険代理店は損害保険会社のために保険契約の締結の代理または媒介を行う保険代理商である（保険業2条21項）。保険代理商は、複数の保険者から委託を受けて（保険会社の許可も受けて）保険契約締結の代理または媒介を行うこともできる（これを乗合代理店という）。

　「保険仲立人」は、保険ブローカーとも呼ばれ保険募集において大きな役割を果たしており、法律上は、保険契約の締結の媒介であって、生命保険募集人、損害保険募集人および少額短期保険募集人がその所属保険会社のために行う保険契約の締結の媒介以外のものを行う者をいう（保険業2条25項）。特定の保険会社に専属するものでない点で媒介代理商と異なる。従来の保険募集の取締に関する法律では保険仲立人は認められていなかったが、平成7年保険業法改正により導入された。

　保険外務員は、保険者に雇用または委託され保険者のために保険契約の勧誘を行う者をいう。主に、生命保険の募集における保険会社の営業職員等を指すが、保険業法では、「生命保険募集人」として生命保険会社のために保険契約の締結の代理または媒介を行う者をいう（保険業2条19項）。

4　損害保険契約

（1）損害保険契約の意義・種類と関係者

1）意義と種類

　損害保険契約とは、保険契約のうち、保険者が一定の偶然の事故によって生ずることのある損害を填補することを約するものをいう（保険2条6号）。保険法は、具体的な損害保険として、火災保険、責任保険、傷害疾病保険について規定を設けているが、現実には、その他、運送保険、自動車保険、海上保険、航空保険等多用な損害保険が行われている。

2）保険契約の当事者と一般的な関係者

　損害保険契約の当事者は、保険会社等の「保険者」と、自己の名において保険者と契約する「保険契約者」である（保険2条2号・3号）。損害保険契約においては、保険契約により填補することとされる損害を受ける者を「被保険者」という（同条4号）。保険事故発生の場合に保険者に対して保険金の支払を請求できるのは被保険者である。被保険者と保険契約者が同一である場合を「自己のためにする損害保険契約」といい、両者が異なる場合を「他人（第三者）のためにする損害保険契約」という。

3）第三者のためにする損害保険契約

　損害保険契約においては、他人（第三者）が有する被保険利益を目的として保険契約の締結が行われることがあり（運送契約や動産の売買契約等に付随して行われる）、この場合、保険契約者と被保険者とが分離することとなる。このように被保険者と保険契約者とが異なる場合を「他人（第三者）のためにする損害保険契約」という。

　この契約の法的性質は、一般に、第三者のためにする契約（民537条）の一種と解されるが、第三者の受益の意思表示は不要である*。

　第三者のためにする保険契約においては、被保険者は当然に保険給付請求権を取得する（保険8条）。もっとも、契約の当事者はあくまで保険契約者であるので、保険契約締結時の書面受領権（保険6条）、保険料減額請求権（保険11条）、保険契約解除権（保険27条）等は保険契約者が有する。

　　＊ 委任が欠缺する第三者のためにする損害保険契約の効力　　保険法制定前の平成20年改正前商法では、保険契約者が委任を受けずして他人のために契約をなした場合において、その旨を保険者に告げないときはその契約を無効とし、もしこれを告げたときは被保険者は当然その契約の利益を享受すると規定していた（平成20年改正前商648条前段）。その趣旨は、被保険者が契約の存在を知らないため不正な保険金の詐取が行われる危険があること、被保険者からの通知義務等の履行を期待しえないことを保険者に知らせることにあると解されていた。しかし、損害保険契約の保険給付請求権は被保険者に帰属するので、被保険者からの委任の欠缺が必ずしも不正行為につながるわけではなく、保険契約を無効とするまでの必要がないことから、保険法では改正前商法にあったような規定を設けていない。したがって、保険契約者が委任を受けずに他人（第三者）のためにする損害保険契約を締結し、その旨を保険者に告げなかったとしても、その契約は有効である（萩本・前掲書問答保険法149頁）。

（２）損害保険契約の締結
１）損害保険契約の成立過程と損害保険の募集

　損害保険契約は、企業の活動や個人の生活における危険に備える需要に応じ、保険会社の行う勧誘や説明を経て、保険契約者となろうとする者の申込み（申込書の記載・作成）がなされ、保険会社が申込書記載内容等にもとづいて承諾することによって成立する。

　この損害保険契約の成立過程においては、顧客への十分な勧誘と保険商品の説明によって逆選択を予防し、複雑な保険契約内容を十分に開示することで情報格差を埋めて顧客を保護するため、損害保険の募集がきわめて重要な役割を担っている（江頭・商取引444頁）。

　保険業法は、保険契約者の利益を保護するため、保険募集を行うことができる主体の規制（保険業275条以下）と、募集行為の規制（保険業300条以下）を行っている。すなわち、保険募集活動ができるものは、損害保険募集人（損害保険会社の役員・使用人もしくはこれらの使用人、または保険会社から委託を受けた損害保険代理店もしくは代理店の役員・使用人）、少額短期保険募集人および保険仲立人に限られ、損害保険代理店、少額短期保険募集人および保険仲立人は内閣総理大臣の登録を受けなければならない（保険業275条・276条・286条）。そして、保険募集を行う者には、顧客保護の見地から、保険契約者の参考になる情報の提供義務（保険業294条）、顧客の意向の把握義務（保険業294条の2）、一定の行為の禁止（保険業300条1項）、業務の適切な運営を確保するための体制を整備する義務（保険業100条の2・294条の3）が定められている。また、顧客保護のために、一定の場合にクーリングオフが認められている（保険業309条）。

　保険募集人および所属保険会社等は、保険募集人が保険募集について保険契約者に加えた損害を賠償する責任を負う（保険業283条1項、一定の例外もある）。また、保険会社や保険募集人等は、保険契約者・被保険者に対して、虚偽の説明をしたり、保険契約内容の判断に影響を及ぼす重要な事項を説明し行為等が禁じられる（保険業300条1項1号等）。この説明義務違反による損害が生じた場合、保険契約者は、前記の保険業法283条にもとづき、また、民法の不法行為規定にもとづき、保険会社等に対して損害賠償請求ができる。

　損害保険契約の募集については、金融サービス提供法（旧・金融商品販売法）、金融商品取引法、消費者契約法にも、保険契約者が保護される規定がある。

【 銀行による保険の窓口販売 】
　銀行窓販とは、銀行が保険代理店として窓口などで保険募集を行うことをいう。従来は銀行の保険商品等の販売は制限されていたが、1998年12月の投資信託、2001年4月の長期火災保険と海外旅行保険、2002年10月の個人年金保険、2004年12月の証券仲介業と段階的に銀行窓口での販売が解禁され、平成19（2007）年12月に全面解禁となり、銀行の窓口をチャンネルとして、さまざまな種類の保険商品が販売できることになった。同時に、銀行等による保険販売については、優越的な地位による圧力的販売を防止し、保険契約者等の保護を図りつつ、利便性の向上を目指す観点から、融資先募集規制やタイミング募集規制の保険募集規制による弊害防止措置が設けられており（保険業法施行規則212条・234条1項等）、そのあり方が議論されている。

２）保険契約の性質と書面（保険証券）の作成・交付

保険契約は不要式の諾成契約であるから、契約の締結にあたり保険証券等の書面を作成し交付することは成立要件ではない。しかし、保険契約の内容を書面化することは保険契約者・保険者の双方にとって有利であることから、保険者は、損害保険契約を締結したときは、遅滞なく、保険契約者に対し、損害保険契約の要素・内容となる重要な事項（法定事項）を記載した書面（保険証券と呼ばれる）を交付しなければならない（保険6条1項）。この書面には、保険者（法人その他の団体にあっては代表者）が署名し、または記名押印しなければならない（同条2項）。損害保険契約の関係を明確化し、証拠になるものである。同条は任意規定であるから、保険契約者の同意を得た上で、いわゆる電磁的方法により保険契約の内容を保険契約者に提供することも可能であると解される。

３）告知義務

ⅰ　告知義務の意義・趣旨

保険契約者または被保険者になる者は、損害保険契約の締結に際し、損害保険契約により填補することとされる危険（損害の発生の可能性）に関する重要な事項のうち、保険者になる者が告知を求めたもの（告知事項）について、事実の告知をしなければならない（告知義務〔保険4条〕。同様の規定は、生命保険契約、傷害疾病定額保険契約についても設けられている〔保険55条・84条〕。但し、海上保険では、保険契約者または被保険者となる者の自発的な申告義務が定められている〔平成30年改正商820条〕）。

この告知義務は、保険制度を成り立たせる大数の法則にもとづき同質の危険の存在を予定して算出される保険料総額と支払保険金総額の均衡を確保して、保険制度を成り立たせる上で、保険者が危険の選択を行うことが必要な法的措置であり、保険制度の技術的構造の特殊性から導かれるものである（戸田＝西島・前掲書二訂46頁）*。告知義務は保険制度に特有な義務（保険料支払義務以外の契約上の附随義務〔オプリーゲンハイトと総称される〕の一種）である（江頭・商取引449頁～450頁）。

　　＊ 告知義務の根拠　　保険者は、保険契約を締結するに際し、危険の性質や大きさを認識して危険率を測定し、保険契約を引き受けるか否か、保険料額をいくらにすべきかを判断する必要がある。しかし、危険測定の基礎となる情報は保険契約者側の支配圏内にあり、保険者が単独で調査することが困難であるため、保険協力者側の協力によって収集する必要がある。このために認められたのが、告知義務である（危険測定説〔通説・判例〕）。他方、保険契約の射倖性（給付の有無・程度が偶然の事情に影響される）から、その事情に影響のある事実を知る保険契約者側が、それを知らない保険者に事実を伏せて契約することは、公正・公平でなく、その事実を開示して契約が締結されることが信義則上要請されるとの見解（射倖契約説）も有力である（江頭・商取引454頁）。

ⅱ　告知義務違反の効果

損害保険契約においては、保険契約者または被保険者が、告知事項について、故意または重大な過失により事実の告知をせず、または不実の告知をしたときは、損害保険契約を解除することができる（保険28条1項）。

保険法では、この告知義務を質問応答義務としているので、質問されていない事

項については告知義務違反を問えない。また、告知義務に関する規定は、片面的強行規定であるから、これよりも保険契約者または被保険者に不利な取り決めは、無効となる（保険7条）。

　保険者が告知義務違反を理由に契約を解除した場合、保険者は、解除がされた時までに発生した保険事故による損害を填補する責任を負わない（保険31条1項）。但し、告知義務違反のあった事実とは別の原因で発生した保険事故による損害については、保険者は保険金支払の責任を負う（保険31条2項1号但書）。これは、「因果関係不存在の法則」と呼ばれている。

　なお、告知義務違反の一定の場合に、解除により保険者が支払を免れるのではなく、保険金が減額される処理を定める立法主義（プロラタ原則）があるが、わが国の保険法では採用されていない（江頭・商取引454頁、大串他編・前掲書解説保険法12頁）。

iii　告知義務違反による解除ができない場合

　保険者が解除できない場合として、①損害保険契約締結時に、保険者が不告知・不実告知にかかる事実を知っていたかまたは過失により知らなかったとき、②保険媒介者が、保険契約者または被保険者による告知を妨げたとき、③保険媒介者が、保険契約者または被保険者に対し、不告知・不実告知を勧めたときが定められている（保険28条2項）。

　但し、②と③の場合については、保険媒介者の当該行為がなかったとしても保険契約者または被保険者が不告知・不実告知をしたと認められる場合には、保険者は保険契約を解除することができる（同条3項）。また、保険者が解除の原因を知った時から1か月間解除権を行使しなかったとき、あるいは損害保険契約の締結の時から5年を経過したときは解除権は消滅する（同条4項）。

　判例上、保険者は、告知義務違反による解除ができない場合にも、民法上の錯誤・詐欺の要件を満たす限りは、契約の効力を否定し、保険金の支払いを拒絶できると解されている（大判大6・12・14民録23・2112保険百選67）*。

　　＊　告知義務違反と錯誤・詐欺　　告知義務違反と民法における錯誤・詐欺との関係については、本文のように、判例では、告知義務違反に関する商法（保険法）の規定は、民法の錯誤・詐欺の規定の適用を排除しないと解されている（民商法重畳適用説）。さらに、学説では、告知義務違反に関しては商法の規定のみを適用すべきであるとする見解（商法〔保険法〕単独適用説）がある。また、錯誤の場合は告知義務者に害意はなく保険者の利益と同時に加入者・保険契約者の利益を考慮する必要があるのに対して、詐欺の場合には加入者の利益を考慮する必要はなく、詐欺を行った者を保護する結果は妥当ではないとして、錯誤と詐欺とを区別し、錯誤についての規定は適用が排除されるが詐欺についての規定は適用が排除されないとする見解（折衷説）が有力である（江頭・商取引454頁、甘利他・前掲書ポイントレクチャー78頁）。

（3）損害保険契約の内容

1）保険事故とその発生の客体

　保険事故とは、それが発生した場合に、保険者の保険金支払義務を具体化させる偶然な一定の事実をいう（保険5条1項・37条）。火災保険における火災、盗難保険における盗難が、保険事故に当たる。保険事故の発生・不発生が確定しているか否か

は、契約締結時を基準に判断されるが、必ずしも客観的でなくてもよい。保険事故が保険契約締結前に発生していたが、そのことを当事者が知らない場合、その保険事故による損害を填補する保険（遡及保険）もあり得る。但し、保険契約者または被保険者が既に保険事故が発生していることを知っていたときや、保険者が保険事故が発生していないことを知っていたときは無効である（保険5条1項・2項）。

保険事故の発生する客体である物または財産を保険の目的物という（保険6条1項7号）。火災保険での建物や家財がこれに当たる。

2）保険期間と保険料

保険者は特定の期間内に生じた保険事故による損害についてのみ保険金支払義務を負い、その保険者の責任が開始して終了するまでの期間を保険期間（責任期間・危険期間）という。保険契約期間とは保険契約が有効に存続する期間のことをいう。

保険料は、保険者の危険負担の対価として保険契約者が支払う金額で、実際に支払う営業保険料は純保険料と付加保険料から成る。保険料期間とは、保険料率算定の基礎となる期間（危険測定の単位期間）である。一個の保険料期間に対応する保険料は不可分であるとの「保険料不可分の原則」を認めるのが判例（大判大15・6・12民集5・495）であるが、保険法上には根拠が置かれておらず、不当利得法理による清算としては未経過期間の保険料の返還を認めるべきであり、そう扱う約款も多い。

3）利得禁止原則と被保険利益

i　被保険利益の意義・機能

損害保険契約では、実際の損害額以上に保険金が支払われることが禁止される（利得禁止の原則）。これと一体の関係において（事前に利得の発生を予防するものとして）、損害保険契約が有効であるために、保険事故が発生することにより被るおそれのある経済的利益の存在、すなわち「被保険利益」が必要とされる。保険法上、被保険利益のことを「保険契約の目的」と呼び、保険契約は金銭に見積もることができる利益に限り、保険契約の目的（本質的内容）とすることができる（保険3条）。

被保険利益の概念は、「不可侵のドグマ」とまでいわれて近代保険契約法の中心的概念とされ、危険につき付保されているのは物自体でなく物につき被保険者が有する利益であるとの認識が獲得され、「利益なければ保険なし」との保険制度の存在理由を支えてきた。被保険利益の概念により、①保険金給付範囲の画定（保険契約の個別化と保険金額の画定）、②同じ射倖契約に属する賭博との区別が可能となる。

なお、被保険利益に関しては、損害保険契約は損害填補を目的とするから被保険利益が不可欠な要素であるとする絶対説に対して、保険の目的は金銭の給付ないし金銭であるとし、被保険利益を保険契約が公序良俗に反しないための消極的要件とする相対説、被保険利益を柔軟に解して新価保険や評価済保険等の新型保険をカバーする損害填補を理解する修正絶対説が主張されているが、具体的結論に差異はないといわれている（甘利他・前掲書ポイントレクチャー51頁）。

ii　被保険利益の要件

被保険利益概念が果たす機能に照らし、①被保険利益は、「金銭に見積もることができる利益」でなければならない（保険3条）。すなわち、被保険利益は社会通念上客観的に評価・判定できる経済的利益でなければならず、精神的・感情的利益は被

保険利益とならない。また、②被保険利益は適法なものでなければならず、不法な利益は保険の目的として保護されない。③被保険利益は確定しているか確定しうるものであることが必要であり、将来の利益であっても被保険利益となりうる。

iii　被保険利益の態様（積極利益と消極利益）

被保険利益には、積極利益（保険事故の発生により一定の財産を失うことについての利益）と消極利益（賠償責任や費用負担により消極財産が増大し財産状態が悪化することについての利益）とがあり得る。

積極利益としては、所有者利益として、所有建物について火災保険契約を締結する場合の所有者としての利益が典型である。不動産の所有権移転登記は第三者に対する対抗要件にすぎないので、他人から所有権を譲り受けた者が未登記であったとしても、所有者としての経済的利益は認められる（大判昭12・6・18民集16・15・940）。同一の建物について二重の保存登記がなされ、これをもとに移転登記がなされた場合には、第2の保存登記は無効とされ、これにもとづく移転登記も無効となる結果、被保険利益も認められない（最判昭36・3・16民集15・3・512損保百選5）。また、建物が譲渡担保に供された場合に、設定者が同じ建物につき所有者利益を被保険利益として保険契約を締結することができるか問題となり、譲渡担保を信託的譲渡と構成する立場から被保険利益を否定した裁判例もあるが、譲渡担保の担保的構成する立場から被保険利益を肯定し保険契約の有効性を認める見解も有力である。判例は、担保権者と設定者のいずれも被保険利益を有すると解した上で、両者が付した保険契約の保険金額の合計額が保険価額を超過している場合には、重複保険の規定（平成20年改正前商632条）の趣旨に鑑み、各保険契約の保険金額の割合によって各保険者の負担額を決定すべきであると判示している（最判平5・2・26民集47・2・1653保険百選5）。

消極利益としては、責任利益が典型であり、理論的な議論はあるが、これを被保険利益とする責任保険が損害保険の一種として存在している。但し、責任保険では保険事故が発生しないこと、賠償責任を負わないことに被保険利益はあるものの、被保険利益損害賠償額を予め知ることは困難なため、物保険のように保険価額を基礎とした超過保険の規制などを及ぼすことができない。

4）保険価額と保険金額
i　保険価額

被保険利益の客観的評価額を「保険価額」という（保険9条・3条）。その額は、原則として、事故発生時における保険の目的の市場価格であるが（保険18条1項）、当事者間で約定することもできる（同条2項）。あらかじめ保険価額が協定されている保険を「評価済保険」という。但し、約定保険価額が保険価額を著しく超えるときは、填補すべき損害額は当該保険価額によって算定する（同条2項但書）。損害保険契約では利得禁止の原則が働くので、保険価額は保険事故発生時に被保険者が支払を受ける法律上の最高限度額であり、保険者の給付額の上限である。

保険の目的が取得後数年を経過した建物であって損害発生後も継続して使用する場合には、時価による保険金の支払いを受けただけでは再建築ができないので、再調達価額を保険価額とする場合があり、これを新価保険という。

ii 保険金額

保険者が填補すべき金額の最高限度として契約締結時に保険者と保険契約者との間で約定される金額を「保険金額」という。保険料算定の基準として機能する。保険価額と保険金額とが不一致の場合に、次にみる一部保険、超過保険、重複保険の問題が生じることになる。

iii 一部保険

保険金額が保険価額に達しない場合を一部保険といい、保険金額が保険価額に達している場合を全部保険という。一部保険の場合には、保険者が負担する支払保険金の額は填補損害額に保険金額の保険価額に対する割合を乗じて得た額となる（比例填補の原則、保険19条）。但し、同条は任意規定であるから、当事者はこれと異なる特約（実損填補条項）を付して、一部保険の場合でも保険金額の範囲内で損害額の全部を支払う旨を定めることもできる。

iv 超過保険

保険金額が保険価額を超える場合を「超過保険」という。超過保険であることに保険契約者および被保険者が善意でかつ重大な過失がなかったときは、保険契約者は、その超過部分について当該損害保険契約を取り消すことができる（保険9条）。

平成20年改正前商法の規定では、超過保険の場合には保険金額が保険価額を超過する部分について保険契約を無効とする旨を定めていたが、保険法では、保険契約者のニーズに応じて柔軟な扱いを認めることとして、上記のように改められた（萩本・前掲書問答保険法115頁）。但し、約定保険価額があるときは取消の必要もないので、上記の規律は適用されない（保険9条但書）。

v 重複保険

同一の保険の目的物について、被保険利益、保険事故が同じで、かつ保険期間が重なる数個の保険契約が存在し、その結果、保険金額の総額が保険価額を超過する場合を「重複保険」という。

保険法は、平成20年改正前商法の規定（同時重複保険の場合の比例分担主義・比例責任主義、異時重複保険の場合の優先分担主義）を改め（萩本・前掲書問答保険法127頁〜132頁）、重複保険における保険者は填補損害額の全額について保険給付を行う義務を負うものと定め（独立責任額全額主義）、その上で、保険者の一人が自己の負担部分（他の損害保険契約がないと仮定する場合の各保険者が行うべき保険給付の額の、その合計額に対する割合を填補損害額に乗じて得た額）を超えて保険給付を行い、これにより共同の免責を得たときは、当該保険者は、自己の負担部分を超える部分に限り、他の保険者に対し各自の負担部分について求償権を有することとしている（保険20条1項・2項）。

（4）損害保険契約の効果
1）保険者の義務
i 書面（保険証書）交付義務

保険者は、損害保険契約を締結したときは、遅滞なく、保険契約者に対し、損害保険契約の要素・内容となる重要な事項（法定事項）を記載した書面（保険証券と呼ばれる）を交付しなければならない（保険6条1項、本書前掲222頁、参照）。

ⅱ　保険事故の発生と保険金支払義務・免責事由

　保険者は、保険事故が保険期間中に発生し、それによって損害が生じた場合、免責事由に該当することがないかぎり保険金を支払う義務を負う。

　法定の免責事由として、①保険契約者または被保険者の故意または重大な過失によって生じた損害（責任保険契約については被害者保護の機能から免責は故意のみに限定されている）と、②戦争その他の変乱によって生じた損害がある（保険17条1項。平成20年改正前商法では、保険の目的〔物〕の性質もしくは瑕疵、自然の消耗を法定していたが、保険法ではそれらは法定免責事由ではなく、免責の可否は契約当事者の意思に委ねられた）。

　前者の保険契約者または被保険者の故意の事故招致が免責事由とされるのは、社会的に容認しがたい行為に保険金を支払わないためである。保険者が免責されるには原因行為についての故意だけでは足りず、損害発生という結果についての故意を要するとの判例がある（最判平5・3・30民集47・4・3262保険百選35）。重過失の事故招致が免責事由とされているのは、故意の立証が困難な場合が多いからである。ここにいう重過失は故意に準ずる狭い範囲に限定して解釈される（江頭・商取引468頁。「故意に近似する注意欠如の状態」と判示した判例として、大判大2・12・20民録19・1036、極めて悪質重大な法令違反及び無謀操縦による事故招致を重過失と認定した判例として、最判昭57・7・15民集36・6・1188保険百選104がある）。

　法定の免責事由とは異なる形で約款により免責事由を定めることができる。約款にもとづき、被保険者たる法人の機関が事故招致すれば目的物の事実上の管理者であったか否かにかかわらず、被保険者は保険金の支払いを受けられなくなる旨を判示した判例がある（最判平16・6・10民集58・5・1178保険百選20）。

ⅲ　保険料返還義務とその制限

　保険契約の無効、責任開始前の契約解除・失効において、保険者は受領済みの保険料を返還しなければならない（不当利得〔民703条〕、原状回復〔民545条〕）。但し、保険者は、①保険契約者・被保険者の詐欺・強迫を理由として損害保険契約に係る意思表示を取り消した場合、②損害保険契約締結前の保険事故発生につき、保険契約者・被保険者が悪意であることにより契約が無効の場合（保険者が保険事故の発生を知って当該損害保険契約の申込みまたは承諾をしたときを除く）は、保険料を返還する義務を負わない（保険32条）。

２）　保険契約者・被保険者の義務

ⅰ　保険料支払義務

　保険契約が成立すると、保険契約者は保険料を支払う義務を負う（保険2条1号・3号）。約款には、通例、保険料の支払いがあるまで保険者の保障は開始しないとの条項（責任開始条項）がある。

　保険法には、保険金の支払時期（保険給付の履行期）について規定がある。すなわち、期限を定めた場合と期限を定めなかった場合に分けて規定し、保険給付を行う期限を定めた場合であっても、当該期限が、保険事故、塡補損害額、保険者が免責される事由その他の保険給付を行うために確認をすることが損害保険契約上必要とされる事項の確認をするための相当の期間を経過する日後の日であるときは、当該期間を経過する日をもって保険給付を行う期限とする（保険21条1項）。保険給付

を行う期限を定めなかったときは、保険給付の請求があった後、当該請求に係る保険事故及び填補損害額の確認をするために必要な期間を経過するまでは、遅滞の責任を負わないものと定めている（同条2項）。

　なお、保険金の支払請求権は、保険料の返還請求権と同じく3年間の消滅時効にかかる（保険95条）。

ⅱ　危険の変更・増加の通知義務

　保険契約者または被保険者は、危険引受け範囲外の危険の変更・増加が生じた場合は、保険者に通知することを要する（保険29条1項1号。本書次項「危険の増加」参照、萩本・前掲書問答保険法84頁）。

ⅲ　損害発生の通知義務

　保険契約者または被保険者は、保険事故発生により損害が生じたことを知ったときは、遅滞なく、保険者に対し、その旨の通知を発すべき義務を負う（保険14条）。これにより、保険者が原因の調査や損害の確定・拡大防止等の善後策を講じることができる。この義務違反の効果は法定されていないが、被保険者等は、損害発生の通知がなかったことで保険者に生じてしまった費用の増加などの損害を賠償する責任がある（保険者はその額を保険金から控除できる）と解される（江頭・商取473頁）。

　約款では、正当事由のない通知義務の違反（不実申告を含む）により、保険者が免責される旨を規定し、さらに資料提出（証拠提出義務）や事情説明の義務（保険事故内容説明義務）も課している。但し、保険契約者側の不利益が不当に過ぎないよう、保険者の免責は、保険契約者側に保険金詐取目的がある場合に限定する解釈がなされている＊。

　　＊　損害発生通知義務違反・損害の不実申告と保険者の免責　　保険契約は射倖契約性および給付の不等価性を有することから、その契約関係を通じて不正な保険金請求がなされ保険者が保険金の支払いを余儀なくされる危険をはらんでいる。損害保険契約では、保険契約者または被保険者の故意・重過失による事故招致が免責事由とされるが（保険17条1項）、その故意等を立証できるか否かが不明であるため、近時の保険金請求事例においては、約款に定められた保険契約者側の義務違反等の効果として保険者の全額免責が主張される事案が少なくない（竹濵修「保険契約法における道徳危険と民法理論」商事法務1330号10頁、同「保険事故発生の通知・説明義務の再検討〔一〕」立命館法学217号7頁、加藤新太郎「交通事故賠償・保険金の不当請求」判例タイムズ619号2頁、参照）。
　　保険事故と損害の発生の通知義務は、保険者が事故状況や損害原因の調査、損害の種類や範囲の確定、損害の拡大防止等などの善後策を速やかに講じられるようにするため、事故発生を迅速に知りうる立場にある保険契約者等に課されたものである。そして、保険事故の内容等についての説明義務は、保険事故発生の通知義務と密接な関係があり、別個に解する理由はない（山下友信・前掲書保険法416頁）。
　　この通知義務違反の効果については、平成20年改正前商法にも保険法にも規定はなく、通説は、通知義務を真正の義務と解し、保険者は義務違反によって発生した損害につき損害賠償請求権を有し、この損害額を支払保険金額から控除・減額できると解している（大森・前掲書保険法168頁、田中他・前掲書新版保険法〔全訂版〕187頁、石田・前掲書商法Ⅳ保険法171頁、西島・前掲書保険法〔新版〕118頁）。そして、通知義務等の違反の効果を保険者の全額免責とする約款規定については、これが杓子定規に適用されると被保険者に極めて酷な結果となることから、判例・学説では、そのような約款規定を制限的に解釈する傾向にある。
　　自動車保険約款におけるいわゆる60日条項の効力について義務違反者の主観的事情を考慮したうえでその効力を制限解釈すべきと判示した判例として、最判昭62・2・20民集

41・1・159保険百選15がある。また、多くの間接事実を詳細に認定した上で、保険契約者側の提出書類の虚偽記載と過大保険金取得の意図を推認した裁判例（大阪地判平6・10・11判時1518・117損保百選30〔解説：福原紀彦〕）、自動車事故状況の不実申告につき全損害の保険者免責を認めた裁判例（大阪地判平19・12・20公民40・6・1694保険百選16〔解説：福原紀彦〕）等がある。

iv　損害防止義務

　保険契約者および被保険者は、保険事故が発生したことを知ったときは、これによる損害の発生及び拡大の防止に努めなければならない（保険13条）。信義則上の義務であり、保険契約者が保険の目的物を使用・管理する場合には実益が大きい。この義務に違反した場合の効果についても規定はないが、約款では、一般に、被保険者の被った損害額から義務を試行したなら防止軽減することができたと認められる額を控除した額を保険者の填補額として支払うことになる。

3）保険代位

i　意義・種類

　保険者が保険給付により損害を填補した場合、一定の要件の下で保険者は被保険者が有していた権利を収得する制度がある。これを「保険代位」といい、保険法上、目的物代位（残存物代位）と請求権代位（求償権代位）の2種類がある。すなわち、保険者は、被保険者が保険の目的につき有する物権を取得し（目的物代位また残存物代位、保険24条本文）、被保険者・保険契約者が第三者に対して有する損害賠償請求権等の債権を取得する（請求権代位または求償権代位、保険25条）。

ii　目的物代位（残存物代位）

　保険者は、保険の目的物の全部が滅失した場合に保険給付を行ったときは（保険給付の額の保険価額〔約定保険価額があるときはその約定保険価額〕に対する割合に応じて）、保険の目的物に関して被保険者が有する所有権その他の物権について当然に被保険者に代位（保険者の有する権利を取得）する（保険24条）。これを目的物代位（残存物代位）という。この制度の趣旨は、損害額の算定に要する労力・時間・費用を省き、被保険者に期待されている保険給付を迅速に与えると同時に、保険者に残存物に対する権利を移転させることによって被保険者の利得を防止することにある（戸田＝西島・前掲書二訂66頁）。

　目的物代位が生ずるためには、保険の目的物について全損が生じたことが必要である。保険法制定前の商法では、保険者が保険金額の全部を支払ったことを要件としていたが（平成20年改正前商661条）、保険法では、超過保険を無効としないこととの関係で保険金額の全部支払いを要件から削除している。

　目的物代位の効果は、残存物についての権利が当然に保険者に移転することである。当事者の意思表示や第三者対抗要件も必要としない。目的物代位により保険者が常に利益を得るとは限らないので、約款では、残存物の所有権は保険者が取得する旨の意思表示をしない限り保険者に移転しない旨を定めている。

iii　請求権代位（求償権代位）

　保険事故による損害が第三者の行為によって生じた場合において、保険者が被保険者に対しその負担額を支払ったときは、保険者は、保険契約者または被保険者

が第三者に対して有する権利を代位取得する（保険25条）。これを請求権代位（求償権代位）という。損害が第三者の行為によって発生したときは、被保険者は保険者に対する保険金請求権と第三者に対する損害賠償請求権を同時に取得し、このように法律上の原因が異なる二つの請求権は別個独立に存在するが、被保険者が双方の請求権を行使すると「二重の利益」を得るおそれがあり、これを防止することに、請求権代位の制度趣旨がある（戸田=西島・前掲書二訂67頁）。

　請求権代位が生じるためには、保険事故の発生により被保険者が第三者に対して権利を収得したこと、保険者が保険金を支払ったことが必要である。保険事故の発生により生じた損害は全損でも分損でもよく、また保険者が負担額の全部を支払った場合のみならず一部を支払った場合でもよい。

　請求権代位の効果は、①保険給付の額、または、②被保険者が有する第三者に対する請求権（被保険者債権）の額（保険者による保険給付の額が保険価額に不足するときは、被保険者債権の額から当該不足額を控除した残額）のうち、いずれか少ない額を限度として、保険者が被保険者債権につき当然に代位することである（請求権代位は、法律上当然に生ずるものであり、当事者の意思表示を必要とせず、第三者対抗要件も必要としない）。この結果、被保険者は、填補されないまま残っている損害の額につき、加害者たる第三者に対する請求権を代位取得されることなく保持することになる。さらに、残った債権については、被保険者が、その第三者から保険者に先立って優先的に弁済を受けられる権利を有する（保険25条2項）。被保険者に利得が生じない範囲で、被保険者ができるだけ損害の填補を受けられる仕組みになっている。

　これらの請求権代位の規定は、被保険者の不利に変更できない片面的強行規定である（保険26条）。なお、請求権代位は、定額保険契約については行われない（所得補償保険に関して、最判平元・1・19判時1302・144保険百選23）。

　自動車保険における人身傷害補償条項に基づき保険金を支払った保険者が保険代位する範囲につき議論がある。保険金の額と被害者の加害者に対する過失相殺後の損害賠償請求権の額との合計額が過失相殺前の損害額を上回る場合に限り、その上回る部分に相当する額の範囲で保険金請求権者の加害者に対する損害賠償請求権を代位取得すると判示する判例がある（最判平24・2・20民集66・2・742）。

（5）損害保険契約の変動
1）危険の増加

　「危険の増加」とは、損害保険契約の締結後に、告知事項についての危険が高くなり（保険事故発生の可能性が高まる等）、当初の損害保険契約で定められている保険料では、増加した危険を計算の基礎として算出される保険料に不足する状態になることをいう。

　危険の増加が生じた場合でも、保険者は、危険増加の状態の知らせを受け、保険料を危険増加に対応した額に修正して支払を受ければ損害保険契約を継続できる。しかし、①危険の増加が生じたときに保険者または被保険者が保険者にその旨を遅滞なく通知すべきことが保険契約で定められ、かつ、②保険契約者または被保険者が保険者に故意または重過失で遅滞なく通知しなかったときは、保険者は保険契約

を解除することができる(保険29条1項)。保険料を変更しても保険契約を継続することができない程度の危険増加の場合には、上記の要件を満たさなくても、当然に、保険契約を解除できる。

解除は、将来に向かってのみ効力を生ずるが、保険者は、解除前に発生した保険事故による損害については損害を填補する責任を負わない(保険31条1項・2項2号)。

なお、危険増加について保険者が通知を受けず、保険契約を解除した場合でも、危険増加をもたらした事由とは関係なく発生した保険事故については、告知義務違反の場合と同様に、因果関係の不存在を理由に保険者は填補責任を負う。

解除権の行使期間は、告知義務違反に関する規定の準用により、保険者が解除の原因を知った時から1か月間行使しないとき、および、危険増加が生じた時から5年を経過したときは消滅する(保険29条2項・28条4項)。

２）保険価額の減少と危険の減少

損害保険契約の締結後に保険価額が著しく減少したときは(例えば、長期の火災保険が付保された建物)、保険契約者は保険者に対し、将来に向かって、保険金額または約定保険価額については減少後の保険価額に至るまで減額することを請求することができ、保険料についてはその減額後の保険金額に対応する保険料に至るまで減額を請求することができる(保険10条)。

損害保険契約の締結後に、保険価額は変わらないが危険が著しく減少したときは、保険契約者は、保険者に対し、将来に向かって、保険料について、減少後の当該危険に対応する保険料に至るまでの減額を請求することができる(保険11条)。保険事故発生の危険が全くなくなった場合は、保険契約は失効する。

３）目的物の譲渡

保険契約の目的物が譲渡された場合、譲渡人である保険契約者は被保険利益を失い保険契約は失効することになる。そうすると、譲受人が自ら新たに保険契約を締結することが必要となり、このような処理は必ずしも当事者の意思に合致せず、手続的にも煩瑣である。保険法制定前の商法では、被保険者が保険の目的物を譲渡した場合には同時に保険契約によって生じた権利を譲渡したものと推定し、この場合に保険の目的物の譲渡が著しく危険を変更または増加したときは保険契約は失効する旨を定めていた(平成20年改正前商650条)。しかし、保険法では、この規定が削除されたので、保険の目的物の譲渡も危険の増加の問題として処理されることになった(危険の増加に関する前述の規定〔保険29条〕の適用を受けるほか、道徳的危険の増加は重大事由による契約解除〔保険30条・57条・29条〕によって処理される場面も生じる。山下孝典編・前掲書99頁)。

（6）損害保険契約の終了
１）保険契約の当然の終了と失効

保険契約は、保険期間の満了によって終了するほか、目的の達成(保険事故で目的物で全損し保険金額全額が保険金として支払われた場合)、被保険利益の消滅によって終了する。また、目的物が譲渡されると保険契約は当然に失効する。

２）保険契約者の解除

保険契約者は、いつでも保険契約を解除できる(保険27条)。保険者が破産手続

き開始の決定を受けたときは保険契約を解除でき（保険96条1項）、解除しないとき
は、破産手続開始の決定の日から3か月を経過した日に効力を失う（同条2項）。

被保険者（傷害疾病損害保険契約の当事者以外の者であるとき）は、保険契約者
に対し、保険契約者との間に別段の合意がある場合を除き、保険契約の解除を請求
できる（保険34条1項）。この請求を受けた保険契約者は、保険契約を解除できる。

3）重大事由による解除

保険者は、次の事由がある場合には、損害保険契約を解除することができる。す
なわち、①保険契約者または被保険者が、保険者に当該損害保険契約にもとづく保
険給付を行わせることを目的として損害を生じさせ、または生じさせようとしたこと、②
被保険者が、当該損害保険契約にもとづく保険給付の請求について詐欺を行い、ま
たは行おうとしたこと、③その他、保険者の保険契約者または被保険者に対する信
頼を損ない、当該損害保険契約の存続を困難とする重大な事由である（保険30条）。
保険契約における道徳的危険（モラルリスク）を予防・回避するため、保険法によって
明定された保険者の解除権である（信頼関係の破壊にもとづくとも説明される）。

解除の効力は将来効であるが（保険31条1項）、上記の事由が生じたときから解除
時までに発生した保険事故による損害については保険者は免責される（同条2項3
号）。保険者を過大な危険から解放するものである（萩本・前掲書問答保険法102頁）。

5　生命保険契約

（1）生命保険契約の意義・種類と関係者
1）意義と種類

保険契約は、当事者の一方が一定の事由（保険事故）が生じたことを条件として財
産上の給付（保険給付）を行うことを約し、相手方がこれに対して保険事故の発生の
可能性に応じたものとして保険料を支払うことを約する契約をいい、生命保険契約と
は、そのうち、保険者が人の生存または死亡に関し、一定の保険給付を行うことを約
するもの（傷害疾病定額保険契約に該当するものを除く）をいう（保険2条8号）。

生命保険契約は、人の生存または死亡を保険事故とする人保険であり、また、事
故が発生すれば具体的な損害の有無や額にかかわらず一定額の保険金が支払わ
れる定額保険である。

生命保険契約の種類は多様であるが、主に、定期保険契約（一定の保険期間内
における死亡につき保険金を支払う保険契約）、終身保険契約（保険期間の定めが
ない死亡保険契約）、養老保険契約（一定の保険期間内に死亡した場合に死亡保
険金が支払われ、保険期間満了時に生存していた場合には満期保険金が支払われ
る保険契約）、年金保険契約（約定の年金支払開始時まで保険料の払込みが行わ
れ、以後年金の支払いが行われる保険契約）がある。

2）生命保険契約の当事者と一般的な関係者

生命保険契約の当事者は、保険会社等の保険給付を行う「保険者」と、自己の名
において保険者と契約し保険料支払義務を負う「保険契約者」である（保険2条2号・3

号）。生命保険契約では、その生存または死亡に関し、保険者が保険給付を行うこと
となる者を「被保険者」という（保険2条4号ロ）。生命保険契約における被保険者は、
あくまで、生存または死亡という保険事故の客体であり、保険給付を受ける者として
生命保険契約で定めるものは、「保険金受取人」という（同条5号）。

3）被保険者と「他人の生命の保険」

生命保険では、その生死が保険事故となる者を「被保険者」といい、被保険者が保
険契約者と異なる場合を「他人の生命の保険」という。生命保険契約の当事者以外
の者を被保険者とする死亡保険契約（保険者が被保険者の死亡に関し保険給付を
行うことを約する生命保険契約）は、当該被保険者の同意がなければ、その効力を
生じない（保険38条）。他人の死亡についての保険契約は、保険金を不法目的のた
めに取得するのに利用される危険があるからである。

さらに、他人の死亡の保険契約が被保険者の同意を得て成立した場合、死亡保
険契約にもとづく保険給付請求権の譲渡または同権利を目的とする質権の設定（保
険事故が発生した後にされたものを除く）は、被保険者の同意がなければ、その効力
を生じない（保険47条）。

また、他人の死亡の保険契約の成立後の保険金受取人の変更も、被保険者の同
意がなければ、その効力を生じない（保険45条）。

4）保険金受取人と「第三者（他人）のためにする生命保険契約」

i　保険金受取人の指定

保険給付を受ける者として、生命保険契約で定めるものを「保険金受取人」といい
（保険2条5号）、保険金受取人が保険契約者以外の第三者である生命保険契約を
「第三者（他人）のためにする生命保険契約」という。保険契約者が、自己の死亡後
に遺族に保険金を受領させるために保険契約を締結するような場合が典型である。
保険金受取人として指定された第三者は、受益の意思表示（民537条3項）をするこ
となく、当然に保険契約の利益を享受する（保険42条）。この当然の利益享受の規定
は保険金受取人の不利益に変更できない片面的強行規定である（保険49条）。保険
金請求権を原始取得することになる（保険金受取人の権利の固有権性）。

保険金受取人の指定方法は、契約締結時に保険契約者になる者が保険申込書
の受取人欄に記入することによって行われる。通例、受取人欄には①死亡保険金受
取人、②受取割合、③被保険者との続柄という3項目があり、いずれかひとつでも未
記入だと申込書は不備となる。

保険金受取人の指定として、「相続人」とだけ表示された場合には、被保険者の死
亡時における相続人全員を保険金受取人と指定した第三者のためにする生命保険
契約であると解される（最判昭40・2・2民集19・1・1保険百選71）。法の規定によって受取
人が決定した場合に各人が平等の割合で保険給付請求権を取得するとする判例（最
判平5・9・7民集47・7・4740）があるが、保険契約者が指定した場合には、法定相続分の
割合によるとするのが保険契約者の通常の意思に合致すると解される（相続割合説、
多数説・判例〔最判平6・7・18民集48・5・1233保険百選103〕）。

また、保険金受取人の指定として、「妻・何某」と表示された場合には、この指定は
当該氏名をもって特定された者を保険金受取人として指定する趣旨であり、妻という

表示はその者が、被保険者の妻である限りにおいて保険金の受取人として指定するという意思表示とは解されない（最判昭58・9・8民集37・7・918保険百選68）。

なお、保険金受取人の指定（変更の場合も含む）の方式については特に規定がなく、近時においては、その意思表示は新旧保険金受取人のいずれに対してしてもよいと解されている（最判昭62・10・29民集41・7・1527保海百選39）。

ⅱ　保険金受取人の変更

保険契約者は、保険事故が発生するまでは保険金受取人を変更することができる（保険43条1項）。この保険金受取人の変更は、保険者に対する意思表示によってすることができ（保険43条2項）、その意思表示の効力は、その通知が保険者に到達したときは、その意思表示を発した時に遡って生ずる（保険43条3項）。保険金受取人の変更は、遺言によって行うこともできるが、遺言が効力を生じた後、保険契約者の相続人がその旨を保険者に通知しなければ、保険者に対抗できない（保険44条）。

保険金受取人が被保険者でない第三者である場合において保険事故発生前にその者が死亡したときは、保険契約者はさらに保険金受取人を指定することができる（保険43条1項）。保険契約者がこの権利を行使しないで死亡したときは、指定保険金受取人の相続人の全員が保険金受取人となる（保険46条）。

なお、第三者のためにする生命保険契約において、死亡保険金受取人が有する死亡保険金請求権は、「破産者が破産手続開始前に生じた原因に基づいて行うことがある将来の請求権」（破34条2項）に該当するものとして、当該死亡保険金受取人の破産財団に属する（最判平28・4・28民集70・4・1099）。

（2）生命保険契約の締結
1）生命保険契約の成立過程と生命保険の募集

生命保険契約は、人の生死による危険に備える需要に応じ、生命保険募集人から勧誘を受けて、保険契約者となろうとする者の申込み（申込書の記載・作成）がなされ、保険会社が申込書記載内容等にもとづいて承諾することによって成立する。この生命保険契約の成立過程において、保険者の補助者として、外務員とも呼ばれる生命保険募集人（保険業275条1項1号）、保険仲立人（同条1項3号）、保険者たる生命保険会社から委託を受けた代理店（その役員・使用人）、診察医が重要な役割を果たしている。

損害保険契約の場合は、損害保険代理店が損害保険契約の締結の代理権を有するが、生命保険募集人は、通常、生命保険契約の締結の代理権を有しない（平成7年改正保険業法により保険募集人が代理権を有する場合が認められる）。生命保険契約の諾否に際しては、被保険者となる人の健康状態を審査する必要があり、保険契約者側に告知義務を負わせるだけでなく、医師による検査が行われることがあり、これが診察医である。

生命保険の場合も、生命保険募集人として登録された者だけが募集行為をすることができる（保険業275条1項1号）。保険仲立人も生命保険の募集行為ができる（同条項3号）。生命保険募集人は、原則として一社専属性であるが、例外的に複数の生命保険会社の保険募集行為をすること（乗合い）ができる（保険業282条、保険業法施行令40条）。生命保険募集の場合にも損害保険の場合と同様に、顧客保護の見

地から、保険募集を行う者の各種の義務やクーリングオフの制度がある。

　２）告知義務

　生命保険契約の締結においても、損害保険契約の場合と同様の趣旨と仕組みにおいて、保険契約者または被保険者は、保険者の質問に応じて、危険の測定にとって重要な事実（生命保険では病歴や健康状態等）を保険者に告知しなければならない（保険37条）。ここでも質問応答義務の形式が採られている。生命保険募集人には、通常、告知受領権はない。診査医には告知受領権が認められる。

　この告知義務を悪意または重過失によって怠ると（事実不告知と不実告知）、保険者は保険契約を解除することができ、保険金を支払う責任を免れる（保険55条1項）。因果関係不存在の法則も認められる（保険59条2項1号但書）。

　告知義務違反があっても保険者が解除できない場合として、①生命保険契約締結時に、保険者が不告知・不実告知にかかる事実を知っていたかまたは過失により知らなかったとき、②生命保険募集人で保険者のために契約を締結する代理権のない保険媒介者が、保険契約者または被保険者による告知を妨げたとき、③保険媒介者が、保険契約者または被保険者に対し、不告知・不実告知を勧めたときが定められている（保険55条2項）。但し、②と③の場合については、保険媒介者の当該行為がなかったとしても保険契約者または被保険者が不告知・不実告知をしたと認められる場合には、保険者は保険契約を解除することができる（同条3項）。また、保険者が解除の原因を知った時から1か月間解除権を行使しなかったとき、あるいは生命保険契約の締結の時から5年を経過したときは解除権は消滅する（同条4項）。

　他の保険会社との間に保険契約を締結している事実は、危険測定と関係がないことを理由に、告知すべき重要事実には該当しないとの判例があり（大判大11・8・28民集1・501保険百選59、大判昭2・11・2民集6・593保険百選44）、実務でも、このような他保険告知義務は課していない。但し、保険契約者側にある道徳的危険の存在を窺わせる徴表事実として、保険事故発生の可能性を高める事実であり、保険者による契約締結の諾否の判断に影響を及ぼしうるときは、告知事項に加えることができるとの見解が有力である（山下友信他・前掲書保険法267頁）。

（３）生命保険契約の内容

　生命保険契約では、保険事故が人の生死であり、契約当事者間で定める保険者の給付は、一定額の金銭の支払であり定額保険である。損害保険契約のように損害額に応じて保険金額が変動することに対応した定額性がある。

　このことから、損害保険契約のように、被保険利益や保険価額の概念はなく、超過保険の問題は生じない。しかし、生命保険契約でも、その射倖契約性にもとづく道徳的危険への対処は必要であり、とくに人身への危害に関わり重大な事態をもたらすモラル・ハザードの防止が強く求められる。

【 変額生命保険 】

　変額生命保険とは、保険契約者から払い込まれる保険料のうちの保険料積立金を、保険会社の一般勘定とは区分された特別勘定のもとで主として株式・債券などの有価証券により運用し、その運用実績にしたがって保険金額・解約返戻金額を変動させる保険をいう。この変額生命

保険が定額保険といえるか疑問がなくはない。わが国の変額生命保険では、最低保証額が定められ、保険金額がどこまでも下落することはないように設計されている。変額生命保険は、損害保険のように損害額に応じて保険金額が支払われるという形での支払保険金額の変動はなく、損害とは切り離されて自由に当事者で定めた方法で保険金額が定まり、保険事故発生に対してそうして定まった「一定の」保険金が支払われるという意味で、なお定額保険であると解することができる(竹濵・前掲書入門130頁)。

変額生命保険は、インフレによる保険給付額の実質的目減りを防止するという合理的な機能を有し、欧米諸国で商品化され、わが国でも1986年10月から販売が開始された。わが国では、バブル経済下の株価高騰により、特別勘定が10%を超える高い運用実績をあげ、変額生命保険は有利な金融商品として一躍人気を集めた。変額保険は、保険会社による加入勧誘と銀行による融資勧誘により、手持ち資金を運用する投資・利殖型の利用にとどまらず、相続税対策等としても、高額の保険料融資とセットで資産運用を図る節税型の利用が盛んに行われた。しかし、1990年以降の株価の低迷によって保険料積立金の運用実績が低下し、保険給付額が支払保険料を下回ったこと(いわゆる元本割れ)から、保険契約者が損失を被る事例が続出した。損失を被った保険契約者がその回復を求め訴訟が急増し、保険会社のみならず保険料を融資した銀行を当事者とする訴訟が急増し、保険料融資付変額保険の購入につき関与した融資銀行に対する責任の法的構成が議論された(福原紀彦「バブル経済崩壊による消費者被害の発生と法の対応」比較法雑誌30巻特別号59頁)。

今日でも、変額生命保険商品は金融商品として販売されているが、低金利時代にあって問題性は顕在化せず、保険会社や銀行の説明義務の強化により、紛争の事前防止が図られている。

(4) 生命保険契約の効果

1) 保険者の義務

i 書面(保険証書)交付義務

保険者は、生命保険契約を締結したときは、遅滞なく、保険契約者に対し、保険契約の要素・内容となる重要な事項(法定事項)を記載した書面(保険証券と呼ばれる)を交付しなければならない(保険40条1項、本書前掲222頁、参照)。

ii 保険事故発生と保険金支払義務・免責事由

生命保険契約における保険者は、保険契約において定められた保険事故が発生した場合、一定の保険金を支払う義務を負う。生命保険契約における保険事故は、死亡保険の場合には被保険者の死亡であり、生存保険の場合には被保険者の満期における生存である。

生命保険契約では、被保険者はもちろん、保険金受取人または保険契約者が故意に保険事故を発生させた場合(①被保険者の自殺、②保険契約者による被保険者故殺、③保険金受取人による被保険者故殺)や、戦争その他の変乱による被保険者の死亡の場合には、保険者は免責される(保険51条)。

なお、自殺とは、故意に自己の生命を絶ち死亡の結果を生ぜしめる行為をいう。過失による場合や、精神障害中あるいは事理弁識能力喪失中の行為によって生命を絶った場合には、自殺に該当せず保険者は免責されない。なお、約款では、契約成立日または契約復活日から一定期間内(最近の多くの約款では3年以内)の自殺のみを免責事由としており、この期間経過後の自殺については、保険金の支払を認めることが公序良俗に違反すると認められる場合を除き、免責の対象とされない(最判平16・3・25民集58・3・753保険百選82)。

死亡保険契約において、被保険者の自殺、保険金受取人による被保険者故殺ま

たは戦争その他の変乱による被保険者の死亡により、保険者が保険金給付を免れるときは、保険者は保険契約者に対して保険料積立金を払い戻す義務を負う（保険63条）。保険契約者による被保険者故殺の場合には、この保険料積立金払戻義務を負わない（同条但書）。

iii　保険料返還義務とその制限

保険契約の無効、責任開始前の契約解除・失効において、保険者は受領済みの保険料を返還しなければならない（不当利得〔民703条〕、原状回復〔民545条〕）。但し、保険者は、①保険契約者・被保険者または保険金受取人の詐欺・強迫を理由として生命保険契約に係る意思表示を取り消した場合、②死亡保険契約締結前の保険事故発生につき、保険契約者・保険金受取人が悪意であることにより契約が無効の場合（保険者が保険事故の発生を知って当該損害保険契約の申込みまたは承諾をしたときを除く）は、保険料を返還する義務を負わない（保険64条）。

２）保険契約者または保険金受取人の義務

i　保険料支払義務等

保険契約にもとづく保険契約者の中心的義務として、保険契約者は保険料の支払義務を負う。但し、実務上の取扱いでは、保険者は、契約成立前の申込み段階で、第1回保険料相当額の支払いを受けて保険契約者の契約意思を確認し、保険料支払を確保している。

ii　危険の変更・増加の通知義務

保険契約者または被保険者は、危険引受け範囲外の危険の変更・増加が生じた場合は、保険者に通知することを要する（保険56条1項1号。本書次項「危険の増加」参照、萩本・前掲書問答保険法84頁）。

iii　被保険者死亡の通知義務

被保険者が死亡したことを知った場合には、保険契約者または保険金受取人は、遅滞なく、保険者に対して通知を発しなければならない（保険50条）。保険者が事実確認と調査を迅速に行えるように定められたものであるから、通知義務違反の効果については、損害保険契約の場合と同様に明定されていないが、余計な負担が生じた等の損害については通知義務を怠った者に賠償を請求できる。

（5）生命保険契約の変更・変動

１）契約内容の変更

生命保険契約は、長期にわたる契約であるので、契約当初の事情が変化することにより、契約内容の変更が求められることが多い。この場合、当事者の合意があれば契約内容の変更は可能である（転換特約もある）が、さらに、一定の場合には、保険契約者が保険者の承諾を得ないで、契約内容の変更が認められる（保険期間中の危険の消滅による保険料の減額、保険金受取人の変更等）。

２）危険の変動

i　危険の減少

生命保険契約の締結後に危険が著しく減少したときは、保険契約者は、保険者に対し、将来に向かって、保険料について、減少後の当該危険に対応する保険料に至

るまでの減額を請求することができる(保険48条)。この規定に反する特約で保険契約者に不利なものは無効である(保険49条)。

ⅱ 危険の増加

ここに「危険の増加」とは、生命保険契約の締結後に、告知事項についての危険が高くなり(保険事故発生の可能性が高まる等)、当初の生命保険契約で定められている保険料では、増加した危険を計算の基礎として算出される保険料に不足する状態になることをいい、危険の増加が生じた場合につき、保険法上、損害保険契約と同様の規定がある。しかし、死亡保険契約では年齢とともに危険が増加することは織り込み済みで保険料が計算されており、約款では、通例、危険増加の条項を採用していない。

(6) 生命保険契約の終了・復活

1) 保険契約の当然の終了

生命保険契約は、保険期間の満了(死亡保険では死亡が保険期間の終期)によって終了するほか、保険期間内の被保険者の死亡により終了する。約款では、高度障害保険金が支払われた場合は、被保険者が高度障害状態に該当した時に保険契約が消滅したものとみなされている。

2) 保険契約の解除

ⅰ 保険契約者による解除と解約返戻金

保険契約者は、いつでも保険契約を解除できる(保険54条)。保険者が破産手続き開始の決定を受けたときは保険契約を解除でき(保険96条1項)、解除しないときは、破産手続開始の決定の日から3か月を経過した日に効力を失う(同条2項)。実務では、保険契約者が生命保険契約を解除したときは、保険者は、解約返戻金を支払う旨を定めるのが通例である。

ⅱ 保険者による解除

a. 告知義務違反・危険増加による解除　保険者が保険料を支払わない等の債務不履行の場合には、もちろん、保険者は民法の規定により契約を解除できる(民541条)。上述のように、保険契約者側の告知義務違反や危険増加の通知義務違反の場合に、保険者は保険契約を解除できる(保険55条1項・56条1項)。

b. 重大事由による解除　生命保険契約における保険者は、次の事由がある場合には、生命保険契約(①の場合には死亡保険契約に限る)を解除することができる。すなわち、①保険契約者・保険金受取人が、保険者に保険給付を行わせることを目的として故意に被保険者を死亡させ、または死亡させようとしたこと、②保険金受取人が、当該生命保険契約に基づく保険給付の請求について詐欺を行い、または行おうとしたこと、③その他、保険者の保険契約者、被保険者または保険金受取人に対する信頼を損ない、当該生命保険契約の存続を困難とする重大な事由である。

これらも、保険契約における道徳的危険(モラルリスク)を予防・回避するため、保険法によって明定された保険者の解除権である(信頼関係の破壊にもとづくとも説明される)。

解除の効力は将来効であるが(保険59条1項)、上記の事由が生じたときから解除

時までに発生した保険事故による損害については保険者は免責される（同条2項3号）。保険者を過大な危険から解放するものである（萩本・前掲書問答保険法102頁）。

iii　保険契約当事者以外の者による解除と介入権

　他人の生命に係る死亡保険契約において、法定の重大事由（保険57条1号・2号）がある場合には、被保険者は保険契約者に対して契約を解除することを請求することができる（保険58条）。差押債権者、破産管財人その他の死亡保険契約の当事者以外の者で、当該死亡保険契約を解除することができる者がする当該解除は、保険者がその通知を受けた時から1か月を経過した日に、解除の効力を生ずる（保険60条1項）。

　契約当事者以外の者による解除については、保険金受取人のうち、①保険契約者または被保険者の親族、②被保険者本人のいずれかで、保険契約者でない者には解除の効力の発生を防止するために介入権を行使することが認められている（同条2項）。

3）保険料積立金

　法定の免責事由（保険51条）にもとづく契約の終了等のほか、一定の場合における生命保険契約の終了時には、保険者は、保険契約者に対して保険料積立金を払い戻す義務を負う（保険63条）。保険料積立金払戻し請求権は3年間の消滅時効にかかる（保険95条）。傷害疾病定額保険についても同様の規定がある（保険87条・89条〜92条）。

6　傷害疾病保険契約

（1）傷害疾病保険契約の意義と関係者

1）意義・性質・種類

　傷害疾病保険契約は、人の身体に発生する出来事（傷害または疾病）を保険による保障の対象とする人保険であるが、損害填補形式でも定額給付形式でも行うことができる（保険2条7号・9号）。

　「傷害疾病損害保険契約」は、損害保険契約のうち、保険者が人の傷害疾病によって生ずることのある損害（当該傷害疾病が生じた者が受けるものに限る）を填補することを約するものである（保険2条7号）。

　「傷害疾病定額保険契約」は、保険契約のうち、保険者が人の傷害疾病に基づき一定の保険給付を行うことを約するものである（保険2条9号）。傷害疾病定額保険契約は、保険事故の面からは事故発生の有無・結果が不確定であることから損害保険と共通する点が多いが、保険給付の内容が契約で定めた一定の金額の支払いである点では生命保険と同様である。

　保険者が人の傷害につき一定の保険給付を行う「傷害定額保険契約」は、損害保険では単独商品として、生命保険では主契約に付加する特約として販売されている。損害保険会社が販売している傷害保険契約には、普通傷害保険、交通事故傷害保険、ファミリー交通傷害保険、国内旅行傷害保険、海外旅行傷害保険等があり、

生命保険会社が販売している傷害保険特約には、傷害特約、災害割増特約、災害入院特約等がある。

　人の疾病につき一定の保険給付を行う「疾病定額保険契約」は、損害保険でも生命保険でも単独の商品または主契約に付加する特約として販売されている。損害保険会社が販売している疾病保険契約には、医療保険普通保険、入院一時金支払特約、三大疾病診断保険金支払特約等があり、生命保険会社が販売している疾病保険特約には、がん保険普通保険、介護保険普通保険、特定疾病保障特約、成人病入院医療特約等がある。

２）契約当事者と関係者
ⅰ　傷害疾病損害保険契約

　傷害疾病損害保険契約の当事者は、保険者と保険契約者であり、損害保険契約であるから、被保険者は、損害保険契約により填補する損害を受ける者であり（保険2条4号イ）、傷害事故により自己が被った損害額の填補を請求できる地位にある。

ⅱ　傷害疾病定額保険契約

a. 当事者　　傷害疾病定額保険契約の当事者は、保険者と保険契約者であり、関係者として、生命保険と同様に、被保険者（保険事故発生の客体〔保険2条4号ハ〕）、保険金受取人（保険金支払の相手方として定められた者〔保険2条5号〕）が存在する。

b. 他人の傷害疾病の定額保険契約　　傷害疾病定額保険契約において、保険契約者自身が被保険者でない場合の契約、すなわち、他人の傷害疾病を保険事故とする契約は、被保険者の同意がなければ契約の効力が生じない（保険67条1項本文）。保険金受取人の変更にも、被保険者の同意を要する。但し、被保険者またはその相続人を保険金受取人と定める場合には、保険事故が傷害・疾病による死亡のみである契約を除いて、被保険者の同意を要しない（保険67条1項但書・同条2項・74条1項但書・同条2項）。この点で生命保険契約の場合と異なっているのは、自動車搭乗者や行事参加者の傷害を付保する場合等、契約締結時に被保険者が不特定で個別の同意を得にくい事情等を考慮した扱いに対応したためである（江頭・商取引538頁）。

３）保険法による規律方法

　保険法では、損害保険契約の一種（損害が人の傷害疾病によって生じる場合）である「傷害疾病損害保険契約」（保険法第2章第5節）と、生命保険と同様に定額の保険金が支払われる「傷害疾病定額保険契約」（保険法第4章）とに分けて規定が設けられている。後者の傷害疾病定額保険契約について特別に設けられた保険法第4章では、基本的に生命保険契約における規律と同趣旨のものが規定されている（本書では、以下、定額保険契約の一般的規律に対する特色を中心に整理する）。

（2）傷害疾病保険契約の主な民事規律
１）保険事故と給付事由
ⅰ　傷害疾病保険契約における保険事故と給付事由

　傷害疾病保険は、人の身体に生じる出来事を保険による保障の対象とすることから、人保険として生命保険契約と共通するが、単純に人の生死を保険事故とするもの

ではない。死亡によって保険金が支払われる点で生命保険と機能が重なるが、保障される危険は、傷害による死亡（傷害死亡）に限られる。他方、傷害は発生の有無と結果の態様・程度が不確定である点では、損害保険契約の保険事故と共通する。

傷害疾病損害保険契約では、保険期間中に発生した障害疾病という保険事故から生ずる損害を填補するが（保険35条）、傷害疾病定額保険契約では、傷害疾病による治療、死亡その他の保険給付を行う要件として契約締結時に定める事由を給付事由と呼び（保険66条、参照）、傷害疾病が保険期間中に発生するだけでなく、傷害疾病による死亡・治療等が保険期間中に発生する必要がある。

ⅱ　傷害保険の保険事故の3要件（急激性・偶然性・外来性）

傷害保険契約では、被保険者が「急激かつ偶然な外来の事故」によって身体に傷害を被ったことを保険事故とする。

保険者に対して保険金を請求する者は、発生した事故が偶然な事故であることについて自ら主張・立証すべき責任を負うかどうか議論があり、これを肯定した判例があるが（最判平13・4・20民集55・3・682保険百選97）、学説では異論が多い（甘利他・前掲書ポイントレクチャー保険法266頁、山下友信他・前掲書保険法362頁、参照）。

ⅲ　疾病保険の保険事故・給付事由と契約前発病不担保

疾病保険契約では、被保険者が疾病により入院または一定の手術や治療を受けたこと、または、疾病により一定の身体状態になったことを保険事故とするのが通例である（がん保険のがん診断給付金に限り、疾病の発生自体を保険事故とされている。江頭・商取引543頁・545頁）。疾病定額保険契約では、告知義務制度とは異なり、保険の担保範囲を定めて保険事故の予定発生率を維持するために、通例として、「契約前発病不担保条項」（保険者の責任開始時以降に発病した疾病による入院・治療についてのみ保険金を支払う旨の条項）が定められている。

2）保険事故の発生と保険給付・免責事由等

ⅰ　給付事由発生の通知義務と保険金の支払い

保険契約者、被保険者、保険金受取人は、給付事由が発生したことを知ったときは、遅滞なく、保険者に対して、その旨を通知しなければならない（保険79条）。

保険期間内に被保険者に給付事由が発生した場合、または満期が到来した場合には、保険者は、死亡保険金、後遺障害保険金、医療保険金（入院・通院保険金）等の保険金を支払う義務を負う（保険2条1号・9号）。定額給付型の傷害疾病保険契約では、契約締結時に指定された保険金受取人に、約定の保険金額相等の保険金を支払う。定額保険の場合は、被保険利益の観念はなく、超過保険・一部保険・重複保険や請求権代位の問題は生じない。

ⅱ　保険者の免責事由

傷害疾病損害保険契約の保険者は、保険契約者または被保険者の故意または重大な過失によって生じた損害や、戦争その他の変乱によって生じた損害については、填補責任を負わない（保険17条1項）。被保険者の死亡によって生ずる損害を填補する傷害疾病損害保険契約では、被保険者または相続人の故意または重大な過失による事故招致も保険者の免責事由である（保険35条）。

傷害疾病定額保険契約の保険者も、被保険者、保険契約者、保険金受取人が故

意または重大な過失によって給付事由を発生させたときや、戦争その他の変乱によって給付事由が発生したときは、保険給付を行う責任を負わない（保険80条1項）。但し、保険金受取人が複数いる場合には、給付事由を発生させた保険金受取人以外の保険金受取人に対しては責任を負う（同条但書）。

　その他、保険約款においても、免責条項が定められている。傷害疾病損害保険約款では、保険契約者、被保険者または保険金受取人の故意による事故招致が保険者の免責事由とされ、生命保険の災害関係特約においては、それらの者の故意または重過失が保険者の免責事由とされている。

3）契約の終了と解除

　傷害疾病損害保険契約では、契約の終了事由は、損害保険契約とほぼ同様であり（保険35条）、傷害疾病定額保険契約では、契約の終了事由は、生命保険とほぼ同様である（保険83条〜94条）。

　但し、傷害疾病定額保険契約では、被保険者の同意なく契約が成立してしまうので、被保険者がそうした保険契約から離脱する方法として、同意なく成立した傷害疾病定額保険契約について、被保険者が保険契約者に対して解除するよう請求できる（保険87条1項1号）。その他、解除できる事由として、保険契約者、被保険者、保険金受取人が、保険金取得目的で保険事故を発生させ、または発生させようとしたこと（同条項2号）、被保険者の保険契約者又は保険金受取人に対する信頼を損ない、当該傷害疾病定額保険契約の存続を困難とする重大な事由がある場合（同条項3号）、保険契約者と被保険者との間の親族関係の終了その他の事情により、被保険者が同意をするに当たって基礎とした事情が著しく変更した場合（同条項4号）である。保険契約者は、それらにより被保険者から保険契約の解除請求を受けたときは、契約を解除することができる（保険87条2項）。

4）モラル・ハザードへの対処

　医療保険を主として、傷害疾病定額保険では、複数の保険者との間に短期間に高額の保険契約を締結して、保険事故の仮装や故意の事故招致により保険金を詐取するというように、保険契約を不正な目的のために利用すること（モラル・ハザード）が行われやすく、その防止措置（他保険の告知義務・通知義務、契約内容登録制度等）や約款上の免責条項の援用をめぐる裁判例がある（他保険契約の告知義務・通知義務の違反による保険契約の解除を判断したものとして、東京高判平5・9・28判時1479・140保険百選105）。

【 相互保険と相互会社 】

　保険者が収入保険料と支払保険金の差額を利益として得る目的で行う営利保険では、保険を引き受ける行為は商行為となり（商502条9号）、保険者は商人となり（商4条1項）、保険業法上、営利保険の保険者となることができるのは株式会社に限られている（保険業6条1項）。保険加入者となるのは、保険者と保険契約を締結する保険契約者である。

　これに対して、保険加入者が社団構成員となって、それら保険加入者相互の保険を行うことを目的とする社団法人を作り、この法人が保険者となって保険を引き受ける仕組みを、「相互保険」といい、その法人を「相互会社」という。相互保険の引受けは保険加入者に対して保険を提供することそれ自体を目的として行われ、営利目的を欠くから、商行為ではない。相互保険において保険者となるのは非営利の社団法人たる相互会社であり（保険業6条1項）、保険加入者と

なるのは、相互会社の社員である。相互会社の社員の権利義務等は、保険業法によって規律される。

　「保険法（平成20年法律56号）」においては、保険契約が商行為として締結されるか否かにより適用法律に違いはなく、営利保険契約にも相互保険契約にも、保険法の規定が直接に適用される。保険者となる相互会社の行為には商行為法の規定が大幅に準用されている（保険業21条2項）。保険者が株式会社であるか相互会社であるかを問わず、適用される法的規律の内容はほぼ共通している。

　「相互会社」とは、保険業法にもとづいて設立され、保険業を行うことを目的とする社団であり、保険契約者を社員とする法人である（保険業2条5項・18条。日本で初めての相互会社は、1902〔明治35〕年に創立された第一生命保険である）。

　株式会社方式の生命保険会社では契約者とは別に株主にも配当する必要があるのに対し、相互会社方式では契約者にすべての配当を回すことができ、配当が高くなる傾向がある。また、相互会社は、株式会社に較べると、企業買収の対象になりにくい。しかしながら、相互会社は、市場からの資金調達が難しく、国際競争力向上のために必要な業界再編の障害になるとも指摘されていた。そこで、バブル経済崩壊後（1990年代中盤以降）、生命保険会社の経営悪化が次々と表面化したことを契機に、1995（平成7）年の保険業法改正によって、相互会社から株式会社への転換が認められた（保険業85条〜96条の10。これにより相互会社であった大同生命保険〔2002年〕、太陽生命保険〔2003年〕、三井生命保険〔2004年〕、第一生命保険〔2010年〕等が株式会社に転換し、経営統合や株式上場を果たした。現在では、日本生命保険、明治安田生命保険、住友生命保険、富国生命保険、朝日生命保険が相互会社方式を採用している）。なお、相互会社方式の損害保険会社はない（共栄火災海上保険は、株式会社形態となっている）。相互会社の企業組織法の規律については、本書の姉妹書である福原・組織378頁、参照。

2.11.5.　金融商品取引

> 1　資本市場と法規制
> （1）資本市場の意義と機能
> （2）資本市場の法規制の必要性
> 2　金融商品取引法の規律
> （1）証券取引法から金融商品取引法へ
> （2）金融商品取引法の目的と体系
> （3）金融商品取引法の概要

1　資本市場と法規制

（1）資本市場の意義と機能

　金融市場のうち長期金融市場として分類される株式市場と債券市場は、証券市場または資本市場と呼ばれる（後述する金融商品取引法では「資本市場」の語を用いている〔金商1条〕）。資本市場は、企業の資金調達と国民の資産運用を実現する金融取引の場として機能し、現代の経済社会において重要な役割を果たしている。

　資本市場には、発行市場と流通市場とがある。「発行市場」は、資金需要者が証券を発行し資金供給者となる投資家が対価を支払って有価証券（株券や債券）を取得することで資金調達が行われる市場である。大規模な公募による資金調達では、証券会社による「引受け」がなされ、投資家に分売される。

　「流通市場」は、投資家が保有している有価証券を売買して投下資本の回収や利

殖等を図る取引の市場である。相対取引がなされることもあるが、「取引所」が売り注
文と買い注文を集めて有価証券の市場価格が形成され、証券会社が、高度に技術
化する証券の市場取引を行い、証券の売買の「取次ぎ」を行っている。

　発行市場の役割と流通市場の役割とは相互に密接に関わっている（前者がなけれ
ば後者はなく、後者で形成される価額が前者での発行価額の基準となる等）。資本
市場を通じて金融資源の効率的配分の達成が図られることは、経済社会全体にとっ
て重要な意義を有している。

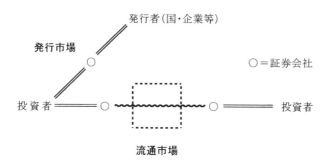

（2）資本市場の法規制の必要性

　資本市場が金融資源の効率的配分の達成という機能を発揮するためには、市場
原理が機能する条件（市場の効率性と公正の確保）が満たされなければならない。そ
の際には、証券会社が専門性を発揮し、取引所が合理的な取引機会を提供すること
が有益である。また、資本市場は、危険資本（出資者に払い戻されない資本）を提供
する機能を有していることから、リスクの大きい投資が促進されて資金調達が実現す
るためには、投資者の利益保護がいっそう強く求められる。それらに、資本市場の法
規制が必要となる理由がある（黒沼悦郎『金融商品取引法入門〔第7版〕』日本経済新聞出
版社〔2018年〕23頁・25頁）。

　そこで、資本市場に必要な法規制としては、第一に、投資者の自己責任を基礎と
して、情報が開示されることが必要である。投資リスクから投資者を護る方法として
は、市場の管理者となる国家等が、証券等の金融商品の安全性や価値を事前に評
価して保証するシステム（規制主義）もあるが、投資判断資料を証券発行者が開示
し、投資勧誘時には金融商品の内容やリスクに関する情報が業者から投資者に提供
されるディスクロージャー制度を採用すること（開示主義）が、自由主義のもとでの市
場経済の原則に適う。第二に、市場取引の公正を確保して、市場への信頼を維持
し、多くの投資者の市場参加を促すことが必要である。相場操縦や内部者取引（イン
サイダー・トレーディング）等の不公正取引が排除されることが求められる。第三に、
資本市場の運営や取引仲介の担い手である取引所や証券会社の組織と取引が、市
場機能を維持・向上し、市場への信頼を確保し、投資者を保護するために、適正化
されることが必要である（近藤光男＝吉原和志＝黒沼悦郎『金融商品取引法入門〔第4版〕』商
事法務〔2015年〕5頁、黒沼・前掲書入門25頁、参照）。

2　金融商品取引法の規律

（1）証券取引法から金融商品取引法へ

　金融・資本市場をとりまく環境の変化に対応し、利用者保護ルールの徹底と利用者利便の向上、「貯蓄から投資」に向けての市場機能の確保及び金融・資本市場の国際化への対応を図ることを目指して、従来の「証券取引法（平成23年法律25条）」は大きく改正され、法律名が「金融商品取引法」に改称された（2006〔平成18〕年6月14日公布）＊。

　改称時の法整備の具体的な内容は、第一に、投資性の強い金融商品に対する横断的な投資者保護法制（いわゆる投資サービス法制）の構築、第二に、開示制度の拡充、第三に、取引所の自主規制機能の強化、第四に、不公正取引等への厳正な対応という4つの柱からなる＊

> ＊ **金融商品取引法に関する参考文献**　　令和元（2019）年改正までを含む文献として、黒沼悦郎『金融商品取引法（第2版）』有斐閣（2020年）、松岡啓祐『最新金融商品取引法（第5版）』中央経済社（2019年）、長島・大野・常松法律事務所（編）『アドバンス・金融商品取引法（第3版）』商事法務（2019年）、峯岸健太郎（編著）『ポイント解説実務担当者のための金融商品取引法』商事法務（2019年）等があり、平成29（2017）年改正までを含む文献として、近藤＝吉原＝黒沼・前掲書、黒沼・前掲書、近藤光男・他『基礎から学べる金融商品取引法（第4版）』弘文堂（2018年）、野崎彰・他『逐条解説2017年金融商品取引法』商事法務（2018年）、川村正幸・他『金融商品取引法の基礎』中央経済社（2018年）、桜井健夫・他『新・金融商品取引法ハンドブック（第4版）』日本評論社（2018年）等があり、その他、中村聡『金融商品取引法アウトライン』商事法務（2017年）、川村正幸（編）『金融商品取引法（第5版）』中央経済社（2014年）、宍戸善一＝大崎貞和『ゼミナール商品取引法』日本経済新聞出版社（2013年）、山下友信＝神田秀樹（編）『金融商品取引法概説（第2版）』有斐閣（2017年）等がある。

【　証券取引法と金融商品取引法の制定・改正の経緯　】

　日本の証券取引の法的規律は、明治26年制定の取引所法による規制に始まる。取引所法は、取引所の組織と取引を規制するもので、情報開示の強制はなく、投機取引が横行するなか、証券市場を機能させるには不十分であった。

　「証券取引法（平成23年法律25号）」は、戦前の証券関係法規（取引所法、有価証券業取締法、有価証券引受業法等）による諸制度を統合し、アメリカの1933年の「証券法（Securities Act）」が定めている有価証券の発行市場における開示制度（ディスクロージャー制度）や、1934年の「証券取引所法（Securities Exchange Act）」が定めている流通市場における継続開示制度等を取り入れ、1948（昭和23）年に制定された。ただ、当時の法制定は占領政策下においてなされたために、証券取引委員会を設置して監督権限を付与する等、アメリカの法制度を模すという性格が強く、1953（昭和28）年に始まる法改正により、日本の実情とその後の資本市場の発展に応じて、改正が重ねられた。

　証券取引法は名称が示すとおり、法律上列挙された有価証券の取引を規制するのみであった。しかし、このように狭い適用範囲では、金融改革の所産として生み出されるさまざまな金融商品をカバーできない。そこで、有価証券概念の限定列挙を改め、横断的な有価証券概念を導入し、証券の組成から償還までを包括的に規制することにより適用範囲を拡大することが模索された。イギリスでは1986年に制定された「金融サービス法（Financial Services Act）」が広範な適用範囲を擁しており、これに倣った改正論議が進んだ。

　この改正論議の成果のひとつとして、2000（平成12）年には「金融商品販売法」が制定された。同法は「金融商品」に適用されるという点では横断的な法律ではあったが、金融商品の販売と勧誘の側面をカバーするに過ぎないために、包括的な法的規律とは言えなかった。

　また、投資家から資金を集めて専門家が運用するスキーム、すなわち「ファンド」や「集団投資スキーム」についても適用されるルールがなかった。さらに、2002（平成14）年前後に外国為替（かわせ）証拠金取引（FX取引）をめぐって、投資経験の少ない高齢者が被害にあうケースが続出した。FX取引には適用される法律もなく、監督官庁もなかったので、実効的な被害者救済策が乏しかった（なお、2004年に金融先物取引法が改正され、対応された）。このような諸問題の発生を経て、日本版の「金融サービス法」制定の機運が高まった。

　具体的審議は金融審議会金融分科会第一部会で行われ、2005（平成17）年10月に「中間整理」が公表された。そこでは「適正な利用者保護を図ることにより、市場機能を十分に発揮しうる公正・効率・透明な金融システムの構築を目的として、証券取引法を改組し、投資サービス法を制定することが適当である」とされた。その後の審理を経て、同年12月に「投資サービス法に向けて」と称される報告書が公表された。この報告書を受けて、「証券取引法等の一部を改正する法律」（平成18年法律65号）及び「証券取引法等の一部を改正する法律の施行に伴う関係法律の整備等に関する法律」（同66号）が成立し、これらにより、従来の「証券取引法（平成23年法律25号）」は「金融商品取引法」に改称された（2006〔平成18〕年6月14日公布）。

　同法には、以下のような特色がある。すなわち、①横断的・包括的規制（前記のとおり、従来の証券取引法の適用対象としてこなかった集団投資スキーム等にも規制範囲を及ぼしている）、②プロ・アマ区分（投資のプロである特定投資家と投資のアマチュアである一般投資家を分け、プロ向けの規制を緩和する）、③その他、投資サービス法制定審議において生じたさまざまな改正項目の反映（公開買付・大量保有報告書制度改正、内部統制報告書制度〔いわゆる日本版SOX法〕、四半期報告書の法文化等）である（戸田修三＝福原紀彦「金融商品取引法」『大日本百科全書』小学館より一部改）。以後、金融商品取引法は頻繁に改正されている（同法の制定後、平成25年・26年までの改正内容につき、近藤＝吉原＝黒沼・前掲書21頁～24頁、平成27年・29年までの改正内容につき、黒沼・前掲書入門17頁、令和元年までの改正内容につき、長島・大野・上松法律事務所編・前掲書アドバンス9頁、黒沼・前掲書金融商品取引法〔第2版〕、参照）。

（2）金融商品取引法の目的と体系

　「金融商品取引法」は、①企業内容等の開示の制度を整備するとともに、金融商品取引業を行う者に関し必要な事項を定め、金融商品取引所の適切な運営を確保すること等により、②有価証券の発行および金融商品等の取引等を公正にし、有価証券の流通を円滑にするほか、資本市場の機能の十全な発揮による金融商品等の公正な価格形成等を図り、③もって「国民経済の健全な発展」および「投資者の保護」に資することを目的とする（金商1条）。

（3）金融商品取引法の概要
1）適用範囲

　金融商品取引法は、有価証券取引とデリバティブ取引とに適用される。「有価証券」には、証書・証券が発行されるものがあり（国債証券・社債券・株券・新株予約権証券・優先出資証券・受益証券・抵当証券・預託証券等、金商2条1項）、証券・証書が発行されないもの（＝みなし有価証券）もある（振替社債・振替株式・信託受益権・合名会社等社員権・集団投資スキーム持分等、金商2条2項）。デリバティブ取引とは、デリバティブ取引の原資産を意味する「金融商品」（有価証券・預金に基づく権利・通貨等、金商2条24項）および金融指標（金商2条25項）の先物取引・オプション取引・スワップ取引・クレジットデリバティブのことをいう（金商2条20項～23項）。

　他の業法で手当されている投資性の高い預金・保険商品・商品先物取引・不動産特定共同事業契約等は、金融商品取引法の適用対象ではない。

２）企業内容等の開示

金融商品取引法は、企業内容等の開示（第2章）として、発行開示の規制（有価証券届出書の届出や目論見書の交付等、金商5条等）、継続開示の規制（有価証券報告書・半期報告書・四半期報告書・臨時報告書の提出、金商24条等）を定める。また、公開買付に関する開示（第2章の2、金商27条の2以下）や株券等の大量保有の状況に関する開示（第2章の3、金商27条の23以下）等の規定がある。

３）不公正な行為の規制

金融商品取引法は、詐欺的行為を禁止する包括規定（金商157条）、風説の流布・偽計・暴行または脅迫の禁止（金商158条）、相場操縦行為等の禁止（金商159条・160条）、インサイダー取引（内部者取引）の禁止（金商166条）等を定めている。

４）金融商品取引業者・金融商品取引所の規制

金融商品取引法が業規制の対象とする「金融商品取引業者」には、第1種金融商品取引業（金商28条1項）、第2種金融商品取引業（同2項）、投資助言・代理業（同3項）、投資運用業（同4項）がある。

金融商品取引業者は、参入規制として、業毎に異なる財産や兼業に関する一定の要件を満たして内閣総理大臣の登録を受けなければならず（金商29条・29条の2）、行政監督に服し、行為規制（誠実公正義務〔金商36条〕、書面交付義務という形式での説明義務〔金商37条の3第1項〕、不当勧誘や損失補填等の禁止〔金商38条・39条1項〕、販売勧誘規制）が適用される*。

他方、金融商品仲介業者（金商2条11項）について、登録制度による参入規制（金商66条・66条の2）を設け、業務規制（金商66条の8第1項・2項、66条の11・66条の13）、名板貸の禁止（金商66条の9）、損害賠償責任（金商66条の24）を定めている。

金融商品取引法は、「金融商品取引所」の設立と組織（金商2条16項・83条の2）、金融商品市場の開設等に関する規制（金商80条1項）を設けている。金融商品取引所は、継続的な行政監督に服し（金商149条以下）、自主規制業務（上場審査、上場会社開示情報審査・会員や取引参加者の法令遵守状況の調査等）を適切に行わなければならない（金商84条1項等）。

＊「適合性の原則」と「特定投資家への適用除外」　「適合性の原則」とは、顧客の知識、経験、財産の状況等に照らして不適当と認められる勧誘を行ってはならないという原則をいい、ある金融商品の投資に向かない顧客に勧誘・販売してはならないという規範が導かれる。この原則に違反する場合には、金融商品取引業者等は不法行為責任を負うことがある（最判平17・7・14民集59・6・1323）。

金融商品取引法は、金融商品取引業者等またはその役員・使用人は、契約締結前書面等の交付に関し、あらかじめ、顧客（「特定投資家」を除く）に対して、書面記載事項等について、顧客の属性（知識、経験、財産の状況）および契約締結目的に照らして、当該顧客に理解されるために必要な方法および程度による説明をすることなく、金融商品取引契約を締結してはならない旨を定めている（金商38条8号、金融商品取引業等に関する内閣府令117条1項1号）。これは、前述の狭義の適合性を満たした金融商品であっても、説明義務を果たす場面で顧客の適合性に配慮するものであり、広義の「適合性の原則」を規定したものと解されている（近藤他・前掲書113頁）。

そして、適合性原則をはじめ、金融商品取引業者等に課せられる行為規制のいくつかは、相手方が「特定投資家」（適格機関投資家、国、日本銀行、投資者保護基金その他府令で定める法人、金商2条31項）、いわゆるプロの投資家には適用されない（金商45条）。

2.11.6. ファイナンス・リース取引

1　ファイナンス・リースの意義・機能と法的規律
（1）沿革と機能
（2）基本的仕組み
（3）法的規律
2　ファイナンス・リース契約
（1）契約の要素と法的性質
（2）契約の締結過程
（3）主要な契約条項と法的諸問題

1　ファイナンス・リースの意義・機能と法的規律

（1）沿革と機能

　リース（lease）は、古くから、貸手が保有する動産・不動産を賃貸借するものとして存在していた（紀元前1750年頃のハムラビ法典に動産リースの存在が確認され、また古代エジプトでも動産・不動産のリースの記録があるといわれている）。しかし、現代的な機能を有するリースは、第2次大戦後のアメリカ合衆国において、産業設備に係る新しい調達方法としてめざましい発展をとげたものをいう（石井明「米国のリースの歴史と会計問題」大宮ローレビュー3号28頁、宮内義彦『リースの知識〔第9版〕』日経文庫〔2008年〕16頁）。これは、経済的側面からは金融取引・信用取引の一種として機能することから、ファイナンス・リースと呼ばれる。機械設備等のリースは、企業が銀行借入金に基づく購入や割賦購入に代わって、機械設備等を調達するための一種の金融手段であり、さらに、「費用」のひとつとして節税手段として使われるようになったものである。

　日本では、最初のリース会社が1963年に設立され、高度経済成長期において、企業が自らの資金調達能力以上の設備投資を必要とするなかで、新たな設備調達手段として注目され始めた。その際には、物件所有に伴う煩雑な事務処理から解放される点でも歓迎された。そうした背景のもとに、都市銀行・大手商社・メーカー等が相次いでリース業界に参入し、発展を遂げた。さらに、日本では、資金調達の代替手段としてだけでなく、リース期間中におけるリース会社のサービスやリース期間終了後のリース物件処理などの賃貸借性・サービス性を備える点で、諸外国と較べた場合の特徴を有して発展している。

　ファイナンス・リースは、リース市場の90％以上を占めている*。このように、今日、ファイナンス・リースが多く利用されるのは、ユーザーの税法上の利点にある**。

　　＊ リースの分類　　リースは、基本的に、経済的目的が設備施設金融である「ファイナンス・リース」と、主要な目的がユーザーによる物件の使用である「オペレーティング・リース」に分類される。
　　「ファイナンス・リース」は、①中途解約不能で②全額回収（フルペイアウト）のリースをいう。すなわち、解約不能とは、リース期間の中途で契約を解除できないことをいう。フルペイアウトとは、ユーザー（賃借人）は、リース期間中に、リース会社（賃貸人）がリース契約に要した資金（設備等の取得価額、資金コスト、固定資産税、保険料など）のほぼ全額をリース料として支払うことをいう。リース会計基準では、リース料とリース期間の基準が具体的に定

められ、解約不能で、「リース料総額の現在価値がリース物件購入金額の90％以上」または「解約不能リース期間がリース物件の経済的耐用年数の75％以上」のいずれかに該当するリースをファイナンス・リースとしている（平成5〔1993〕年に定められた企業会計基準第13号「リース取引に関する会計基準」の5）。他方、会計処理上、「オペレーティング・リース」は、ファイナンス・リース以外のリースをいい、通常の賃貸借取引に係る方法に準じて会計処理を行うことにするために（同基準15）、その定めが置かれている。

　なお、リース業者がリース物件の保守、管理、修繕などを行うリースを「メンテナンス・リース」といい、煩雑な管理を伴う自動車のリースに多くみられる。会計基準上は、メンテナンス・リースも、ファイナンス・リースとオペレーティング・リースのいずれかに分類される。

　その他、リース業者が募った投資家がレッシーとなり節税効果を得る目的のリースがあり、これは「レバレッジド・リース」と呼ばれ、航空機の調達等に利用されてきた（本書88頁参照）。契約上、物件の修繕・保守がリース業者の負担とされる「メンテナンス・リース」が、自動車リースとして利用されている。ファイナンス・リースを典型リースとして、オペレーション・リースやレバレッジド・リース等を非典型リースと分類することもある（江頭・商取引214頁）。

　**　ファイナンス・リースの税法上の利点**　　ユーザーが金融機関から資金を借り入れて機械・設備を売買により取得すると、支払利息と機械・設備の減価償却費とが税法上の必要経費となるが、物件をファイナンス・リースとして使用すると、リース料全額が税法上は賃料としてユーザーの必要経費と認められることになり、リース期間を法定耐用年数より短く設定することで必要経費の額を減価償却の額よりも大きくすることができ、節税効果が生じる。但し、物件の法定耐用年数に較べて極端に短いリース期間とするファイナンス・リース契約が締結されて税負担逃がれとならないよう、税務当局は、1978（昭和53）年に「リース取引に係る法人税及び所得税の取扱いについて」と題する通達により、メリットを受ける要件を制限している。

　他方、通常のファイナンス・リースとは逆に、リース期間を物件の法定耐用年数よりも長く設定することで、各期のリース料を低くしてユーザーの利益を計るとともにリース業者（投資家）に節税効果を与えることを目的とする「レバレッジド・リース」については、1988（昭和63年）に「リース期間が法定耐用年数よりも長いリース取引に対する税法上の取扱いについて」と題する通達が発せられている。

（2）基本的仕組み

　ファイナンス・リースの基本的な仕組みは、特定の機械・設備（情報通信機器、事務用機器、産業機械・工作機械、商業・サービス業用機器等）を調達しようとする者（ユーザー）の需要に応じて、リース業者（レッサー）が、自己の名で機械・設備の販売業者（サプライヤー）から当該物件を購入し、それをユーザーに賃貸（リース）して使用させ、ユーザーが約定の期間（リース期間）に支払うリース料をもって、物件購入代金、金利、諸手数料、税金、保険料等を回収し、リース期間が終了するとリース物件はリース業者に返還されるというものである（江頭・商取引213頁、青竹・商法312頁、落合他・商法Ⅰ282頁、堀弘「ファイナンス・リース契約」内田貴＝門口正人〔編集代表〕『講座現代の契約法〔各論1〕』青林書院〔2019年〕122頁）。

（3）法的規律

　ファイナンス・リースの法律関係を規整する実定法上の規律はない。もっとも、平成29年成立の民法（債権法）改正法の立案過程で策定された「債権法改正の基本方針」（同基本方針3.2.7.A〜C）と「中間試案」（第38、15「賃貸借に類似する契約」〔1〕「ファイナンス・リース契約」）では、ファイナンス・リースを民法上の典型契約のひとつ

に位置づけ、定義とそれにもとづく諸規定が検討された経緯がある*。しかしながら、それらの検討内容は、民法（債権関係）改正要綱案において提案されず、立法化には至らなかった。

　ファイナンス・リースに関しては、契約によって当事者間の法律関係が形成され、諸問題をめぐって裁判例が蓄積している。また、当事者間の契約条項の標準化のために、1988（昭和63）年にリース事業協会によって「リース標準契約書」が公表され、これは1997（平成9）年および2000（平成12年）の改訂を経て、2005（平成17）年の改訂で「リース契約書（参考例）」と改称されている（公益社団法人リース事業協会では、参考として、リース会社とユーザーとの「リース契約書」、リース会社とリース物件の売主との売買契約書である「注文書・注文請書」、ユーザーがリース会社に発行する「物件借受証」を作成している〔2020年4月1日施行の改正民法を踏まえ2018年3月に改訂〕。公益財団法人リース事業協会Webページ参照。その他、リース法務に関する文献として、西村あさひ法律事務所〔編著〕『リース法務ハンドブック』金融財政事情研究会〔2020年〕、参照）。

　　＊　民法（債権関係）改正過程で提案されたファイナンス・リースの定義　　民法（債権法）改正検討委員会が策定した「債権法改正の基本方針」（平成21年3月）におけるファイナンス・リースの定義は、次のとおりである（3.2.7.01）。「ファイナンス・リースは、リース提供者が、ある物（以下、「目的物」という。）の所有権を第三者（以下、「供給者」という。）から取得し、目的物を利用者に引き渡し、利用者がその物を一定期間（以下、「リース期間」という。）利用することを忍容する義務を負い、利用者が、その調達費用等を元に計算された特定の金額（以下、「リース料」という。）を、当該リース期間中に分割した金額（以下、「各期リース料」という。）によって支払う義務を負う契約をいう。」

2　ファイナンス・リース契約

（1）契約の要素と法的性質

　ファイナンス・リース契約の基本的な要素として置かれる条項は、①リース業者がユーザーが選択した物件をサプライヤーから購入してユーザーに使用させること、②リース物件の所有権がリース業者にあること（所有権留保売買ではない）、③リース業者はリース期間中にユーザーが支払うリース料で投下資本全額を回収し、リース物件を別のユーザーに賃貸することは予定しないこと、④リース期間中、ユーザーによる中途解約は認められないこと、⑤リース物件の修繕・保守の義務はユーザーが負うこと、⑥リース業者は物件の滅失・毀損の危険負担および品質等の欠陥に関する責任を負わないことである（江頭・商取引214頁）。

　それらを要素として設備投資金融の目的を実現するファイナンス・リース契約については、民法や商法に典型契約としての特別の規範がなく（もっとも、投機賃貸借およびその実行行為〔商502条1号〕として商行為に該当する）、その法的性質が議論されてきた。そこでは、特殊な賃貸借契約説、無名契約説などの見解があり、いずれの見解においても、法形式としては賃貸借であるとしつつ、リース料が一定期間のリース物件の利用についての対価ではなく融資の返済としての性格を有することから、金融取引・信用供与としての性質を有することが強調されてきた。しかしながら、必ずしも金

融的便宜を受ける必要がないユーザーが節税目的で利用することも多く、金融目的をことさら強調するだけでは法的性質を解明したことにはならないし、また、法的性質を明らかにするだけで諸問題の解決に必要な手がかりがすべて得られるわけでもない。今日では、むしろ、「資産の所有に随伴する便益と危険が実質的にユーザーに移転された賃貸借」にすぎないとの見方が合理的であり、法的性質論の効用は疑問視されている（江頭・商取引218頁）。

（2）契約の締結過程

ファイナンス・リースの仕組みは、通常、ファイナンス・リース契約の締結を中心とした次のような過程を経て形成される（青竹・商法315頁、落合・商法Ⅰ282頁）。

①ファイナンス・リース契約が締結される前に、ユーザーが、サプライヤーとの間で自ら使用する物件の種類・仕様・数量・納期・価格・保守条件等について交渉・決定し、その後に、リース業者に対してファイナンス・リース契約の申込みをする。②リース業者は、ユーザーからの申込みを受けるとユーザーの信用調査をした上で、ユーザーとの間でファイナンス・リース契約を締結する。③リース業者は、サプライヤーとの間で自己を買主とする物件の売買契約を締結する。④物件はサプライヤーからユーザーに直接に引き渡され、ユーザーが検収する。⑤検収後、ユーザーからリース業者に対し借受証を交付する。⑥リース業者は、サプライヤーに対しリース物件の代金を一括して支払う。⑦リース業者は、ユーザーに対し、リース契約の定めるところに従い、リース期間中、定期的に（通常は月単位で）リース料の支払いを請求する。

《 ファイナンス・リースの仕組み 》

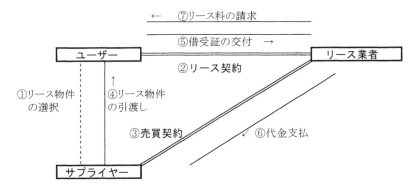

（3）主要な契約条項と法的諸問題

1）リース物件の引渡義務とリース料の支払義務

判例では、リース料の支払債務は契約の締結と同時に発生し、リース物件の使用とリース料の支払とは対価関係に立つものではなく、リース物件の使用が不可能になっても、リース業者の責めに帰すべき事由によるものでないときは、ユーザーにはリース料の支払義務があると解されている（最判平5・11・25金法1395・49、同旨の見解として、神崎克郎「リース」淡路剛久〔編〕『現代契約法大系』第5巻〔1984年〕280頁）。また、要物契約と

される契約は例外的なものであり、平成29年改正民法は書面でする消費貸借を諾成契約とし（民587条の2）、寄託を要物契約から諾成契約へと変更している（民657条）ことから、ファイナンス・リース契約は諾成的合意によって成立すると解されている（青竹・商法316頁。リース事業協会が公表している「リース契約書〔参考例〕」〔以後、「参考例」と略称〕によると、物件借受証に記載した借受日をもってリース業者からユーザーに物件が引き渡されたものされ〔参考例2条2項〕、リース期間は借受証記載の借受日より起算される〔参考例4条〕）。

　しかしながら、物件の使用がユーザーにとっての契約の本質的目的であることからすると、リース業者にはリース物件の引渡義務があり、物件の引渡がなければリース料の支払義務は具体化しないと考えられる（落合・商法Ⅰ284頁、ユーザーからリース業者への借受証の交付は、物件の引渡を確認してリース料支払義務を具体化する機能を果たす）。但し、ユーザーがサプライヤーの資金繰りを助ける目的で故意に、または過失により、リース物件の引渡しがないにもかかわらず借受証をリース業者に交付した場合には、リース業者にも物件の引渡しがないことについて悪意・過失がない限り、ユーザーはリース料の支払を拒めないと解される（東京地判昭52・3・31下民28・1-4・374、東京高判昭61・7・17金判751・5）。

2）契約の中途解約と解除

　ファイナンス・リース契約は、約定のリース期間中にユーザー側からこれを中途解約することは認められない（参考例1条2項）。ファイナンス・リースが金融取引・信用供与の目的を実現するために、リース料はリース業者がリース期間中に投下資本の殆ど全額を回収できるように算定されている（フル・ペイアウト方式）からである。

　しかし、ファイナンス・リース契約が契約期間中に解除され、リース業者がリース物件の返還を受けた場合には、リース業者は返還によって取得した利益を清算する必要があると解される（最判昭57・10・19民集36・10・2130商百選61）。なお、リース期間満了以外の事由で物件が返還され、リース料の全部が支払われた場合に物件を相当の基準に従ってリース業者が評価した金額または相当の基準に従って処分した金額から、リース業者が相当の基準に従って評価した満了時の見込残存価値を差引いた金額をユーザーに返還する旨が定められている（参考例22条4項）。

3）リース物件の保守・修繕

　賃貸借契約においては賃貸人に修繕義務があるが（民606条1項本文）、ファイナンス・リース契約においては、リース料はリース物件の使用の対価ではなく融資の返済としての実質的性格を有することから、リース業者はリース物件の保守・修繕義務を負わないとされている。ユーザーが物件の保守・修繕義務を負うとする契約条項は有効である。すなわち、ファイナンス・リース契約のユーザーは、物件の保守・点検および整備を行い、物件が損傷したときは原因のいかんを問わず修繕・修復を行い、その一切の費用を負担し、リース業者は責任を負わないと定められている（参考例3条2項）。但し、修繕費用は、リース業者が付保した損害保険の支払保険金の範囲で填補される（参考例14条3項1号）。

4）リース物件の滅失・損傷の危険負担

　賃貸借契約であれば、双務契約における危険負担の債務者主義（民536条1項）

から、賃貸物件の滅失・損傷が当事者双方の責めに帰することができない事由による場合は、滅失・損傷の危険は賃貸人が負担する。他方で、平成29年改正民法によれば、売買の目的物が買主の支配領域に入ったことから、滅失・損傷の危険負担は目的物の引渡しにより売主から買主に移転する（民567条1項）。

ファイナンス・リース契約においては、リース料は、賃料と異なり、リース物件の使用の対価ではなく融資の返済としての実質的性格を有し、リース期間中の物件の使用可能性に直接左右されるものではなく、また、ユーザーはリース物件の引渡しを受けた後は物件を支配する地位にある。このことから、リース物件の引渡しから返還までに盗難、火災、風水害、地震、その他リース業者・ユーザーいずれの責任にもよらない事由によって生じた物件の滅失、損傷その他一切の危険は、すべてユーザーが負担するものと定められ、物件が修復不能となったときは、ユーザーは直ちに所定の損害賠償金をリース業者に支払い、支払がなされたときは契約は終了するものと定められている（参考例17条1項・2項）。但し、その損害金は、おおむね残リース料から約定期間の中間利息を控除した額とし、リース業者が付保した損害保険の保険金がその支払に充当される。

5）リース物件の契約不適合とリース業者の責任

賃貸借契約においては、平成29年改正民法により、有償契約として売買の契約不適合の責任の規定が準用される（民559条・562条1項・563条1項・564条）。

ファイナンス・リース契約は金融取引・信用供与の経済的目的を有することから、リース業者からユーザーにリース物件が引き渡しがあった後、リース物件に契約不適合があった場合に、リース業者はその契約不適合の責任を負わない。すなわち、物件の規格、仕様、品質、性能その他に隠れた瑕疵（契約不適合）があった場合においても、リース業者は一切の責任を負わないと定められ（参考例15条2項）、このような契約条項は有効と解されている（大阪地判昭49・10・8金判451・17、大阪高判昭58・8・10判時1100・77、福岡高判昭62・2・24判夕654・178）。

こうした扱いを受けるユーザーの保護を要する場面もある。契約条項には、リース業者のサプライヤーに対する契約不適合による損害賠償請求権等をユーザーに譲渡することができる旨を定め、ユーザーを保護する規定もある（参考例15条3項）。

なお、リース業者とサプライヤーとの間に経済的一体性があるか両者が一致している場合は、資金の融資という側面が希薄であるから、リース業者は売買の場合と同様に契約不適合の責任を負うと解してよい（青竹・商法319頁、江頭・商取引223頁）。第三者供与型の消費者信用取引における抗弁権の接続（消費者が売主に対する抗弁を信用供与者に対抗すること）を認める根拠として、売主と信用供与者との緊密な関係を手がかりとする考え方（Close-Connectedness Doctrine）と類似する。

また、ユーザーが消費者である場合は、リース物件の契約不適合の免責条項は原則として無効である（消費者契約法8条2項・2条3項）。

6）ユーザーの債務不履行

ユーザーにおいてリース料の不払いその他の債務不履行があったときは、リース業者の取り得る措置として、次の3種類の定め方がある（参考例19条）。

A方式（期限の利益喪失型）として、リース業者は、①催告なしに、残リース料の即

時弁済と費用を請求すること、②リース物件の使用権のみを消滅させてリース物件を引揚げること、③ファイナンス・リース契約を解除して損害賠償を請求することのうち、①②③の全部または一部を行うことができると定める。

B方式（契約解除型）として、リース業者は、催告なしにファイナンス・リース契約を解除でき、ユーザーは直ちに物件をリース業者に返還するとともに所定の規定損害金を支払うと定める。

C方式（折衷型）として、ユーザーは、リース業者からの催告なしに当然に契約に基づく期限の利益を失い、残リース料金額を直ちにリース業者に支払い、支払をしないときは、リース業者は、催告なしに契約を解除でき、ユーザーは物件をリース業者に返還するとともに損害賠償として残リース料相当額を支払うと定める。

これらの条項も、ファイナンス・リース契約が金融取引・信用供与の経済的目的を有することから、特有なものではあるが、有効と解される（東京高判昭61・10・30金判768号26頁。但し、平成29年改正民法のもとでは、ユーザーがリース料の支払を1回でも怠った場合は、リース業者が催告をしても契約をした目的を達するのに足りる履行がされる見込みがないことが明らかなとき〔民542条1項5号〕に該当せず、無催告解除の有効性に疑問が提起されている。青竹・商法321頁）。

7）ユーザーの倒産

ファイナンス・リース契約の条項では、ユーザーに破産・民事再生・会社更生等の手続開始の申立てがあったときは、リース業者は、催告なしにファイナンス・リース契約を解除し、ユーザーは直ちに物件をリース業者に返還するとともに残リース料に相当する損害賠償金を支払うとの定めがある（参考例19条1項4号）。

ファイナンス・リース契約の解除条項の効力については、再建型の倒産手続である民事再生手続との関係で議論がある。リース業者による契約解除は担保権の実行であり、民事再生法は再生手続によらない別除権行使（民事再生53条）を認めているから、解除条項は有効であるとする立場もあるが、判例は、民事再生手続の趣旨・目的に反するものとして無効であると判示している（最判平20・12・16民集62・10・2561）。また、リース料債務は契約の成立と同時にその全額について発生し、リース物件の使用とリース料の支払とは対価関係に立つものではないから、共益債権ということはできず、未払のリース料債権はその全額が更生債権となり、リース業者は更生手続によらないで請求できないと判示している（最判平7・4・14民集49・4・1063）。

賃料と異なるリース料の性格から、未履行の双務契約と扱うことはできず、妥当と解される（青竹・商法322頁）。

2. 12. 消費者取引

2.12.1. 消費者取引の意義・特色と法的規律

> 1　消費者取引の意義と特色
> （1）消費者取引の意義
> （2）消費者取引の特色
> 2　消費者取引の法的規律
> （1）消費者保護法から消費者法へ
> （2）消費者のための理論・政策・法の展開

1　消費者取引の意義と特色

（1）消費者取引の意義
　消費者取引とは、一方の当事者が企業を含む事業者であるのに対して、もう一方の当事者が消費者である取引をいう。企業取引の態様には企業と消費者との間（BtoC）の取引があり、これが消費者取引の大部分を占めている。

（2）消費者取引の特色
　消費者取引には、当事者である消費者の特性に由来する次のような特色がある。
　第一に、取引当事者としての属性や取引を行う目的が異なる。企業であれば利潤の獲得が目的である。しかし、消費者は、日常生活を営む生身の人間であり、自己の生存と生活の維持のために費消する財やサービスを獲得することを目的として取引を行う。したがって、消費者取引では、傷つきやすい身体と生命の安全が十分に確保された上で、その経済目的が達成されなければならない。
　第二に、取引当事者間でさまざまな格差がある（立場に互換性がないとか、非対称性ともいう）。消費者は、取引相手方となる企業等の事業者に較べると、資金力、情報力および交渉力に劣り、相手方から従属的な立場に置かれることも少なくない。また、企業等は、取引に伴う危険や負担を他に転嫁する立場や能力を持つのが通常であるが、消費者はそうした立場や能力をほとんど持たない。
　消費者取引については、こうした取引当事者である消費者の実像に配慮した法的規律が求められる。

2　消費者取引の法的規律

（1）消費者保護法から消費者法へ
　消費者取引の特色に応じて求められる法的規律は、消費者保護法（消費者を保護の客体とする法）あるいは消費者法（消費者を権利主張の主体とする法）と呼ばれる法分野に属している。

i 消費者保護法の生成と限界

一般に、生産と流通を担う企業の活動から最終消費過程を通じて消費者のもとで現実に多様な被害が発生することから、消費者保護の必要性が認識され、それらの消費者被害が経済社会の構造に根ざした被害としての性格を有することから、消費者問題への政策的・法的対応が必要とされる。そして、経済社会の高度化に起因するさまざまな消費者問題を解決するための消費者政策と法的対応を通じ、消費者保護という価値判断を一応の共通項とする法分野が消費者保護法と呼ばれて生成・発展してきた。

この法分野では、各種施策の枠組みを定める「消費者保護基本法」(昭和43年法律78号)が1968(昭和43)年に制定され*、行政規制の規律、競争秩序維持の規律および民事規律の手法を組み合わせて、各種立法により法整備が進められた。

もっとも、わが国では、消費者保護の施策が、企業の活動に対する行政規制(とりわけ業法規制)の規律の整備を中心に進められてきたため、企業の消費者保護のための法務も、行政規制の遵守に傾いて役所を向いて行われてきたきらいがなくもない。また、業法のなかに設けられた消費者保護の民事規律の機能が、行政規制の適用範囲を定める規定の影響を受けて、減殺されるという傾向もみられる。

ii ２１世紀型消費者政策と消費者法の展開

その後、規制緩和の促進、消費者の権利意識の高揚、法的紛争処理事例の増加により、消費者保護を論じる社会的背景が新たなステージを迎え、今日では、21世紀型の消費者政策への展開が指向されている。すなわち、各種立法による消費者保護の法のあり方が変容して、消費者が行政規制による「保護の客体」としてだけでなく、民事規律上の「権利主張の主体」として明確に位置づけられ、消費者保護法の呼称も消費者法へと転換し、各種手法の適切な組み合わせによる消費者法の構築が進んでいる**。これを受けて、企業の消費者保護のための法務も、顧客・消費者に向き合った企業法務へと展開されつつある。

＊ 消費者基本法　2004(平成16)年6月に、消費者保護基本法が改正・改称されて、「消費者基本法」が誕生した。同法では、国や地方公共団体の責務を定めるほか、事業者の責務が新たに具体的に規定された(同法5条1項各号)。すなわち、①消費者の安全及び消費者取引における公正の確保、②必要な情報の明確かつ平易な提供、③消費者の知識や財産の状況等への配慮、④苦情の適切かつ迅速な処理のための必要な体制の整備とその処理、⑤行政のする消費者政策への協力がそれである。苦情処理は責務とされ、苦情処理体制の整備は努力義務とされている(同法6条)。また、事業者は、供給する商品・サービスに関して、環境の保全に配慮し、品質等を向上させ、その事業活動に関し自らが遵守すべき基準を作成すること等を通じて消費者の信頼を確保する努力義務が規定された(同法5条2項)。これにより、企業は、自主行動基準の策定とコンプライアンス経営の実践が求められている。

＊＊ 消費者法一般の最新の参考文献　中田邦博=鹿野菜穂子(編)『基本講義消費者法(第4版)』日本評論社(2020年)、鹿野菜穂子(監)日本弁護士連合会消費者問題対策委員会(編)『改正民法と消費者関連法の実務―消費者に関する民事ルールの到達点と活用方法―』民事法研究会(2020年)、日本弁護士連合会(編)『消費者法講義(第5版)』日本評論社(2018年)。

（2）消費者のための理論・政策・法の展開
1）消費者法学会と消費者庁・消費者委員会

2008（平成20）年11月に「日本消費者法学会」が設立され、消費者法理論の進展と専門教育の発展が図られている。2009（平成21）年5月に成立した関連3法によって、「消費者庁」および「消費者委員会」が新しい行政機関として創設され、わが国の消費者行政の一元化が図られた（日本弁護士連合会〔編〕・前掲書17頁、参照）。

2）消費者の権利主張の制度整備

2006（平成18）年消費者契約法改正により、適格消費者団体による差止請求制度が創設され、さらに、2013（平成25）年成立の「消費者の財産的被害の集団的な回復のための民事の裁判手続の特例に関する法律（平成25年法律96号）」（＝消費者裁判特例法）により、消費者被害を集団的に回復するための二段階型の訴訟制度（消費者団体訴訟制度）が設けられた。

3）消費者取引の法的規律の整備
i　取引類型毎の特別規律の整備

消費者取引の特色に応じて求められる法的ルールとしては、民法や商法といった一般的なルールだけでは不十分であるから、取引類型毎に消費者保護を趣旨とする特別法（「割賦販売法」「特定商取引に関する法律」等）が制定され、その改正が重ねられてきた。

ii　一般民事規律の整備

また、取引類型を問わずに消費者取引全般を対象として、一般民事ルールを確立するために、特別の契約ルールを定める「消費者契約法」（平成12年法律61号）や特別の損害賠償ルールを定める「金融商品の販売等に関する法律（いわゆる金融商品販売法）」（平成12年法律101号）が制定されている（同法は、2020〔令和2〕年の改正により、「金融サービスの提供に関する法律〔いわゆる金融サービス提供法〕」に改称）。さらに、電子商取引における特別な契約ルールとして、「電子消費者契約に関する民法の特例に関する法律（いわゆる電子消費者契約法）」（平成13年法律95号として成立後、平成29年法律45号により改正され現行名に改称）が制定されている。

本書では、以下、消費者取引に関する主要な法的規律を整理する。

2.12.2. 特殊な販売形態と特定商取引法

1　特殊な販売形態と法的規律
（1）訪問販売法・特定商取引法の背景と目的
（2）特定商取引法の対象と規律方法
2　特定商取引法の規律内容
（1）不意打ち勧誘型取引（訪問販売、電話勧誘販売、訪問購入）
（2）隔地型取引（通信販売）
（3）長期高額負担随伴型取引（特定継続的役務提供）
（4）利益収受誘引型取引（連鎖販売取引、業務提供誘引販売取引）
（5）ネガティブオプション

1　特殊な販売形態と法的規律

（1）訪問販売法・特定商取引法の背景と目的
1）特殊な販売形態における消費者の地位と法的規律の必要性

　消費者が購入者として当事者の一方となる取引は、通常、店舗という設備とそれへの信頼を基礎に行われるが、必ずしも店舗で行われるとは限らない。家庭や職場を訪問したり、街頭で呼び止めたり、電話をかけたり、カタログを郵送したり、インターネットや通信環境を利用して、商品やサービスを宣伝し、さまざまな方法を用いて取引を勧誘することがよく行われる。そのような特殊な形態の販売では、購入者としての消費者が自由な意思で購入を決定できない場合や、不当な内容の契約が締結される場合があり、ときには悪質な行為と結びついて消費者に被害を及ぼすことがある。

　したがって、前述したように、消費者取引に一般法に加えた法的規律が必要となることは、このような特殊な販売となる消費者取引において特に強く認められる。

2）訪問販売法・特定商取引法の目的

　わが国で、無店舗販売を主とした特殊な形態の販売に関して、消費者保護のための特別の法的規律が設けられたのは、1976（昭和51）年に制定された「訪問販売等に関する法律（昭和51年法律57号）」（＝訪問販売法）によってである（同法の目的は、「訪問販売、通信販売及び電話勧誘販売に係る取引並びに連鎖販売取引を公正にし、並びに購入者等が受ける事のある損害の防止を図ることにより、購入者などの利益を保護し、あわせて商品などの流通及び、約務の提供を適正かつ円滑にし、もって国民経済の健全な発展に寄与すること」にあった）。

　以後、被害の実情にあわせて同法の対象が拡大され、同法は2000（平成12）年の大改正にあたり「特定商取引に関する法律」（＝特定商取引法）」（昭和51年法律57号）と改称された（同法の目的は、「特定商取引〔訪問販売、通信販売及び電話勧誘販売に係る取引、連鎖販売取引、特定継続的役務提供に係る取引、業務提供誘引販売取引並びに訪問購入に係る取引をいう。以下同じ。〕を公正にし、及び購入者等が受けることのある損害の防止を図ることにより、購入者等の利益を保護し、あわせて商品等の流通及び役務の提供を適正かつ円滑にし、もつて国民経済の健全な発展に寄与すること」にある）。

　さらに、特定商取引法は、2002（平成14）年・2003（平成15）年・2004（平成16）年の改正、2008（平成20）年の大改正、2012（平成24）年の改正、2016（平成28）年の改正を経て、今日に至っている*。

> ＊ **特定商取引法に関する最新の参考文献（平成28年改正を含む）**　江頭・商取引153頁、中田邦博=鹿野菜穂子（編）『基本講義消費者法（第4版）』日本評論社（2020年）123頁、村千鶴子『Q&Aポイント整理改正消費者契約法・特定商取引法』弘文堂（2020年）、齋藤雅弘=池本誠司=石戸谷豊『特定商取引法ハンドブック（第6版）』日本評論社（2019年）、圓山茂夫『詳解特定商取引法の理論と実務（第4版）』民事法研究会（2018年）、消費者庁=経済産業省（編）『平成28年版・特定商取引に関する法律の解説』商事法務（2018年）、日本弁護士連合会（編）『消費者法講義（第5版）』日本評論社（2018年）147頁、上柳敏郎=島薗佐紀『実務解説特定商取引法（第2版）』商事法務（2018年）206頁。

（2）特定商取引法の対象と規律方法

1）規律対象とする取引類型

特定商取引法は、トラブルが生じやすい特定の7つ取引類型とストックオプションを規律対象としている（齋藤他・前掲書24頁図表参照）。すなわち、第一に、不意打ち勧誘型取引（消費者が自分では決めていないのに突然勧誘を受ける取引）として、①訪問販売、②電話勧誘販売、③訪問購入がある。第二に、消費者・事業者隔地型取引（消費者が対面で商品や販売条件を確認できない取引）として、④通信販売がある。第三に、長期・高額負担随伴型取引（比較的長い期間にわたり高額の負担を伴うサービス取引）として、⑤特定継続的役務提供がある。第四に、利益収受誘引型取引（商売・事業に不慣れな個人に対し、業務に携わることにより収益を得られることを口実に、商品購入・役務提供を勧誘する取引）として、⑥連鎖販売取引、⑦業務提供誘引販売取引がある。これらの取引の規制の他に「ネガティブオプション」の規律がある。

2）適用範囲

ⅰ　指定商品・役務制の廃止と特定権利制

特定商取引法は、規制対象を、従来、訪問販売・通信販売・電話勧誘販売の取引類型について、適用範囲を、政令で指定された商品、権利および役務に限定していたが（指定制）、2008（平成20）年改正により、規制の隙間を塞ぐために、商品および役務についての指定制が廃止された。すなわち、同法は、商品・役務については、原則すべてに適用され、例外的に適用を排除されることになった（ネガティブリスト方式）。指定権利制は、この改正では維持されたが、2016（平成28）年改正により見直しがなされ、「特定権利制」として整備された（特商2条1項〜4項。特定権利として指定されているものには、「施設を利用し又は役務の提供を受ける権利のうち国民の日常生活に係る取引において販売されるもの」〔従来の指定権利〕のほか「社債その他の金銭債権」「株式や法人の社員権〔未公開株等〕」がある）。

ⅱ　適用除外

特定商取引法上の訪問販売、通信販売、電話勧誘販売における購入者としての消費者保護を図る規定は、一定の取引（①購入者・役務受領者が、「営業のためにまたは営業として」*、契約の申込・締結をするもの〔特商26条1項1号〕、②事業者がその従業員に対して行う販売・役務提供〔同条項5号〕、③金融商品取引法等の法令により消費者保護が図られているもの〔同条項8号〕等）には適用されない。

＊ 消費者保護法理の適用除外を定める方法の変更　　訪問販売法としての立法の当時は、訪問販売および通信販売において「売買契約でその購入者等のために商行為となるもの」を適用除外としていた（昭和63年改正前訪問販売法10条）。

「商行為」概念は「商人」概念とともに、商法典の適用範囲を画定するという機能を有しているが、「商行為」概念には、もうひとつ、ここに派生的機能とでもいうべきものがあった。割賦販売法や訪問販売法（現在は特定商取引法）等の特別法において消費者保護を趣旨とする規定が適用されるべきでない領域（消費者保護法理の適用除外）を定めることを目的として援用されていたのである。しかし、今日では、消費者保護法理の適用除外を定めるにあたって、商法の商行為概念の援用の適否を問い直す必要が生じた。昭和63年改正により、適用除外を定めるために商行為概念を用いることをやめ、購入者が「営業のた

めに若しくは営業として」締結する取引を適用除外と定め、その手法が今日に至っている（特商26条1項1号）。その改正の契機は、資産形成取引が消費者にとって絶対的商行為となると、いわゆる利殖商法などに同法の規制が及ばなくなることを防ぐためであった。

さらに、今日では、消費者保護法理の適用除外を定める概念は多様化している。消費者契約法では、「消費者契約」が適用対象となるので（消費者契約法2条）、事業者概念が適用除外を定めることになる。金融商品取引法の行為規制の適用除外としての特定投資家の概念があり、金融商品販売法の説明義務の適用除外として、特定顧客の概念がある。これらを含めてみると、商行為概念を消費者保護法理の適用除外を定める概念として援用することは、もはや必要なくなったといえる。

なお、特定商取引法において、「営業のために若しくは営業として」締結する取引を適用除外と定める場合は、従来の商行為概念を適用除外のために用いるより、消費者保護の実効性が高まると言えるが、他方で、事業者間の契約であっても、営業のために若しくは営業として締結する取引でない場合には、規定の適用を受けることになる。福原紀彦「「商人」「商行為」概念の機能とその外延」法学新報114巻11・12号（2008年）681頁。

3）規律方法とエンフォースメント

特定商取引法は、業法ではあるが許認可・登録等の開業規制はなく、一定の形態で取引をする販売業者の行為規制を設けている。したがって、行為規制を遵守すれば同法の規制対象たる取引については誰でも自由に事業活動ができる。

同法の行政規制である行為規制には、①正確な情報の開示を図る「広告規制」として、広告の表示義務、誇大広告の禁止、迷惑メール規制があり、②「開示規制」として、財務内容の開示、契約書面交付義務の定めがあり、③「その他の行為規制」として、氏名等の明示義務、不当な勧誘行為の禁止がある。

その執行手段として、経済産業大臣は、行政処分〔業者に対する指示〔特商7条・14条・66条等〕、業務停止・禁止命令〔特商8条・8条の2・15条・15条の2〕〕、行政調査（報告徴収・立入検査）、申し出の受理を行い、これらの権限は都道府県知事にもある（圓山・前掲書718頁以下に詳しい）。

一方、特定商取引法には、消費者の自由な選択の確保を図るため、多くの民事規律が設けられている。その民事的規律として、クーリング・オフ制度（通信販売では法定返品権）、消費者取消権、中途解約権、過量販売解除権、損害賠償額の制限の規定があり、また、消費者団体訴訟制度を踏襲し、差止請求の根拠規定（特商58条の18〜58条の24）がある。

また、特定商取引法には、重大な違反行為に刑事罰を定める刑事規律もある。

《 特定商取引法の規律手法 》

2　特定商取引法の規律内容

（1）不意打ち勧誘型取引の是正
1）訪問販売
i　意義と規律趣旨

特定商取引法の規律対象となる「訪問販売」は、販売業者または役務提供事業者が購入者等に対し（当事者の要件）、営業所等以外の場所において、または、キャッチ・セールや、アポイントメント・セールの場合のような特定顧客に対しては営業所等において（契約場所の要件）、商品、指定権利、役務に関して、申込みを受け、または契約を締結して行う取引である（特商2条1項1号・2号）。

これらの訪問販売は、店舗という伝統的な取引上の信頼の基礎を欠き、勧誘が消費者にとって不意打ち的、攻撃的または密室的な状況で行われることが多いことから、トラブルの防止を図り、消費者取引の公正を期する必要が大きい。

ii　各種規律

訪問販売に関する規律は、沿革上も、特定商取引法の各種規律の典型的要素を数多く備えている。

a.行政規律　訪問販売には、行政規律として、①販売業者の氏名・名称・勧誘目的であることの明示義務（特商3条）、②契約を締結しない旨の意思表示をした者に対する再勧誘の禁止（特商3条の2）、③顧客から申込みを受けたときの契約内容に関する書面（申込書面）の交付義務（特商4条）、および、契約が締結されたときの契約内容に関する書面（契約書面）の交付義務（特商5条）、④不当な勧誘行為の禁止（特商6条）、および、過量販売規制（特商7条4号）、⑤大臣・知事による指示・業務停止命令・公表および立入検査（特商7条・8条・66条）等の規制がある。

b.民事規律　また、民事規律として、契約の申込みの撤回または契約の解除（「クーリング・オフ制度」*、特商9条）、過量販売契約等の撤回または解除（特商9条の2）**、不実告知および重要事実不告知による誤認の場合の契約の申込みまたはその承諾の意思表示の取消し（消費者取消権、特商9条の3第1項〜5項）***、契約解除に伴う損害賠償額の制限（特商10条）****がある。事業者の行為に対する適格消費者団体からの差止請求（特商58条の18）が定められている。

c.刑事規律　さらに、訪問販売についての刑事規律として、書面交付義務違反・指示違反等に関する罰則（特商72条）等がある。

＊　クーリング・オフ制度　訪問販売の民事規律にあるクーリング・オフの制度とは、訪問販売の方法で指定商品等の購入の申込みをなし、または、契約を締結した購入者が、契約書面を受け取ってから8日間は、理由がなくても無条件で、申込みを撤回し、契約を解除することができる制度である（特商9条1項）。クーリング・オフは、その行使書面を郵送する等発信したときに効力を生じる（発信主義、特商9条2項）。特定の取引の場合、購入者に、熟慮期間において「頭を冷やす（cooling off）」機会を与えるものである。

　クーリング・オフが行使されると、販売業者は購入者に損害賠償や違約金の請求ができない。クーリング・オフを行使した購入者は、不利益を受けることはない。顧客は、既に受領している商品の返還義務を負うが、そのための費用は販売業者の負担となる（特商9条4項）。クーリング・オフ期間内は、販売業者・役務提供業者は、使用・利用による利益や役

務の対価に対する金銭を、顧客に請求できない（同条5項）。販売業者は、役務提供契約と関連して受領した金銭は、速やかに顧客に返還しなければならない（同条6項）。住宅の改装等の工事の全部または一部を実施していたときは、顧客は、無償での原状回復を請求できる（同条7項）。それらの規定は、片面的強行規定である（同条8項）。

　契約書面中には、クーリング・オフの要件と行使方法が具体的に記載されなければならない。法定の書面が不交付である場合、交付されていても重要事項が欠落した書面不備の場合には、クーリング・オフ期間は経過しないので、あらためて法定記載事項を備えた書面が交付されて8日間が経過するまでは、購入者はいつまでもクーリング・オフを行使できる。また、販売業者に脅かされたり、嘘をつかれたりして、クーリング・オフを行使できなかったときは（クーリング・オフ妨害の場合）、クーリング・オフ期間は経過せず、あらためて法定記載事項を備えた書面が交付されて8日間が経過するまでは、購入者はいつまでもクーリング・オフを行使できる。

** **過量販売契約等の撤回・解除権**　　日常生活において通常必要とされる分量を著しく超えることとなる商品・特定権利の売買契約、または、通常必要とされる回数・期間・分量を著しく超えて提供される役務提供契約（過量販売契約等）については、契約締結の時から1年間は、顧客は契約の申込みの撤回または契約の解除ができる（特商9条の2第1項1号）。消費者契約の取消事由（消契4条4項）とは異なり、販売業者が過量販売契約等であることを知っていたことは要件ではない。複数の販売業者等により過量販売契約等がなされた場合には、過量となることを販売業者等が知っていたときは、購入者は申込の撤回・契約の解除ができる（特商9条の2第1項2号）。

　2008（平成20）年改正により、被害者が欺罔行為を立証することが困難であることに鑑み、過量という外形的要件で認められた撤回権・解除権である。これらの権利は、当該契約の締結時から1年以内に行使することを要する（特商9条の2第2項）。

*** **不実告知等にもとづく消費者取消権**　　事業者（販売業者または役務提供事業者）が訪問販売に係る契約につき勧誘する際に、またはクーリング・オフを妨げるために、当該契約に関して顧客等の判断に影響を及ぼす重要事項につき、事業者が「重要事項の不実告知」「重要事項の故意の不告知」等の違法行為を行った場合、事業者には刑事罰および行政規制（業務停止命令）の対象となる（特商6条1項・7条・8条・70条）。また、事業者が訪問販売の勧誘をするためであることを告げずに、営業所やセミナー会場等、公衆の出入りする以外の場所で契約の勧誘をする際も、同様の規制に服する（特商6条4項・7条・8条・8条の2・70条）。

　それらの不実告知等の結果、消費者が誤認して、契約の申し込み、またはその承諾の意思表示をしたときは、消費者はその意思表示を取り消すことができる（特商9条の3第1項）。取り消しができる期間は、追認することができる時から6か月とされていたが、平成28年改正で1年に延長された（同条第1項〜5項）。消費者契約法上の不実告知または不利益不告知による取消権と相似するが、特定商取引法では、「消費者の利益なる旨を告げる」ことは要件とされていない。

**** **契約解除に伴う損害賠償額等の制限**　　訪問販売による購入者が代金を支払えずに事業者が売買契約を解除した場合、購入者が支払うべき損害賠償の予定または違約金の定めがあっても、事業者が請求できる額の上限が定められている（特商10条）。約款等により、過大な損害賠償額の予定や違約金の約定がなされることを避けるためであり、この規定は強行規定である。

2）電話勧誘販売

i　意義と規律趣旨

　特定商取引法の規律対象となる「電話勧誘販売」とは、販売業者等が、電話をかけ、または特定の方法により電話をかけさせ、その電話において行う勧誘により、消費者からの売買契約または役務提供契約の申込みを郵便等により受け、または契約

を締結して行う商品・指定権利の販売または役務の提供をいう(特商2条3項)。

　事業者が電話をかけて勧誘を行い、その電話の中で消費者からの申込み(または契約の締結)をした場合に加え、電話を一旦切った後、郵便、電話等により消費者が申込みを行った場合でも、電話勧誘によって消費者の購入意思の決定が行われた場合には、電話勧誘販売に該当する。事業者が欺瞞的な方法で消費者に電話をかけさせて勧誘した場合も該当する。

　不意で執拗な電話勧誘、ときには詐欺的・威迫的な電話勧誘を通じて販売が行われる場合には、通信販売の規制では十分な対処ができないので、特定商取引法では、通信販売とは別の範疇として「電話勧誘販売」を位置づけている。

ⅱ　各種規律

　訪問販売の規制に準じた規制を行い(特商16条～23条)、消費者の保護を図っている。但し、訪問販売における過量販売解除に対応する規制はない。

3)　訪問購入

ⅰ　意義と規律趣旨

　貴金属等の買取業者による自宅への強引な訪問買取りに関するトラブルが増加したことから、2012(平成24)年特定商取引法改正により、「訪問購入(押し買い)」の勧誘方法等が規律の対象に加えられた。

　「訪問購入」とは、購入業者が、店舗等以外の場所(例えば、一般消費者の自宅等)で行う物品の購入のことをいう。「購入業者」とは、物品の購入を業として営む者を意味する(特商58条の4)。「業として営む」とは、営利の意思をもって、反復継続して取引を行うことをいう。営利の意思の有無については、その者の意思にかかわらず、客観的に判断されることになる。ここの物品には、「売買契約の相手方の利益を損なうおそれがないと認められる物品」又は訪問購入に関する法の規制の対象となった場合に「流通が著しく害されるおそれがあると認められる物品」として、政令第16条の2に列挙されている物品を除く。

　特定商取引法が適用されない場合(事業者間取引の場合、海外にいる人に対する契約、国・地方公共団体が行う訪問購入、特別法に基づく組合、公務員の職員団体、労働組合がそれぞれの組合員に対して行う訪問購入、事業者がその従業員に対して行った訪問購入。また、いわゆる御用聞き取引の場合、いわゆる常連取引の場合、住居からの退去に際し、売買契約の相手方から取引を誘引した場合は、一部規定〔特商58条の5、特商58条の6第2項及び同条第3項〕を除く)がある(特商58条の17)。

ⅱ　各種規律

a. 行政規律等　　行政規制として、①事業者の氏名等の明示(特商58条の5)、②不招請勧誘の禁止(特商58条の6第1項)、③再勧誘の禁止等(特商58条の6第2項・3項)、④書面の交付(事業者は、契約の申込みを受けたときや契約を結んだときには、以下の事項を記載した書面を相手方に渡さなければならない〔特商58条の7・58条の8〕。このほか相手方に対する注意事項として、書面をよく読むべきことを、赤枠の中に赤字で記載しなければならない。また、クーリング・オフに事項と物品の引渡しの拒絶〔特商58条の15〕に関する事項についても赤枠の中に赤字で記載しなければならない。さらに、書面の字の大きさは8ポイント〔官報の字の大きさ〕以上であることが必要である。)、⑤物品の引渡しの拒絶に関する告

知（特商58条の9）、⑥禁止行為（特商58条の10）、⑦第三者への物品の引渡しについての契約の相手方に対する通知（特商58条の11）、⑧事業者が物品を引き渡した第三者への通知（特商58条の11の2）、⑨業務改善の指示（特商58条の12）や業務停止命令（特商58条の13）の行政処分および罰則がある。

b. 民事規律　　民事規律として、①契約の申込みの撤回または契約の解除（クーリング・オフ制度、特商58条の14）、②売買契約の相手方は、クーリング・オフ期間内は債務不履行に陥ることなく、事業者に対して契約対象である物品の引渡しを拒むことができること（特商58条の15）、③契約を解除した場合の損害賠償等の額の制限（特商58条の16）、④事業者の行為に対する適格消費者団体からの差止請求（特商58条の24）が定められている。

（2）隔地型取引としての通信販売

i　意義と規律趣旨

特定商取引法の規律対象となる「通信販売」とは、販売業者（または役務提供事業者）が郵便等により売買契約または役務提供契約の申込みを受けて行う商品、指定権利の販売または役務の提供をいう（但し、前述の「電話勧誘販売」に該当する場合を除く、特商2条2項）。例えば、新聞、テレビ、Webサイト上のホームページ等による広告や、ダイレクトメール、ちらし等を見た消費者が、郵便、電話、ファクシミリ、インターネット等で購入の申込みを行う形の取引をいう。したがって、インターネット・ショッピング等の電子商取引を含む。

通信販売では、訪問販売のような不意打ち的、攻撃的、密室的な勧誘が行われる危険性は低いが、現実の店舗販売に較べると、販売業者と対面しないこと（非対面性）、取引の成立にとって広告が決定的に重要な役割を果たすこと、商品の送付や代金の支払いの時期によって履行のリスクが残ること等の特徴がある。

ii　各種規律

a. 行政規律等　　通信販売については、勧誘等の手段の特性にもとづく広告規制・開示規制に特色がある。販売業者等に、契約条件の広告の一括表示義務を課すとともに、誇大広告を禁止し、迷惑メール等を規制している（特商11条・12条・12条の3）。電子メール広告は、承諾等があった者に対してのみ送信ができる（オプトイン規制、特商12条の3）。また、販売業者等は、前払式の通信販売をするときは申込者に諾否と経済産業省令で定める必要事項を通知しなければならない（特商13条）。これらの規制の実効性を確保するための指示や業務停止命令が定められ、違反行為に罰則が設けられている（特商12条〜15条）。

b. 民事規律　　通信販売においては、訪問販売と異なり、不意打ち的な勧誘を受けるものではなく、消費者の自主性・利便性が尊重される面もあることから、クーリング・オフ制度は導入されず、民事的規律による救済手段は定められていなかったが、2008（平成20）年改正により、「法定返品制度」が設けられた（特商15条の3）*。

　＊ 通信販売における返品制度　　通信販売においては、訪問販売と異なり、クーリング・オフ制度は導入されていなかったものの、実務では、業界の自主的なルールにもとづいて

返品制度が普及し、これが通信販売の信頼性と公正を確保する役割を果たしてきた。そこで、特定商取引法では、健全な実務慣行を踏まえて、契約条件の広告において返品特約の表示を義務づけ（特商11条1項4号）、さらに、2008（平成20）年改正により、広告等に返品特約を表示しない限り、購入者は商品の引渡しまたは特定権利の移転の日から8日以内は、売買契約の申込みの撤回・契約の解除をすることができる（特商15条の3）。この制度は、実務上の返品制度から発展した法定の返品制度という意味で「法定返品制度」と呼ぶことができる。

　返品費用は、購入者たる消費者の負担となる。なお、インターネット取引については、広告画面への表示に加え、電子消費者契約法（後掲）上の確認画面にも特約の記載が義務づけられ、それが返品特約の有効要件となる（同条）。

　通信販売の法定返品制度においては、①申込みの撤回・契約の解除ができる8日間の計算の起算日は、商品の引渡しまたは特定権利の移転を受けた日であるが、クーリング・オフ制度では、書面交付を受けた日である。また、②クーリング・オフ制度と異なり、発信主義の規定がなく、8日以内に通信販売業者に意思表示が到達する必要がある（圓山・前掲書323頁、上柳他・前掲書実務解説206頁）。

（3）長期高額負担随伴型取引としての特定継続的役務提供

ⅰ　意義と規律趣旨

　特定商取引法の規律対象となる「特定継続的役務提供」とは、政令で定める「特定継続的役務」（役務提供を受ける者の身体の美化、知識・技能の向上等の目的を実現させることをもって誘引されるが、その目的の実現が確実でないという特徴を有する有償の役務）を一定期間を超える期間にわたり、一定金額を超える対価を受け取り提供すること（役務提供を受ける権利の販売「特定権利販売」も含む）をいう（特商41条）。その要件に該当すれば、店頭契約も規制対象となる。現在、エステティックサロン、語学教室、家庭教師、学習塾、結婚相手紹介サービス、パソコン教室の6役務が特定継続的役務として指定されている。

　この類型の取引では、役務の効能を過度に強調した広告・勧誘が行われやすいことや、長期に設定される傾向にある契約期間中に顧客が中途解約を望むことが多いのに、中途解約を認めなかったり、認めたとしても前払金の不返還や高額な違約金を定めたりすることがあるので、顧客保護の必要がある。

ⅱ　各種規律

a. 行政規律等　　特定商取引法では、事業者に対し、行為規制として、契約締結前の契約概要記載書面と契約締結時の契約書面の交付義務（特商42条）、業務財産状況記載書類の備え置き義務（特商45条、さらに顧客に同書類の閲覧・謄写請求権がある）が課され、誇大広告、不当勧誘、不実告知、事実不告知等が禁止され（特商43条・44条）、それら禁止行為違反や書面交付義務違反等に対して行政処分または刑罰が科される（特商43条～47条）。

b. 民事規律　　民事規律として、クーリング・オフ制度が当該の役務提供契約自体について適用があるほか、関連商品（語学教室の教材やエステティックサロンの化粧品等）の販売契約についても適用がある（特商48条）。また、この類型の取引についての重要な規律として、クーリング・オフ期間経過後も顧客は理由の如何を問わず当該役務提供契約または関連商品販売契約を解除でき（中途解約権、特商49条1項・3項）、解除に伴い事業者が請求できる損害賠償額等に上限が設定され（同条2

項・4項）、中途解約の自由と清算に関する顧客保護が図られている*。さらに、事業者の不実告知または事実不告知により消費者が誤認してなした意思表示は、これを取り消すことができる（特商49条）。

> * **中途解約権と解除に伴う損額賠償額の制限**　特定継続的役務提供取引では、クーリング・オフ期間経過後も顧客は理由の如何を問わず当該役務提供契約または関連商品販売契約を将来に向けて解除できることを定める（特商49条1項）。そして、損害賠償額の予定または違約金の定めがあるときでも、（イ）提供された特定継続的役務の対価に相当する額と、（ロ）通常生ずる損害の額として政令で定める額との合計額にこれに対する法定利率による遅延損害金の額を加算した額を超える額を請求できないと定めて（同条2項）、解除に伴い事業者が請求できる損害賠償額等に上限を設定し、中途解約の自由と精算に関する顧客保護を図っている。しかし、（ロ）の額は明確であっても、（イ）の「対価に相当する額」については算定方法の規定が法令や規則にない。
>
> 　そこで、対価の合意として、中途解約の清算の場合に履行済役務の対価を算定するにあたり、契約時に適用する単価よりも高額となる単価を用いるというような契約条項が用いられると、それは対価額の中に違約金の要素を含めたことになり、中途解約に際し役務提供事業者が請求できる金銭について法定限度額を定めた法の趣旨を没却することになりかねず、当該契約条項は「規定に反する特約で特定継続的役務提供受領者等に不利なもの」（特商49条7項）として無効とならないかが問題となる。
>
> 　語学教室のレッスンポイント制のある受講契約において、中途解約した場合の清算の約定が当該規定に反して無効であるとした判例がある（最判平19・4・3民集61・3・967商総行百選73〔解説：福原紀彦〕）。

（4）利益収受誘引型取引（連鎖販売取引、業務提供誘引販売取引）

1）連鎖販売取引

i　意義と規律趣旨

　特定商取引法の規律対象となる「連鎖販売取引」とは、物品の販売（または役務の提供等）の事業であって、再販売、受託販売もしくは販売のあっせん（または役務の提供もしくはそのあっせん）をする者を、特定利益が得られると誘引し、特定負担を伴う取引（取引条件の変更を含む）をするものをいう（特商33条）。具体的には、「この会に入会すると売値の3割引で商品を買えるので、他人を誘ってその人に売れば儲かります」とか「他の人を勧誘して入会させると1万円の紹介料がもらえます」等と言って勧誘し、取引を行うための条件として1円以上の負担をさせる場合である。入会金、保証金、サンプル商品等の名目を問わず、取引を行うために何らかの金銭負担があるものはすべて連鎖販売取引に該当する。

　この類型の取引では、いわゆる「マルチ商法」と称され、契約者が販売者になって加入者を次々と増やすことで特定利益を得ようとするが、実際に加入者を増やすことができなくなったり、過重な特定負担に悩まされたりすることが少なくない。

ii　各種規律

a. 行政規律等　物品販売業や役務提供業の形式を採らない「ねずみ講」については、「無限連鎖講の防止に関する法律」（昭和53年法律101号）で禁止されている。特定商取引法は、連鎖販売取引を禁止しないまでも、厳重な規制を設けて実質的に抑制している。すなわち、連鎖販売取引につき、統括者、勧誘者、一般連鎖販売業者に分け、広告の表示義務や書面の交付義務等（特商35条〜37条）を定めると

ともに、誇大広告等の禁止行為と行政処分・刑事罰則を定める(特商33条～39条)。

b. 民事規律　　民事的規律として、参加者のクーリング・オフ(特商40条1項)、中途解約権と返品制度(特商40条の2)、取消権(特商40条の3)を定めている。

2)業務提供誘引販売取引

i　意義と規律趣旨

特定商取引法の規律対象となる「業務提供誘引販売取引」とは、物品の販売または役務の提供(そのあっせんを含む)の事業であって、業務提供利益が得られると相手方を誘引し、その者と特定負担を伴う取引をするものをいう(特商51条)。例えば、ホームページ作成の在宅ワークを紹介すると誘引し、その仕事に必要であるとしてパソコンとコンピュータソフトを販売し金銭負担を負わせるような取引である。販売業者と業務提供者が異なっていても、販売業者が業務をあっせんすれば、業務提供誘引販売取引に該当する。

この類型の取引については、内職・モニター商法と呼ばれ、高価な商品等を売りつけておきながら、購入の動機になった業務の紹介がなされない等の悪質な行為により、消費者に被害が生じることから、その防止と被害救済を図るために特定商取引の規律対象になっている。なお、この類型の取引では、購入者が営業をしようとすることから特定商取引法の訪問販売等の規制が適用除外(特商26条1項1号)となる場合があり得ることも、特別の類型として規律が設けられている理由のひとつである。

ii　各種規律

a. 行政規律等　　業務提供誘引販売事業者については、氏名等の明示義務(特商51条の2)、広告における重要事項の表示義務(特商53条)、契約締結前の販売業概要記載書面と契約締結時の契約書面の交付義務(特商55条)等が課せられ、不実告知・事実不告知の禁止(特商52条1項)、誇大広告の禁止(特商54条)等の禁止行為が定められ、それら禁止行為違反や義務違反等に対して行政処分または刑事罰が科される(特商51条～57条)。

b. 民事規律　　業務提供誘引販売取引における民事規律として、クーリング・オフ(特商58条、クーリング・オフ期間は20日間)、取消権(特商58条の2)、契約を解除した場合の損害賠償等の額の制限(特商58条の3)が定められている。

なお、業務提供誘引販売取引においても後述の割賦販売法の適用により、個別信用購入あっせん関係受領契約を取り消し、支払拒絶・既払金の返還請求が可能である(割賦35条の3の16第1項6号・2項・35条の3の13第2項・4項)。

(5)ネガティブ・オプション

販売業者の方から契約の申込みを行う場合に、相手方の承諾を得ないで申込みにかかる商品を送りつけることをネガティブ・オプションという。これが消費者への「押しつけ販売」となると、消費者は契約を精神的に強制されたり、契約が成立しないまでも商品保管の負担が残る。

そこで、特定商取引法は、ネガティブ・オプションにかかる商品(指定商品に限らない)の送付があった場合、送付日から起算して14日を経過するまでに顧客が当該申込みにつき承諾をせず、かつ販売業者が商品の引き取りをしないと(または、顧客が

販売業者に対して商品の引き取りを請求した日から起算して7日を経過すると）、販売業者は商品の返還を請求できないと規定している（特商59条）。消費者は、それら期間経過後は、商品を自由に処分できる。

2.12.3. 消費者信用取引の法的規律と割賦販売法

  1 消費者信用取引と法的規律
 （1）消費者信用の意義と機能
 （2）消費者信用取引の形態と法的規律
  2 割賦販売法の目的と規律対象・規律方法
 （1）割賦販売法の目的
 （2）割賦販売法の規律対象
 （3）割賦販売法の規律方法
  3 割賦販売法の主要規律
 （1）割賦販売
 （2）信用購入あっせん
 （3）ローン提携販売

1 消費者信用取引と法的規律

（1）消費者信用の意義と機能

 一般に信用とは貸借のことをいい、信用を供与する場面には、商品または役務の購入にあたって代金の支払を猶予する場面（販売信用）と、金銭を直接に貸し付ける場面（貸付信用）とがある。

 企業が信用供与を受けると、借り入れた資金あるいは支払いを猶予された資金を資本的計算のもとに事業で運用して、期限に利息を付して返済することができる（自己清算性）。これに対して、消費者が信用供与を受ける消費者信用の場合は、そのような清算性がなく、基本的には消費者の将来所得によって返済が可能となるにすぎない。このことは、金利や手数料が高く設定される原因でもある。

 他方、消費者信用は、高度化する社会で生活する消費者の資金需要に応じて、信用供与者に利殖機会をもたらし、社会全体では有効需要を創出して商品市場の拡大に重要な役割を果たしながら、著しい発展を遂げている（福原紀彦「消費者信用の社会的意義と法律問題」杏林社会科学研究1巻1号〔1984年〕）。

（2）消費者信用取引の形態と法的規律
i 消費者信用販売

 消費者が商品または役務の購入にあたって代金の支払を猶予される販売取引を「消費者信用販売」といい、これは消費者売買に消費者信用の授受が結合された取引形態である。消費者信用の供与者が売主である形態と第三者与信の形態とがあり、前者から後者へと利用形態の比重が推移している。

 消費者信用販売が行われる場合は、売買の契約条件に信用供与の契約条件が

加わり、消費者たる購入者にとっては契約内容が分かりにくく、債権回収のために購入者に不利な契約条件が付されることもあるので、取引の公正と購入者の保護を図る必要が大きくなる。

そこで、1961（昭和36）年に「割賦販売法（昭和36年法律159号）」＊が割賦販売に関する流通秩序法として制定され、同法は、以後、消費者信用販売の増大と多様化に応じて、規制対象を拡大しつつ、消費者保護法としての性格を強めながら度々の改正がなされ、今日に至っている（後掲コラム「割賦販売法の変遷」参照）。さらに、同法の規制対象の拡大によって生じた間隙を埋める必要があり、貸付信用と販売信用とを統一的に規制する消費者信用取引法の立法、資金決済手段の高度化・多様化に対応した総合的なクレジット法制の確立が期待される。

> ＊ 割賦販売法に関する最新の参考文献（平成28年改正を含む）　江頭・商取引153頁、中田邦博＝鹿野菜穂子（編）『基本講義消費者法（第4版）』日本評論社（2020年）123頁、日本弁護士連合会（編）『消費者法講義（第5版）』日本評論社（2018年）178頁、阿部高明『逐条解説割賦販売法（第Ⅰ巻）』『同（第Ⅱ巻）』青林書院（2018年）。

ⅱ　消費者貸付

他方、消費者が金銭の貸し付けを受ける貸付信用、すなわち消費者金融に関しては、「貸金業の規制等に関する法律（いわゆる貸金業法）」（昭和58年法律32号）、「出資の受入れ、預り金及び金利等の取締りに関する法律（いわゆる出資法）」（昭和29年法律195号）、「利息制限法」（昭和29年法律100号）のいわゆる貸金3法がある。

銀行法等の特別法で貸金業を許可された事業者以外の者が貸金業を営む場合に（サラ金等）には、貸金業法により、開業規制や、過剰貸付禁止・取立行為制限・契約書面交付義務等の行為規制を受け、行政監督に服し、違反行為は刑事罰則を受ける。他方、利息に関しては、利息制限法による民事的規律と、出資法の刑罰法規による規制がある。

2　割賦販売法の目的と規律対象・規律方法

（1）割賦販売法の目的

割賦販売法は、「割賦販売等に係る取引の公正の確保、購入者が受けることのある損害の防止及びクレジットカード番号等の適切な管理に必要な措置を講ずることにより、割賦販売等に係る取引の健全な発達を図るとともに、購入者等の利益を保護」すると規定し、販売信用取引の秩序維持と実質的な消費者保護を目的としている。

（2）割賦販売法の規律対象

同法は、「割賦販売」「ローン提携販売」「包括信用購入あっせん」「個別信用購入あっせん」の形態で行われる販売信用取引を規定している（割賦2条、なお、同法は、沿革上、代金支払方法が「割賦」とされる売買を規制対象とする関係上、消費者信用販売の範疇には含まれない前払式割賦販売、「前払式特定取引」についての

規定もある)。

　同法は、従来、規制対象の取引類型のほとんどについて、適用対象を政令で指定された商品、権利および役務の取引としていたが(指定制)、2008(平成20)年改正により、規制の隙間を塞ぐために、一部、指定制が廃止された。「割賦販売」と「ローン提携販売」では、取引対象が、指定商品・指定権利の販売、指定役務の提供に限定されるが、「信用購入あっせん」では原則そうした限定がない(但し、個別信用購入あっせんにつき対象が権利の販売の場合に、指定権利の限定がある)。

　また、「割賦販売」と「ローン提携販売」では、割賦払(代金を2か月以上の期間にわたって、かつ3回以上に分割して支払う方式)が要件であるが、2008(平成20)年改正により、「信用購入あっせん」では、契約締結から2か月以上の与信であれば要件を満たす。「前払式特定取引」は、商品・指定役務の提供であり、2か月以上かつ3回以上との要件がある(割賦2条)。

(3) 割賦販売法の規律方法

　割賦販売法の法的規律は、行政規制と民事的規律とが大半を占める。

　行政規制には、開業規制(許可制・登録制[2008[平成20]年改正により個別信用購入あっせん業にも登録制を導入]、営業保証制度、前受金保全措置)と行為規制(取引条件の表示、契約書面の交付、適正与信義務と過剰与信の禁止、支払能力調査と指定信用情報機関の利用、加盟店調査義務、クレジットカード番号等の適切な管理義務)がある。

　民事的規律には、損害賠償額の制限、特定商取引法上の通信販売を除く5類型のクーリング・オフ、個別信用あっせん取引のクーリング・オフと過量販売解除、特定取引に関する個別信用あっせん取引の取消し、期限の利益喪失・契約解除等の制限、支払い停止の抗弁、所有権留保の推定の定めがある。

【 割賦販売法の変遷 】
ⅰ　取引秩序法としての成立
　a. 制定の経緯と基本構造　　割賦販売法(昭和36年7月1日法律159号)は、昭和36年に、割賦販売に関する取引秩序法として成立した。当時、戦後の高度経済成長期にあって、広く普及しつつあった割賦販売信用取引は、耐久消費財の商品市場拡大に重要な役割を果たすことが認識され、通商産業省の主導による流通秩序維持行政の対象とされるところとなり、また、割賦販売信用取引による商品供給を担う販売業者間(百貨店と中小小売商)の競争調整が行政課題とされていた。割賦販売法は、そうした行政が依拠すべき法規範として、商品の割賦流通秩序の確立を目的として誕生したものである。制定時の目的規定には、「割賦販売及び割賦購入あっせんに係る取引を公正にし、その健全な発達を図ることにより、商品の流通を円滑にし、もって国民経済の発展に寄与することを目的とする」(割賦[36年法]1条1項)と定められ、また、「この法律の適用にあたっては、割賦販売を行う中小商業者の事業の安定及び振興に留意しなければならない」と定められた(1条2項)。

　割賦販売法は、取引の対価の支払方法が「割賦」とされる関係を規制対象としており、前払式割賦販売をも対象とするが(11条～29条)、割賦取引の中核的問題は信用取引であるので、販売信用取引たる割賦販売が規制対象として重要な地位を占めた。制定当時は、売主与信型の割賦信用販売が規制対象の中心に据えられ、成長の兆しのあった第三者与信型販売信用取引たる割賦購入あっせん(当時はチケットを利用した総合方式のもの)が規制対象の一部に加えられていた。しかし、販売信用の授受は、それが商品販売の促進・商品市場の拡大に果たす機能に着目されて規制の対象とされたにすぎない。このことは、法の適用範囲を明確にするために指

定商品制が採用され、その指定商品が「耐久性を有し、かつ、定型的な条件で販売するのに適した商品であって政令で定めるものをいう」(2条5項)とされたこと、また、割賦購入あっせんに関しては、加盟小売店保護のために、いわゆるチケット発行機関たる割賦購入あっせん業者の登録義務と営業保証金の供託義務が業規制として規定されるにとどまり(31〜35条)、信用授受の関係に未だ十分な規制が及んでいなかったことから窺える。

割賦販売法は、割賦販売による商品の一般流通市場を規制するために、行政的規制(業規制および行為規制)のための行政取締規定のほか、刑事的規制としての罰則規定および民事的規制のための民事実体規定を備えて構成された。

同法は、割賦販売業および割賦購入あっせん業を監督する上で主務官庁が依拠すべき法規範として、行政的規制を実現するための行政取締規定を中心に構成された。その構成において、刑事的規制が、罰則規定によって行政的規制の実効性を確保し、民事的規制が、取引当事者間の約款による契約内容を是正する機能を担っている。そして、市場での取引秩序は、基本的に、契約の効力によって形成されるものであるから、行政的規制のための一定の諸規定と民事的規制のための民事実体規定によって、市場における経済力・取引力による強制を排除するために契約自由の原則を修正しつつ、取引の法的拘束力それ自体は維持すべく、契約基盤の整備が図られている。しかしながら、行政的規制を実現するための法の構成のもとに、同法の基本概念の定義規定や適用範囲を画する規定が設けられることを通じて、民事的規制をなすにあたっての民事実体規定の整備のあり方が、市場規制としての行政的規制のあり方に強く影響されていることに注意しておかなければならない。

b. 昭和43年改正　割賦販売法は、1968(昭和43)年に第一次大改正が行われ、前払式割賦販売業者に対する規制強化(許可制への移行等、11条以下の改正)と、割賦購入あっせん業者の登録制の整備(登録の拒否・取消の制度、33条の2・34条の2)が図られた。

ii 消費者販売信用法としての展開と制約

a. 昭和47年改正　割賦販売信用取引による商品の一般流通市場の拡大は、同時に、消費者販売信用市場そのものの拡大を意味し、そこでは、信販会社等の割賦購入あっせん業者の成長と与信者としての民間金融機関の参入によって、多様な第三者与信型の取引形態が出現した。他方、商品の一般流通市場においては、無店舗小売業が著しい成長をみせ、それらの行う訪問販売や通信販売にも割賦販売の仕組みが結び付くに至った。こうした状況のもと、また、昭和43年の消費者保護基本法の制定を受けて消費者行政の体系化と関係諸法の整備が進められるなかで、1972(昭和47)年に割賦販売法は第二次大改正が行われた。

同改正により、目的規定に「購入者等の利益を保護し」との語句が挿入され、消費者保護法としての性格を併せもつことが強調され、また、「割賦販売等」へと適用対象が拡大されたことが示された。主要な改正内容は次のとおりである。第一に、第三者与信型の取引について規制対象範囲が拡大され、カードを媒体とした割賦購入あっせんを対象に含めたほか(割賦2条5項)、新たに、ローン提携販売を規制対象とした(第二章の二)。第二に、割賦販売について、開示の徹底が図られ(3条・4条・53条、重要点として手数料の実質年率の開示要求〔3条1項4号〕)、訪問販売等と結び付いた場合につき、申込み段階で申込内容を記載した書面交付を義務付けるとともに(4条の2)、クーリング・オフ制度が創設された(4条の3)。その他、前払式割賦販売等における前受金保全措置が強化され(18条の3)、前払式特定取引が同法の適用下に置かれた(2条4項、第三章の二)。

b. 昭和59年改正　販売信用による信用供与額の激増と、与信形態が売主与信から第三者与信へ推移するという販売信用市場の構造変化を背景にして、新たな与信形態(とりわけ個品割賦購入あっせん)のもとで増大する消費者トラブルに緊急的な対処をするため、割賦販売法は、1984(昭和59)年に第三次大改正が行われた。その主要な改正点は次のとおりである。第一に、規制対象範囲がさらに拡大された。すなわち、指定商品の定義規定を改正して(「耐久性を有し、かつ、」との文言の削除)、消耗品も同法の指定商品として扱うこととし(2条4項)、ただ、消耗品についてはクーリング・オフの制限される場合が定められた(4条の3第1項3号)。また、割賦販売・ローン提携販売・割賦購入あっせんのそれぞれにつき、いわゆるリボルビング方式の利用される取引を同法の適用対象とし(2条1項2号・2項2号・3項3号)、個品割賦購入あっせんを割賦購入あっせんに含めて適用対象とした(2条3項2号)。第二に、消費者保護規定を整備して、割賦購入あっせんによる信用授受の関係にも適用することとされた。すなわち、①割賦購入あっせんに関して、取引条件の表示と書面交付につき、義務者を調整し明確にした上での規定が設けられた(30条・30条の2)。②クーリング・オフの権利行使期間が7日間に延長され(その後、訪

問販売法の昭和63年改正に伴い、8日間となった。4条の3）、割賦購入あっせん関係販売に対してもクーリング・オフ制度の適用が規定された（30条の6）。③割賦販売につき、契約が解除される場合だけでなく解除されない場合（期限の利益の喪失や賦払金支払の遅延の場合等）にも損害賠償額を制限することとされ（6条2項）、個品・総合の割賦購入あっせんについても同様の制限が設けられた（30条の3）。また、契約解除の制限の規定（5条）も割賦購入あっせんにおける与信側面の契約の解除に準用される（30条の6）。第三に、割賦購入あっせん業者に対する購入者の抗弁対抗規定が新設された（30条の4・30条の5）。第四に、過剰与信防止に関する規定として、割賦販売業者・ローン提携販売業者・割賦購入あっせん業者は共同して信用情報機関を設立し、その利用等による情報にもとづいて過剰与信防止すべき旨が定められた（42条の3）。また、信用情報の適正な使用についても定められた（42条の4）。

c. **構造的制約**　　割賦販売法は、これらの改正を通じて、消費者販売信用授受の関係を秩序づける法としての性格を強めてきたことが認められる。しかし、制定当初から同法に備わっている前述の市場規制手法と法構造上の特徴が、同法が改正を重ねるにあたっても基本的に維持されており、そのことは、同法が消費者販売信用法としての性格を担うにあたっての制約となっている。

　また、消費者販売信用取引の決済は、同法が適用される「割賦」方式に限られるわけではない。同法の運用に関してではあるが、消費者販売信用市場への民間金融機関の参入に際し、従来の販売信用供与業者と民間金融機関との分野調整が課題とされ、銀行及び銀行系クレジットカード会社は、割賦購入あっせん業の登録が認められなかったため、同法が適用される「割賦」方式以外に販売信用供与を展開することとなり、同法による規制が及ばない大きな販売信用市場が存することになった。わが国の割賦販売法は、消費者保護法としての性格を併有しつつ変遷を遂げているが、同法における消費者保護は、そのような一定の市場規制の枠組みのなかで制約的に図られていることに注意を要する（福原紀彦「割賦販売法における消費者保護の外延」クレジット研究13号〔1995年〕）。

iii　消費者契約法・特定商取引法との連携と総合クレジット法への発展

a. **平成11年改正**　　割賦取引の対象が高額商品の販売にとどまらず商品販売以外の高額取引全般へと拡大し、役務提供を目的とした割賦取引が普及したことを受けて、割賦販売法の規制対象に権利の販売及び役務の提供を目的とした取引が加えられた。また、割賦購入あっせんの定義を一部修正して、金融機関等から買主等を通じて代金を販売業者に交付する場合が含められた。そして、ローン提携販売においても支払停止の抗弁が認められた。昭和59年改正で先送りされた規律が導入されている。

b. **平成12年改正**　　インターネットを利用した通信販売の普及や、カードのような物理的証票を交付せずにID・パスワード等のみで行うカードレス取引の実用化に対応し、また、内職・モニター商法が適用除外となる不都合を回避するため、適用対象の各取引の定義や規制範囲を修正する等、改正された。

c. **平成16年改正**　　マルチ商法等による新たな悪徳商法の増加を受けて、連鎖販売取引が購入者にとって商行為となる場合にも、クーリング・オフ等の消費者保護規定が適用されるよう、改正された。

d. **平成20年改正**　　個別クレジットを利用した過量販売等の消費者トラブルの増加、クレジットカードの新たな不正利用（IC化によって沈静していた偽造等の不正に代わりカード番号・有効期限等のカード情報の漏洩・流出を原因とする不正利用）の増加、貸金業法改正と連動した過剰与信対策の必要性等を受けて、昭和59年改正以来の規模となる大改正が行われた。主要な改正内容は次のとおり。すなわち、①割賦購入あっせんの定義の修正（「信用購入あっせん」と名称変更し、個別方式と包括方式について、包括信用購入あっせん、個別信用購入あっせんと定義）、②個別クレジットの規制強化（個別信用購入あっせんも登録制とし、加盟店の調査義務の明記、個別クレジット契約自体のクーリング・オフの導入等）、③規律対象の見直し（個別信用購入あっせんについて、指定商品・指定役務制度を原則廃止、分割払い方式の信用購入あっせんの「2か月以上かつ3回以上の分割」の要件を撤廃）、④過剰与信の防止（信用購入あっせんの与信管理における過剰与信禁止義務を法定）、⑤クレジットカード情報の管理強化（カードのイシュアー〔発行会社〕とアクワイアラー〔加盟店獲得会社〕にカード情報の保護・管理義務、加盟店・委託者に対する監督義務を法定）である。

e. **平成28年改正**　　包括クレジット利用をめぐる苦情の増加や、キャッシュレス取引の推進とセキュリティー対策の必要性を受けて、クレジットカード取引システムの健全な発展を通じた消費

者利益の向上に向けて、改正がなされた。主要な改正内容は次のとおり。すなわち、①カード会社のアクワイアリング（加盟店管理業務）への規制追加と登録制度の導入、アクワイアラーと加盟店との間に介在する決済代行者の任意登録制の導入、②加盟店調査義務の明記、③セキュリティー対策の厳格化（加盟店もカード情報の適切な管理義務を負うこと等）である（以上の最近の改正の背景と動向につき、阿部・前掲書逐条解説割賦販売法〔第1巻〕34頁、参照）。

3　割賦販売法の主要規律

（1）割賦販売
i　意義
　割賦販売法にいう「割賦販売」とは、販売業者等（販売業者または役務提供業者）が、総合方式または個品方式で、購入者・役務受領者から代金を2か月以上の期間にわたって、かつ3回以上に分割して受領する条件か、または、いわゆるリボルビング方式で、政令による指定商品・指定権利を販売しまたは指定役務を提供することである（割賦2条1項）。リボルビング方式とは、所定の期間ごとにカード等の証票を掲示する等の方法で購入した代金の合計残額を基礎として、定額・定率等の所定の方法で算出した金額を利用者が支払う方式である。
　契約方式としては、割賦払には、「総合方式」（販売業者等がクレジットカード等をあらかじめ利用者に対して交付しておいて、購入者がそのカード等を提示して取引する方式）と「個品方式」（総合方式でなく売買のたび毎に分割支払の方法で契約を締結する方式）とがある。

ii　各種規律
a. 行政規律　　割賦販売業者については、前払式割賦販売を営まない限り、許可制・登録制等の特段の開業規制はない。割賦販売については、開示規制として、取引条件の開示義務（割賦3条1項～3項、とくに実質年率表示、割賦販売法施行規則1条の2）、広告による開示における一括表示の原則（割賦3条4項）、購入者に対する書面の交付（割賦4条）、訪問販売等の場合の書面の交付（割賦4条の2）を定めている（書面交付は相手方の承諾があれば電子的方法でもよい）。
　約款規制として、割賦販売業者に債務不履行がある場合につき、購入者等に不利な特約が契約中に置かれることを防止するための措置が要求されている（割賦販売法施行規則6条1項2号・8条2号）。なお、主務大臣による割賦販売契約の標準条件の告示（割賦9条・10条）や、標準約款の行政指導が行われている。
b. 民事規律　　民事規律としては、契約内容の規整として、①品質等の契約内容への不適合に関する責任（割賦販売業者が商品の欠陥について免責を定める約款条項の禁止、割賦4条1項7号・2項6号）、②契約の解除または期限の利益喪失の制限（割賦5条）＊、契約の解除等に伴う損害賠償等の額の制限（割賦6条、リボルビング方式の場合は明文がなく通達が目安を定めている）＊＊等を定めている（割賦販売法6条を論じた判例として、最判昭52・7・12金判534・20商総行百選70）。

　　＊ 契約解除の制限　　購入者等が賦払金の支払義務を履行しない場合、割賦販売業者は、20日間以上の相当な期間を定めて書面で支払を催告し、同期間内に支払義務が履

行されないときでない限り、支払の遅滞と理由として、契約を解除し、支払期限未到来の賦払金の支払を請求することはできない(割賦5条1項・2項)。長期間にわたる支払を定める割賦販売契約において、わずかな支払遅延によって契約が解除されて購入者に酷な事態になることを防いでいる(江頭・商取引126頁)。

＊＊ 解除に伴う損害賠償額の制限　　割賦販売契約(個品方式または総合方式)が解除された場合(法定解除のみならず任意解除の場合も含む〔東京高判昭45・2・28判タ248・258〕)、解除しないで損害賠償請求をする場合、損害賠償額の予定または違約金の定めがあるときでも、割賦販売業者は、法定の額と法定利率による遅延損害金の額とを加算した額を超える金額の支払を、購入者等に請求することができない(割賦6条1項)。

（2）信用購入あっせん

i　意義

a. 信用購入あっせん　　「信用購入あっせん」とは、購入者が販売業者から商品を購入する際に、あっせん業者が、購入者及び販売業者との契約に従い、販売業者に対して商品代金相当額を交付し、その後購入者があっせん業者に対し当該額を一定の方法により支払っていく取引形態である(指定権利の販売・役務の提供についても同様)。

　消費者への信用供与(クレジット)の主体に注目すると、割賦販売は販売業者による信用供与(自社クレジット)であるが、信用購入あっせんは第三者による信用供与(第三者クレジット)である。割賦販売法は、信用購入あっせんを「包括信用購入あっせん」と「個別信用購入あっせん」との2類型に分けて規律している。

《 信用購入あっせん（クレジット）の仕組み 》

包括信用購入あっせん

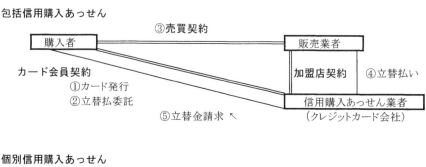

個別信用購入あっせん

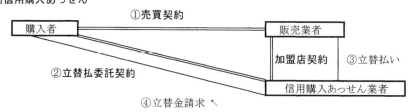

b. 包括信用購入あっせん　　包括信用購入あっせんは、購入者が信用購入あっせん業者（信販会社等）から予め交付された「クレジットカードその他物又は番号、記号その他の符号（カード等という）」を販売業者に提示または通知し、またはそれと引き換えに商品・権利を購入したとき（役務の提供を受ける場合も同様）、代金相当額が信用購入あっせん業者から販売業者に支払われ、信用購入あっせん業者が購入者から代金相当額をあらかじめ定められた時期（利用者と販売業者との間の契約締結時から2か月を超えない範囲内である場合〔マンスリークリア方式等〕は除く）までに受領するか、リボルビング方式で受領する形態をいう（割賦2条3項）。

c. 個別信用購入あっせん　　個別信用購入あっせんでは、カード等が発行されない（割賦2条4項）。いずれも2か月を超える場合は、分割払いか一括払いかを問わない。

ⅱ　各種規律

a. 行政規律　　信用購入あっせん業者は、包括信用購入あっせん業者にも個別信用購入あっせん業者にも、登録制による開業規制がある（割賦31条以下・35条の3の23以下）。信用購入あっせんについては、割賦販売と同様の開示規制（表示義務、書面交付義務）、過剰与信規制がある（割賦30条〜30条の3・35条の3の2〜35条の3の18）。

個別信用購入あっせんについては、悪質商法被害を生じさせる販売等に用いられることが少なくないことから、2008（平成20）年改正により、登録制の導入、加盟店調査義務、禁止行為に該当する場合の個別信用購入あっせん取引の禁止、適正与信義務と過剰与信の禁止（支払能力調査義務と指定信用情報機関制度）、クレジット番号等の管理義務等が定められている。

b. 民事規律　　信用購入あっせんについては、契約内容の民事的規律（クーリング・オフ、解除権の制限、損害賠償額の制限）がある。

信用購入あっせんにおいて、第三者与信形態の消費者信用販売において問題となる抗弁対抗を一定の範囲で認める規定が設けられている（割賦30条の4・35条の3の19、リボルビング方式の場合、割賦30条の5）*。

また、個別信用購入あっせん取引自体のクーリング・オフ制度（割賦35条の3の60第3項・4項）、過量販売解除制度（割賦35条の3の12第1項）、特定取引に関する取消制度（割賦35条の3の13〜35条の3の16）が設けられており、これらにより、クレジット会社等のあっせん業者に対する既払金の返還請求が可能になっている。

> ***支払停止の抗弁**　　購入者等が、商品の販売（権利販売・役務提供も同様）に関して販売業者に対して生じている支払を拒むことができる事由をもって、当該支払請求をする信用購入あっせん業者に対して対抗することができ、これを「支払停止の抗弁」という（割賦30条の4・35条の3の19、リボルビング方式の場合、割賦30条の5）。これに反する特約で購入者等に不利なものは無効である（割賦30条の4第2項等）。政令で定められる額（4万円、リボルビング方式では3万8千円）未満の売買では抗弁対抗は認められない（割賦30条の4第4項等）。
>
> 　割賦販売法上、その信用購入あっせんの定義により、契約の形態を問わず、経済的に同一の効果がある第三者与信形態の販売信用取引が適用対象となる点は画期的といえる。しかし、同法の適用のない第三者与信形態の販売信用取引については抗弁対抗が認

められないのかどうか議論があり、同法の抗弁対抗規定を創設的規定と解した判例がある（最判平2・2・20判時1354・76商総行百選72）。

【 割賦販売法平成28年改正 】

　割賦販売法の新たな改正の方向が、「クレジットカード取引システムの健全な発展を通じた消費者利益の向上に向けて」と題する産業構造審議会割賦販売小委員会報告書（2015〔平成27〕年7月3日、追補版2016〔平成28〕年6月2日）にて示された。電子決済の手段と方法が多様化し融合されていくなかで、また、国際的な展開のなかで、クレジットカード取引の利用実態が変化している。その特徴として、①クレジット業者が加盟店管理業務も扱うオンアス取引に加えて、カード発行（イシュアー、Issuer）業務と加盟店管理（アクワイアラ、Acquirer）業務とが機能分化して、別の法主体によって行われるオフアス取引が常態化していること、②PSP（Payment Service Provider）といった一種の決済代行業者が介在することが多くなったこと、③マンスリークリアー（Monthly Clear）型の利用が増えていること等である。さらには、国際的対応と国内法制との整合を図ることがいっそう必要であり、そこでは、国際ブランド会社の実務に始まったチャージバックルール（Charge Back Rule）の役割を、各国の法制度とどのように接合させるかといった問題がある。これらを踏まえて、前述の報告書では、クレジットカード取引の利用実態の変化に対応させて、割賦販売法を、消費者契約法や特定商取引法とともに改正することが要望された。この要望を受けた割賦販売法改正法が、2016年12月に成立した（改正内容の概略は本書上記コラム「割賦販売法の変遷〔平成28年改正の項目〕」、参照）。

（3）ローン提携販売

i　意義

　「ローン提携販売」とは、購入者が、カード等を利用した指定商品・指定権利の購入代金や提供された指定役務の対価にあてるため、販売業者と提携している金融機関から2か月以上の期間にわたって、かつ3回以上に分割して返済する条件で金銭を借り入れ（第三者与信である）、そのローン提携販売業者が、購入者の債務を保証して、当該販売または役務提供をすることをいう（割賦2条2項1号）。リボルビング方式もある。なお、カード等が交付されない個別方式は、従来はローン提携販売に含まれていたが、2008（平成20）年改正により、個別信用購入あっせんに含まれることになり、脱法の防止が図られた。

ii　各種規律

　ローン提携販売については、割賦販売と同様の開示規制があり（割賦29条の2〜29条の4、但し、開示義務者が調整されている）、クーリング・オフ制度の適用もあるが（割賦29条の4）、契約内容の民事的規律としての契約解除または期限の利益喪失の制限（割賦5条）や契約の解除等に伴う損害賠償等の額の制限（割賦6条）の適用はない（判例は類推適用を認める。最判昭51・11・4民集30・10・915商総行百選71）。

　前述の信用購入あっせんと同様、支払停止の抗弁の規定（割賦29条の4第2項・3項）がある。

2.12.4. 消費者契約法

1 消費者契約法の目的と適用範囲
（1）消費者契約法の目的
（2）消費者契約法の適用範囲
2 消費者契約法の主要規律
（1）契約締結過程の不適切勧誘・困惑行為と消費者取消権
（2）不当条項の無効
（3）他の法律との関係
3 消費者団体による差止請求・裁判手続
（1）適格消費者団体による差止請求
（2）特定適格消費者団体による裁判手続き

1 消費者契約法の目的と適用範囲

（1）消費者契約法の目的

わが国における消費者取引については、個別取引類型ごとに特別法が定められ、それらの特別法は業法ないし行政規制法としての性格が強いことから被害者救済の手段となる民事ルールの適用に限界がみられた。そこで、消費者取引一般を包括的に適用範囲とする民事ルールを設定して、消費者取引における消費者の権利の確立を図るために、平成12年に「消費者契約法」（平成12年法律61号）が制定された＊。

同法は、「消費者と事業者との間の情報の質及び量並びに交渉力の格差に鑑み、事業者の一定の行為により消費者が誤認し、又は困惑した場合等について契約の申込み又はその承諾の意思表示を取り消すことができることとするとともに、事業者の損害賠償の責任を免除する条項その他の消費者の利益を不当に害することとなる条項の全部又は一部を無効とするほか、消費者の被害の発生又は拡大を防止するため適格消費者団体が事業者等に対し差止請求をすることができることとすることにより、消費者の利益の擁護を図り、もって国民生活の安定向上と国民経済の健全な発展に寄与すること」を目的としている（消契1条）。

＊ **消費者契約法に関する最新の参考文献（平成30年改正を含む）** 中田邦博=鹿野菜穂子（編）『基本講義消費者法（第4版）』日本評論社（2020年）、村千鶴子『Q&A改正消費者契約法・特定商取引法』弘文堂（2020年）、消費者庁消費者制度課『逐条解説・消費者契約法（第4版）』商事法務（2019年）、青竹・商法247頁〜273頁。

【 **消費者契約法の改正** 】
消費者契約法は、2000（平成12）年の制定後も、改正が重ねられている（消費者庁消費者制度課・前掲書逐条解説28頁、村・前掲書Q&A2頁・33頁、参照）。
　a. **平成18年改正** わが国で初めての団体訴訟制度として、消費者契約法改正により、事業者の不当な行為（不当な勧誘行為および不当な契約条項の使用）に対する適格消費者団体の差止請求権（消契12条）が認められた。
　b. **平成20年改正** 景品表示法および特定商取引法の規律においても消費者団体訴訟の導入を図るため、適格消費者団体の認定・監督および訴訟手続きについて、消費者契約法に一本化するための措置を講じる改正が行われた。
　c. **平成28年改正** 消費者契約法の制定後初めての実体法部分の改正で、高齢者の消費者被害の増加、電子商取引等の普及による消費者契約の内容・形態の急激な多様化・複雑化

を受けての改正である。2016（平成28）年5月25日に成立した消費者契約法改正法は、6月3日に公布され、一部を除いて、平成29年6月3日に施行された。主な改正内容は、①過量な内容の消費者契約に係る意思表示の取消権（消契4条4項）、②不実告知における重要事項（消契4条5項）の拡大、③取消権を行使した消費者の返還義務の範囲の維持（消契6条の2、改正民法と同日施行）、④取消権の行使期間の延長（消契7条1項）、⑤事業者の損倍賠償責任を免除する条項の無効（消契8条1項3号・4号）、⑥消費者の解除権を放棄させる条項の無効（消契8条の2）、⑦消費者契約の条項を無効とする第1要件に該当する条項の例示（消契10条）、⑧消費者団体訴訟制度の対象の改正（消契12条）である。

  d. 平成29年改正　　平成29年民法（債権関係）改正に伴う改正で、①取消（消契4条）の場合の清算規定の追加（消契6条の2）、②不当条項に関する規定の改正（消契8条1項5号削除・同条2項改正、8条の2改正）が行われた。

  e. 平成30年改正　　平成29年改正趣旨の継続と成年年齢引き下げに伴う改正で、①事業者の努力義務規定（消契3条1項）の修正（個別消費者に応じた配慮）、②取消事由に「付け込み型」の不当勧誘のうち被害が多い形態を6類型追加（消契4条3項3号・4号）、③無効となる不当条項に2類型追加（消契8条の3）を行った。

（2）消費者契約法の適用範囲

　同法において、「消費者」とは個人（事業としてまたは事業のために契約の当事者となる場合におけるものを除く）をいい、「事業者」とは法人その他の団体および事業としてまたは事業のために契約の当事者となる場合における個人をいう。

　そして、同法は、消費者と事業者との間で締結される契約である「消費者契約」に適用される（消契2条）。但し、労働契約については適用されない（消契12条）。事業者は、契約内容の明確化、情報提供に努めるとともに、消費者は、契約内容の理解に努めるものとされている（消契3条）。

2　消費者契約法の主要規律

（1）契約締結過程の不適切勧誘・困惑行為と消費者取消権

　事業者が消費者契約の締結について勧誘をするに際して、当該消費者に対する一定の行為をして消費者が誤認や困惑をし、それによって消費者が当該消費者契約の申込みまたは承諾の意思表示をしたときは、消費者はその意思表示を取り消すことができる（消契4条）。但し、消費者契約の申込みまたは承諾の意思表示の取消しは善意の第三者に対抗することができない（消契4条5項）。この消費者契約法4条は、事業者から媒介の委託を受けた者および代理人により消費者契約が締結された場合にも準用される（消契5条）。

　取消事由の対象となる一定の行為は、次の誤認や困惑による意思表示である。すなわち、①重要事項に関する不実告知（消契4条1項1号・4項）による消費者の誤認、②将来の変動が不確実な事項についての断定的判断の提供（消契4条1項2号）による誤認、③重要事項に関する消費者の不利益事実の故意・重過失での不告知（消契4条2項・4項）による誤認、または、④事業者不退去による勧誘行為（消契4条3項1号）や消費者退去を阻害する勧誘行為による消費者の困惑（同条項2号）、社会生活上の経験が乏しいことによる不安につけ込んだり人間関係の濫用（デート商法等）による困惑（同条項3号・4号）、加齢または心身の故障による不安につけ込んだ勧誘行

為による困惑(同条項5号)、霊感等による知見を用いた告知による困惑(同条項6号)である。また、⑤過量な内容の契約も取消事由となる(消契4条4項)。

　この取消権は、追認をすることができる時から6か月間行わないとき、または、当該消費者契約の締結の時から5年を経過したときは、時効によって消滅する(消契7条1項)。以上により、誤認の場合は、民法の詐欺による取消しや錯誤による無効の主張をするよりも容易に、困惑の場合は、民法の強迫による取消しを主張するより容易に、消費者は取消しを主張することができる。

（2）不当条項の無効

　消費者契約法は、消費者契約における不当条項として、契約条項の全部または一部が無効となる条項を列挙し(消契8条・8条の2・8条の3・9条)、条項が無効される一般的な基準を定めている(消契10条)。

　消費者契約法により、無効となる消費者契約の条項は、次のとおりである。すなわち、①事業者の損害賠償の責任を免除する条項等(債務不履行責任の全部免責条項〔消契8条1項1号〕、故意・重過失による債務不履行責任の免責条項〔同条項2号〕、不法行為責任の全部免責条項〔同条項3号〕、故意・重過失による不法行為責任の免責条項〔同条項4号〕、但し、目的物の契約不適合による債務不履行責任の免責条項は、事業者が履行の追完または不適合の程度に応じた代金・報酬の減額をする責任を負う場合等に無効にならない例外がある〔消契8条2項柱書〕)、②消費者の解除権を放棄させる条項等(消契8条の2)、③消費者が後見開始の審判等を受けたことにより事業者に解除権を付与する条項(消契8条の3)、④事業者に生ずる平均的な損害額を超えて消費者が支払う損害賠償額を予定する条項(契約解除に伴う場合〔消契9条1号〕、履行遅滞の場合〔同条2号〕)である。

　さらに、民法等の任意規定よりも消費者の権利を制限し、または義務を加重する条項であって、信義則に反して消費者の利益を一方的に害するものを無効とする(消契10条)。

（3）他の法律との関係

　消費者契約の契約の取消および条項の効力は、消費者契約法の規定によるほか、民法および商法の規定により(消契11条1項)、民法および商法以外の他の法律に別段の定めがあるときは、その定めによる(同条2項)。

3　消費者団体による差止請求・裁判手続き

（1）適格消費者団体による差止請求

　事業者等が不特定かつ多数の消費者に対して、消費者契約法4条に規定する勧誘行為または同法8条ないし10条に規定する契約条項を含む契約締結の意思表示を現に行い、または行うおそれがある場合には、内閣総理大臣の認定を受けた消費者団体(＝適格消費者団体)が、当該行為の差止を請求できる(同法12条1項～4項)。

消費者被害の個別的・事後的救済にとどまらず、同種被害の発生・拡大を防止するため、2006（平成18）年改正消費者契約法（2007〔平成19〕年6月7日施行）により、一定の消費者団体による差止請求を認めたものである。

（2）特定適格消費者団体による裁判手続き

　2013（平成25）年に、「消費者の財産的被害の集団的な回復のための民事の裁判手続の特例に関する法律（平成25年法律96号）」（＝消費者裁判特例法）が成立し（同法は2016年10月1日施行）、消費者被害を集団的に回復するための二段階型（①共通義務確認訴訟の手続き、②簡易確定手続きおよび異議後の訴訟の手続き）の訴訟制度（消費者団体訴訟制度）が設けられた（消費者庁消費者制度課〔編〕『一問一答・消費者裁判手続特例法』商事法務〔2014年〕、山本和彦『解説・消費者裁判手続特例法〔第2版〕』弘文堂〔2016年〕）。

2.12.5. その他の消費者取引と法的規律

　　　1　消費者取引の法的規律の展開
　　　2　金融サービス提供法（旧・商品販売法）による規律
　　（1）金融商品販売法から金融サービス提供法へ
　　（2）金融サービス提供法の法的規律の概要

1　消費者取引の法的規律の展開

　以上で扱った取引以外にも、消費者保護のための特別の法的規律の対象となる消費者取引は数多く存在している。身近な例をあげれば、旅行サービスを受ける取引に関しては「旅行業法」、不動産取引に関しては「宅地建物取引業法」や「住宅品質確保促進法」等がある。

　最近では、消費者が投資や利殖、資産の形成や維持等のため、さまざまな金融サービス取引に関与しており、多様化、複雑化、専門化が進みリスクが大きくなった金融サービス取引において、消費者がトラブルに巻き込まれることも少なくない。金融サービスを提供する事業者に対しては、その業種に応じて、「銀行法」「保険業法」「商品取引所法」「金融商品取引法」「金融サービス提供法（旧・金融商品販売法）」等による法的規律が設けられている。また、「電子消費者契約に関する民法の特例に関する法律」（＝電子消費者契約法）がある（本書では次章に収録）。

2　金融サービス提供法（旧・商品販売法）による規律

（1）金融商品販売法から金融サービス提供法へ

　販売主体を問わず金融商品の販売に関する共通のルールを定め、金融サービスの利用者の保護を図るために、「金融商品の販売等に関する法律（金融商品販売

法)」(平成12年法律101号)」が、2000(平成12)年に制定された。同法は、金融商品の販売に際し、不当な勧誘が行われた場合における販売業者の不法行為にもとづく損害賠償責任を明確にし、民法の不法行為にもとづく損害賠償責任の追及に較べて購入者側の主張・立証の負担を軽減している。同法の対象は「金融商品の販売」であり、預貯金、保険、証券等と幅広く(金販2条)、改正により、外国為替証拠金取引を含め、金融商品取引法の対象拡大に伴う対象の拡大もなされた。

金融商品販売法は、消費者契約法とともに、消費者取引の民事的規律を包括的に定めた法律であり、わが国における投資サービス法制の第一発展段階を飾るものであった。その後、2020年6月5日に成立した「金融サービスの利用者の利便の向上及び保護を図るための金融商品の販売等に関する法律等の一部を改正する法律」(令和2年法律50号)により、金融商品販売法が改正され、「金融サービスの提供に関する法律」(金融サービス提供法)に改称され、新たな法定業種として「金融サービス仲介業」が創設された。

金融商品販売法は、業者の説明義務違反に対する損害賠償責任を中心とした民事規律から成り、金融商品の販売・勧誘に関する「民事ルール」としての性質が強かったが、金融サービス提供法への改称に伴い、「金融サービス仲介業」を規律する「業法」としての性質を加味することになった。

(2) 金融サービス提供法の法的規律の概要

金融サービス提供法(旧・金融商品販売法)は、金融商品販売業者(金提2条)が負うべき重要事項の説明義務を明確にし(金提3条・5条〜7条)、金融商品の販売等に関する不確実な事項についての断定的判断の提供や確実性を誤認させる告知を禁じ(金提4条)、それらの義務に違反した場合の損害賠償責任を定めている(金提6条)。この損害賠償責任は、民法の使用者責任の規定を経由しない直接責任であり、故意過失の有無を問わない無過失責任である。顧客が損害賠償請求をする場合は元本減損額を損害額と推定する(金提7条)。説明義務違反による損害賠償責任については、同法のほか、民法の規定も適用される。また、同法は、金融商品販売業者等に勧誘の適正を確保することに努めさせ、コンプライアンス・プログラムの策定と公示を義務づけている(金提8条〜10条)。

金融商品販売法は、顧客保護を一層図る観点から、2006(平成18)年に一部改正されている。また、2019年には、資金決済法の一部改正に伴い、金融商品販売法も改正され、暗号資産を取得させる行為を「金融商品の販売」の定義に追加し、適用範囲がいっそう拡大されている。

2020(令和2)年改正・改称された金融サービス提供法で設けられた「金融サービス仲介業」は、預金等媒介業務、保険媒介業務、有価証券等仲介業務、貸金業貸付媒介業務のいずれかを業として行い、「顧客に対し高度に専門的な説明を必要とするものとして政令で定めるもの」は取り扱うことができない(金提11条2項1号)。情報通信技術を利用して金融サービス仲介業務(電子金融サービス仲介業務)を行う金融サービス仲介業者は、一定の要件の下で電子決済等代行業を行うことができる(金提13条1項6号・15条1号・18条1項)。所属制(特定の金融機関に所属して、その指導

等を受け入れなければならない制度）は採用されていない。金融サービス仲介業は、登録制とされ、保証金の供託義務が課せられ、サービス分野に応じた各種行政規制が設けられることになっている。

「金融サービス仲介業」は、ひとつの登録（資格）により、複数業種かつ多数の金融機関が提供する多種多様な商品・サービスをワンストップで提供する仲介業者のことである。例えば、スマートフォンのアプリケーションを通じ、自身の預金口座等の残高や収支を利用者が簡単に確認できるサービスを提供するとともに、そのサービスを通じて把握した利用者の資金ニーズや資産状況を基に、利用可能な融資の紹介や、個人のライフプランに適した金融サービスの比較・推奨等を行うビジネスが想定されている（金融審議会「決済法制及び金融サービス仲介法制に関するワーキング・グループ報告〔WG報告〕」金融庁〔2019年12月20日〕20頁）。

なお、他方で、2006（平成18）年には、幅広い金融商品を対象とした横断的な利用者保護ルールの整備を目的として、従来の証券取引法が大幅に改正され、法律名が「金融商品取引法」に改められている（本書245頁、参照）。そこでは、金融商品販売法上の説明義務と同趣旨の説明義務が行為規制として規定され、いわゆる「適合性の原則」が府令で明らかにされ、その違反に対する監督規制が整備されている（本書247頁、参照）。金融投資サービス法制の第二発展段階となるものであった。

さらに、高度情報化社会において、上記の金融商品販売法の金融サービス提供法への展開等を経て、今後、第三発展段階として、金融商品全般に適用範囲を広げた金融商品サービス法制の総合的な整備が望まれている。

2. 13. 電子商取引

2.13.1. 電子商取引の意義・機能と法的環境整備

    1　電子商取引の意義と形態
    （1）電子商取引の一般的意義
    （2）電子商取引の形態
    2　電子商取引の生成・発展の背景
    （1）高度情報化社会における電子情報活用の経済的機能
    （2）電子情報活用に向けた法的環境整備の課題

1　電子商取引の意義と形態

（1）電子商取引の一般的意義

　企業取引は、引き合いと交渉に始まり、契約の締結を経て、債務の履行と支払・決済がなされるというプロセスをたどるが、そのプロセスでは、さまざまな情報がやりとりされる。そこで、取引のプロセスで必要となる情報の一部または全部を電子化して、その電子データを活用し、コンピュータ・ネットワーク上で取引の一部または全部を行うものを「電子商取引（Electronic Commerce）」または「電子取引（Electronic Transaction）」という。

（2）電子商取引の形態

　取引の主体が企業（Business）、消費者（Consumer）、政府または自治体（Government）のいずれであるかに注目して、電子商取引あるいは電子取引は、その形態別に、BtoB、BtoC、CtoC、GtoG、GtoB、GtoCというように表示される（toは2と表記されることもある）。

　企業間電子商取引（BtoB）には、特定の企業間で事前の取り決めを必要とする「電子データ交換（Electronic Data Interchange）」（＝EDI）や「生産・調達・運用支援統合情報システム」（＝CALS）等による特定企業間の電子商取引と、企業間で事前の取り決めをあまり必要としないオープンなEDI（Open-edi）で運用される不特定企業間の電子商取引とがある（EDIは企業間取引の総合的な合理化を目的として、受発注や物流、請求・支払、商品、取引条件等の企業取引に関する情報を、コンピュータと通信回線を通じて直接に交換するシステムであり、企業取引のデータ交換に関する標準規約にもとづく企業間オンラインデータ交換システムである。EDIはクローズドEDIと呼ばれる特定企業間のEDIに始まり、データ交換システムと規約の標準化対象範囲の拡大によって、複数企業間や異なる業種の企業間でのデータ交換へと進展し、さらにオープンなネットワーク環境を活用する不特定企業間のEDI〔Open-edi〕へと展開している）。

　政府・自治体と企業との電子商取引（GtoB）では、電子入札と電子公共調達が行われる。企業と消費者間の電子商取引（BtoC）には、オンライン・ショッピングやイン

ターネット・ショッピングがある。また、インターネット・オークションでは、消費者間での電子取引（CtoC）が成立する場合が多い。こうした取引主体に注目しておくことは、ひとまず、従来から存在する民法、商法、消費者関連の特別法の適用の有無を判断することに役立つ。そして、電子情報が活用される電子商取引の特性に応じて、法制度の整備が行われている。

【 電子決済の意義と態様 】

　企業取引の支払・決済においても電子情報が活用されており、それらは電子決済と総称されている。電子決済の手段と方法の開発・普及は、電子商取引の進展においても大きな役割を果たしている（例えば、通信販売として行われる電子商取引）。

　電子決済の態様のひとつに、決済方法を電子化する態様がある。電子的方法により銀行に対する預金債権を付け替えることで預金を移動することを「電子資金移動（Electronic Funds Transfer ＝ EFT）」といい、それによって決済がなされる場合である。ネットバンキングやATM等を利用した電子的方法による振込・振替がそれである。また、クレジットカードによる支払・決済を電子的な方法で行う場合もある。

　もうひとつの態様として、決済手段となる価値を電子化して価値の授受を直接的に実行する場合があり、その電子化された決済手段は、「電子マネー」と称されている。利用されるメディアの形態に注目すると、プラスティック製のカードに集積回路を組み込んだICカード型と、ソフトウェアを用いたネットワーク型とがある。この種の電子決済については、わが国では、最近になって、特別の法制度整備が進んだ。ICカード化とともに普及が著しいプリペイドカードについては、「前払式証票の規制等に関する法律」による規制があったが、2009（平成21）年6月には、「資金決済に関する法律（資金決済法）」が成立し、サーバー管理型の前払式資金決済手段が規制対象になり、銀行法との調整の上に、ITを活用した資金決済ビジネスの制度整備が進んでいる（福原紀彦「電子支払決済法制の新潮流」比較法雑誌50巻4号189頁〔2017年〕、福原紀彦「Fintechによる電子商取引・決済法の生成と展開」中央大学学術シンポジウム研究叢書11巻249頁〔2017年〕、片岡義広=森下国彦〔編〕『Fintech法務ガイド〔第2版〕』商事法務〔2018年〕、参照）。

　他方、電子手形の実現に向け、2007（平成19）年6月に「電子記録債権法」が成立し、同法は2008（平成20）年12月に施行され、2009（平成21）年秋には同法にもとづく電子記録債権の実施が始り、今日では、多くの金融機関が参加している。

2　電子商取引の生成・発展の背景

（1）高度情報化社会における電子情報活用の経済的機能

　電子商取引は、高度情報化社会におけるデジタライゼーション（Digitalization）をの潮流のなかで、電子情報活用の有用性と経済的機能を発揮するべく生成し、発展を遂げている取引である。

　コンピュータとインターネットを中心とする情報技術（IT ＝ Information Technology）の目覚ましい発達により、社会のさまざまな分野において、情報の電子化と電子データの活用（電子情報活用）が進み、情報の果たす役割がいっそう増大し重要視される社会、すなわち「高度情報化社会」が到来している。高度情報化社会では、電子情報の活用により、企業その他の組織運営や取引活動のあり方が大きく変容している。すなわち、組織運営と取引活動が各種情報の電子化と電子データの交換を通じて実現され、膨大なデータの自動処理とオープンネットワークの利用によって展開されている。

　情報の電子化と電子データの活用には、次のような有用性と経済的機能がある。

すなわち、第一に、企業その他の経済主体にとっては、種々の行動の迅速・正確化と省力化に役立ち、経済活動の合理性、効率性および利便性を向上させる。第二に、経済市場に対して質的に大きな影響を及ぼす。すなわち、情報流通コストが引き下げられて分権的な意思決定を特徴とする市場メカニズムが機能しやすい環境が生み出され、市場の公正と透明性の確保（市場の高コスト構造の是正）を促進する。第三に、社会全般においては、経済主体間で各種情報が共有されやすくなり、経済主体間での提携・協同の機会や、新たな価値創造の機会が増加する（石黒憲彦『電子商取引―日本再生の条件』日刊工業新聞社〔1996年〕）。高度情報化社会では、そうした電子情報活用の有用性と経済的機能を保障するために、一定の政策方針が策定され（後掲コラム、参照）、その下に法的環境整備が進められる（福原紀彦「電子商取引法の生成と消費者保護の課題」戸田修三先生古稀記念論文集『現代企業法学の課題と展開』文眞堂〔1998年〕333頁、福原・前掲Fintechによる電子商取引249頁）。

（2）電子情報活用に向けた法的環境整備の課題

電子情報通信の技術的な発展と環境整備の進展により、インターネットと電子データを活用した活動が多方面で普及し、それらを推進する政策が展開されている。それらの政策のもとで進められた法的環境整備の課題は、既存のさまざまな法領域に及んでいるが、それらの共通の目的は、大きくは、①既存の法的環境にあって電子情報活用の実現と展開を妨げる法的障碍を除去すること、および、②電子情報を活用した取引の安全（Transaction Security）を法的に確保することにある（内田貴「電子商取引と法」NBL600号44頁〔1996年〕）。

それらの課題を解決する具体的な立法改革のあり方としては、大規模で全般的な立法措置を講じる方法もあれば、中小規模で個別的な法改正や立法措置を積み重ねていく方法もある。企業社会の成熟度が高く先進的であるために豊富な産業法制を擁している場合には、直ちに前者の方法を採ることが困難であるから、後者の方法を採らざるを得ない。わが国の法制度整備もそのような傾向にある。

しかしながら、高度情報化社会の進展は、ICT化の過程からICT・AIの利活用により、デジタル・トランスフォーメーション（Digital Transformation ＝ DX，社会のデジタル化〔Digitalization〕に対応して新たな価値を創造し、企業や組織の価値を高めていくこと）に向けたさまざまな取組みを必要とし、小規模解決手法から抜本的総合的解決手法への転換が行われようとしている＊。

本書では、電子情報活用に向けた法的環境整備の本質的で共通の課題を概観した上で、今日的な高度な展開にも言及することとする。

　＊ **DX・AIと法に関する最新の参考文献**　　AIとDXによる法制度の進展に関する最新の文献として、武井一浩・他（編著）『デジタルトランスフォーメーション法制実務ハンドブック―社会的価値を実現するDXガバナンス』商事法務（2020年）、福岡真之介（編著）『AIの法律』商事法務（2020年）、宍戸常寿・他（編著）『AIと社会と法』有斐閣（2020年）がある。

【 わが国の電子情報利活用とデジタル化に向けた政策（基本法）の展開 】
　ⅰ　**ミレニアム・プロジェクトとIT基本法2000**　　わが国では、1999（平成11）年12月決定の

「ミレニアムプロジェクト」において、情報化、高齢化、環境の3分野が21世紀の社会における重要分野に指定され、情報化関連施策としては、「世界最高水準の電子政府の実現」を目標に、「高度情報通信社会推進に向けた基本方針（アクション・プラン）」が策定され、2000（平成12）年11月成立の「高度情報通信ネットワーク社会形成基本法（いわゆるIT基本法）」（平成12年法律144号、2001〔平成13〕年1月施行）が制定され、以後、これらにもとづき政策が展開されてきた。

ii　**インフラ整備とIT利活用の進化**　　IT基本法の制定を受けて、政府はIT戦略本部を設置し、当時より5年以内に世界最先端のIT国家になることを目指すという目標を掲げて、「e-Japan戦略」（2001年1月22日）を決定した。そこでは、2003（平成15）年度までに電子情報を紙媒体情報と同等に扱う行政の実現と、IT活用による公共サービスの多様化と質の向上を図り、広く国民がITの恩恵を享受できる社会の実現が謳われた。その後、「e-Japan戦略II」（2003年7月2日）、「e-Japan戦略II加速化パッケージ」（2004年2月6日）、「IT政策パッケージ2005」（2005年2月24日）が相次いで策定され、毎年の「e-Japan重点計画」にもとづいて、e-Japan戦略最終年の2005（平成17）年末まで、さまざまな施策が展開された。

その後、2013（平成25）年には、内閣情報通信政策監（政府CIO）が法定設置され、府省庁横断的な課題への横串的な取組が推進され、同年には、世界最先端IT国家創造宣言がなされ、BPR等を通じた政府自身の改革の推進やIT利活用の裾野拡大が謳われた。2014（平成26）年には、サイバーセキュリティ対策に関する国・地方公共団体の責務を規定する「高度情報通信ネットワーク社会形成基本法（サイバーセキュリティ基本法）」（平成26年法律104号）が成立した。

iii　**データ利活用とデジタル・ガバメントの実現へ**　　2016（平成28）年には、データ利活用を通じた社会課題の解決に向けて、「官民データ活用推進基本法」（平成28年法律103号）が制定され、以後、「世界最先端IT国家創造宣言・官民データ活用推進基本計画」（2017〔平成29〕年・2018〔平成30〕年・2019〔令和元〕年）が策定されて、デジタル・ガバメントの推進とともに、社会全体のデジタル化が志向された。

2019（令和元）年には、「情報通信技術の活用による行政手続等に係る関係者の利便性の向上並びに行政運営の簡素化及び効率化を図るための行政手続等における情報通信の技術の利用に関する法律等の一部を改正する法律（デジタルファースト法）」（令和元年法律16号）が成立している。また、情報化社会の進展を踏まえて情報処理の促進について定めていた「情報処理の促進に関する法律（情報処理促進法）」（昭和45年法律90号）が、2019（令和元）年と2020（令和2）年に改正され、2019年改正では、「情報処理システムが戦略的に利用され、及び多様なデータが活用される高度な情報化社会の実現を図る」ことが同法の目的規定に追加された。

iv　**IT新戦略へ**　　2020（令和2）年に全世界を襲った新型コロナウイルス感染症の影響により、テレワークやオンラインによる諸活動が一挙に普及し、DXの流れが加速している。政府では、高度情報通信ネットワーク推進戦略本部が、Society5.0に向けて、with/afterコロナを見据えたデジタル強靱化社会におけるIT新戦略の全体像を描き、デジタル庁の創設をはじめ、IT基本法の抜本的改正に着手している。

2.13.2.　電子商取引に関する法的規律

　　　1　法的障碍除去のための法的規律
　　（1）文書・書面から電子データの活用へ
　　（2）　IT書面一括法
　　（3）　e-文書法
　　　2　電子情報環境下における取引安全の確保のための法的規律
　　（1）電子データの脆弱性と情報セキュリティの確保
　　（2）電子署名・電子認証と電子委任状
　　　3　電子商取引における電子契約
　　（1）電子契約の地位と意義
　　（2）電子契約をめぐる法的論点

1　法的障碍除去のための法的規律

（1）文書・書面から電子データの活用へ

　取引のプロセスでやりとりされる情報は、それ自体で伝達できるものではなく、なんらかの媒体を必要とし、その媒体として紙を利用するものが「文書」であるのに対して、電気信号を利用するものが「電子データ」であり、その主流をなすのがデジタルデータである。電子データを想定しないで文書や書面の存在を前提としている従来の多くの法制度のもとに電子情報の活用場面の法的処理が委ねられると、前述のような電子情報活用の有用性と経済的機能が十分に発揮されない。

　わが国では、契約の成立要件においては、一般的に書面性が要求されていないので、この点では電子データの活用ができないという問題が生じることはないが、従来から紙等の物理的存在を媒体としてきた各種特別法規制の諸要件を充足する上で、電子データによってどこまで、どのような形で代替できるかが課題となる。この課題に対して、電子データの活用を可能とするため、法令上の書面要件を緩和し、文書保存義務、情報開示・提供義務の態様が改められてきた＊。

> ＊ **電子情報利用への法的対応とペーパーレス・電子保存の嚆矢**　　わが国では、電子情報の利用への法的対応として、すでに、1987年の刑法改正（昭和62年法律52号、1987年5月成立）において「電磁的記録」の概念が導入され、1997年の著作権法改正（平成9年法律86号）において、サーバーを意味する「自動公衆送信装置」概念が導入されていた。
> 　そして、「電子帳簿（国税関係書類）保存法」（平成10年法律25号）により、国税関係書類について、従来は書面で保存することを必要とされていたものを、税務署長等の承認のもとに、はじめから電磁的記録で作成した場合には電磁的記録で保存することが容認された。電子情報活用の有用性と経済的機能を万全に発揮することまでが想定されていたわけではないが、膨大なデータの電子保存によるペーパーレス化のエポックであった。
> 　さらに、令和2年度税制改正による電子帳簿保存制度の見直しに伴い、電子取引を行った場合の電磁的記録の保存要件を緩和（選択肢追加）する見直しについては2020（令和2）年10月1日以後に行う電磁的記録の保存について適用された。新たな「電子帳簿保存法Q&A（一問一答）」国税庁（2020年7月）は以下のサイトにある。
> 　　https://www.nta.go.jp/law/joho-zeikaishaku/sonota/jirei/07index.htm

（2）　IT書面一括法

　「書面の交付等に関する情報通信技術の利用のための関係法律の整備に関する法律（IT書面一括法）」（平成12年法律126号）では、民民間（民間の主体の間）での書面交付義務の履行を「電磁的方法」によって代替することが広く認められるとともに、一部の組合において組織体の意思決定方法として電子投票制度が導入され、相手方の承諾を条件としたIT利用が許容された。

　同法は、民民間の書面の交付あるいは書面による手続の義務について、従来の手段に加えて、送付される側の承諾を条件に、電子的手段によることを容認する。既存法による書面要件が電子商取引促進の法的障碍となることから、関係法律50本につき、その障碍を一括して除去しようとするものである（但し、公正証書を要求しているもの〔借地借家法等〕、取引が相対で行われる等、電子商取引が行われる可能性がないもの〔質屋営業法等〕、国際条約にもとづくもの〔国際海上物品運送法等〕、契約をめぐるトラブルが現に

多発する等書面要件の代替が困難なもの〔貸金業法等〕の4類型については電子化容認の例外とされた）*。

　同法は、情報通信技術を利用する方法による書面記載事項の提供に関するみなし規定を定めるとともに、到達時期のみなし規定を定めている。後者の到達時点は、書面が交付されたと「実質的に」同視されるよう、送付される側の使用するコンピュータのファイルへの記録がされた時点とされ、関係法律にて当該規定を設ける必要がある場合は、従来から書面の交付時点がクーリング・オフの起算点になっている等、当事者同士に委ねておいては起算点や期限が確定しない場合のみに限定している。従来から、書面の交付や通知は、その受領者たる消費者の保護のためにあるので、相手が書面を手許に有している場合と同じ状態、すなわちプリントアウトできる状態におかなければ要件を満たしたことにはならないということになる。そして、政令では、受け手の承諾を得る際の具体的方法、受け手より承諾の撤回があった場合の対応、受け手のファイルへの記録の確認義務が定められる。関係法律における消費者保護の対応の違いに拘わらず一括して書面の電子化を容認する立法手法に対しては、省令による具体的な運用においてきめ細かな対応が求められる。

　　* **会社関係書類の電子化と行政手続のオンライン化**　　IT書面一括法で保留されていた会社関係の書類および手続のIT化は、2001（平成13）年11月の改正商法（平成13年法律128号）と同整備法（平成13年法律129号）において実現に向かい（会社書類・株主総会招集通知等の電子化や電子投票制度の導入等）、2004（平成16）年の改正商法（平成16年法律87号）において「電子公告制度」が導入された後、2005（平成17）年成立の「会社法（平成17年法律86号）」において集約された。
　　他方、いわゆる電子政府・電子自治体推進のための行政手続のオンライン化を実現するために、「情報通信技術を活用した行政の推進等に関する法律」（平成14年法律151号）等が整備された（いわゆる行政手続オンライン化関係3法）。同法では、個別に各法を改正して束ねる方式ではなく、全手続を対象にオンライン化を可能とする通則法の方式が採用された。このように、官民の双方から電子化を推進する法的基盤の整備が開始されたが、それらの本格的な展開は、デジタライゼーション（DX）のもとでのデジタル化の推進であり、それは、2020（令和2）年からの新型コロナウイルス感染症の拡大に伴うオンラインでの諸活動（Web会議・テレワーク・オンライン授業等）による電子情報活用によって加速された。

（3）　e-文書法

　電子化を可能とする初期の法整備では、電子的に作成されたデータを電子的に保存することを可能とするものであり、取引相手方から書面で受け取った契約書や領収書等の保存等（民間事業者等が法令の規定により書面による保存が義務づけられる場面）についてまで電子化が認められたわけではなかった。そのことまで可能とするために、「民間事業者等が行う書面の保存等における情報通信の技術の利用に関する法律」（平成16年法律149号）」および「同整備法」（平成16年法律150号）、いわゆる「e-文書法」（前者を通則法、後者を整備法と呼ぶ）が制定された。

　e-文書法により、当初からパソコン等で「電子文書」として作成された場合だけでなく、一定の技術要件（個別法令ごとの担当主務法令により、概ね、見読性・完全性・機密性・検索性の要件を定める）を満たせば、原本が紙媒体の文書をスキャニングしてイメージデータ化した「電子的文書（電子化文書）」も原本として保存することが容

認され、書面の保存等の係る負担の軽減が図られることになった。

2　電子情報環境下における取引安全の確保のための法的規律

（1）電子データの脆弱性と情報セキュリティの確保

　電子データが主にデジタルデータの形態をとってコンピュータネットワーク環境下で送受されると、そこには、複製や改竄が容易であるというデジタルデータの脆弱性のゆえに、第三者が当事者に「なりすまし」たり、送信を「否認」したり、盗聴や複製・改竄による不正が行われ易く、また、それら不正が検出し難いという事情が存在する。このため、電子情報の活用にあたってはセキュリティの問題（「存在証明」と「非改ざん証明」）を克服することが不可避となる。とりわけオープンなネットワークを通じてデータが交換される場合には、メッセージの伝達経路が事前に規定されないので、セキュリティの問題はいっそう重大である。

　情報の秘匿のために開発され発展を遂げてきた暗号技術が、情報セキュリティの問題に対処するため重要な技術的基盤の一翼を担っている。すなわち、この場合に利用される暗号技術として、送信者と受信者とが暗号化・復号化に共通の秘密鍵を用いる共通鍵（対称鍵）方式と、暗号化と復号化に別々の鍵を要する（秘密鍵と公開鍵とが一対をなし、秘密鍵で暗号化されたものは対の公開鍵でしか復号できず、公開鍵で暗号化されたものは対の秘密鍵でしか復号できない）公開鍵（非対称鍵）方式とがある。共通鍵暗号方式は特定当事者間のメッセージの送受において効率的に利用できるが、オープンネットワークを通じた不特定当事者間でのメッセージの送受においては、第三者の不正な介入を防ぐ上で、公開鍵暗号方式が適している。そして、公開鍵の信用性を保障して、当事者間でメッセージの作成と内容の真正性を確認するためには、「電子署名」と「電子認証」のシステムが整備される必要がある*。

　また、電子データ（電磁的記録）の存在証明と非改ざん証明の問題を克服する手段として、もうひとつ、「タイムスタンプ」の仕組みがある**。

　わが国でも、そうした仕組みを踏まえ、電子データ授受の安全と信頼を確保するための法的基盤形成が進んでいる。

　　＊　**電子署名と電子認証**　　公開鍵暗号方式を用いる場合でも、公開鍵自体の信用性を保障する必要があり、また、当事者間でメッセージの作成と内容の真正性を確認する必要がある。これらの必要に応じる方策が公開鍵暗号方式を応用して考案され実用化されている。第一には、公正な立場で多数の公開鍵を配布・登録・管理し、電子証明書を発行して、公開鍵の認証（authentication）を行う「認証機関」（CA ＝ Certification Authority）の設置であり、この認証機関を利用した電子認証のシステムである。第二は、ハッシュ関数（データ圧縮のための関数で、いったん圧縮された結果からは原データの復元が困難な一方向機能をもつ）と公開鍵暗号方式の技術により実現される電子署名、厳密にいえば、デジタル署名（digital signature）の仕組みである。この仕組みにより、送信者の差し出し否認を防ぐとともに、メッセージの一貫性（伝送途中で改竄・変質のないこと）を保障できる。第三は、当事者間のメッセージ交換に「信頼できる第三者（Trusted Third Party）」を介在させる仕組みである。この仕組みにより、受信者の受け取り否認を防ぐとともにメッセージの真正性を証明できる。

** **タイムスタンプ**　タイムスタンプ(Timestamp)とは、一般に、ある出来事が発生した日時・日付・時刻などを示す文字列をいい、郵便物の消印もこれに当たるが、ここでは、コンピュータやデジタルカメラ等の電子機器によって記録されるタイムスタンプ(デジタル・タイムスタンプ〔Digital Timestamp〕)のことをいう。厳密には、デジタル・タイムスタンプは、出来事が発生した時刻そのものを指すのではなく、コンピュータにイベントが記録された時刻を指すことになる。

　タイムスタンプは、「特定の電子情報と時刻情報を結合することにより、その時刻以前にそのデータが存在したことの証明(存在証明)とその時刻から検証した時刻までの間にその電子情報が変更・改ざんされていないことを証明(非改ざん証明)することができる手段、およびその証拠に結びつく情報」と定義されている(タイムビジネス推進協議会「信頼されるタイムスタンプ技術・運用基準ガイドライン」〔2005年11月〕)。タイムスタンプを発行する「時刻認証局(Time-Stamping Authority ＝ TSA)」が信頼できる第三者であることが必要で、その役割は、データ通信協会の「タイムビジネス信頼・安心認定制度」による認定を受けた「時刻認証業務認定事業者」に求められる(高林淳・他〔編〕『電子契約導入ガイドブック〔国内契約編〕』商事法務〔2020年〕192頁・155頁、参照)。

　電子帳簿保存法では、スキャナ保存により国税関係書類をデータ保存する要件として、認定スタンプを付すことになっている。また、電子取引にかかる電子契約をデータ保存する場合、原則として、電子データに認定スタンプを付与すること等が求められている(電子帳簿保存法施行規則8条1項・3条5項2号)。

(2) 電子署名・電子認証と電子委任状に関する法制度
1) 法務省による電子認証・電子公証制度の創設

　取引の効力に重大な影響を及ぼす企業組織事項を公示し、取引の相手方の信頼の基礎として利用されてきた商業登記制度を基盤にして、登記情報の電子化と電子認証への活用が進んでいる。2000(平成12)年4月の改正商業登記法により「商業登記に基礎をおく電子認証制度」が導入され(同年10月10日運用開始)、同商業登記法改正と同時の公証人法および民法施行法の一部改正により「公証制度に基礎を置く電子公証制度」が導入された。

　商業登記に基礎をおく電子認証制度(商登12条の2)では、法務省の商業登記認証局が商業登記情報や提出された印鑑に関する情報に基づいて、「電子証明書」(送信者の氏名や公開鍵等の情報が含まれ、第三者機関の役割を担う登記官自身が電子署名を施す)を発行する。これが会社の実在、代表権の存在、代表者の同一性等を証明し、資格証明書と印鑑証明書の機能を兼ね備える。そして、「電気通信回線による登記情報の提供に関する法律」(平成11年法律226号)により、オンラインによる証明事項の照会制度が設けられている。これらにより、電子商取引の場面において最新登記情報に基づく確実な取引や申請が可能となっている。この制度は、法人認証の場面で商業登記情報を活用した信頼性の高い電子認証制度の構築を図ったものであり、他の電子認証制度との連携により、高度情報化社会の企業活動の制度基盤となる。

　他方、公証制度に基礎をおく電子公証制度の導入により、公証人は、従来の文書と同様に、電磁的記録についても電子署名をした者につき認証し(公証人法62条ノ6第1項)、電磁的記録に確定日付を付与することができ(民法施行法5条2項)、その記録の保存とその内容の証明(公証人法62条ノ7、民法施行法7条)により後日の紛争に備えることができるようになっている。

２）電子署名・認証法

「電子署名及び認証業務に関する法律（電子署名法）」（平成12年法律102号）」は、本人による電子署名のある電磁的記録は真正に成立したものと推定し、従来の手書き署名や押印のある文書が真正に成立する（本人の意思にもとづく）と推定する民事訴訟法228条4項の効力を電子文書にも与える（電子署名法3条）。

認証業務は民間の企業が営むことができるが、同法は、信頼ある電子署名と認証業務の確保のため、特定認証業務に関する主務大臣による認定の制度を定めている。この認定を受けることは任意であり、認定を受けない事業者による認証によっても電子署名の効力が否定されるわけではないが、認定を受けることで事実上の信頼が高まる。同法は、電子署名をリアルの署名と法律上同一の扱いとし（機能的等価物〔Functional Equivalent〕アプローチ）、電子署名の技術を特定しない考え方（技術中立性〔Technological Neutrality〕）を維持している。

３）公的個人認証法

いわゆる行政手続オンライン化関係3法のひとつとして、「電子署名等に係る地方公共団体情報システム機構の認証業務に関する法律（公的個人認証法）」（平成14年法律153号）」が制定され、同法にもとづくサービスが2004（平成16）年1月29日から開始されている。これは、民間主導による電子署名法の運用とは別に、地理的条件等による利用格差が発生しないように市町村と都道府県とが連携して高度な個人認証サービスを実施する制度を定めることにより、電磁的方法による申請、届出その他の手続における電子署名の円滑な利用促進を図るものである。

2013（平成25）年成立の「行政手続における特定の個人を識別するための番号の利用等に関する法律（マイナンバー法）」（平成25年法律27号）にもとづいて利用が開始されたマイナンバーは、本人が拒否した場合を除き、公的個人認証サービスを利用するための電子証明書が搭載される。今後、マイナンバーカードの普及とともに、公的個人認証サービスの活用がいっそう促進されることが期待されている（片岡義広他編・前掲書Fintech法務ガイド338頁）。

４）電子委任状法

商業登記に基礎をおく電子認証制度においては、登記されない法人役職員は電子認証されず、そのような役職員の代理権限は委任状等による確認が必要であり、それが紙ベースでしか行えないと、電子データ・電子ファイルの活用が滞ることになりかねない。また、電子署名法の特定認証業務は個人本人の存在を証明するにとどまり、役職や権限といった個人の属性を証明するには別の手段が必要となる。電子署名法における電子証明書は認証事業者によって作成されるが、委任状の内容を法人代表者等が作成する場面を別途考慮する必要がある。

これらのニーズに対応するために、「電子委任状の普及の促進に関する法律（電子委任状法）」（平成29年法律64号）が平成30年元日から施行されている（総務省が、同法の所管省として、経済産業省とともに、電子委任状の普及を促進するための基本的な指針の策定や電子委任状に関する広報活動など同法の施行に必要な取組を行っている）。

同法により、①企業が電子委任状取扱事業者に対して委任者となる代表者を登録し（その際、電子委任状取扱事業者は登記事項証明書や代表者の印鑑証明で代表者を確

認）、②企業は、受任者となる役職員と委任事項を一括して、電子委任状法取扱事業者に登録した上で、③取引に際して、企業は、代表者等が使用人等に代理権を与えた旨を表示する「電子委任状」を利用し、電子委任状を受け取った者は、契約等を進めようとしている相手方が適切に権限を有していることを電子委任状取扱事業者に確認することで、電子的な取引の安全に資することになる。電子委任状は、有効期限内であれば、受任者は委任を受けた権限にもとづいて何度でも有効に契約を締結することができ、企業は、取引先に対して、役職員の電子委任状を取引の都度発行する煩雑さは避けられる。

【 電子委任状法の目的・内容と活用 】

　i　**目的**　同法の目的は、「電子情報処理組織を使用する方法その他の情報通信の技術を利用する方法により契約に関する書類の作成、保存等の業務を行う事業者の増加、情報通信ネットワークを通じて伝達される情報の安全性及び信頼性の確保に関する技術の向上その他の電子契約を取り巻く環境の変化の中で、電子委任状の信頼性が確保されることが電子契約における課題となっていることに鑑み、電子委任状の普及を促進するための基本的な指針について定めるとともに、電子委任状取扱業務の認定の制度を設けること等により、電子契約の推進を通じて電子商取引その他の高度情報通信ネットワークを利用した経済活動の促進を図る」ことにある（電子委任状法1条）。

　ii　**内容**　同法は、①電子委任状の普及の意義及び目標、②電子委任状に関する関係者の理解を深めるための施策、③電子委任状に記録される情報の記録方法の標準（電子委任状に委任者が電子署名をする場合と電子委任状に委任者が電子署名をしない場合のそれぞれについて、記録方法の標準）、④電子委任状取扱業務の実施方法について認定の基準となるべき事項（同法3条2項）を定めることにしている。

　同法の基本指針として、主務大臣は、電子委任状の普及を促進するための基本的な指針を定めるものとし（同法3条）、国は、広報活動等を通じて、電子契約の当事者その他の関係者の電子委任状に関する理解を深めるよう努めなければならないと定める（同法4条）。

　同法は、電子委任状取扱業務の認定等について、電子委任状取扱業務（代理権授与を表示する目的で、電子契約の一方の当事者となる事業者の委託を受けて、電子情報処理組織を使用する方法その他の情報通信の技術を利用する方法により、電子委任状を保管し、当該電子契約の他方の当事者となる者又はその使用人その他の関係者に対し、当該電子委任状を提示し、又は提出する業務）を営み、又は営もうとする者は、主務大臣（総務大臣及び経済産業大臣）の認定を受けることができることとし、認定の要件を定めるとともに、認定に係る手続、電気通信事業法の特例、認定を受けた業務の表示を可能とする規定等を設ける（同法5条〜12条）。

　その他、主務大臣の報告徴収及び立入検査（同法13条）、罰則（認定を受けた電子委任状取扱業務以外の用に供する特定電磁的記録等に、認定を受けた業務である旨の表示又はこれと紛らわしい表示を付した場合には、50万円以下の罰金〔同法16条〜19条〕）を定めている。

　iii　**活用**　電子委任状法の施行と連動して、政府のデジタル化が促進されている。例えば、2020（令和2年）年1月から、e-Taxでは、電子委任状によって企業の経理担当者らが代表者から委任を受けて納税の申告が可能とされ、2021年5月からは、官公庁の電子入札で利用される政府電子調達においても利用可能となる。

3　電子商取引における電子契約

（1）電子契約の地位と意義

1）電子商取引法と電子契約法

　電子商取引または電子取引の法的規律（電子商取引法）は、電子情報活用の有用性と経済的機能を保障することを目的として、電子化を可能とするための法的障害

除去と電子情報環境下での取引の安全確保を軸として、上記のように整理ができた。それらは、取引の電子化に対応する法と実務の揺籃・成長期において、いわゆる電子商取引法を、生成する過程に着目して整理したものでもある。さらに、今日、取引の電子化に対応する法と実務の成熟期を迎え、電子商取引法をあらためて独自の法分野として認識し整理する試みが蓄積されている。

電子商取引法は、行政規律・民事規律・刑事規律を擁し、実体法と訴訟法の双方に亘って展開している複合法領域性を有するが、その目的を果たすためには、取引が契約の効力を得て法的に秩序づけられることが必要であり、そのための民事規律として、契約法規律が重要な役割を担っている。この契約法規律を、電子契約法として認識し整理する試みが進んでいる*。

> * 電子商取引法・電子契約法に関する参考文献　　松本恒雄=齋藤雅弘=町村泰貴(編)『電子商取引法』勁草書房(2013年)、吉川達夫(編著)『電子商取引法ハンドブック(第2版)』中央経済社(2012年)、松井茂記・他(編)『インターネット法』有斐閣(2015年)167頁、渡邊涼介・他(著)『電子商取引・電子決済の法律相談』青林書院(2020年)、高林淳・他(編)『電子契約導入ガイドブック(国内契約編)』商事法務(2020年)等。

2）電子契約の意義

電子契約は、狭義には、契約のなかで、契約締結過程において、インターネットや専用回線などの通信回線を用いた情報交換により合意の成立をはかることをいい、狭義には、その場合に、合意成立の証拠として、電子署名やタイムスタンプを付与した電子ファイルを利用するものをいう(松井他・前掲書172頁)。

電子ファイルと呼ばれる電子文書は、リアルの書面に較べると、デジタル・データの脆弱性(改ざんの容易性、匿名性)に起因する問題点があるが、公開鍵暗号・ハッシュ関数などの技術を用いた電子署名・タイムスタンプを電子ファイルに付与することにより、その電子ファイルの存在(署名者本人による作成が署名時点で存在すること)と非改ざん(署名時点以降に改ざんされていないこと)を証明することができる技術的環境が整備され、電子帳簿保存法や電子署名法などの法的環境の整備とともに、最近では、さまざまな電子署名サービス・タイムスタンプサービスが商業ベースで提供されるようになった。また、印紙税削減などを求めるニーズや、テレワークやオンラインでの活動の促進気運を背景に、電子契約は、主に企業間(BtoB)取引の手段として普及が急速に進んでいる。

（2）電子契約をめぐる法的論点
1）電子契約の成立時期

平成29年民法(債権関係)改正により、契約は申込みと承諾の意思表示の一致によって成立することが明文化され(民522条)、承諾の意思表示の効力発生時期についても到達主義が採用された。これにより、電子契約の成立時期についても民法規定(民522条1項・97条1項)に従う(同改正前では、承諾の意思表示の効力発生時期については発信主義が採られていたので〔平成29年改正前民526条1項〕、電子消費者契約法により、電子契約については、承諾の意思表示について到達主義を定めていた。「電子消費者契約法

の平成29年改正」本書後掲300頁参照）。承諾の意思表示の「到達」とは、相手方が意思表示を了知可能な客観的状態、すなわち、意思表示が相手方のいわゆる支配圏内（勢力範囲）に置かれたことをいう（最判昭36・4・20民集15・4・774）。したがって、電子契約の成立時期となる承諾通知の到達時期は、相手方が通知に係る情報を記録した電磁的記録にアクセス可能となった時点と解される（松本恒雄〔編〕『平成28年版電子商取引及び情報財取引等に関する準則と解説』商事法務〔2016年〕61頁、以下「準則」と略称）。

　この場合には、電子承諾通知が「読み取り可能な状態」でなければならないが、その状態は、当該取引で合理的に期待される当事者のリテラシーに照らして判断されなければならず、申込者が消費者、承諾者が事業者である場合には、承諾者が読み取り可能な状態（暗号化して送信するならば復号して見読可能とする状態）を確保する必要がある（準則62頁、参照）。

２）電子契約と錯誤

ⅰ　消費者のクリックミス・タッチミス

　インターネットを利用した通信販売（ネット・ショッピング）において、購入者が電子契約の申込みに際しパソコン上のクリックミスやスマホでのタッチミスをした場合、購入者は錯誤（民95条1項）にもとづいて意思表示の取消しができるか、事業者は購入者の重過失を理由に取消しはできない（民95条3項）と主張することができるか、問題となる。この問題点は、電子消費者契約法によって立法的に解決されており、事業者等が消費者の意思表示を行う意思の有無について確認を求める措置を講じた場合等を除き、民法95条3項は適用されない（電子消費者契約法3条）。これにより、消費者はネット取引におけるクリックミス等で不当な法的拘束を受けないことになり、事業者は確認画面等の工夫が求められることになっている（本書300頁、参照）。

ⅱ　AIによる自動契約

　AIに判断を委ねた電子契約はそのAIの利用者を当事者として成立するが、AIが利用者の想定しない内容の契約をした場合、AIの利用者は錯誤を理由に契約の効力を争うことができるかどうか、問題となる。この場合、利用者の動機が相手方に表示されることがないと取消しは困難である。但し、相手方がAIの利用を認識し、利用者に当該の異常な取引をする意図はないとの前提があれば、動機が黙示的に表示されていたと解して錯誤の取消しが認められる余地がある（福岡・前掲書167頁）。

３）電子契約と制限行為能力者

　制限行為能力者（未成年者・成年被後見人）が行った行為は取り消すことができる（民5条2項・9条）ことから、電子商取引の事業者が、制限行為能力者による電子契約のこの種の取消しに事前・事後にどう対応すべきか、取消の適否をどのように判断すべきかが問題とされている（準則110頁、渡邊他・前掲書法律相談27頁）。トラブルの事前防止策としては、契約登録フォームにおいて、申込者が生年月日を入力し、未成年者であれば法定代理人の同意が必要である旨を事業者が表示し、法定代理人の同意を得ていることの確認ボタンを用意するなどのシステムの構築が推奨されている（準則112頁、渡邊他・前掲書30頁）。未成年者が詐術を用いた場合は意思表示を取消しできない（民21条）ので、事業者は、法定代理人の同意なく取引に入ることを適切に防止する措置を講じていれば、生年月日の虚偽入力等が「詐術を用いたこと」の重

要な判断材料となる。

4）無権限取引（なりすまし）

　電子契約では、当事者本人の同一性の確認が困難なことから、盗取したIDやパスワードを悪用して、他人になりすました意思表示がなされやすく、商品購入やクレジットカード決済にあたって無権限取引が発生してしまう。表見代理規定（民110条）の類推適用により本人に効果を帰属させてよい場合もあり得るが、事業者側の過失の有無を問わず本人に効果が帰属するとの事前合意の条項は無効と解される（消契10条）。クレジットカード決済のなりすましにおいては、通例、カード会員規約によって、善管注意義務に違反しない限りはカード会員は支払義務を負わない旨が定められている（準則103頁、松井他・前掲書183頁、渡邊他・前掲書129頁）。

5）「場」の運営者の責任

ⅰ　問題の背景

　インターネット上のショッピングモールやオークションサイトを利用する取引の主体は、主に、取引の「場」を提供する運営者、出店者（出品者）および消費者（購入者・落札者）の三者である。インターネット上のバーチャルな「場」を通じて利用者間で取引が行われた場合に、そこで発生した損失や危険の負担を、契約当事者ではない運営者の義務や責任によって填補されるべきか問題になる場面がある（利用規約における条項の効力を、消費者契約法の適用を含めて検討する必要がある場面もある）。

ⅱ　モール運営者の義務・責任

a. 当事者間のトラブルとモール運営者の管理義務　　インターネット上のショッピングモール等の運営者は、店舗を開設する事業者との間で出店規約にもとづく契約を締結し、他方、利用者との間で会員規約等にもとづく利用契約を締結している。後者において、出店者と利用者による電子契約当事者間の取引に関して一切の責任を負わないと明示する利用規約があるが、疑問が多い。モール等の運営者は、利用契約上の義務の一部として、信義則上、利用者にとって安全なシステムを提供する義務、出店者管理義務があると解され、その義務違反にもとづく責任を負うことがある（渡邊他・前掲書160頁）。

b. モール運営者の名板貸責任　　インターネット上のショッピングモールを利用して、出店している個別の店舗と電子契約により取引した利用者は、その取引により損害を被った場合、その個別店舗に対しては契約上の責任を追及できるが、モール運営者に対しても責任追及ができる場合があるか、検討の余地がある。リアルのテナントに出店を認めていたスーパーマーケットに対して、名板貸の責任（現行法では商法14条・会社法9条）を類推適用した事例（最判平7・11・30民集49・9・2972）を参考にして、出店者がモール運営者と誤認されるような外観を呈して営業している場合、出店者と取引をした購入者が、取引相手をモール運営者と誤認した場合には、購入者が出店者との取引によって被った損害について、モール運営者に対しても賠償責任を追及することができると解される（準則128頁）。

ⅲ　システム障害等におけるモール運営者・オークション事業者の責任

　モールやオークションサイトのシステムが正常に作動しないことについて、運営者の免責を定める利用規約があるのが通例である。しかし、オークションサイトの運営者

に欠陥のないシステムを構築してサービスを提供すべき義務があることを認めた裁判例(名古屋地判平20・3・28判時2029・89)、取引所に利用契約上のシステム提供義務を認めた裁判例(東京高判平25・7・24判タ1394・93)がある(ネット・オークション事業者の責任を論じた裁判例として、東京地判平16・4・15判時1909・55消費者判例百選〔第2版〕24〔森田宏樹解説、参照〕)。

【 デジタルプラットフォーム規制の新立法 】

2020(令和2)年に「特定デジタルプラットフォームの透明性及び公正性の向上に関する法律(特定DPF法)」(令和2年法律38号)が成立した。この法律は、近年の情報通信技術の分野における技術革新の進展により、データを活用した新たな産業が創出され、世界的規模で社会経済構造の変化が生じ、デジタルプラットフォームの果たす役割の重要性が増大している中で、デジタルプラットフォーム提供者の自主性及び自律性に配慮しつつ、商品等提供利用者等の利益の保護を図ることが課題となっている状況に鑑み、特定デジタルプラットフォーム提供者の指定、特定デジタルプラットフォーム提供者による提供条件等の開示、特定デジタルプラットフォームの透明性及び公正性についての評価その他の措置を講ずることにより、特定デジタルプラットフォームの透明性及び公正性の向上を図り、もって特定デジタルプラットフォームに関する公正かつ自由な競争の促進を通じて、国民生活の向上及び国民経済の健全な発展に寄与することを目的とする。

「デジタルプラットフォーム」とは、多数の者にインターネットその他の高度情報通信ネットワークを通じて特定の「場」を提供する役務をいい、その「場」とは、①多数の者が利用することを予定して電子計算機を用いた情報処理により構築した場であって、②当該場において商品、役務又は権利を提供しようとする者の当該商品等に係る情報を表示することを常態とするものであり、③利用者の増加と利便性向上が相乗効果の関係にあるものをいう(特定DPF法2条1項1号・2号)。

同法は、この「デジタルプラットフォーム」を提供する事業者のうち、特に国が指定したものを「特定デジタルプラットフォーム提供者」として、本法の規制対象とし、特定デジタルプラットフォーム提供者には、サービスの提供条件等の開示義務(同法5条)、公正なサービスを提供するための手続や体制を整備する義務(同法7条3項)、公正なサービスの実施状況に関する国への報告義務(同法9条1項2号)などを課している。

電子契約に関しては、特定デジタルプラットフォーム提供者は、デジタルプラットフォームの利用者に対し、契約条件等の開示義務を負う点が重要である。商品等提供利用者(オンラインモールにおける出店者など)に対しては、サービス提供拒絶の判断基準、他のサービス等の購入や利用を義務付ける場合にはその内容及び理由、検索順位を決定するための主要な事項、デジタルプラットフォーマーが商品等のデータを取得したり利用したりする場合にはその内容及び条件、デジタルプラットフォーマーが取得したデータを商品等提供利用者が取得できるか否か及びその方法等、デジタルプラットフォーマーに対する苦情や協議の申入れの方法、などの開示が義務付けられている(同法5条2項1号)。また、特定デジタルプラットフォーム提供者が、商品等提供利用者に対して、提供条件外の取引の実施を要請する場合やサービスの提供拒絶をする場合には、その内容と理由を開示する必要があり(同条3項)、サービスの提供条件を変更する場合やサービスの全部の提供拒絶をする場合には、理由を付してその旨を事前に開示しなければならない(同条4項)。

他方、一般利用者(ショッピングモールにおける購入者等)は、検索順位を決定するための主要な事項や、デジタルプラットフォーマーが購入に係るデータを取得したり利用したりする場合はその内容及び条件等を開示することが義務付けられている(同条2項2号)。

特定DPF法に関する参考文献として、武井他編著・前掲書DX法制211頁、板倉陽一郎「実務からみたデジタル・プラットフォーム取引に関する問題提起」現代消費者法48号14頁(2020年9月)がある。後者の論稿を掲載する同誌同号の特集は、「デジタルプラットフォームと消費者の保護—消費者法における新たな法形成の課題—」と題する日本消費者法学会第13回大会資料でもある。

2.13.3. 電子消費者取引の法的規律

　　　1　電子消費者取引の普及と問題点
　　　2　電子消費者取引の法的規律の生成と現状
　　（1）OECD消費者保護ガイドラインと国内法制度整備の方針
　　（2）特定商取引法・割賦販売法・消費者契約法の対応
　　（3）電子消費者契約法
　　（4）電子消費者取引関連のその他の法的規律
　　（5）電子商取引準則と自主的取組み

1　電子消費者取引の普及と問題点

　一般家庭や個人へのパソコンとインターネット環境の普及によって、消費者がインターネット上の企業のホームページやバーチャルショップ（仮想店舗）、バーチャルモール（仮想商店街）にアクセスし、そこに表示される情報にもとづいてネットワーク上で商品購入の申込みをするオンラインショッピングやインターネットショッピングと呼ばれる消費者取引が急増している。わが国では、宅配便やコンビニエンスストアの普及が、電子消費者商取引の注文品の配送を円滑にし、また、携帯電話がコンピュータ端末として大きな役割を果たしている。その代金決済方法として、銀行振込、郵便為替、現金書留、代金引換、コンビニ決済、クレジットカード決済、デビットカード決済、電子マネーによる決済等が行われている。

　ネット取引は、消費者が居ながらにして大量の商品情報に容易にアクセスでき、市場競争の促進と情報伝達費用の節減によって低い価格で好みに合った商品を購入することができるが、その便利さの一方で、コンピュータとネットワークを利用する技術面での不安、非対面であることから事業者を確認しづらいことへの不安、詐欺的な不正行為やプライバシーの侵害に対する危惧が感じられ、消費者被害が発生することもある（福原紀彦「電子商取引法の生成と消費者保護の課題」戸田修三先生古稀記念論文集『現代企業法学の課題と展開』文眞堂〔1998年〕347頁）。

2　電子消費者取引の法的規律の生成と現状

（1）OECD消費者保護ガイドラインと国内法制度整備の方針
1）OECD消費者保護ガイドラインの制定と改訂
　ネット取引における消費者の不安を取り除いて、電子商取引の経済的機能によってもたらされる消費者利益を確保するためには、技術的、実務的、制度的なレベルでの対応が必要となるが、技術的・実務的対応の進展とともに制度的とりわけ法制度的な対応が強く求められる。

　ネット取引のグローバルな性格上、消費者保護のための国際的協調が強く求められ、1999（平成11）年12月に「電子商取引における消費者保護ガイドラインに関するOECD理事会勧告」が決定された（福原紀彦「電子商取引における消費者保護の課題と諸原則」リーガル・エイド研究4号〔1998年〕、同「電子商取引における消費者保護ガイドラインに関

するOECD理事会勧告」比較法雑誌34巻2号123頁〔2000年〕）。この勧告を受けて、先進諸国では歩調を合わせた法制度整備がなされた（OECDの取り組みと各国の対応につき、経済協力開発機構〔編著〕『インターネット経済』明石書店〔2015年〕167頁）。さらに、その後の電子商取引の著しい発展に対応すべく、同勧告とガイドラインは、2016年3月に改定された（神山静香〔訳〕「電子商取引における消費者保護に関するOECD理事会勧告2016」比較法雑誌50巻3号409頁）。

2）国内法制度整備の方針

わが国では、「高度情報通信ネットワーク社会形成基本法（IT基本法）」が電子商取引の促進を掲げ、これにもとづく「e-Japan戦略」で、消費者保護等に関する関連法整備を図ることが謳われた。また、「不正アクセス行為の禁止等に関する法律（不正アクセス禁止法）」（平成11年法律128号）が2000（平成12）年に施行され、各都道府県警察本部にハイテク犯罪の担当者が置かれ、電子商取引に関する犯罪に関心が向けられた。その後、前述の各種の具体的な法制度整備が進行した。

最近では、デジタル・トランスフォーメーション（DX）の進展のなかでデジタル庁設置構想等によりSociety5.0と呼ばれる社会の基盤構築に向けて、IT基本法改正や各種法制度整備が新たな段階を迎えている（本書前掲コラム286頁、参照）。

（2）特定商取引法・割賦販売法・消費者契約法の対応

1）特定商取引法の対応

電子消費者取引は、特定商取引法上、通信販売に該当することから（特商2条2項）、同法の通信販売の規制に服する。「特定商取引に関する法律」への改称も規定する訪問販売法の一部改正（2000〔平成12〕年11月成立、2001年6月施行）と、これに伴う省令改正で、従来の規制に加えて電子商取引の特性に応じた上乗せ規制が施され、以後の同法改正において、電子商取引に関する規律が整備されている。

特定商取引法の通信販売に関する広告規制として、広告における表示義務（特商11条）に関し、事業者の氏名等の一定の事項を明示させるとともに（いわゆる事業者の「雲隠れ」の防止）、誇大広告・不実広告を禁止する（特商12条）。顧客の意に反して契約の申込みをさせようとする行為を主務大臣の指示対象とすることにより、ネット通販の申込画面において分かりやすい画面表示を行うことを事業者に求めている（特商14条）。迷惑メール広告規制がある（特商12条の3第1項本文・同条項1号）*。

クーリング・オフが適用されない通信販売では、業界の自主的なルールにもとづいて返品制度が普及し、通信販売の信頼性と公正を確保する役割を果たしてきた。そこで、特定商取引法では契約条件の広告において返品特約の表示を義務づけ（特商11条1項4号）、さらに、2008（平成20）年改正により、広告等に特約を表示しない限り、購入者は商品等を受け取った日から8日間、送料を負担して商品または指定権利を返品できると規定された（特商15条の3。この実務上の返品制度から発展した「法定返品制度」については、本書前掲264頁、参照）。インターネット取引については、広告画面への表示に加え、電子消費者契約法（後掲）上の確認画面にも特約の記載が義務づけられ、それが返品特約の有効要件となる（同条）。

なお、2016（平成28）の改正では、送達制度の整備（インターネット通販業者等の

所在不明の場合）等が行われた。

> * **迷惑メール広告規制**　わが国では、2000（平成12）年頃から顕在化した迷惑メールへ
> の対策立法として、特定商取引法施行規則改正（2002〔平成14〕年1月10日公布、同年2月
> 1日施行）を経た「特定商取引法改正法」（2002〔平成14〕年4月12日成立、同年4月19日公
> 布、同年7月1日施行）、および、「特定電子メールの送信の適正化等に関する法律（特定
> 電子メール法）」（2002〔平成14〕年法律26号、同年4月11日成立、4月17日公布）があっ
> た。いずれもメールの受信を拒否した者に対して継続して送信する再送信を禁止した（オ
> プトアウト規制）。しかし、受信拒否の返信によりメールアドレスを知られて迷惑メール攻
> 撃にさらされるので、受信拒否通知ができない等の不都合があった。
>
> 　そこで、2008（平成20）年の特定商取引法改正法（2008〔平成20〕年6月18日公布、迷惑メー
> ル関係は同年12月1日施行）により、メールの受信を承諾していない者に対する送信が禁止さ
> れることになった（オプトイン規制。同規制内容につき、圓山・前掲書理論と実務338頁、参照）。

２）割賦販売法の対応

　わが国では、電子決済の手段や方法として、これまでクレジットカードが大きな役
割を果たしてきたが、クレジットカード取引の法的規律の多くは、「割賦販売法（昭和36
年法律159号）」に設けられてきた。既述のように、割賦販売法は、高度成長期に割
賦販売秩序法として制定され、その後、信用取引法としての性質を強めながら改正さ
れてきた。そして、販売者信用取引から第三者信用取引へと適用範囲を広げ、クレジッ
トカード取引を含む包括的な販売信用取引の規制を強め、さらに、IT化への対応が
進められてきた（このIT化への対応の法改正では、筆者も当時の割賦販売審議会に特別委員
として参画した）。

　割賦販売法では、消費者保護規制の対象にカードレス取引（カードの代わりに
付与された番号等のみを通知して行う取引）が含まれ、「クレジットカード番号等の適
切な管理等」が規律されている（割販3章の4）。そこでは、クレジット番号等の適切な
管理（同法同章1節）と、クレジットカード番号等取扱契約（同2節）について規律があ
る（前者は2008〔平成20〕年同法改正により追加され、後者は2016〔平成28〕年同法改正により
追加された。これら規律の内容については、阿部・前掲書逐条解説I巻437頁以下、参照）。

　なお、度々の改正による改善が進んではいるが、割賦の定義等による適用範囲の
制限により、第三者信用供与に伴う支払い停止の抗弁を定める規定の適用範囲が
限定されるなど、行政規制のための概念定義によって購入者保護のための民事規定
の効力の適用範囲が制限されるという構造的限界が残されている（とくに、銀行が発行
するマンスリークリアー〔翌月1回払い〕のカードに適用が及ばない点では議論が続いている。こ
の点が維持されている理由について、阿部・前掲書逐条解説I巻390頁・401頁）。また、制定
の沿革上、販売信用取引を前提としている。貸付信用も含めて、総合的な消費者信
用法制（世界的趨勢）の構築の必要があり、また、クレジットカード法の独立した法制
度を要望する意見も従来から存在している。

　割賦販売法は、電子決済の手段と方法が多様化し融合されていくなかで、また、
国際的な展開のなかで、クレジットカード取引の利用実態が変化していることを受け
て、2016（平成28）年に注目すべき改正がなされた（本書276頁）。さらに、リテール決
済・電子決済としてのクレジットカード決済の機能に注目し、総合的なクレジットカード

法制を電子決済法制として整備することが望まれる。

3）消費者契約法の活用

「消費者契約法」は、電子的方法を含んで、事業者と消費者との情報量・交渉力の非対称性を前提に、消費者保護の規定を設けている。すなわち、ネット取引であっても、事業者が消費者に必要な事項を予め知らせることを怠ったり、消費者に一方的に不利な契約を締結したときには、取消しまたは無効とされる場合がある。同法がインターネットによる電子商取引の具体的な場面で活用されることが求められる。

（3）電子消費者契約法

「電子消費者契約に関する民法の特例に関する法律（電子消費者契約〔民法特例〕法）」（平成13年法律95号、平成29年改正）は、消費者が行う電子消費者契約の要素に操作ミス等の錯誤があった場合に関して、民法の特例を定めている。

ここに、「電子消費者契約」とは、消費者と事業者との間で電磁的方法により電子計算機の映像面を介して締結される契約であって、事業者又はその委託を受けた者が当該映像面に表示する手続に従って消費者がその使用する電子計算機を用いて送信することによってその申込み又はその承諾の意思表示を行うものをいう。

そして、消費者の重過失を前提に一定の場合に取消しをできないと定める民法95条3項の規定は、消費者が行う電子消費者契約の申込み又はその承諾の意思表示について、その意思表示が錯誤にもとづくものであって、その錯誤が法律行為の目的及び取引上の社会通念に照らして重要なものであり、かつ、一定の場合（①消費者がその使用する電子計算機を用いて送信した時に当該事業者との間で電子消費者契約の申込み又はその承諾の意思表示を行う意思がなかったとき、または、②消費者がその使用する電子計算機を用いて送信した時に当該電子消費者契約の申込み又はその承諾の意思表示と異なる内容の意思表示を行う意思があったとき）に該当するときは、適用されない。但し、当該電子消費者契約の相手方である事業者（その委託を受けた者を含む）が、当該申込み又はその承諾の意思表示に際して、電磁的方法によりその映像面を介して、その消費者の申込み若しくはその承諾の意思表示を行う意思の有無について確認を求める措置を講じた場合、または、その消費者から当該事業者に対して当該措置を講ずる必要がない旨の意思の表明があった場合は、この限りでない（電消3条）。これにより、消費者はネット取引におけるクリックミス等で不当な法的拘束を受けないことになり、事業者は確認画面等の工夫が求められる。

【 電子消費者契約法平成29年改正 】

制定当時の「電子消費者契約及び電子承諾通知に関する民法の特例に関する法律」（平成13年法律95号）（＝電子消費者契約〔民法特例〕法、2001〔平成13〕年6月22日成立、6月29日公布、12月25日施行）は、①消費者が行う電子消費者契約の要素に操作ミス等の錯誤があった場合、および、②隔地者間の契約において電子承諾通知を発する場合に関して、2つ民法の特例を定めていた。

後者の隔地者間の契約において電子承諾通知を発する場合については、隔地者間契約における承諾に意思表示の効力発生時期を発信主義とする当時の民法規定は適用しないこと、すなわち到達主義への復帰を定めていた（電消4条）。国際的なルールとの調和を図りつつ、申込者と位置づけられる消費者への事業者側からの電子承諾通知が不着の場合、そのリスクを消

費者が回避できることになった。

　同法の制定過程の議論には興味深いものがあったが、その議論は、民法(債権関係)改正法に引き継がれ、民法における原則として、承諾の意思表示は対話者間・隔地者間を問わず到達主義が採用されることになった(改正法整備法では、同法4条は不要となり削除され、同法の名称が改称された)。この法現象は、情報化社会による法のグローバル化として意義深く、比較法研究の見地から、なお検討の余地も残されている。

（4）電子消費者取引関連のその他の法的規律

　電子消費者取引の広告規制に関連する法的な規律・規制として、「不当景品類及び不当表示防止法(景品表示法、景表法)」(昭和37年法律134号。最近の改正に、2014〔平成26〕年改正と2016〔平成28〕年改正がある)と、同法による対応(公正取引委員会「景表法上の問題点と留意事項」2002〔平成14〕年6月5日等)がある。2009(平成21)年に同法の所管を公正取引委員会から引き継いだ消費者庁は、いわゆるインターネット広告ガイドライン(「消費者向け電子商取引における表示についての景品表示法上の問題点と留意事項」および「インターネット消費者取引に係る広告表示に関する景品表示法上の問題点及び留意事項」をいう)を公表し、インターネット取引特有の広告表示に関する留意点につき、新しいビジネスモデルの実状を踏まえて、明示している。

　なお、プロバイダーの責任を明らかにした「特定電気通信役務提供者の損害賠償責任の制限及び発信者情報の開示に関する法律(プロバイダー責任制限法)」(平成13年法律137号、2001〔平成13〕年11月22日成立、11月30日公布)が制定されている。同法は、プロバイダ等の情報仲介者が、特定の条件下において、インターネット等を利用した権利侵害に関する責任を負わないことを定めるとともに、民事訴訟の手続きを経ることなく権利侵害に関係する者の個人情報を速やかに開示することができるように措置している。

（5）電子商取引準則と自主的取組み
1）電子商取引及び情報財取引等に関する準則

　わが国において電子商取引における法制度整備が進められるなかで、まだ検討が続いていて実現されていない事項、法令をもって詳細を規定することが困難な事項、または技術の進歩や紛争実態の変化によって既定の法令の解釈・運用では十分な対応ができない事項があることから、経済産業省では、法令の解釈や運用にあたっての「叩き台」として、あるいは一定の指針となることを期待して、2002(平成14)年7月に「電子商取引等に関する準則」が定められた。

　この準則は、それ自体が法令ではないが、具体的な事例を想定して法令の解釈と運用のあり方を示している点で分かりやすい。また、柔軟な改訂が予定され、数回の改訂を経て、2007(平成19)年の改訂では、情報財取引に関する論点の充実を受けて、「電子商取引及び情報財取引等に関する準則」と名称が改められ、その後の改訂においては、CtoC(インターネット・オークション等)の諸問題も扱っている(最新版は、松本恒雄『平成28年版・電子商取引及び情報財取引等に関する準則と解説〔別冊NBL158号〕』商事法務〔2016年〕)。

2）自主的な取組み

　電子商取引における消費者被害の発生を防止するには、技術的・実務的な工夫（例えば、ウェブサイトを用いるネット取引事業が一定の消費者保護基準を満たしていることを表示したり、消費者からの送信にあたって警告が発せられる仕組みを備えること等）によって対処できる場合が多く、そうした事業者の自主的な行動基準の策定が有意義である。

　既述のOECD電子商取引消費者保護ガイドラインにおいても、関係事業者の自主的な取組を推奨しており、わが国では、公益社団法人通信販売協会が「通信販売業における電子商取引のガイドライン」（https://www.jadma.or.jp/abouts/glecommerce/）を作成し、特定商取引とその他の法令にもとづき、事業者が遵守すべき基本的方針を定めている。なお、2000（平成12）年5月から、日本通信販売協会と日本商工会議所の共同により、「オンライントラストマーク制度」が運用されたが、一定の役割を終えて、2018（平成30）年6月28日に制度は廃止された。

　ネットを活用して消費者被害情報が交換されることにより、被害の拡大と類似被害の発生を防止する手だても有用であり、国民生活センターのPIO-NETによりインターネットによる消費者トラブルの状況を窺うことができる。さらに、被害の救済にあたって、各種の苦情処理と法的救済支援の方策が検討され実施されている（次世代電子商取引推進協議会ネットショッピング紛争相談室、および、これに続く一般社団法人ECネットワークの活動等）。

【 電子商取引の市場規模 】

　2019（令和元）年の日本国内のBtoC-EC（消費者向け電子商取引）市場規模は、19.4兆円（前年18.0兆円、前年比7.65％増）に拡大した。令和元年の日本国内のBtoB-EC（企業間電子商取引）市場規模は353.0兆円（前年344.2兆円、前年比2.5％増）に拡大した。また、EC化率は、BtoC-ECで6.76％（前年比0.54ポイント増）、BtoB-ECで31.7％（前年比1.5ポイント増）と増加傾向にあり、商取引の電子化が引き続き進展している（経済産業省「令和2年度電子商取引に関する市場調査報告書2020」同省2020年7月）。

　なお、すでに2015（平成27）年において、日本の消費者による米国及び中国事業者からの越境EC（越境電子商取引）による購入額は2.2千億円（前年比6.9％増）、米国の消費者による日本及び中国事業者からの越境ECによる購入額は9千億円（前年比11.1％増）、中国の消費者による日本及び米国事業者からの越境ECによる購入額は1.6兆円（前年比32.7％増）となった。また、令和元年までの日米中3か国相互間の越境EC規模を試算したところ、消費国としての推計市場規模は、平成27年から令和元年までの間に日本は約1.5倍、米国は約1.6倍、中国は約2.9倍の規模となり、日米中3か国間における越境ECによる購入総額合計は、2019（令和元）年までに約6.6兆円にまで拡大する可能性があるとの推計があった。

　このように、電子情報処理の手段と方法の発達と多様化、情報通信環境の整備とモバイル端末の普及、コンビニ・宅配による配送・支払チャンネル、オムニチャンネルの整備により、電子商取引は普及し今後も一層普及することが予想されている。電子商取引は、もはや、従来型の通信販売の延長という位置づけから脱却して、異業種参入も含めた多様なビジネスモデルの登場とともに大規模な市場が形成されようとしている。そして、欧米主導からアジアでの急速な発展という傾向が顕著にみられ、越境電子商取引が普及していることが注目される。

https://www.meti.go.jp/press/2020/07/20200722003/20200722003.html

事 項 索 引

あ行

あ
ICカード乗車券(144)
相対取引(192)
IT基本法(286,298)
IT書面一括法(287)
悪意(133)
預証券(178,179)
暗号資産(197,201)
い
e-文書法(288)
意思推定理論(22)
委託販売(182)
異地売買(76)
一括清算(84)
一方的商行為(39)
EDI(283)
委任(47)
インコタームズ(188)
インサイダー・トレーディング(244)
インシュアテック(217)
う
受戻証券性(139,180)
運送(113)
　　──の区分(115)
運送営業(113)
運送契約(114)
運送状(121)
運送証券(123,136,138,141)
　　──の債権的効力(139)
　　──の物権的効力(140)
運送賃(111)
　　割合──(122)
運送取扱営業(108)
運送取扱契約(110)
運送取扱人(109)
　　──の義務(110)
　　──の権利(111)
運送取引(114)
運送人(118)
運送品(121)
運送品受取人(112)
え
AI・データサイエンスと保険(216)
AIによる自動契約(294)
営業的商行為(36)
営業の部類に属する契約(52)
営業の範囲内(54)
営利性(17,54)
営利目的(17)

FOB条件(188)
お
OECD消費者保護ガイドライン(297)
オプトイン規制(264)
オブリゲーション・ネッティング(84)
オリジネーター(89)

か行

か
外観主義(18)
開示主義(244)
会社(3)
　　──関係書類の電子化(288)
　　──の商行為(35,38)
会社法(32)
海上運送(115)
介入義務(101)
介入権(107,111)
隔地者間(50)
確定期売買(78)
確認画面(294,298,300)
瑕疵(73)
　　──通知義務(72)
貸付信託(205)
貸付取引(199)
割賦販売(269)
割賦販売法(269)
貨物引換証〔カブツヒキカエショウ〕(137)
為替取引(200)
間接金融(192)
き
企業(2)
　　──価値の維持・向上(16)
　　──の維持強化(16)
　　──の形態(3)
企業間提携契約(183)
企業取引(1)
　　──の円滑化(17)
　　──の形態(3)
　　──の特色(4)
　　──のプロセス(5)
　　──のプロセスと契約(48)
　　経済社会と──(1)
企業取引法(1,10,13)
　　──の地位(14)
　　──の内容上の特色(16)
　　──の発展傾向上の特色(19)
　　企業組織法と──(15)
企業法(10,13)
　　──の体系(15)

――の理念と特色(16)
企業法説(11,13)
企業補助者(96)
技術中立性(291)
規制主義(244)
偽造カード・盗難カードによる払戻し(199)
偽造カード法(199)
寄託(61)
規範契約説(21)
基本契約(182)
基本的商行為(35)
記名証券(64)
客(172)
客観的意思説(23)
客観的・統一的解釈の原則(25)
給付反対給付均等の原則(212)
競業避止義務(92)
共済(213)
行政手続オンライン化関係法(288,291)
業法(8)
業務提供誘引販売取引(266)
緊急売却(77)
銀行(195,198)
銀行業(195)
銀行業務(198)
銀行取引(195)
　　――と手形決済(82)
銀行法(196)
金融(191)
　　――革新(193)
　　――システム(192)
　　――制度(192)
金融監督法(194)
金融サービス提供法(201,281)
金融サービス仲介業(197,201,281)
金融市場(192)
金融商品仲介業者(247)
金融商品取引業者(247)
金融商品取引所(247)
金融商品取引法(246,247)
金融商品販売法(280)
金融仲介者(192)
金融取引(192)
金融取引法(194)
金融法(194)
く
空券(140)
倉荷証券(179)
クーリング・オフ(260,261)
クレジットカード(273,275)
クローズアウト・ネッティング(84)
け
経済法(8)
計算書類(85)
　　――の承認(86)

形式的意義の商法(10)
継続的取引(182)
携帯手荷物(145)
契約自由の原則(7,20,32,67)
契約の解除(68,72,238,273)
決済(80,81)
決済システム(81,82)
　　貿易取引の――(82)
結約書(62,100)
検査義務(72,74)
　　――と通知義務の関係(75)
権利外観理論(18,43)
こ
公開鍵暗号方式(289)
高価品の特則(131,132,134,173)
航空運送(116)
交互計算(83)
　　――の終了(86)
　　――不可分の原則(85)
　　古典的――(83)
　　段階的――(84)
公示主義(18)
公的個人認証法(284)
高度情報化社会(284)
抗弁対抗(45,275)
国際海上物品運送法(115)
国際商業会議所〔ICC〕(188)
国際売買(186)
国際物品売買に関する国際連合条約
　　　　　　　　〔CISG〕(187)
告知義務(222,235)
国連国際商取引法委員会
　　　　　　　〔UNCITRAL〕(188)
個品信用購入あっせん(275)
個別契約(49,182)
固有の商(95)
コレガンチア(87)
コンメンダ(87)

さ行
さ
債権譲渡特例法(89)
サイバーセキュリティ基本法(286)
催告(71)
最終決済(81)
作成者不利の原則(25)
指図証券(63)
指図証券性(180)
指値遵守義務(106)
暫定的合意(49)
し
CIF条件(188)
事業者(278)
仕切売買(182)

資金移動業(201)
資金決済法(201)
事項招致と保険者の免責(241)
資産流動化(89)
市場型間接金融(193)
市場と政府(8)
市場取引(192)
自助売却権(71)
質入証券(179)
自治法理論(22)
実質的意義の商法(10,11)
品違い(140)
支払手段(80)
私法統一国際協会(187)
資本市場(243)
仕向銀行(200)
氏名・商号黙秘義務(101)
収支相等の原則(212)
自由主義(17)
集団投資スキーム(91,209,245)
受益証券(208,210)
受寄者の義務(61)
受信取引(198)
受託者責任(203)
出庫(176,179)
受領物品保管義務(53)
準則(9)
準問屋〔ジュントイヤ〕(108)
場屋〔ジョウオク〕営業(171)
場屋営業者(172)
場屋取引(37,172)
傷害疾病保険契約(239)
商慣習法(7)
商慣習法説(22)
商業証券(36,85)
商業使用人(43,46,96)
証券化(17,192)
証券会社(103,106,243,244)
証券市場(243)
証券取引法(245,246)
商行為(29,34,35)
　　──の受任者(47)
　　──の代理(38,43)
　　──の通則(41,63)
　　公法人の──(39)
商行為法(29)
　　形式的意義の──(30)
　　実質的意義の──(11)
商事(12)
商事寄託(61)
商事契約(47)
　　──の申込の効力(49)
商事債権(53)
　　──の営利性(54)
　　──の消滅時効(60)

　　──の担保の強化(56)
商事債務
　　──履行の時間(60)
　　──履行の場所(60)
商事自治法(7)
商事信託(204)
商事制定法(7)
商事売買(67)
　　──の商法規定の特色(67)
乗車券(143)
商事法定利率(55)
商事留置権(58,59)
　　債務者倒産時の──(59)
承諾擬制(52)
承諾適格(49)
商取引法(11,12)
商人(34)
　　──の特殊な協力義務(52)
　　──の利息請求権(55)
消費者(255,278)
消費者基本法(256)
消費者契約法(272,277,300)
消費者裁判特例法(257,280)
消費者信用(268)
　　──取引(268)
消費者取消権(262,278)
消費者取引(9,255)
消費者保護基本法(256)
商品ファンド法(89)
商法(7,10,12)
　　──の慣習的起源性(7)
　　──の法源(7)
　　民法の特別法としての──(14)
商法(運送・海商関係)の改正(32,114,129)
情報生産機能(192)
情報提供義務(196,216)
除権決定(65)
処分証券性(180)
署名(100)
書面交付義務(247,261,265,287)
白地慣習説(22,23)
信託(202)
信託業法(205,206)
信託法(202,206)
信認義務(203)
信用購入あっせん(270,272,274)
信用リスク(193)
信頼できる第三者〔TTP〕(289)
す
数量(72,74,75,76)
せ
請求権競合(134)
清算(81,209)
生命保険契約(232)
絶対的商行為(35)

説明義務（49,196,199,216,221,247,281）
善意取得（63,64）
選択的法律関係併存説（46）
　　そ
総売上利益方式（185）
倉庫（175）
倉庫営業（174）
倉庫営業者（175）
　　──の義務（177）
　　──の権利（176）
　　──の損害賠償責任（178）
倉庫寄託契約（175）
倉庫業法（174）
倉庫証券（176,179）
相次運送（120,135）
相次運送取扱（112）
送付売買（76）
双方的商行為（39）
組織法と行為法（15）
ソフト・ロー（9）
損害賠償額（130,131,169,178）
損害保険契約（220）

た 行

　　た
貸借対照表の閲覧・謄写（92）
大数の法則（212）
タイムスタンプ（290）
代理（38,42,43,96）
代理商（98,104）
代理制度の変容（43）
代理店（183）
代理法（46）
対話者間（48,51）
託送手荷物（145）
諾否通知義務（52）
多数債務者間の連帯（56）
他人の生命の保険（233）
単券主義（179）
　　ち
チャージ（185）
中間運送取扱（112）
中小小売商業振興法（185）
超過保険（226）
直接金融（192）
　　つ
通信販売（264）
通知義務（72,74,106,125,228,237,241）
　　──違反の効果（75）
　　て
定期乗車券（143）
定期売買（78）
定型約款（27）
呈示証券性（65,180）

手形交換（82）
手形割引（199）
適格消費者団体（257,279）
適合性の原則（247）
デジタル・ガバメント（286）
デジタル・トランスフォーメーション（285）
デジタルファースト法（286）
デジタルプラットフォーマー規制法
　　〔特定DPF法〕（296）
撤回制限（49）
デリバティブ取引（246）
転換機能（204）
電子委任状法（291,292）
電子化文書〔電子的文書〕（288）
電子記録債権法（63,195,284）
電子契約（293,294）
電子公証（290）
電子資金移動〔EFT〕（284）
電子承諾通知（294,300）
電子商取引（283,284,292）
　　──に関する準則（301）
　　──の市場規模（302）
電子商取引等に関する準則（301）
電子証明書（290）
電子消費者契約法（300）
電子消費者取引（297）
電子情報（284,285,287,289）
電子署名（289,290）
電子署名・認証法（291）
電子データ（287,289）
　　──の脆弱性（289）
電子認証（289,290）
電子文書（289）
電話勧誘販売（262）
　　と
問屋〔トイヤ〕（102,104）
　　──の義務（106）
　　──の権利（107）
　　──の破産と委託者の地位（105）
問屋契約（105）
導管性（89）
倒産隔離（203）
投資者保護（245）
投資信託（209）
投資法人（210）
到達地（109,116,123,124,126,127,130,137）
到達地運送取扱人（109）
特殊な販売形態（258）
独占禁止法（8）
特定継続的役務提供（265）
特定債権法（89）
特定商取引法（258,259,261）
特定目的会社〔SPC〕（89）
特定目的信託（206）
匿名組合（87）

――の機能展開(88)
　　――の効力(92)
　　――の終了(93)
匿名組合員(92,93,94)
特約店(183)
トランクルーム(175)
取立債務性(65)
取次(95,96)
取次業(95,96,102)
取引所(244,245)
取りまとめ機能(204)

な行

な
内職・モニター商法(267)
内部者取引　→　インサイダー・トレーディング
仲立業(95,97)
仲立契約(99)
仲立人(98)
　　――日記帳(100)
　　――の義務(99)
　　――の報酬請求権(101)
　　商事――(98)
　　民事――(98)
仲立料(101)
に
荷受人(126)
　　――の地位の法律構成(127)
荷送人(124)
荷為替信用状(189)
荷為替手形(189)
荷渡指図書(180)
認証機関(289)
ね
ネガティブ・オプション(267)
ネズミ講(266)
ネッティング(84)

は行

は
ハーグ国際私法会議(187)
媒介(98)
媒介代理商(38,95)
廃棄ロス(185)
発行市場(243)
ひ
非顕名主義(43)
被仕向銀行(200)
被保険者(219)
被保険利益(224)
ふ
ファイナンス・リース(248)
フィンテック(197,217)

不可抗力(172)
複券主義(179)
複合運送(116)
附合契約説(21)
不実告知(223,235,261,262,266,267)
附属的商行為(34,35,38)
不知約款(117)
普通取引約款(17,20,67)
　　――の国家的規制(24)
　　――の法的拘束力(21)
物品運送(119)
物品運送人(121)
　　――の義務(123)
　　――の権利(121)
　　――の損害賠償責任(128)
　　――の損害賠償責任と不法行為責任
　　　(133)
物流(113,174,182)
不当条項(279)
不特定物売買(70,74)
船荷証券(62,123,137,138,155,156)
フランチャイズ(184)
フランチャイズ契約(184)
プリペイドカード(284)
プリンシプル・ベース(10)
文書(287)
へ
ペイスルー課税(90)
併存的構成説(45)
ペイメント・ネッティング(84)
ほ
包括信用購入あっせん(274,275)
報酬請求権(54,55,101,111)
法条競合説(134)
法定利息(55)
訪問購入(263)
訪問販売(261)
訪問販売法(258,298)
法律行為理論(21)
保管料(176)
保険(211)
　　――契約(214,217,218,220,232)
　　――商品(212,214)
　　――制度(211)
保険価額(225)
保険業法(215,221)
保険金額(165,226,231)
保険代位(229)
保険取引(211)
保険法(32,214,215,217,240)
保証状(157)
保証渡(156)
補助商(95)

ま行

ま
マイナンバー法(291)
前払式支払手段(270)
前払式証票 → プリペイド・カード
前払式特定取引(269)
窓口一寸事件(198)
マルチ商法(266)
み
みなし有価証券(91,205,246)
見本保管義務(99)
ミレニアムプロジェクト(286)
民事信託(204)
民事仲立(98,101)
む
無店舗販売(258)
め
迷惑メール広告規制(299)
免責(131,158)
免責証券(180)
免責約款(117,158)
も
申込みの誘引(48)
目的物検査義務(72)
目的論的解釈の原則(25)
モラル・ハザード(214,242)
文言証券性(138,180)

や行

や
約款(20)
　　──の解釈(25)
ゆ
有価証券(62,63,246)
　　──の譲渡方法(63)
　　──のペーパレス化(63)
　　金融商品取引法上の──(205)
有価証券法(62)

ユニドロワ国際商事契約原則(188)
よ
要因証券性(138,140,180)
要式証券性(138,155)
預金取引(198)
与信取引(199)

ら行

り
陸上運送(114)
履行担保義務(106)
利息請求権(55)
利息制限法(269)
利得禁止原則(224)
リボルビング方式(273)
流質契約(57)
留置権(111,177)
　　商人間の──(58)
流通市場(243)
旅客運送(142)
旅客運送契約(143)
旅客運送人(144)
　　──の権利(146)
　　──の責任(144)
旅客損害の賠償額(145)
る
ルール・ベース(9)
れ
レセプツウム責任(129,172)
連鎖販売取引(266)
連帯運送(142)
ろ
ロイヤルティ(185)
ローン提携販売(270,276)

わ行

割合運送賃(122)
ワルソー条約(116)

【著者紹介】

福原 紀彦（ふくはら・ただひこ）

1954年　滋賀県八日市市（現・東近江市）生まれ
1977年　中央大学法学部卒業
1984年　同大学院法学研究科博士後期課程満期退学
現　在　中央大学学長・法科大学院教授、弁護士（東京弁護士会）
（中央大学法学部教授・同大学院法務研究科長、学校法人中央大学理事・総長、中央大学学長、放送大学客員教授、公認会計士試験委員、防衛省防衛施設中央審議会委員・会長、大学基準協会理事、文部科学省大学設置学校法人審議会委員〔現〕、日本私立大学連盟常務理事〔現〕、私学研修福祉会理事長〔現〕、大学スポーツ協会理事〔現〕、日本資金決済業協会理事・会長〔現〕、投資信託協会理事〔現〕等を歴任）

主要著作（本書領域関係）
『現代企業法講義1 商法総論・総則』（共著）青林書院（1992年）
『現代企業法講義2 商行為法』（共著）青林書院（1993年）
「電子商取引法の生成と消費者保護の課題」『現代企業法学の課題と展開』文眞堂（1998年）
「高度情報化社会における企業法制の展開」法学教室 244号（2001年）
『企業行動と現代消費者法のシステム』（共著）中央法規出版（2003年）
『会社法』（共著）学陽書房（2004年）（新訂版・2006年、第2次改訂版・2015年）
『新商法総則・商行為法講義ノート』（単著）文眞堂（2006年）（第3版・2012年）
『会社法講義ノート』（単著）文眞堂（2006年）（補訂版・2009年）
『企業の組織・取引と法』（共著）放送大学教育振興会（2007年）（追補・2011年）
『企業法務戦略』（編著）中央経済社（2007年）
「「商人」「商行為」概念の機能とその外延」法学新報 114巻11・12号（2008年）
「特定継続的役務提供契約を解除した顧客の負担額」商法（総則・商行為）判例百選・第5版（2008年）
「損害の不実申告による保険者の免責」保険法判例百選（2010年）
「悪意の抗弁の成立2」手形小切手判例百選・第7版（2014年）
『企業法要綱1 企業法総論・総則』（単著）文眞堂（2015年）（第2版・2020年）
『企業法要綱2 企業取引法』（単著）文眞堂（2015年）（第2版・2021年）
『企業法要綱3 企業組織法』（単著）文眞堂（2017年）
「Fintechによる電子商取引・決済法の生成と展開」中央大学学術シンポジウム研究叢書11巻（2017年）

企業法要綱2
企業取引法
商法〔商行為・海商〕・保険法
金融取引・消費者取引・電子商取引と法
【第2版】

2015年 5月25日　初　版　第1刷発行　　　　　　　　　　　検印省略
2021年 2月 5日　第2版　第1刷発行

著　者──福　原　紀　彦

発行人──前　野　　　隆

東京都新宿区早稲田鶴巻町533

発行所──㈱ 文　眞　堂
電　話　03（3202）8480
FAX　03（3203）2638
http://www.bunshin-do.co.jp/
〒162-0041　振替00120-2-96437
製作・平河工業社

© 2021, Printed in Japan

ISBN978-4-8309-5038-4 C3032